Reflexionen über Musik heute

Reflexionen über Musik heute

Texte und Analysen

Herausgegeben von Wilfried Gruhn

Mit Beiträgen von
Wilfried Gruhn
Wolfgang Hufschmidt
Claus Raab
Dirk Reith

SCHOTT
Mainz · London · New York · Tokyo

Bestellnummer: ED 6915

Printed in Germany. BSS 44779
Umschlaggestaltung: Günther Stiller, Taunusstein

ISBN 3-7957-2648-4

Inhalt

Inhalt

Vorwort

Dieses Buch spiegelt die Geschichte seiner Entstehung, repräsentiert selbst das, wovon es handelt: den Prozeß der Verwirklichung der Intention, einen Überblick über zentrale Tendenzen der Neuen Musik seit 1960 zu geben. Dabei ist dieses Buch von Anfang an nicht als Sammelband lose zusammengefügter Spezialuntersuchungen konzipiert, als was es vielleicht auf den ersten Blick scheinen könnte, sondern auf Teamarbeit hin angelegt. So kristallisierten sich im Laufe der gemeinsamen Arbeit an den verschiedenen Phänomenen die zentralen Aspekte heraus, unter denen die wichtigsten Tendenzen sich fassen lassen. Die vier Hauptkapitel arbeiten zunächst kompositionsästhetische und entwicklungsgeschichtliche Aspekte heraus, die dann an exemplarischen Werken analytisch belegt, vertieft und ergänzt werden. Indem aber jeder Autor grundsätzlich zugleich immer das Detail und das Ganze aus seiner speziellen Perspektive ausleuchtet, bleiben Überlappungen und Sprünge unausweichlich, die auch nicht eingeebnet und redaktionell geglättet wurden, um das individuelle Profil der einzelnen Kapitel, die ihre Perspektive jeweils anderen Einsichten verdanken, nicht zu zerstören.

Dank gilt daher in erster Linie den Autoren und Mitarbeitern für ihr sachkundiges Engagement an der Entwicklung und Verwirklichung des Konzepts dieses Buches. Danken möchte ich auch Herrn Paul Groß für die Hilfe bei der Durchsicht des Manuskripts und der Erstellung der Bibliographie und der Register.

Freiburg im Breisgau, im März 1979 Wilfried Gruhn

Einleitung

Reflexionen über Musik heute

Mit einer neuen Sprache wird der Wirklichkeit immer dort begegnet, wo ein moralischer, erkenntnishafter Ruck geschieht, und nicht, wo man versucht, die Sprache an sich neu zu machen, als könnte die Sprache selber die Erkenntnis eintreiben und die Erfahrungen kundtun, die man nie gehabt hat. Wo nur mit ihr hantiert wird, damit sie sich neuartig anfühlt, rächt sie sich bald und entlarvt die Absicht.
(I. Bachmann, Frankfurter Vorlesungen 1, 1959/60)

Will man die Tendenzen der Neuen Musik aufzeigen, gerät man nur zu leicht in Versuchung, sich der griffigen Etiketten zu bedienen, die allenthalben bereitgehalten werden, um die verschiedenen musikalischen Phänomene unserer Zeit unter einen einheitlichen Aspekt zu fassen. Trotz der Vielfalt der Erscheinungen und der Schnelligkeit plakativer Gruppenbezeichnungen gerät man *rasch in ein Gestrüpp von Schlagwörtern, die geradezu handgreiflich die Vorstellung eines Zeitgeistes, und zwar eines durch Regression geprägten Zeitgeistes suggerieren* (Dahlhaus 1978, 22). Das Neue an der gegenwärtig Neuen Musik, das als „Neue Tonalität" oder „Neue Einfachheit" (die schnell zu „Neuer Einfältigkeit" verkommt) apostrophiert wird, läuft dabei Gefahr, als neu verkannt zu werden, nur weil es die Normen avantgardistischen Komponierens, den *Kanon der Verbote* (Adorno), das heißt ein Gesetz, *das in den unwillkürlichen musikalischen Reaktionsformen von Komponisten wirksam ist* (Dahlhaus 1978, 23), mißachtet. Doch ist zu fragen, ob *wirklich die Manier, „in C" zu komponieren oder ein ganzes Stück mit dem Dominantnonenakkord als stehendem Klang zu bestreiten, nichts als ein „Trick"* [ist], *der Ältestes, weil es gegen Normen der Moderne verstößt, als Neuestes ausgibt? Handelt es sich bei dem, was wiederkehrt, um Kategorien, die als unproblematische Traditionsbestände hingenommen werden, oder um Probleme, die sich unter gewandelten Voraussetzungen in verändertem Licht zeigen?* (Dahlhaus 1978, 23). Vielmehr gilt, was Ingeborg Bachmann über neue Sprache sagt: daß sie immer einer neuen Erkenntnis der Wirklichkeit begegnet und ein gewandtes Verständnis von Welt spiegelt. So bedeutet der Rückgriff auf Dreiklänge und tonale Momente der jüngsten Entwicklung ebensowenig von sich aus Regression, wie die beflissene Anhäufung von experimentellen Klängen oder die Quantifizierung der Parameter allein schon Fortschritt garantiert. Hier setzen die Reflexionen über Tendenzen und Entwicklungen im kompositorischen Denken der letzten Jahre an, indem sie das auf eine veränderte Wirklichkeit reagierende kompositorische Bewußtsein an den musikalischen Ergebnissen exemplarischer Werke dingfest zu machen suchen. Kennzeichen eines gewandelten Bewußtseins in der Neuen Musik ist es auch, daß diese Reflexion zum Teil in die kompositorische Arbeit, in das musikalische Resultat verlagert ist und in Analysen und Essays von den Komponisten selber geleistet wird. Kaum je zuvor war die Fülle theoretischer, kompositionsästhetischer Reflexionen über den eigenen kompositorischen Standort, über Intentionen und Funktionen des kompositorisch formulierten Sinns so groß, kaum je zuvor waren aber auch Komponisten einem ähnlichen Rechtfertigungs- und Legitimationszwang ausgesetzt wie heute, wo eine allgemeine Theorie des Handwerks nicht mehr die selbstverständliche Voraussetzung eigenen Komponierens bildet, sondern immer wieder neu entworfen und verifiziert werden muß. Die Selbst-Verständlichkeit eines verfügbaren musikalischen

Idioms – selbst-verständlich auf der Grundlage einer vertrauten Syntax, die vom Zeitgeist ebenso geprägt ist wie sie ihn wiederum prägt – ist der Infragestellung eingeschliffener Formen und Normen gewichen, durch die sich jede kompositorische Arbeit selbst erst wieder in ihrem theoretischen und ästhetischen Anpruch bewähren muß. Dabei spiegeln sich die Tendenzen der Neuen Musik in der Form des Redens über diese Musik. Herrscht in den Analysen und Kommentaren der 50er Jahre der Technikerjargon vor, mit dem materialtechnische Strukturgerüste kenntlich gemacht und nachgewiesen werden, deren totale Stimmigkeit für die musikalische Evidenz einstehen muß, so prägen Argumente politischer Funktionalität den Jargon der 60er und frühen 70er Jahre; die erneute oder erneuerte Ästhetisierung der Musik der jüngsten Gegenwart zeugt von einer Theorieverdrossenheit, die sich in eher kulturphilosophisch spekulativen und kompositionsästhetischen Texten zum Komponieren und Komponist-Sein (Rihm) anstelle von analytischer Offenlegung der spezifischen Werkstrukturen niederschlägt.

Wer sich auf Reflexionen über Neue Musik heute einläßt, sieht sich einem verwirrenden Geflecht heterogener Entwicklungslinien in der Musik nach 1960 gegenüber. Musikdenken heute ist nicht mehr auf einen Nenner zu bringen, der das gemeinsame Kennzeichen dieser Epoche enthielte. Die scheinbar griffige und umfassende Vokabel „postseriell", mit der wir die unterschiedlichsten Reaktionen auf den Serialismus zu bezeichnen gewohnt sind, liefert selbst ein beredtes Zeugnis für die Pluralität und Heterogenität kompositorischer Richtungen, deren einzige Gemeinsamkeit darin besteht, daß sie nicht mehr serieller Determination folgen. Die totale strukturelle Vorausbestimmung aller musikalischen Parameter in quantitativen Serien beruhte auf der Überzeugung, daß die Materialordnung in den Mikrostrukturen auch eine musikalische Logik der Makrostruktur des ganzen Werkes generiere und in der musikalischen Evidenz des Stückes zur Erscheinung komme. Komponieren wurde so zum *Erforschen der neugeahnten Zusammenhänge des Materials* (Ligeti 1958, 62/3). Mit der Auflösung der Tonalität und regelmäßiger Taktmetrik war die Grundlage einer musikalischen Syntax zusammengebrochen, die mehr als fünf Jahrhunderte Form und Sinn in der Musik ermöglicht hatte. *An die Stelle der Vorstellung von Musik als Mitteilung, von Musik als Sprache tritt die Vorstellung von Musik als permutatorischem Spiel, von Musik als Spiel auf der Grundlage der Kombinatorik* (Siegele 1972, 15). Die Verlagerung der kompositorischen Arbeit ins musikalische Material schien die Voraussetzung eines neuen, zusammenhangstiftenden Prinzips für ein Kompositionsverfahren zu sein, bei dem nicht mehr immer dasselbe in wechselndem Licht (wie bei motivisch thematischer Arbeit), sondern ständig Neues in gleichem Licht erschien (Stockhausen). Theodor W. Adorno hatte in der *Philosophie der neuen Musik* (1948) die Tendenzen des Materials, das als *objektiver Geist* nur *seinen eigenen Bewegungsgesetzen* folge (36), als oberste Instanz kompositorischen Fortschritts und ästhetischen Werts beschworen[1]. Doch an dem Mißverständnis, daß eine nach den Gesetzen der Logik und mathematischem Kalkül funktionierende Reihenordnung auch zu einer sinnvollen Komposition führe, auf die sich diese Ordnung übertrage, an dem Mißverhältnis zwischen totaler Durchorganisation des Materials und den Möglichkeiten seiner Verwirklichung im klanglichen Resultat ist die serielle Musik letztlich gescheitert.

Gegen das Dogma einer durchs Material determinierten totalen Stimmigkeit waren die indeterminierenden und experimentellen Verfahren der Musik der 60er Jahre insgesamt gerichtet. Dabei erwuchsen einzelne Tendenzen aus der bewußten und gewollten Reaktion auf das

[1] Dabei weist C. Dahlhaus darauf hin, daß die Tatsachen, als deren Theorie Adornos Ausführungen anzusehen sind, nicht zuletzt auch wieder durch diese Theorie beeinflußt wurden. *Der unaufhaltsamen publizistischen Karriere des Begriffs der Materialtendenz scheint, mindestens zum Teil, das Schema der self-fulfilling prophecy zugrundezuliegen.* (C. Dahlhaus: *Vom Mißbrauch der Wissenschaft,* in: DB XVI, Mainz 1976, S. 28)

rationale Kalkül der Serialisten, indem nun die Freiheit des Interpreten und seine kreative Spontaneität sowie psychologische Momente des Spielers und Spielens als Unbestimmtheit reaktiviert wurden. Freie oder gebundene Improvisationsformen, *ein gewissenhafter Umgang mit dem Zufall* (Dibelius 1966, 206), stimulierende musikalische Graphiken, die Auflösung des kompositorisch eindeutig fixierten Textes in einer Rahmennotation oder bloßen Verbalpartitur beziehen subjektive, emotionale Komponenten der Interpretation in den musikalischen Produktionsprozeß mit ein; Stockhausen formuliert eine aus meditativer Haltung erwachsende „intuitive Musik". Gleichzeitig wird die Klangproduktion durch experimentelle Techniken, die Verwendung intraditioneller und exotischer Musikinstrumente und die Möglichkeiten der Klangmanipulation und -transformation mittels der live-Elektronik extrem ausgeweitet. Das Erfinden tritt vor das Erfundene. Was den musikalischen Gebilden an struktureller Dichte abgeht, gewinnen sie an klanglichen Möglichkeiten.

Andererseits mündet die konsequente Weiterführung serieller Prinzipien auch auf komplexe Gruppenstrukturen in Formen mit variabler und indeterminierter Verknüpfung und führt schließlich zur Feldkomposition mit statistischer Bestimmung mittlerer Grade. Die ontologische Transformation serieller, das heißt total prädeterminierter Verfahren in aleatorische, das heißt total indeterminierte, hat G. Ligeti 1958 beschrieben und in seinen Kompositionen ausgearbeitet. *Je dichter das Netz der mit vorgeordnetem Material ausgeführten Operationen, um so höher der Nivellierungsgrad des Ergebnisses. Die totale Durchführung des seriellen Prinzips hebt das Serielle schließlich selbst auf. Grundsätzlich gibt es keinen Unterschied zwischen automatischen Ergebnissen und Zufallsprodukten: das total Determinierte wird dem total Indeterminierten gleich* (Ligeti 1960, 9). In der Folge der ästhetischen Umorientierung *Weg vom Verfahren – Hin zum Ergebnis* (Siegele 1972, 19) stellte P. Boulez in seinem Darmstädter Vortrag *Alea* dem absoluten Zufall Cages, dem *Zufall aus Versehen* den *gelenkten Zufall* entgegen. Er versuchte den Zufall künstlerisch dadurch zu absorbieren, *daß man einen gewissen Beziehungs-Automatismus zwischen verschiedenen, zuvor angelegten Netzen von Wahrscheinlichkeiten herstellt* (Boulez 1957, in: 1972, 106). Die auf mathematischen Gesetzen der Wahrscheinlichkeit beruhende stochastische Feldkomposition Iannis Xenakis' komponiert diese Dialektik zwischen Determinismus und Indeterminismus aus, organisiert den Umschlag des Punktuellen ins statistisch Feldmäßige und liefert so die mathematische Fundierung einer in den 60er Jahren blühenden Klangflächenkomposition.

Kennzeichnend für die postserielle Phase insgesamt ist der Wandel im Verständnis des Kunst- und Werkcharakters von Musik. Wichtiger als das im Werk gewonnene Ergebnis wird der Prozeß, die Aktion der Klangproduktion. Vorrang vor dem klanglichen Resultat erhalten *die Strukturideen, die dahinterstehen und in denen sich ein Stand des Materials, eine Problemsituation verkörpert, die nach Ausdruck verlangt* (Dahlhaus 1976, 28). Indem die Veränderungen des Komponierens mehr und mehr *aus der Logik einer internen Problementwicklung erwachsen* (ebd. 29), erhalten kompositorische Prinzipien und Verfahren ihre zentrale Bedeutung, durch die individuelle und immer neue Lösungen erprobt werden. Das musikalische Ergebnis – mag nun der Werkbegriff noch zutreffen oder nicht – wird dabei nicht mehr als ästhetisches Objekt verstanden, das gleichsam der Geschichte enthoben ist, sondern als Station in einem historischen Prozeß, der in jedem neuen Werk zu einem vorläufigen Abschluß gelangt; die Wiederholung einer einmal gefundenen Lösung gerät zum Plagiat ihrer selbst. Die Kategorie der Aktualität kompositorischer Realisationen von Strukturideen und der Grad ihrer Neuartigkeit ersetzen die traditionelle Norm inhaltlich und formal bestimmter Klassizität[2].

[2] Dies hat C. Dahlhaus in seinem Darmstädter Vortrag *Vom Mißbrauch der Wissenschaft* ausführlich dargelegt (DB XVI, Mainz 1976, S. 26ff.)

An das Zerbrechen der Kategorie des Werks als eines „opus perfectum et absolutum" ist auch die Krise der musikalischen Form geknüpft. Auf der Grundlage offener (mehrdeutiger oder variabler) Formkonzepte[3] und prozessualer Aktionen verwirklicht sich ein kompositorisches Denken, das die materialen Bedingungen zur Verwirklichung von Strukturideen schafft und Organisationsbedingungen formuliert, die einen Prozeß definieren. Daß gleichzeitig die Notation von der Fixierung des Resultats abrückt und sich Aktionsanweisungen öffnet, liegt in der Konsequenz dieses Denkens. In diesen Punkten treffen die aus der Reaktion auf den Serialismus erwachsenen Anstöße mit der auf ganz anderer Grundlage fußenden Haltung John Cages zusammen.

Zwei weitere Momente sind bewußt zu halten, wenn man die Wende der „Jungen Avantgarde" der späten 70er Jahre und die Situation des Komponierens heute verstehen will. Zum einen üben mehr und mehr Einflüsse außereuropäischer Musik eine starke Faszination aus. Die Auflösungstendenz des in der abendländischen Musiktradition verwurzelten Werkcharakters von Musik erleichtert das Eindringen harmonischer, rhythmischer, klanglicher und formaler Phänomene und der sie tragenden kulturellen und geistigen Grundlagen außereuropäischer Kulturen. Der kulturelle Transfer musikalischer Ideen und Strukturen, der oft nur, modischen Trends folgend, als aufgesetzter Effekt wirkt, gebiert eine aus anglo-europäischer Popularmusik und indischer Mystik gepaarte „Metamusik". Die erst spät einsetzende Rezeption gradueller und periodischer Musik (Reich, Riley, Glass, La Monte Young), die aus der Begegnung mit exotischer (afrikanischer und javanischer) Musikpraxis erwuchs, fällt mit der Öffnung gegenüber außereuropäischen Einflüssen zusammen. Zum anderen entwikkelt Stockhausen vielleicht am konsequentesten und geradlinigsten seine an prä- wie postserielle Prinzipien anknüpfende und sie fortsetzende Idee einer „multiformalen Musik", die mit quasi-thematischen „Formeln", das heißt mit melodischen, rhythmischen und harmonischen Grundkonstellationen arbeitet, aus denen die Konzeption des ganzen Werkes in all seinen Dimensionen abgeleitet wird, eine Idee, die unmittelbar an Anton Weberns Reihenkonzeption anknüpft.

> *Multiformale Musik ist mit drei oder mehr Formeln gearbeitet, deren synchrone Kombination zu einer SUPERFORMEL führt. Jede einzelne dieser Formeln hat eine autonome Organisation aller Parameter. Dennoch ist die Superformel einheitlich prägnant. Multiformale Komposition knüpft nach einer langen historischen Windung der Expansionsspirale (zunehmend komplizierte Proportionen in Rhythmik-Metrik, Melodik-Harmonik, Koloristik, Dynamik und Topologie einschließlich aller seriellen Erweiterungen bis zum extrem Aperiodischen, Aleatorischen, Momentanen und Universal-Stilistischen) dort wieder an, wo die klassische Zweithemigkeit zugunsten einer prozessualen, diskursiven Formung in der Luft hängen blieb.*
>
> *Die Formel ist mehr als leitmotivisches oder psychogrammhaftes Zeichen, mehr als fortzuspinnendes Thema oder generierende Reihe: die Formel ist Matrix und Plan von Mikro- und Makroform, zugleich aber auch psychische Gestalt und Schwingungsbild einer supramentalen Manifestation.*
>
> *Multiformale Musik ist die polyphone Integration aller musikalischen Errungenschaften des 20. Jahrhunderts.*
>
> (K. Stockhausen, Programmheft Donaueschingen 1978, 16)

[3] Zu den Begriffen vgl. W. Gieseler: *Komposition im 20. Jahrhundert*, Celle 1975, S. 139ff.

Dem seriellen Dogma ebenso wie der postseriellen Unverbindlichkeit von Form- und Materialexperimenten und einem sendungsbewußten Universalstil widersetzt sich eine junge Komponistengeneration, die sich den eingeschliffenen Normen avantgardistischen Komponierens verweigert[4]. Ihr „neotonaler", „neoromantischer" Pendelschlag, der aus Enttäuschung über das Vergangene am Vorvergangenen anknüpft, ist bedingt durch die Empfindung des *Verlust(s) jeder Form künstlerischer „Geborgenheit"* (D. Müller-Siemens, 15), die der überpersonale Epochenstil früherer Jahrhunderte gewährte, und ist getragen von der *Sehnsucht nach einer verlorengegangenen Schönheit und Inhaltlichkeit* (H.-J. von Bose 1978, 35). Der programmatische Ruf nach einem *ganzheitlichen Komponieren* versteht sich als Alternative zum Parameter-Denken (von Dadelsen, 13). Die Kritik am Traditions- und Wertverlust (von Bose, 9) eint ihre Bemühungen um eine *Neuentdeckung des unmittelbaren Ausdrucks*, die *Rückbesinnung wieder auf Formen, die zwar ihre Wurzeln im Traditionellen haben, aber durch die Entwicklungen und Ergebnisse der eigenen Phantasie neue Strukturen und Gesetze erhalten* wie auch um *reaktivierte tonale Neubildungen, die allerdings fern jeglichem traditionsverhafteten Begriff von Tonalität liegen, sie gelegentlich reminiszenzartig nur zitierend* (Reimann, 25). Daß Giuseppe Sinopoli in diesem Kontext eine späte Äußerung Bruno Madernas zitiert, wonach *die Melodie wieder in die Musik zurückkehren* müsse, kennzeichnet die Situation einer *Musik, die immer subjektiver wird, bei der das Material lediglich ein Mittel ist und die Theorie nur eine strikt provisorische, ans Handwerk gebundene Funktion besitzt* (Sinopoli, Programmheft Donaueschingen 1978, 28). So wundert es nicht, daß der Bezugspunkt individueller Erfahrung dort gesucht wird, wo der Traditionszusammenhang abriß: in der Expressivität der Musik um die Jahrhundertwende. Der Vorwurf eines Neo-Ästhetizismus und illusionären Historismus ist dabei schnell zur Hand. Die Forderung, daß der Komponist die Rechtfertigung seiner Haltung nur aus seinem persönlichen Verhalten gegenüber der ihn umgebenden und ihn prägenden Wirklichkeit erfährt, scheitert an dem Dilemma des Verständnisses dessen, worauf sich solches Verhalten beziehe und wie es sich musikalisch artikuliere; ob und wie kompositorisches Handeln auf die Zeit und ihre gesellschaftlichen Bedingungen, das heißt auf die reale Realität Bezug oder Einfluß nehmen könnte (etwa durch materiale oder strukturelle Konsequenzen einer plakativen, kämpferisch aktiven Musik) oder ob es auf musikalische Werke und kompositorische Prinzipien als Dokumente von Geschichte ästhetisch reagiere. Dies kann dann in der Form der Verweigerung geschehen. Die Sehnsucht nach einer besseren Welt, nach neuer Schönheit und Innerlichkeit vollzieht sich nicht durch die Flucht in die Vergangenheit, sondern ruft eine *Dialektik von Schönheit als verweigerter Gewohnheit* hervor (Lachenmann über *Accanto*). Das Gegenteil wäre die historische Bewahrung einer „heilen Welt". Die Verwendung außerästhetischer Elemente in Kompositionen mit konkreten Materialien, in Collagen und Montagen, bezieht Realität zwar unmittelbar ein, löst sie aber aus ihrem ursprünglichen Funktionszusammenhang und bewirkt wiederum ihre Ästhetisierung.

Die Reflexionen über Musik heute setzen an den aufgezeigten Tendenzen und Aspekten der Neuen Musik an und liefern Texte und Analysen zum Verständnis konkreter kompositorischer Fragestellungen und Entwicklungen. Dabei geht es aber nicht um eine lückenlose chronologische Darstellung der neuesten Musikgeschichte, auch ist nicht Vollständigkeit der Aspekte und Tendenzen angestrebt, sondern es geht um übergreifende Problemzusammenhänge und Haltungen kompositorischen Denkens, das von unterschiedlichen Punkten aus er-

[4] Vgl. dazu M. Trojahn im Programmheft Donaueschingen 1978, S. 29. Vgl. ferner die Selbstdarstellung junger Komponisten in dem Heft *Junge Avantgarde* der NZ 1/1979, auf das sich die Seitenangaben der folgenden Zitate beziehen.

schlossen werden soll, die sich als Knotenpunkte eines Netzes von Prinzipien, Verfahren, Gattungen und Funktionen der verschiedenen Entwicklungsstadien Neuer Musik erwiesen haben. Die in den vier Hauptkapiteln behandelten Kristallisationspunkte kompositorischen Denkens erheben dabei nicht den Anspruch, die einzigen und sub specie aeternitatis gar die einzig wichtigen zu sein, aber solche, die im kompositorischen Prozeß der Gegenwart Bedeutung erlangt haben. Es sind dies

(1) die Fortführung struktureller Prinzipien in einer „musique pure",
(2) die Reduktion musikalischer Mittel und Prozesse auf minimale Veränderungen in pattern-Kompositionen,
(3) die Verbindung von musikalischen und sprachlichen Elementen in einer „Musik für Stimmen" und
(4) die Verwendung präfabrizierten Materials in einer „Musik über Musik".

Wenn hierbei dem Phänomen freier Improvisation oder multimedialer Konzeptkomposition kein spezielles Kapitel gewidmet wird, obwohl sie in gewissen Phasen der Neuen Musik sehr dominant waren, so deshalb, weil sie insgesamt sich als in ihrem Anspruch zum Teil illusionär und wenig tragfähig erwiesen haben. Zudem ließen sich multimediale Konzepte eher im psychischen Rezeptionsraum als im kompositionstheoretischen Reflexionsraum bestimmen. Die Ästhetik freier Improvisation, die sich gegen die Hypertrophie der rigorosen Quantifizierung aller Parameter und deren Prädetermination wandte, beruht auf einer Ausdrucksästhetik, die der befreienden Aktion spontaner Mitteilung den Wahrheitsgehalt zuerkennt, der sonst das artifiziell ausgearbeitete, schriftlich fixierte Werk ausmachte. Die Analyse einer festgehaltenen Improvisationsfassung wäre aber der Offenheit der Sache, die Festlegung meidet, inadäquat.

Die ausgewählten Aspekte bilden den kompositionstheoretischen Rahmen für die behandelten Werke, deren Wahl sich einerseits aus dem dargestellten Problemzusammenhang, den sie exemplarisch vertreten, ergab und die andererseits möglichst vielschichtige Perspektiven eröffnen. Die in der Übersicht (S. 15) enthaltene Synopse der Themenkreise, Werke und Aspekte veranschaulicht die verschiedenen Zuordnungsmöglichkeiten und deutet unterschiedliche Leseweisen der nachfolgenden Kapitel an: kontinuierlich entsprechend der vorgegebenen Folge problemorientierter Kapitel oder diskontinuierlich und selektiv entsprechend den einzelnen Prinzipien, kompositionstechnischen Verfahren, Funktionen und Gattungen, die die einzelnen Werke jeweils mitvertreten. Daß dasselbe Werk in der Tabelle mehrfach erscheinen kann, verweist darauf, daß es verschiedenen Aspekten zuzuordnen ist. So gehört Schnebels *Madrasha II* zur Gattung der Sprachkomposition, ist der Funktion nach geistliche Musik, die dem Prinzip der Prozeßkomposition folgt. N. A. Hubers *Gespenster* ist vom Verfahren her unter dem Aspekt der Zitat-Komposition zu sehen, seiner Funktion und Aussage nach aber politisch motiviert. Daß eine strenge Systematik nicht konsequent durchgehalten wird, muß in Kauf genommen werden, wenn die einzelnen Beiträge bewußt im Schnittpunkt verschiedener Aspekte angesiedelt bleiben, bietet aber den Vorzug, die Komplexität der Problemzusammenhänge im Werk präsent zu halten. Der Vielschichtigkeit in der Sache, die in den Kapiteln ausgeführt wird, entsprechen die unterschiedlichen analytischen Ansätze der Autoren, die das jeweils in Rede stehende Phänomen von verschiedenen Positionen aus einkreisen oder dasselbe Werk aus unterschiedlicher Perspektive ausleuchten.

(1) Unter dem Aspekt STRUKTURELLER MUSIK wird zunächst ein kompositorisches Denken verfolgt, das seine Wurzeln im Serialismus hat und Komposition als Verwirklichung

	Aspekte	Problemfelder (Kapitel)			
		Strukturelle Musik	Musik der Reduktion	Musik für Stimmen	Musik über Musik
Kompositionsprinzipien	Prozeßkomposition			Schnebel: Madrasha II	
	Komposition als Modell, nach Kompositionsprogramm (formalisierte Musik)	Messiaen: Mode de valeurs … Livre d'orgue Boulez: Structures Stockhausen: Mantra Xenakis: Herma Koenig: Projekt 2 Truax: Trigon			
	Komposition mit präformiertem Material				Berio: Sinfonia N. A. Huber: Gespenster Lachenmann: Accanto
	Neue Einfachheit		Stockhausen: Melodien		
Verfahren	Experimentelle Klangtechniken		Cage: Sonatas First Construction		
	Zitatkomposition und Collage				Berio: Sinfonia N. A. Huber: Gespenster Lachenmann: Accanto
	Stochastische Feldkomposition	Xenakis: Achorripsis Herma			
	Programmierte Klangsynthese	Truax: Trigon			
	Computermusik	Koenig: Projekt 2			
	Periodische/graduelle Musik		Reich: Drumming Piano Phase Music for 18 Musicians Riley: In C		
Gattungen	Sprachkomposition			Schnebel: Madrasha II Nono: Il canto sospeso	
	Aktionsgebundene Musik (instrum. Theater)	vgl. Reith: Zur Situation elektronischen Komponierens heute			Kagel: Exotica
	Elektronische Musik				
Funktionen	Politisch engagierte Musik				N. A. Huber: Gespenster
	Geistliche Musik			Schnebel: Madrasha II	
	Intuitive Musik (Metamusik)		Stockhausen: Melodien		

eines in sich stimmigen, aus dem Material und seinen Möglichkeiten gewonnenen Strukturmodells als konsequente Umsetzung eines programmierten Entwurfs versteht, der die gesamte Komposition durchdringt und alle strukturellen Details und formalen Entscheidungen determiniert und legitimiert. Dieses Denken läßt sich musikhistorisch zurückverfolgen bis zu den isorhythmischen Verfahren der ars nova und den Proportionskanons der Niederländer, in denen ebenfalls quantifizierende Modelle strukturbildend sind. Ein neuer Ansatz kompositorischen Denkens in Modellen führt vom Serialismus zu einer emotionslosen „musique pure" aus Zahlen oder durch Zahlen ausgedrückten Strukturidee. Zwei Entwicklungslinien lassen sich dabei unterscheiden: eine, die von Messiaen bis zu Xenakis führt, und eine andere von Webern zu Stockhausen. In ihnen verwirklichen sich zwei gegenläufige Verfahren kompositorischer Strukturentfaltung: während Xenakis vom exponierten globalen Ganzen durch immer stärkere Eingrenzung zur charakteristisch definierten Einzelstruktur gelangt, findet bei Stockhausen eher umgekehrt eine schrittweise Projektion der inneren Struktur einer thematischen Formel auf die gesamte äußere Form statt (vgl. Hufschmidt: Musik aus Zahlen).

Die deutlichste Ausprägung eines Kompositionsverfahrens, dessen Struktur erst durch Programmierung definiert wird, liegt in stochastischen Prinzipien und schließlich im elektronischen Komponieren. Hier hat sich in den letzten Jahren ein entscheidender Wandel im Verständnis und in der Handhabung des elektronischen Mediums und seiner den neuen Technologien angepaßten Strukturprinzipien vollzogen[5]. Der Prozeß der Materialbehandlung und Materialformung wird zum eigentlichen kompositorischen Vorgang und *nicht mehr die Übertragung von instrumentalem Denken in das elektronische Medium* (Reith). Während in den Anfängen elektronischer Musik überwiegend mit elektronisch erzeugtem Material gearbeitet wurde, hat sich heute das Verständnis elektronischen Komponierens durch die Technologie spannungsgesteuerter Systeme von Grund auf geändert: Computer-Programme und digitale Echtzeit-Synthesizer ermöglichen eine ins elektronische Medium verlagerte unmittelbare Klangsynthese. Elektronische Musik ist nicht mehr nur eine aus synthetischen Klängen komponierte und produzierte Musik, sondern auch ein mit Hilfe des Computers errechnetes Instrumentalwerk. Das Syntheseprogramm in der Komposition *Trigon* von Barry Truax ist maßgeblich für das Verhältnis von vokaler/instrumentaler und synthetischer Kompositionsschicht. Dabei ist das Computerprogramm nicht mehr nur Werkzeug zur Herstellung des Tonbandes, *sondern gleichermaßen Kompositionsprogramm für die instrumentale Partitur* (Reith).

(2) MUSIK DER REDUKTION meint mehr als das verschlissene Schlagwort „Neue Einfachheit", vielmehr soll hier ein Prinzip kompositorischen Denkens verfolgt werden, das eine Zurücknahme der strukturellen und materialen Mittel auf ein Existenzminimum beinhaltet. In der Fähigkeit zur diskursiven Reihung gleicher Strukturelemente liegt eine wesentliche Grundvoraussetzung musikalischer Sprachähnlichkeit. Durch Cage, aber auch in den graduellen Prozessen periodisch pulsierender pattern-Kompositionen Steve Reichs und Terry Rileys wird das Phänomen der Wiederholung aus seiner sprachlichen Funktion als Träger musikalischer Syntax emanzipiert. Die periodischen und graduellen Prozesse solcher aus syntaktischen Bindungen entlassenen, auf das Phänomen reduzierten Musik bewirken Veränderungen im Rezeptionsvorgang. Die Wahrnehmung repetitiv kreisender Bewegungen ist auf

[5] Dabei verbietet es sich, noch von einer einheitlichen Szene der elektronischen Musik heute zu sprechen angesichts so unterschiedlicher Forschungszentren und -richtungen wie in Utrecht oder Paris (IRCAM) oder hinsichtlich der verschiedenen Aktivitäten an amerikanischen Universitäten.

das Detail gerichtet, das *wie unter dem akustischen Mikroskop* (Hufschmidt) vergrößert und so von subjektiven, psychischen Aktivitäten überlagert wird. *Wenn man einen graduellen musikalischen Prozeß spielt und zuhörend verfolgt, kann man an einer besonders befreienden und unpersönlichen Form des Rituals teilnehmen. Konzentration auf einen musikalischen Prozeß ermöglicht eben jene Verlagerung der Aufmerksamkeit weg vom ‚er' und ‚sie' und ‚du' und ‚ich' nach außen (oder nach innen) hin zum ‚es'* (Reich 1968)[6]. Die gerichtete Zeit, die in einer thematischen Entwicklung oder harmonischen Progression zum Ausdruck kommt, leitet das Hören auf einen Zielpunkt hin, wird zur Erlebniszeit, die die Empfindung der Realzeit überlagert oder sogar für die Dauer der musikalischen Wahrnehmung auslöscht. Der gerichtete, zeitlich gegliederte Ablauf als Grundlage musikalischer Sprache ist Voraussetzung für die In-Beziehung-Setzung der einzelnen musikalischen Elemente und für die Vorstellung des ganzen Werks. Indem aber durch minimale graduelle Veränderungsprozesse der Zeitcharakter der Erlebniszeit statisch wird, versagt das auf beziehendem Denken beruhende Hören, statt dessen greifen psychische Mechanismen in den Hörakt ein, gewinnen *psycho-akustische Nebenerscheinungen* (Reich) an Bedeutung, wenn sich etwa Nebenmelodien aus repetierten Modellen einstellen und zeitweilig im Hörerlebnis dominant werden oder wenn übergreifende komplexe Strukturen („resulting patterns") die einzelnen Elemente, die sie bilden, ununterscheidbar aufsaugen. Das psychische Phänomen des Zeiterlebens gradueller Musik prägt ihren meditativen Zug. *Einen graduellen musikalischen Prozeß zu spielen oder zuhörend zu verfolgen, ist ähnlich wie: eine Schaukel in Bewegung setzen und beobachten, wie sie allmählich zum Stillstand kommt . . . eine Sanduhr umdrehen und zuschauen, wie der Sand langsam zu Boden rinnt . . . seine Füße am Meer in den Sand stecken und zuschauen, hören und fühlen, wie die Wellen sie langsam eingraben* (Reich 1968). So entwirft La Monte Young in der Konzeption eines *Dream-House* um 1963 die Idee einer *eternal music,* in der von Sinusgeneratoren erzeugte einfache harmonische Klänge, von gelegentlichen live-Klängen durchwirkt, stehen bleiben und die Zeitempfindung gänzlich außer Kraft setzen. Gleichzeitig wird die Musik auf innerpsychische Prozesse reduziert. Meditative Züge haften den periodischen pattern-Kompositionen unverkennbar an. Darin liegt ihre latente Affinität zu intuitiver Musik. Doch sind beide konzeptionell grundsätzlich unterschieden. Während graduelle Musik von Reich, Riley, La Monte Young oder Glass den Hörer, dem sich die Musik ereignet, passiv läßt, sein Hören psychisch auflädt, setzt intuitive Musik bei Stockhausen eher umgekehrt an. Durch spirituelle Versenkung und Öffnung des Musikers gegenüber kosmischen Einflüssen soll aus der Intuition heraus Musik entstehen, die nicht rational kontrolliert ist, für die der Musiker nur Sprachrohr ist. Ist hier vorgeblich die Sache selbst aus Meditation intuitiv entstanden, bewirken die rational exakt kalkulierten Phasenverschiebungen periodischer Prozesse allenfalls eine meditative Höreinstellung. Beides repräsentiert die Spannweite einer Musik der Reduktion.

(3) Einer der vielschichtigen Bereiche Neuer Musik liegt in der Verbindung von Musik und Sprache. Musikalische Komposition, seit alters auf Sprache bezogen, mit Sprache verbunden, hat ihr Verhältnis zum Text aber tiefgreifend verändert. Während noch bis ins 17. Jahrhundert die wortgebundene Musik als die eigentliche galt und auch in Matthesons Begriff

[6] Vgl. damit die Diktion Stockhausens, wenn er über intuitive Musik spricht: *Es sind tatsächlich Momente der Prüfung, der Selbstentäußerung, vibrierend mit der Bereitschaft der Musiker, möglichst „rein gestimmte Instrumente" der Intuition zu sein, auf daß ES geschehen möge, ES, das Unaussprechliche, zutiefst Berührende, Unanzweifelbare* (in: *Texte* Bd. 3, Köln 1971, S. 125). Vgl. auch R. Brinkmann: *Von einer Veränderung des Redens über Musik,* in: R. Stephan (Hrsg.): *Die Musik der 60er Jahre,* Mainz 1972, S. 80f. (Veröffentlichungen des Instituts für neue Musik und Musikerziehung Darmstadt, Bd. 12)

der instrumentalen *Klangrede* noch der apologetische Unterton zur Rechtfertigung einer autonomen, vom Wort abgelösten Instrumentalmusik deutlich erkennbar ist, lassen heute der Stand der kompositorischen Technik, das Zerbrechen der die Sprachlichkeit von Musik tragenden verbindlichen musikalischen Syntax und ein verändertes Kunst- und Werkverständnis traditionelle Formen der Textvertonung nicht mehr zu. Andererseits sind auf der Ebene der Sprachkomposition[7] ganz neue Aspekte der Berührung von Musik und Sprache auskomponiert worden. Die Übertragung linguistischer Kategorien auf die Musik hat die Sprachanalogie auf eine neue, zeichentheoretische Ebene gehoben. Zudem haben experimentelle Vokaltechniken, die musikalische Erschließung des Klangpotentials stimmlicher Artikulationsformen sowie die Musikalisierung des sprachlichen Lautbestands der Musik ein breites Materialspektrum aus der Sprache erschlossen, mit dem Sprache neu komponierbar wird, aber nicht auf der Ebene der Textbedeutung und seines Ausdrucksgehalts, sondern auf der Ebene des phonetischen Materials. Dabei stehen die semantische Besetzung der musikalischen Parameter und der Ausdruckswert der phonisch artikulatorischen Lautgesten für den Verlust der Textsemantik ein. So kann auch wieder ein Text im Vollzug des Sprechens und als Prozeß des Artikulierens sowie das Artikulieren selbst zur Grundlage einer musikalischen Komposition werden, die die natürliche Vokalität der Stimmen als Klangfarbe ebenso einsetzt wie die daran geknüpften Ausdrucksvaleurs. Darüber hinaus schließt eine MUSIK FÜR STIMMEN jede kompositorische Einbeziehung der durch Stimmen erzeugten Klänge mit ein und ordnet sie rudimentärer Sprachlichkeit unter.

Der Prozeß von Artikulationsvorgängen und die kompositorische Artikulation dieses musikalischen Prozesses in Schnebels *Madrasha II* bildet das Kernstück für strukturanalytische, kompositionsästhetische, sprachtheoretische, hörpsychologische und semiotische Ansätze einer Eingrenzung des Phänomens prozeßhafter Sprachkomposition. Daß auf die Darstellung mehrerer verschiedener kompositorischer Lösungen des Musik-Sprache-Problems zugunsten einer Vielzahl perspektivischer Ansätze verzichtet wurde, geschieht sowohl im Hinblick auf die Komplexität des Gegenstands selbst, der nicht nur unter einem Aspekt erfaßt werden kann, als auch angesichts einer umfangreichen Speziallliteratur zum Thema Musik und Sprache.

(4) In Musik, die infolge der Zerstörung ihrer Syntax nicht mehr ein Verstehen ihrer syntaktischen Funktionen als Bedeutung erlaubt, können bereits besetzte Elemente aus komponierter Musik oder der alltäglichen Umwelt in Form von Zitaten und Collagen ihre „Bedeutung" als die ihres Kontextes verstärkt einbringen. Die Behandlung von Musik, die in irgendeiner Weise präfabriziertes Material verarbeitet, also MUSIK ÜBER MUSIK ist, greift somit in den Bereich musikalischer Semiotik über. Zitat- und Allusionsverfahren enthalten immer auch ein Moment kritischer Reflexion der ins Werk eingegangenen kompositorischen und rezeptiven Haltung gegenüber der zitierten Musik. Der Versuch, musikalische Wirklichkeit darzustellen und zu verändern durch die in der Komposition vollzogenen Bewältigung des historisch Überlieferten oder dessen Um-Funktionalisierung veranlaßte in den 60er Jahren eine Fülle von Zitat- und Collage-Kompositionen, in denen mit komplexen Zitatschichten gearbeitet wird.

Der Begriff des Zitats stammt aus der Literatur. Dort wie in der Musik ist für das Verstehen die Kenntnis des Zitats und die Vertrautheit mit dem Zusammenhang, aus dem es stammt, erforderlich. Innerhalb des neuen Kontextes bildet das Zitat eine *semantische En-*

[7] Zur Abgrenzung von Textvertonung und Sprachkomposition vgl. W. Gruhn: *Musiksprache Sprachmusik Textvertonung*, Frankfurt 1978

klave (Kneif), die in ein Spannungsverhältnis zur neuen Umgebung tritt, indem die zitierten Elemente darin einerseits als Fremdes kenntlich bleiben und andererseits doch integriert werden. Ihre ästhetische Bedeutung erhalten sie aus dem Grad ihrer Assimilation oder Dissimilation mit der neuen Umgebung. Dies ist aber nur solange möglich, wie die zitierte und die neue Struktur einem prinzipiell gleichen musiksprachlichen Zusammenhang entstammen. Kann das Zitat nicht mehr assimiliert werden, verstärkt es seine Störfunktion. Die Tatsache aber, daß zwei musiksprachlich unterschiedliche Typen ihre Verschmelzung verhindern, macht es möglich, daß auch ein Typus (etwa der der tonalen Harmonielehre) zitierbar wird und doch in seiner Funktion als Zitat erkennbar bleibt. Grundsätzlich sind zwei Arten von Zitatkompositionen zu unterscheiden:

1. Kompositionen, in die einzelne Zitate bereits komponierter Musik eingefügt werden und als *semantische Enklaven* etwas von der Bedeutungsaura ihrer Herkunft einbringen. Wörtlich zitiert werden können Motive, Melodien, Klänge, Rhythmen, komplexe Strukturen etc. (vgl. das Zitat des Dachau-Liedes in N. A. Hubers *Gespenster*); als Genre-Zitate und Allusionen können aber auch musikalische Gesten, Stilformen, Klangtypen, Genres und ähnliches zitathaft verwendet werden (vgl. den Vorspruch zu N. A. Hubers *Gespenster*);
2. die „Komposition", das heißt Zusammenstellung und Verknüpfung mehrerer Zitatschichten, das Arrangieren von bereits Arrangiertem in Form einer Collage (vgl. Berios *Sinfonia*).

Bei der Collage handelt es sich um die Verbindung vielfältigen konkreten oder komponierten, oft gerade verbrauchten oder verworfenen Materials, das eine eigenständige Schicht bildet, die in eine andere Kompositionsschicht einbezogen ist. Dabei bleiben die collagierten Materialien in ihrem ursprünglichen Zustand erhalten, sie bedeuten nichts als sie selbst, sind die Sache und nicht deren Reproduktion[8]. Damit ist ein wesentlicher Unterschied benannt, der das Zitat von der Collage scheidet, obgleich das Collageverfahren unter das Prinzip der Zitatkomposition zu subsumieren ist. Ein Beispiel mag dies veranschaulichen. Beim literarischen Zitat wird ein Satz mit denselben Worten in der gleichen Bedeutung, nicht aber unbedingt auch im gleichen Tonfall bzw. in der gleichen Druckform oder Schriftart zitiert. Wesentlich dabei ist, daß der Gedanke, den der Satz zum Ausdruck bringt, das heißt seine Bedeutung, kenntlich bleibt (so ist es auch möglich, sinngemäß, also nicht wörtlich, zu zitieren). Sollte der Satz aber nicht als Gedanke, auf den er verweist, zitiert, sondern als reales Objekt um seiner selbst willen präsentiert werden, wäre die Seite des Buches oder Manuskripts, auf der der Satz steht, in den neuen Zusammenhang einzukleben. In dem Moment, in dem er nicht mehr seine Bedeutung vertritt, sondern seine Gestalt zur Erscheinung bringt (das heißt nicht mehr seine Bedeutung „bedeutet", sondern sein Sein), wäre von einer Collage im wörtlichen Verstande zu sprechen. Daß durch die zum Teil ungewöhnliche Konstellation collagierter Elemente neue Bedeutungen und Deutungen ihres Seins sich einstellen, widerspricht nicht der vorgenommenen Abgrenzung, sondern macht ihren intendierten ästhetischen Sinn aus. Konstitutiv für das Funktionieren dieses Semioseprozesses ist das Vorhandensein verschiedener Bezugsebenen, die sich gegenseitig interpretieren, aber deutlich voneinander abhebbar bleiben. Als Paradigma des Collage-Prinzips kann Berios *Sinfonia* gelten. Im 3. Satz geht sprachlich und musikalisch Collagiertes auf Grund kunstvoller Verknüpfungstechniken eine enge Symbiose ein. Als sprachliches Material benutzt Berio Fragmente aus J. Joyces *Ulysses,* Parolen der Pariser Mai-Unruhen (1968), Fetzen persönlicher Gesprä-

[8] Vgl. T. Kneif: *Collage oder Naturalismus?* in: NZ 1973, S. 623ff.

che sowie einfache Solmisationssilben, die alle auf eine textliche Grundschicht aus S. Becketts Roman *The Unnamable* bezogen sind. Musikalisch werden Zitate von Bach bis Berio in das Scherzo aus Mahlers II. Sinfonie als durchgehender Trägerschicht eingeschmolzen. Wie alles Sprachliche auf Beckett, so ist alles Musikalische auf Mahler bezogen und beides wieder aufeinander. Mahlers Scherzo wiederum beruht auf der Umarbeitung des Wunderhorn-Liedes *Des Antonius von Padua Fischpredigt*, dessen Text latent mitzudenken ist und gewissermaßen die semantische Grundschicht bildet, auf die alle Zitate und Materialien der Collage als tertium comparationis bezogen werden können. Mahlers Scherzo bildet das Tableau, auf das die Zitate „aufgeklebt" sind, das sie streckenweise ganz verdecken oder nur noch andeutungsweise hindurchscheinen lassen. Berio hat sein Verfahren verschiedentlich erläutert:

> *Die Gegenüberstellung und Verschmelzung kontrastierender Elemente gehört tatsächlich zum Entscheidendsten in diesem Satz der Sinfonia, der sich – wenn man so will – auch als Dokumentation über „vorgefundenes Material" [objet trouvé] ansehen läßt. Als struktureller Bezugspunkt bedeutet Mahler für die musikalische Gesamtheit dieses Satzes das gleiche wie Beckett für den Text. Man könnte das Verhältnis zwischen den Worten und der Musik als eine Art Interpretation – . . . Traumdeutung – jenes gefühlsstromartigen Dahinfließens charakterisieren, welches das unmittelbarste Ausdrucksmerkmal in Mahlers Satz darstellt. Wenn ich beschreiben sollte, auf welche Weise das Scherzo von Mahler in meiner Sinfonia gegenwärtig ist, so käme mir spontan das Bild eines Flusses in den Sinn, der eine beständig wechselnde Landschaft durchläuft, manchmal in ein unterirdisches Bett versinkt und an einem ganz anderen Ort wieder ans Tageslicht dringt, bisweilen in seinem Lauf klar vor uns liegt, mitunter vollkommen verschwindet, gegenwärtig ist als völlig überschaubare Form oder auch als schmales Rinnsal, das sich in der vielfältigen Umgebung musikalischer Erscheinungen verliert.*
> (Berio, Programmheft Donaueschingen 1969, 13f.)

Berio bedient sich eines semantisch besetzten Textes als strukturelle Basis (Wunderhorn-Lied/Scherzo) und hebt ihn durch hinzugefügte Kommentare (Text- und Musikzitate) aus dem zeitlich Begrenzten ins zeitbedingt Allgemeine; sprachliche und musikalische Schicht, Tableau und Zitate bedingen und kommentieren sich wechselseitig. So reflektiert die Pluralität alles Komponierten, das herbeizitiert wird, nur die Vergeblichkeit, von der schon das Wunderhorn-Lied kündet. Die Werke sind zwar als ästhetische Gebilde verfügbar, aber letztlich doch wirkungslos. So lautet der gesprochene Kommentar:

> *And when they ask, why all this, it is not easy to find an answer. For, when we find ourselves, face to face, now, here, and they remind us that all this can't stop the wars, can't make the young older or lower the price of bread – say it again, louder! – it can't stop the wars, can't make the old younger, or lower the price of bread, can't erase solitude or dull the tread outside the door, we can only nod, yes, it's true . . .*

So gerät die Collage der Musikgeschichte zur bloßen Show (*that is the show*), in der die Interpreten ebenso als Stars fungieren wie die Zitate. Nicht die kompositionstechnische Einführung und Verknüpfung der Zitate, sondern ihre neuen Bedeutungen infolge der Konstellationen erheben die Collage zu einem ästhetischen Prinzip.

Auch musique concrète arbeitet mit präformiertem Material und wäre unter das Stichwort „Musik über Musik" einzuordnen. Jedoch im Unterschied zur Collage werden die konkreten Materialien gerade nicht im Urzustand belassen, sondern durch technische Manipulation unkenntlich gemacht, wodurch sie ihre ursprüngliche „Bedeutung“ einbüßen und zu einem beliebigen Klangmaterial werden. Im Kontext einer kommunikationsästhetischen Betrachtung kann sie daher unberücksichtigt bleiben.

Das Problem musikalischer Integration präfabrizierten Materials kann schließlich auch unter dem Aspekt der Authentizität des in artifizielle Musik eingebrachten fremden Materials gesehen werden. Die Spannung zwischen Präsenz und Repräsentanz der Collage entspricht der zwischen Authentizität und Imitation, wie sie in Kagels *Exotica* oder *Kantrimiusik* ausgetragen wird. Gerade exotische Musik steht in dem Problemfeld fiktionaler und realer Authentizität.

Musik über Musik zu schreiben stellt nicht zuletzt auch den kompositorischen Versuch dar, den eigenen Standort im Gesamt musikalischer Erscheinungen zu bestimmen und schließt damit Reflexionen über Musik heute ein.

Literatur

Adorno, Theodor W.: *Philosophie der neuen Musik* (1948), Frankfurt 1972
Bose, Hans-Jürgen von: *Suche nach einem neuen Schönheitsideal,* in: DB XVII, Mainz 1978, S. 34–39
Boulez, Pierre: *Alea* (1957), in: *Werkstatt-Texte,* Frankfurt 1972, S. 100–113
Dahlhaus, Carl: *Vom Mißbrauch der Wissenschaft,* in: DB XVI, Mainz 1976, S. 22–32
Vom Einfachen, vom Schönen und vom einfach Schönen, in: DB XVII, Mainz 1978, S. 22–33
Dibelius, Ulrich: *Moderne Musik 1945–1965,* München 1966
Ligeti, György: *Pierre Boulez,* in: R 4, Wien 1958, S. 38–63
Wandlungen der musikalischen Form, in: R 7, Wien 1960, S. 5–17
Reich, Steve: *Music as a Gradual Process* (1968), in: *Writings about Music,* Halifax/New York/Berlin 1974, S.9–11 (dt. in dem Begleitheft zur Schallplattenkassette DG 2740 106)
Siegele, Ulrich: *Entwurf einer Musikgeschichte der 60er Jahre,* in: R. Stephan (Hrsg.): *Die Musik der 60er Jahre,* Mainz 1972, S. 9–25 (Veröffentlichungen des Instituts für neue Musik und Musikerziehung Darmstadt, Bd. 12)

Strukturelle Musik

Wolfgang Hufschmidt

Musik aus Zahlen

Prinzipien der musikalischen Formgestaltung in der seriellen Kompositionspraxis

Ein erheblicher Teil der kompositionstechnischen Bemühungen innerhalb der Musik der letzten 30 Jahre ist bestimmt durch ein serielles kompositorisches Denken. Die Auseinandersetzung mit der seriellen Kompositionsmethode hat dabei zu unterschiedlichen individuellen Lösungen geführt. Diese unterscheiden sich von dem, was man in den frühen 50er Jahren unter serieller Technik verstand, zwar grundlegend, sind dennoch aber ohne die „Erfindung" dieser Kompositionsmethode und des damit verbundenen Ansatzes, in Musik zu denken, kompositorisch nicht möglich gewesen und analytisch nicht erklärbar.

Ich weiß wohl, was ich damit sage; denn mit der gleichen vatermörderischen Rigorosität, mit der Boulez einst mit dem Satz *Schönberg ist tot – es lebe Webern!* das neue kompositorische Denken propagierte, wurde es bereits wenige Jahre später angegriffen.

So wurde die Musik der 60er Jahre mit dem Etikett einer postseriellen belegt und galt (und gilt) als eine, die sich vom Zwangscharakter des starren seriellen Konzeptes befreit hat. Betrachtet man die derart apostrophierten Werke jedoch genauer, so fällt auf, daß in den letzten 15 bis 20 Jahren zwar kaum Werke entstanden sind, die im orthodoxen Sinne als seriell zu bezeichnen wären, wohl aber solche, die höchst bemerkenswerte Erfahrungen aus der seriellen Kompositionsmethode in ein neues kompositionstechnisches Konzept eingebracht haben.

Wollte man zusammenfassen, was die offensichtliche Faszination dieses seriellen kompositorischen Ansatzes ausmacht, so müßte man

a) die Intention nennen, eine Komposition integral oder ganzheitlich zu disponieren (darin setzt sich historisch das Schönbergsche Konzept fort, mit Hilfe der Reihentechnik Vertikale und Horizontale zu integrieren) und

b) die Methodé, solche „Ganzheitlichkeit" durch die Möglichkeit zu realisieren, alle Aspekte der musikalischen Komposition aus einer gemeinsamen Zahlenformel abzuleiten.

Die Zahlen fungieren in diesem Falle als Instrument der Verallgemeinerung: was auf der Ebene eines musikalischen Parameters konkrete und sinnlich wahrnehmbare Struktur ist, wird durch Zahlen abstrahiert und auf einen anderen komponierten Parameter „transponierbar".

Im folgenden soll der Versuch unternommen werden, zwei neuere Kompositionen aus diesem kompositionsgeschichtlichen Kontext heraus zu erklären. Ohne diese ins einzelne gehend zu analysieren, soll paradigmatisch auf zentrale kompositionstechnische Aspekte verwiesen werden. Verfolgt werden dabei zwei historische Linien (die natürlich nicht so eindeutig voneinander abgrenzbar sind, wie es in der stark vereinfachten Darstellung erscheinen mag); eine serielle Entwicklungslinie führt von Messiaen über Boulez zu Xenakis und eine andere von Webern zu Stockhausen.

I Messiaen – Boulez – Xenakis

Betrachtet man die berühmt gewordene serielle oder vor-serielle Kompositionsstudie *Mode de valeurs et d'intensités* von Olivier Messiaen aus dem Jahre 1949, so ist das historisch Innovatorische der darin praktizierten Kompositionsmethode ebenso rasch beschrieben wie deren Schwäche – im Nachhinein – deutlich wird.

Die Komposition basiert bekanntlich auf drei Reihen oder modi, deren Abläufe identisch mit den drei realen Stimmen des Klavierstücks sind. Die einzelnen Töne der drei Reihen sind hinsichtlich ihrer Oktavlage, ihrer Dauer, ihrer Dynamik und ihrer Anschlagsform (Artikulation) ein für allemal (also während der gesamten Komposition) punktuell (also Ton für Ton) kompositorisch unveränderbar definiert und damit klanglich immer gleich charakterisiert; Transpositionen oder andere Reihenformen kommen nicht vor. Die Etüde spult die drei Reihen ohne Pause oder irgendeine andere, den Gesamtablauf gliedernde kompositorische Maßnahme ab.

Die kompositorische Realisation der Reihendisposition beschränkt sch auf die Permutation des Reihen-Reservoirs und deren stets wechselnde vertikale Kombination. Diese ist vorprogrammiert in der proportional unterschiedlichen Gesamtdauer der drei Reihenabläufe:

Reihe (modus) und Stimme	rhythmischer Basiswert	Gesamtdauer des Reihenablaufs	in Proportionen
I	𝅘𝅥𝅰 × 1, 2, 3 . . . 12	39 𝅘𝅥𝅰	1
II	𝅘𝅥𝅯 × 1, 2, 3 . . . 12	39 𝅘𝅥𝅯	2
III	𝅘𝅥𝅮 × 1, 2, 3 . . . 12	39 ♩	4

Die Gegenüberstellung der von Messiaen im Vorwort der Komposition beigegebenen Reihendisposition und der ersten 10 Takte der kompositorischen Realisation macht das Verfahren deutlich:

Bsp. 1 Messiaen *Mode de valeurs et d'intensités* (1949)

a) Disposition

b) Kompositorische Realisation (T. 1–10)

Mit frdl. Genehmigung des Originalverlags Editions Durand & Cie, Paris.

Die Schwächen der hier von Messiaen zum ersten Mal angewandten Methode liegen auf der Hand: klangliche Inflexibilität und formale Indifferenz. Das Messiaensche Klavierstück ist genaugenommen nicht mehr als die beliebige (und von jedermann auch anders reproduzierbare) Realisation einer Materialdisposition. Das musikalische Material wird weniger kompositorisch vermittelt als statistisch angeordnet, die musikalische Form ist nichts anderes als die beliebig gewählte Gesamtdauer dieser vordisponierten Reihenabläufe.

Ein weiteres Beispiel (*Livre d'orgue Nr. 1*) aus dem Jahre 1951 mag verdeutlichen, wie Messiaen selbst seine Methode korrigiert hat:

a) Prozeß anstelle von Anordnung

Die Orgelkomposition basiert wie die Klavieretüde auf drei Stimmen, die jedoch – anders als im Klavierstück – grundsätzlich nur einstimmig auftreten. Diese drei Stimmen sind – abgesehen von ihrer obligaten Bindung an eine bestimmte Orgelregisterfarbe – gekennzeichnet durch einen jeweils charakteristischen rhythmischen Prozeß.

Die Komposition exponiert drei indische Rhythmen, die mit jeder Wiederholung wie folgt verändert werden:

Rh. a: schematische Addition eines 𝅘𝅥𝅯-Wertes pro Ton und Wiederholung
Rh. b: schematische Subtraktion eines 𝅘𝅥𝅯-Wertes pro Ton und Wiederholung
Rh. c: konstant gleiche Wiederholung des exponierten Rhythmusmodells.

Nach 6 Durchführungen (5 Wiederholungen des Rhythmus-Motivs) hat sich das a-Motiv, bestehend aus 3 Tönen bzw. Dauern, um 5 mal 3 𝅘𝅥𝅯 vergrößert; das b-Motiv, bestehend aus 3 Tonhöhen mit vier Dauern (eine Ton-Repetition), um 5 mal 4 𝅘𝅥𝅯 verkleinert, während das c-Motiv seine Grunddauer von 𝅘𝅥‿𝅘𝅥𝅯, verteilt auf 6 Töne und Dauern, beibehält.

Die genaue kompositorische Disposition dieses rhythmischen Prozesses geht aus der Darstellung in Bsp. 2.1 hervor (S. 28).

b) Formdisposition

Die Komposition besteht aus vier bzw. zwei mal zwei Formteilen. Nach Beendigung des beschriebenen rhythmischen Prozesses – die End-Gesamtdauer von Motiv b ist bis auf ein 𝅘𝅥𝅯 zur Ausgangs-Gesamtdauer von Motiv a geworden und umgekehrt – folgt ein zweiter Formteil, in dem mit Hilfe des Permutationsprinzips „von außen nach innen" die motivische Struktur des ersten Formteils aufgelöst wird. In diesem Sinne verhält sich der zweite Formteil zum ersten wie die Durchführung zur Exposition. Nach Abschluß dieses Verfahrens erfolgt der Rücklauf des bisher Abgehandelten als Formteil drei und vier (Bsp. 2.2, S. 29).

Die beschriebene formale Strukturierung ist in der – bisher noch nicht berücksichtigten – Tonhöhendisposition der Komposition gleichsam vorprogrammiert: Zugrunde liegt die Spezialform einer Allintervall-Reihe, eine Fächer-Reihe. Diese Fächer-Reihe wird ihrer besonderen Beschaffenheit wegen in der neueren Musik häufiger verwendet. Liest man im Beispiel 2.3, S. 30 unter a) den Tonhöhenverlauf im Sinne der nach oben gehalsten Notenköpfe, so entsteht der Prototyp einer intervallischen Expansion vom kleinsten Intervall zum größten; liest man hingegen im Sinne der nach unten gehalsten Notenköpfe, so entsteht der Prototyp einer symmetrischen Reihe: die zweite Reihenhälfte ist der Krebs der ersten. Die beiden Struktur-Typen widersprechen einander: der erste „bedeutet" ständige Steigerung der Intensität auf ein intendiertes Ziel hin, der zweite Rückkehr zum Ausgangspunkt. Auf diesem dialektischen Widerspruch basiert der Gebrauch der Fächer-Reihe in Nonos *Il canto sospeso.* Dabei wird das Tonhöhen-Prinzip auf alle Aspekte der Komposition übertragen: Der Gesang der Menschen in *Il canto sospeso* ist einer der Hoffnung und Verzweiflung zugleich. Die Bewegung auf ein Ziel hin schlägt immer wieder um in die Wiederholung der Ausgangssituation. Es ist hier nicht der Platz, um im einzelnen auszuführen, wie Nono in dieser Kantate seine politisch-ästhetische Position in der konsequent seriellen Materialbehandlung vermittelt hat; als Beispiel in diesem Zusammenhang sei die serielle Disposition des Parameters Dynamik, abgeleitet aus dem Tonhöhen-Fächerprinzip (bei Nono im Gegensatz zu Messiaen mit

Bsp. 2.1 Messiaen *Livre d'orgue* Nr. 1 (1951)

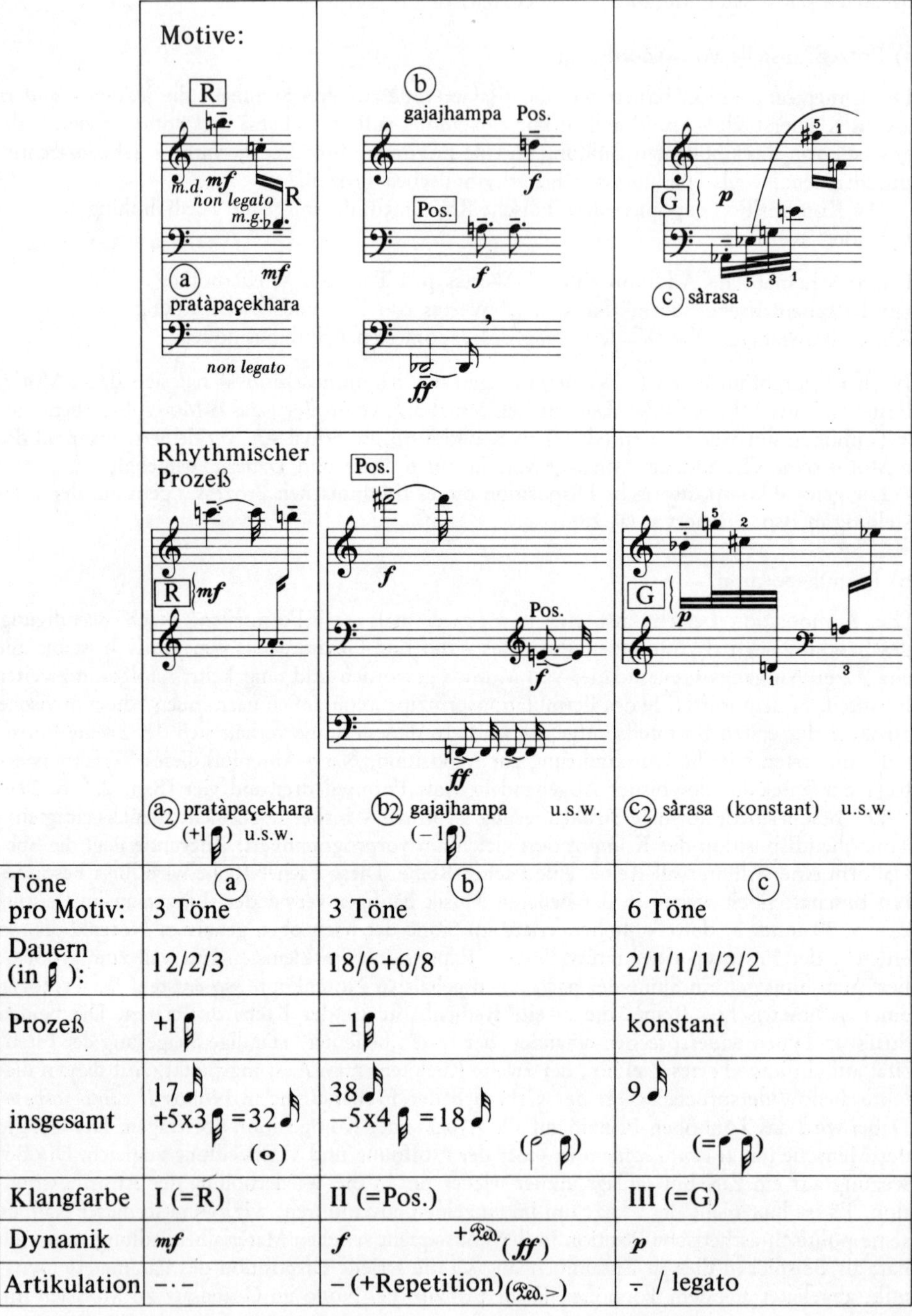

Töne pro Motiv:	(a) 3 Töne	(b) 3 Töne	(c) 6 Töne
Dauern (in):	12/2/3	18/6+6/8	2/1/1/1/2/2
Prozeß	+1	–1	konstant
insgesamt	17 +5x3 =32 (o)	38 –5x4 =18	9 (=)
Klangfarbe	I (=R)	II (=Pos.)	III (=G)
Dynamik	*mf*	*f* + Ped. (*ff*)	*p*
Artikulation	–·–	– (+Repetition) (Ped.>)	/ legato

Bsp. 2.2 Formdisposition

Original		Rücklauf	
A	B (Dfg. „von außen nach innen")	B im Krebs	A im Krebs
$a_1 \rightarrow a_6$ $b_1 \rightarrow b_6$ $c_1 \rightarrow c_6$ 6 mal 3 Motivdurchführungen insgesamt 6 Reihendfg. insgesamt 6 Dauern: (in 𝅘𝅥𝅯): 1 2 3 6 12 18 (= Proportion 1:2:3, augmentiert mal 6)	$\frac{a_1}{b_6}$ $\frac{b_1}{a_6}$ $\frac{c_1}{c_6}$ ⟶ $\frac{a_3}{b_4}$ Auflösung der Motive in Einzeltöne: $a_{1.1}$* $a_{1.2}$ (usw.) ⟶ $a_{3.3}$ $b_{6.3}$ $b_{6.2}$ (usw.) ⟶ $b_{4.1}$ *$a_{1.1}$ = 1. Ton der 1. ⓐ-Dfg. usw.	$\frac{a_3}{b_4}$ ⟶ $\frac{a_1}{b_6}$ $a_{3.3} \rightarrow a_{1.1}$ $b_{4.1} \rightarrow b_{6.3}$	$a_6 \rightarrow a_1$ $b_6 \rightarrow b_1$ $c_6 \rightarrow c_1$

dem Ton a beginnend), angeführt. Aus 6 dynamischen Grundwerten wird eine Skala von 12 unterschiedlich intensiven crescendi und/oder decrescendi abgeleitet, die in der Komposition als seriell differenzierter dynamischer Gestus fungieren. Im übrigen liegt bekanntlich der *Lyrischen Suite* von Alban Berg eine espressiv-fächerförmige Disposition der 6 (!) Sätze zugrunde – mit allerdings umgekehrter „Bedeutung" wie bei Nono. Das folgende Beispiel stellt die drei Vorgänge gegenüber:

Bsp. 2.3

a) Tonhöhen-Fächerreihe bei Messiaen

b) Übertragung auf eine Skala von 6 statischen und 12 „dynamischen" Dynamik-Werten in *Il canto sospeso* von Nono

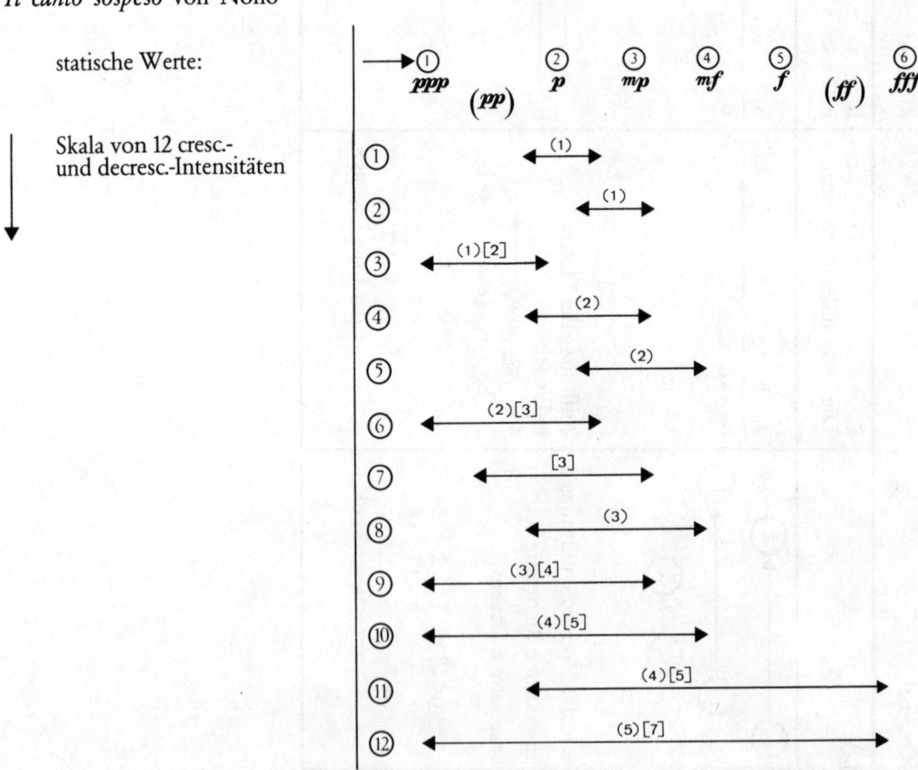

c) Fächerförmige Disposition der 6 Sätze der *Lyrischen Suite* von Alban Berg

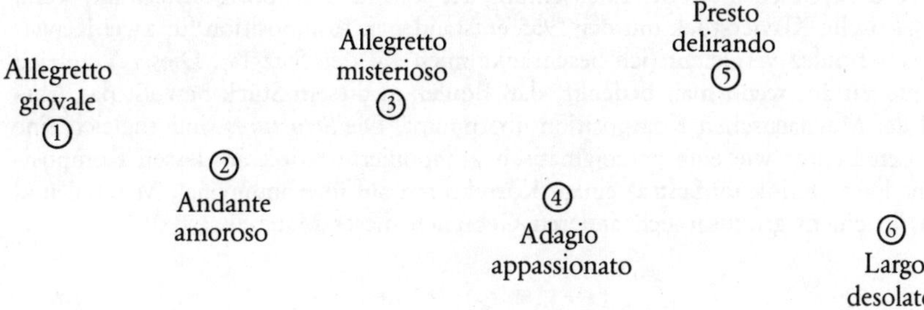

Das Fächerprinzip der dem Messiaen-Beispiel zugrunde liegenden Reihe wird gleichsam von Messiaen nach außen auf die Gesamtform projiziert:

a) die Komposition spiegelt in ihrer Rückläufigkeit die der Tonhöhenreihe (Krebs-Form der Fächer-Reihe);
b) das Permutationsprinzip des B-Teils überträgt das tonräumliche Intervallprinzip (von hinten nach vorne gelesen: höchster Ton – tiefster Ton, zweithöchster Ton – zweittiefster Ton usw.) auf das zeiträumliche Verschränkungsprinzip (erster Ton – letzter Ton, zweiter Ton – vorletzter Ton usw.) und spiegelt so die „gerichtete" Form der Fächer-Reihe.

Im übrigen werden die 6 der der Komposition zugrunde liegenden Reihendurchführungen so permutiert, daß ihr vorgegebener Allintervallcharakter zunehmend aufgelöst wird und in der letzten Durchführung das Intervall-Reservoir um die Hälfte auf 6 schrumpft.

Der kompositionstechnische „Fortschritt" vom 1. zum 2. Beispiel ist evident. Noch deutlicher aber wird die „Geschichte" der Entwicklung der seriellen Kompositionstechnik, wenn man das Messiaensche Klavierstück mit der 1955 entstandenen Komposition für zwei Klaviere *Structures* von Boulez vergleicht (ich beschränke mich auf den Satz Ia). Dieser Vergleich bietet sich geradezu an, wenn man bedenkt, daß Boulez in diesem Stück bewußt das Ausgangsmaterial der Messiaenschen Komposition übernimmt. Die *Structures* sind zugleich eine hommage an den Lehrer wie eine paradigmatisch komponierte Kritik an dessen Kompositionsverfahren. Diese Kritik umfaßt a) einige Korrekturen am übernommenen Material und äußert sich b) in einem grundsätzlich anderen Gebrauch dieses Materials.

Zu a):

1. Boulez erweitert die Messiaensche Skala von 7 dynamischen Werten um 5 auf die orthodox komplette Zahl 12.
2. Er modifiziert die 12 Messiaenschen Artikulations-Formen (um sie klavier-praktischer zu machen).
3. Er löst den Reihenablauf der Tonhöhen aus seiner Bindung an die Oktavlagen und definiert damit den „neuen" seriellen Parameter Tonort.
4. Er wählt von den drei Messiaenschen modi nur einen als Reihe aus und handelt diese in 47 Durchführungen mit Transpositionen und modi (im reihentechnischen Sinne) ab.

Zu b): Die punktuelle Ton-für-Ton-Bestimmung der Messiaenschen Komposition wird aufgelöst und auf ganze Formverläufe projiziert:

1. Die einzelnen Reihen werden durch Reihenform wie gemeinsame Dynamik und Tonform (Artikulation) als ein zusammenhängender Tonhöhenverlauf gekennzeichnet.
2. Der Gesamtverlauf der Komposition wird als gegliederte – seriell gekennzeichnete – Form komponiert: *Structure Ia* besteht aus 14 Reihenabläufen mit einer jeweils periodischen Dauer von 39 𝅘𝅥𝅰. Diese 14 Reihenabläufe werden zu 11 Teilen zusammengefaßt; jeder Formteil besteht aus 1, 2 oder 3 Reihenperioden. Eine zusätzliche Kennzeichnung dieser Formteile erfolgt durch den kontrastierenden Gebrauch von drei Tempi:

𝅘𝅥𝅰 = 120, ♪ = 120, ♪ = 144.

Bsp. 2.4 Permutation der Tonhöhenfolge

Die eingekreisten Zahlen geben die Permutation bezogen auf die Reihenfolge der Ausgangsreihe an; die unter den Tonhöhen geschriebenen Zahlenpaare verdeutlichen den symmetrischen Charakter der Reihe; dabei bedeuten die eingeklammerten Zahlen immer den Stellenwert der komplementären Halbreihe.

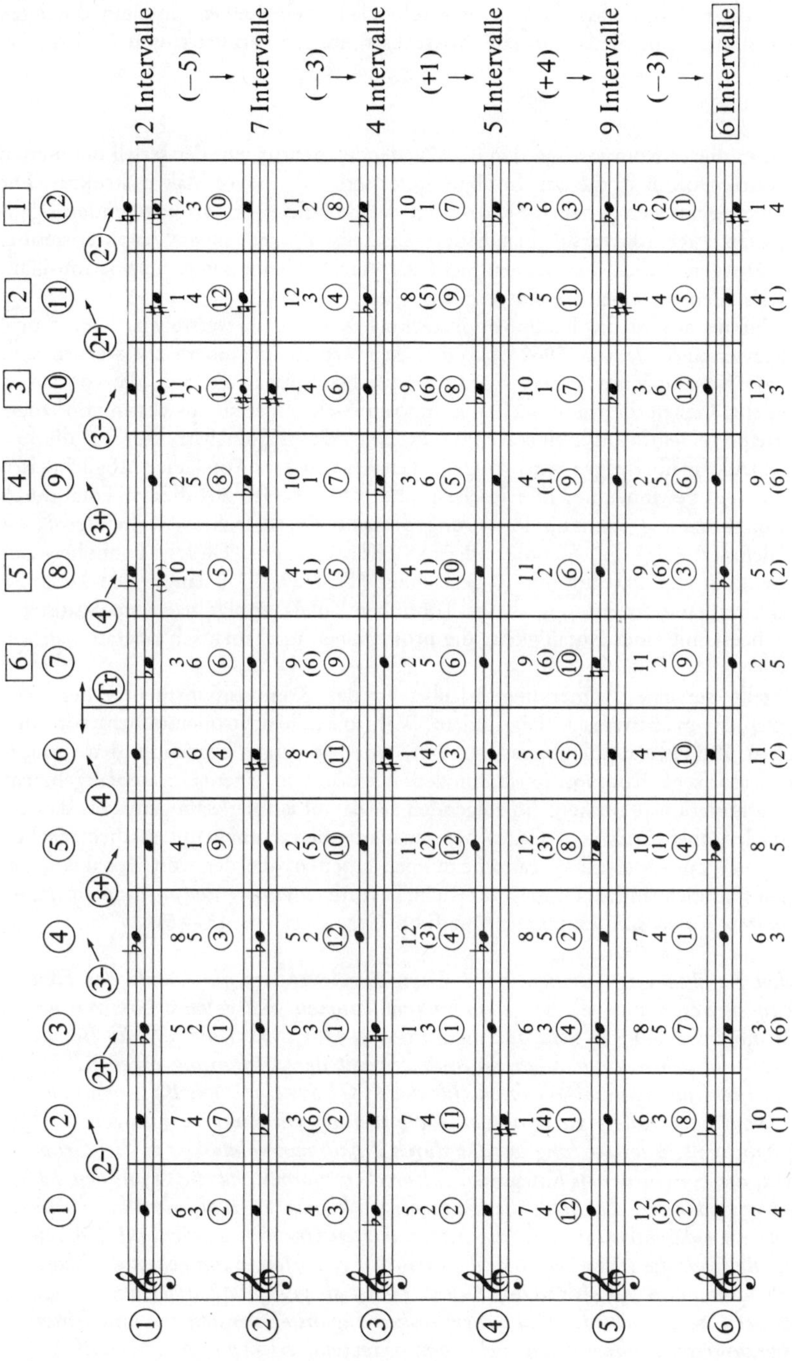

12 Intervalle

(−5) →

7 Intervalle

(−3) →

4 Intervalle

(+1) →

5 Intervalle

(+4) →

9 Intervalle

(−3) →

6 Intervalle

3. In den einzelnen Formteilen werden unterschiedlich viele Reihen simultan durchgeführt; hieraus resultiert eine Skala von ein- bis sechsstimmigen Satzstrukturen (s. Bsp. 3).

Boulez vollzieht in dieser Komposition den entscheidenden Schritt von der seriell definierten punktuellen Mikro-Struktur in die aus ihr abgeleitete, seriell definierte Makro-Struktur. Die von Messiaen übernommenen seriellen Skalenwerte werden gleichsam als augmentierte ganzen Reihenabläufen zugeordnet; sie dienen der musikalisch-klanglichen Charakterisierung von Tonhöhen-Mengen. Seriell definiert ist nicht der einzelne Ton, sondern seine musikalische Funktion als Element einer Gesamtgestalt.

Von diesem Ansatz aus ist die Kompositionstechnik Xenakis' zu verstehen, für die beispielhaft das Klavierstück *Herma* (1960/61) auf diesen Aspekt hin untersucht werden soll. Die Methode von Xenakis kann in aller Kürze beschrieben werden als eine, die von außen nach innen vorgeht. Gehen die traditionellen kompositorischen Verfahrensweisen von einem Thema, einer Reihe, einem Motiv, einer Formel etc. aus, deren Binnenstruktur auf die formale „Außen"-Struktur übertragen wird, so geht Xenakis von dem Total aller Möglichkeiten des Materials aus und gewinnt mit Hilfe stochastischer Operationen aus diesem Total durch zunehmende Eingrenzung (gleichsam Filtrierungen) seine Einzelstrukturen. In *Herma* ist dieses Total definiert als die Summe aller 88 Klaviertasten. Dieses Tonhöhen-Gesamtreservoir wird in der Partitur mit R bezeichnet (T. 1–29, 67 ♩ lang). Die konkrete sukzessive und simultane Anordnung dieses Tonhöhen-Totals erfolgt nach stochastischen Methoden, das heißt mit einer Zufälligkeit, die professionell mathematisch operationalisierbar ist.

An dieser Stelle sei eine Anmerkung erlaubt: In der Kompositionstheorie der neueren Musik werden mathematisch begründete Wahrscheinlichkeitsoperationen von den kompositorischen Zufallsmanipulationen der Art, wie sie Cage begründet hat, unterschieden und aleatorische Kompositionsmethoden insgesamt in einen Gegensatz gebracht zu seriellen Determinationspraktiken. Im folgenden sei darauf aufmerksam gemacht, daß die unprätentiös spielerischen Praktiken Cages bei genauerer Betrachtung mit mathematischen Eingrenzungs- und „entweder-oder"-Entscheidungen arbeiten, die den von Xenakis angewandten durchaus ähnlich sind. Ich zitiere aus dem Text *Beschreibung der in Music for Piano 21–52 angewandten Kompositionsmethode* von John Cage (1957, S. 43–45):

> *Dann werden Zufallsmanipulationen von I-Ching abgeleitet, um die Anzahl der Töne für jede Seite zu bestimmen. Diesen Zufallsmanipulationen sind gewisse Grenzen gesetzt (1–128 mögliche Töne je Seite für die Stücke 21–36; 1–32 Töne je Seite für die Stücke 37–52), die sich aus der relativen Schwierigkeit der Ausführung ergeben.*
>
> *Münzen werden nun achtmal geworfen (für die 4 × 2 Systeme), um Baß- oder Violinschlüssel (Kopf oder Adler) zu ermitteln; diese werden mit Tinte eingetragen.*
>
> *Die 64 Möglichkeiten des I-Ching werden durch Zufallsmanipulationen in drei Gruppen eingeteilt, die verschiedenen Kategorien entsprechen: normal, das heißt auf den Tasten zu spielen; gedämpft, das heißt die anzuschlagende oder zu zupfende Klaviersaite mit dem Finger zu dämpfen; gezupft (die beiden letzten Gruppen werden auf den Saiten gespielt). Beispiel: die Nummern 6 und 44 wurden geworfen; dann gelten die Nummern 1–5 als normale, 6–43 als gedämpfte und 44–64 als gezupfte Klaviertöne. Es hat sich ein gewisses Übergewicht der Wahrscheinlichkeit zugunsten der zweiten und dritten Kategorie herausgestellt; obwohl das nicht sehr bedeutend erscheint, mag es doch auf*

Bsp. 3 Boulez *Structures (Ia)*: Formdisposition

	1	2.1	2.2	2.3	3	4.1	4.2	5	6	7	8	9	10	11
	♪ = 120	♪ = 144			𝅘𝅥𝅯 = 120	♪ = 144		♪ = 120	𝅘𝅥𝅯 = 120	♪ = 144	♪ = 120	♪ = 144	𝅘𝅥𝅯 = 120	♪ = 120
I	ffff sempre legato	mf legato sfz ♪	fff ♪ fff ord.		fff ord. quasi p ♪ quasi p sfz ♪	ff ♪	mf ord. (>) mf ♪	fff ord. (>)	pppp ppp leg. pp	mp leg.	mf leg. f ord. (>)	mf ♪ f ♪	mp ♪	pppp ppp ♪ pp
II	p quasi ord.	ppp ord. ppp ♪	quasi f ♪	f quasi legato	f quasi leg. fff ♪ fff ♪	quasi f ♪ sfz	ppp ord. (>) ppp poco sfz ♪		pp mf leg.	f pppp ♪	mp ppp leg.	mp ord. (>) ppp ♪	f ord.	pppp leg. pp leg. mf ♪

Dauer: pro 1-cm-Abschnitt = 39 𝅘𝅥𝅯
= Dauer einer Reihendurchführung

eine mögliche Änderung der „Technik“ (Kompositionsmethode) hinweisen. Nachdem die Kategorien festgelegt sind, werden Bezeichnungen neben den jeweiligen Noten vermerkt: M für „muted“ (gedämpft) und P für „plucket“ (gezupft).

Auf ähnliche Weise wird bestimmt, ob eine Note normal (♮), erhöht (♯) oder erniedrigt (♭) ist.

Damit ist die Aufzeichnung der Komposition abgeschlossen. Vieles ist nicht festgelegt; es bleibt der Aufführung vorbehalten. Deshalb wurde dem Manuskript folgende Anmerkung vorangestellt: „Diese Stücke sind in zwei Gruppen von je 16 aufgeteilt (21–36; 37–52), die entweder einzeln oder alle gespielt werden können, gleichzeitig mit der Music for piano 4–19, oder nicht. Die Zeitdauer der Stücke ist unbestimmt; es bleibt freigestellt, ob sie von Pausen getrennt werden, oder nicht; sie können sich überschneiden, wenn z. B. 21–36 auf einem Klavier und 37–52 gleichzeitig auf einem anderen Klavier gespielt werden, oder wenn ein begabter Pianist eine Kombination aus diesen Stücken gleichzeitig zu spielen vermag. Ausgehend von einer vom Programm vorbestimmten Zeitdauer können die Pianisten ihr Spiel so kalkulieren, daß ihr Konzert die gegebene Zeit ausfüllt. Die Dauer der einzelnen Töne und die Lautstärken sind freigestellt.

Das der Komposition *Herma* zugrunde liegende Tonhöhen-Total wird in den Takten 1–29 in stochastisch ermittelter Anordnung (simultan und sukzessiv) exponiert und erfährt analog zur Tonhöhendisposition eine globale Definition von Dynamik und Dichte. Mit dem crescendo vom *ppp* bis zum *fff* wird der Rahmen des dynamischen Totals durchschritten und in einem auskomponierten accelerando (♩ = 104 bis ♩ = 120) mit Verdichtung der rhythmischen Faktur das rhythmische Material in einer Art von glissando-Stellung vorgestellt.

Bsp. 4.1 Formteil I: Exposition der Gesamtmenge

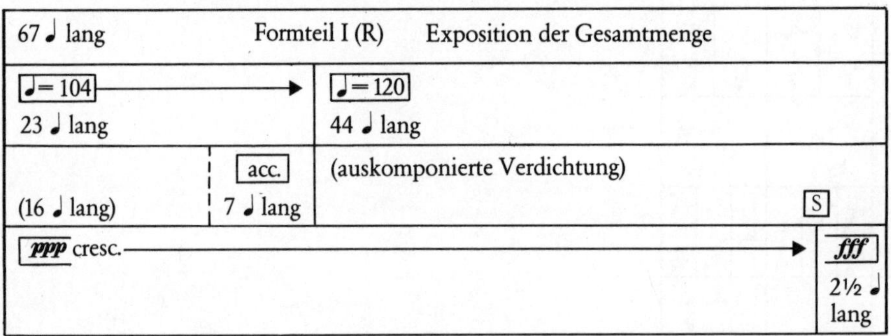

Mit A (S. 3) beginnt der 2. Teil der Komposition. Dieser ist bestimmt durch die Exposition von Auswahlmengen aus dem vorangestellten Total: Die mit A, B und C bezeichneten Strukturen sind – mathematisch gesprochen – Teilmengen aus [R], jeweils charakteristische Selektionen aus dem gesamten Tonhöhenmaterial. Jeder Teilmengen-Struktur korrespondiert deren „negatives“ Komplement, das in der Partitur mit $\bar{A}$, $\bar{B}$, $\bar{C}$ bezeichnet ist. Mathematisch ausgedrückt handelt es sich dabei jeweils um die Menge der Töne, die in der zuvor selektierten Teilmenge *nicht* enthalten sind.

Musikalisch gesprochen ist der 2. Formteil der Komposition die Exposition von drei „thematischen“ Tonhöhenmengen in der paarweisen Korrespondenz zu deren „Umkehrung“. Die nebenstehende Darstellung veranschaulicht deren zeitlich-formale Proportionierung sowie die in Pausen auskomponierten Zäsuren zwischen den einzelnen Tonhöhenkomplexen:

Bsp. 4.2 Formteil II: Expositionen der Teilmengen

	II (106 o· lang)										
Teilmengen:	A (43 o·)			B (37 o·)				C (26 o·)			
Teilmengen + „Komplemente“:	A		Ā	B		B̄		C		C̄	
Pausen in ♩ :		2			4		2		1		3
Dauern in o· :	30		11	22		9		8		14	
Dynamik der Teilmengen:	***ff***			***f***				***ff***			
Dynamik der „Komplemente“:	***pp***			***pp***				***ppp***			
Interne Strukturierung durch Dichte-Strukturen:	***ff*** / ***ff pp*** / ***ff*** / ***ff pp***		sempre ***ff***	***f*** / ***f pp*** / ***f*** / ***pp***	***f pp*** / ***pp***	sempre ***ff***		***ppp*** / ***ppp ff***		sempre ***ff***	
	a / b / a / b		(a)	a / b / a / c	b / c	(a)		b / a		(a)	

Um den 3. Teil der Komposition (S. 12 bis Ende) anschaulich beschreiben zu können, der – musikalisch gesprochen – ein durch weitere mathematische Auswahl- und Kombinationsoperationen bestimmter Durchführungsteil ist, versuche ich im folgenden, eine modellhaft verkürzte Darstellung der mathematisch-kompositorischen Methode zu geben. Ich wähle anstelle des Ausgangstotals aus 88 Tonhöhen das überschaubarere aus den 12 chromatischen Halbtönen und führe die wesentlichsten Operationen, wie sie in *Herma* vorkommen, an diesem reduzierten Material durch. Die Teilmengen A, B und C sind dabei von mir willkürlich als c-phrygisch, c-lydisch und cis-dorisch definiert. Zunächst seien die Operationen des 2. Formteils in der sinngemäßen Übertragung dargestellt.

Bsp. 4.3 Reduziertes Tonhöhen-Modell

Zum Verständnis der Operationen des 3. Formteils seien für den in den Begriffen der mathematischen Mengenlehre ungeübten Leser die von Xenakis verwendeten Symbole erklärt:

1. nebeneinandergestellte Buchstaben bedeuten die Schnittmenge aus zwei Teilmengen: AB enthält also nur die Töne, die sowohl in A als auch in B enthalten sind,

2. durch +-Zeichen verbundene Buchstaben bedeuten die Vereinigungsmenge aus zwei Teilmengen:
A + B enthält alle Töne aus A und B (mathematisch gesprochen: A *oder* B);

3. der Querstrich über mehreren Buchstaben bedeutet die ausschließende Restmenge der durch die Buchstabenkombination ausgedrückten Teil- und/oder Vereinigungsmenge, z.B.: AB + $\overline{A}\,\overline{B}$ enthält alle Töne, die in der Vereinigungsmenge aus den Schnittmengen AB und deren Negation $\overline{A}\,\overline{B}$ *nicht* enthalten sind.

Ich beschränke mich bei der Aufzählung der von Xenakis im 3. Formteil angewandten Operationen in der von mir vorgenommenen, schematisch modellhaften Reduzierung auf diejenigen, die aus der Kombination von Teil- und Vereinigungsmengen sowie deren Negation bestehen und lassen deren (durch +-Zeichen gegebene) vereinigende Kombinationen weg, da sie einfache Summenbildungen darstellen, die der Leser selbst bilden kann, und folge in der Reihenfolge der Darstellung nicht der Komposition. Im übrigen sei bemerkt, daß bei der von mir willkürlich vorgenommenen Reduzierung des Gesamt-Tonhöhentotals und den ebenso willkürlich definierten Teilmengen in der Modell-Darstellung in einigen Fällen kein Ergebnis zustande kommt (in der nebenstehenden Liste jeweils durch * bezeichnet).

Bsp. 4.4 Modellhafte Darstellung der Tonhöhen im 3. Formteil

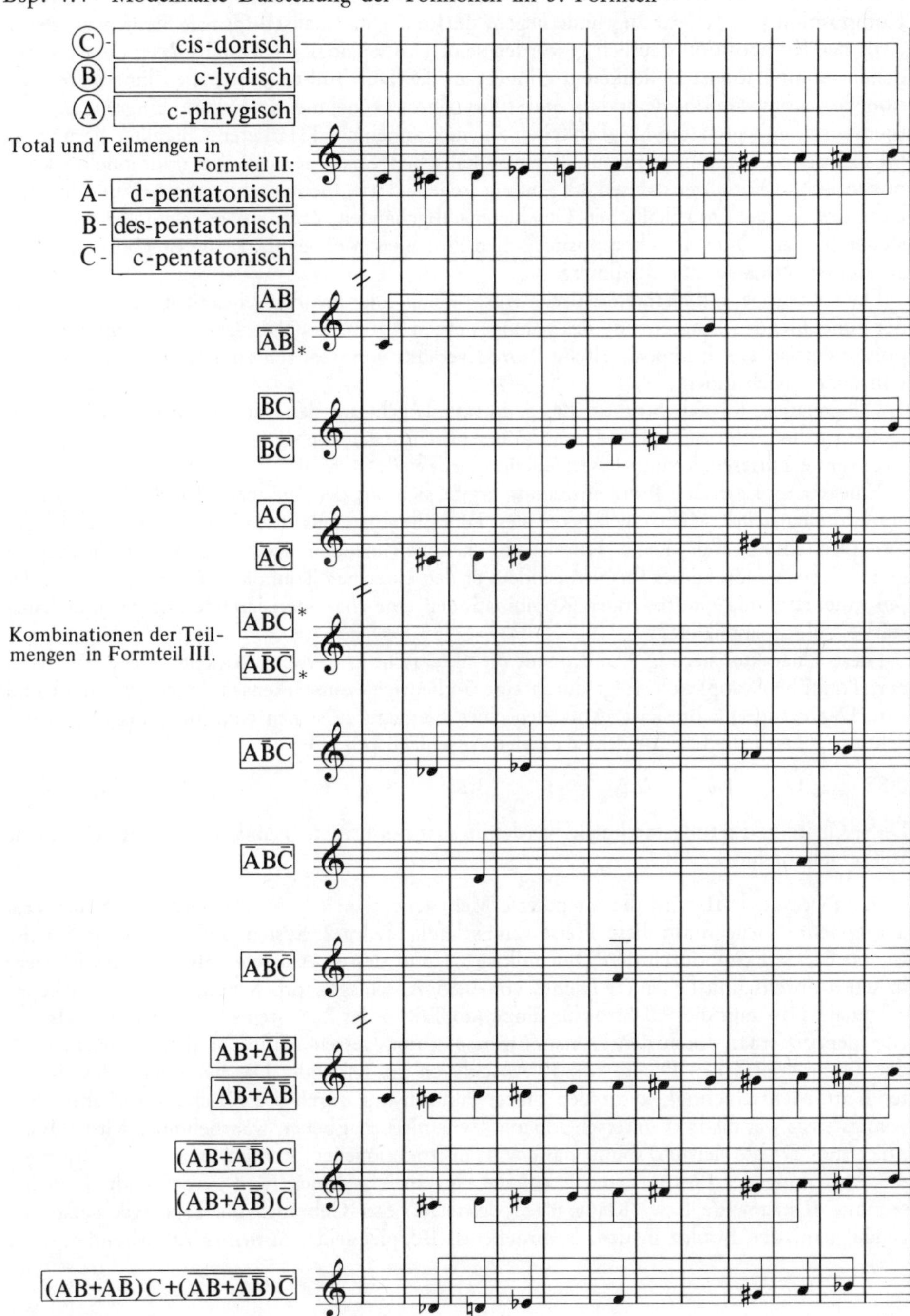

Nach dieser vereinfachten Darstellung der mathematischen Operationen, die der Tonhöhen-Komposition von *Herma* zugrunde liegen, dürfte der musikalisch-formale Stellenwert des 3. Teils der Komposition deutlich geworden sein. Das kataloghafte Durchspielen der verschiedenen Kombinationsmöglichkeiten erinnert an das Durchführungsverhalten innerhalb traditioneller Kompositionsmethoden und führt durch zunehmend stärkere Eingrenzung der theoretisch unbegrenzten Möglichkeiten zu einer zunehmend stärkeren Charakterisierung der musikalischen Tonhöhenstruktur. Die musikalischen Charaktere, die bei traditionellen kompositorischen Verfahrensweisen am Anfang stehen, dort „thematisch" exponiert und im Verlaufe des weiteren musikalischen Geschehens abgehandelt, erweitert oder aufgelöst werden, stehen hier am Ende eines kompositorischen Prozesses, werden als dessen Ergebnis und nicht als dessen Voraussetzung definiert.

Die eindeutige und charakteristische Ausprägung einer musikalischen Struktur entsteht aus der zunehmenden Eingrenzung des vorangestellten Totals, das als solches undeterminiert und polyvalent ist. Der kompositorische Prozeß verläuft vom Ganzen zum Einzelnen, gleichsam von außen nach innen.

Die genauere formale Struktur des 3. Formteils geht aus der Darstellung Bsp. 4.5 hervor. Dabei ist die großformale Gliederung in der horizontalen Richtung zu lesen und die binnenstrukturale Differenzierung dieser Gliederung jeweils vertikal.

Eine kompositorische Problemstellung ergibt sich aus der Tatsache, daß die Komposition eine „thematische" Mehrschichtigkeit des Tonhöhenmaterials intendiert, das Klavier zu deren Darstellung aber keine hinreichend kennzeichnenden Klangfarbenunterscheidungen kennt. Xenakis löst dieses Problem, indem er den einzelnen Tonhöhen-Teilmengen bzw. deren „mehrstimmig" auftretenden Kombinationen eine charakterisierende Dichte- und Lautstärkestruktur appliziert.

Diese Charakterisierung – und damit die akustische Unterscheidbarkeit – der verschiedenen Tonhöhenkomplexe erfolgt durch eine 5-gliedrige Lautstärkenskala von *ppp* bis *fff* und eine 12-gliedrige Dichteskala (Auftreten eines Elements in seinen einzelnen Anschlägen pro Sekunde, das heißt bei ♩= 180 Zahl der Anschläge pro 𝅗𝅥.):

0,85 1 1,8 2,5 3 3,3 5 6 9 10 12 20

Diese Charakterisierungsmerkmale werden in den Formteilen II und III auf unterschiedliche Weise gebraucht.

1. In Formteil III wird die intendierte Mehrschichtigkeit bzw. die Vereinigung mehrerer Tonhöhenteilmengen auf diese Weise veranschaulicht. Im 2. System auf S. 12 beispielsweise ist die BC-Struktur durch den Dynamikwert *f* und dessen Auftreten als einzelnes Element in einer durchschnittlichen (!) Dichte von 0,85 Anschlägen pro Sekunde bzw. 𝅗𝅥. gekennzeichnet. Tritt nun die AB-Struktur hinzu (ab Takt 3 des 2. Systems), so wird diese als solche identifizierbar durch den Dynamikwert *ppp* und dessen Auftreten als Einzelelement in der durchschnittlichen Dichte von 10 Anschlägen pro Sekunde. Das heißt aber, daß die intendierte Mehrschichtigkeit für den Hörer faktisch nur durch das Mischungsverhältnis von wenigstens zwei distinkt unterscheidbaren dynamischen Ebenen wahrnehmbar wird. Dynamik und Dichte leisten somit das, was in traditionellen kompositorischen Vorgängen die Aufteilung der Gesamtstruktur auf die einzelnen Stimmen (und deren Bindung an bestimmte Instrumente bzw. Klangfarben) leistet. Dieser Gebrauch der Dynamik entspricht genau dem, den Boulez in dem besprochenen Beispiel seiner *Structure Ia* anwendet.

Bsp. 4.5 Formteil III („Durchführung“)

III (70 o· lang)							
① 8 o· lang	② 11,5 o· lang		③ 17,5 o· lang	④ 21,5 o· lang		⑤ 7,5 o· lang	⑥ 5 o· lang
Abschnitte 1-3	**Abschnitte 1-6**	1,5 o· Pause	**Abschnitte 1-12**	**Abschnitte 1-10**	0,5 o· Pause	**Abschnitte 1-5**	**1 Abschnitt**
1.1/ 2,5 o· AB/ *ppp*	2.1/ 2 o· $AB+\bar{A}\bar{B}$/ *ppp*		3.1/ 2 o· $(AB+\bar{A}\bar{B})C$/ *ff*	4.1/ 3,5 o· $(A\bar{B}\bar{C})$ $+\bar{A}\bar{C}$ ($\frac{fff}{f}$)		5.1/0,5 o· (wie 3.9)	(5 o·) $(AB+\bar{A}\bar{B})C$ + $(\overline{AB+\bar{A}\bar{B}})\bar{C}$ (=F) *sempre fff*
Pause/ 2 o·	2.2/0,5 o· $\bar{A}\bar{B}+AB$ (*ppp*)		3.2/ 0,5 o·/ +BC *ff*/*f*	4.2/ 1 o· $\overline{(AB+\bar{A}\bar{B})}C$/ *ppp*		5.2/ 2 o· $+(AB+\bar{A}\bar{B})C$ $\frac{ppp}{ff}$	
1.2/ 1,5 o· BC/ *f*	2.3/ 1 o· +BC/ $\frac{ppp}{f}$		3.3/ 0,5 o·/ (wie 3.1)	Pause/ 2 o·		5.3/ 1 o· (wie 3.9)$+A\bar{B}\bar{C}$ $\frac{ppp}{fff}$	
1.3/ 2 o· +AB/ $\frac{f}{ppp}$	2.4/ 1,5 o· +ABC $\frac{ppp}{fff}$		3.4/ 0,5 o·/ $+\bar{B}\bar{C}$ *ff*/*f*	4.3/ 2 o· (wie 5.12) (*fff*)		5.4/ 2 o· $(AB+\bar{A}\bar{B})\bar{C}$ $+\bar{A}\bar{B}\bar{C}$ $\frac{ppp}{fff}$	
	Pause/ 2 o·		3.5/ 2 o· $\bar{B}\bar{C}$/*f*	Pause/ 1 o·		5.5/ 2 o· (wie 3.9) aber: *ff*	
	2.5/ 1 o· (wie 2.1)		3.6/ 1 o· $+\overline{AB+\bar{A}\bar{B}}$ $\frac{f}{ppp}$	4.4/ 1,5 o· (wie 3.9) (*ppp*)		Pause/ 4 o·	
	2.6/ 2 o· $\bar{A}\bar{B}C$/ *fff*		3.7/ 1 o· (nur) $\overline{AB+\bar{A}\bar{B}}$ (*ppp*)	4.5/ 1,5 o· $+(AB+\bar{A}\bar{B})C$ $\frac{ppp}{ff}$			
			3.8/ 2 o· $+A\bar{B}\bar{C}$ $\frac{ppp}{fff}$	4.6/ 0,5 o· (wie 3.9) (*ppp*)			
			3.9/ 1 o· $(\overline{AB+\bar{A}\bar{B}})\bar{C}$/ *ppp*	Pause/ 1 o·			
			3.10/ 1 o· $+(AB+\bar{A}\bar{B})C$/ $\frac{ppp}{ff}$	4.7/ 2 o· $\bar{A}\bar{C}$/ *f*			
			3.11/ 5 o· (wie 3.9) (*ppp*)	4.8/ 1,5 o· $+A\bar{B}\bar{C}$ $\frac{f}{fff}$			
			3.12/ 1 o· $A\bar{B}\bar{C}$ *fff*	4.9/ 1,5 o· (wie 4.7) (*f*)			
				4.10/ 2 o· $+\bar{A}\bar{B}\bar{C}$/ $\frac{f}{fff}$			

2. In Formteil II wird dieser charakterisierende Gebrauch der Parameter Dynamik und Dichte mit anderer Funktion vorweggenommen. Die Teilmengen A, B und C treten in ungemischter dynamischer Form auf:

A	und	$\overline{A}$ = *ff*
B = *f*		$\overline{B}$ = *ff*
C	und	$\overline{C}$ = *ff*

und in einer Mischung aus dieser „obligaten" Dynamik und deren „kontrapunktischer" Kontrastform

Teilmenge:	obligate Dynamik:	dynamischer Kontrapunkt:
A	*ff*	(+) *pp*
$\overline{A}$	*ff*	(sempre)
B	*f*	*pp*
$\overline{B}$	*ff*	(sempre)
C	*ff*	*ppp*
$\overline{C}$	*ff*	(sempre)

Die weiter oben dargestellte formale Gliederung des Formteils II in sechs Abschnitte bzw. drei Abschnitt-Paare erhält auf diese Weise in den „Positiv"-Strukturen A, B, C eine zusätzliche Differenzierung (in der Darstellung des Formteils in Beispiel IV. 2 mit den Kleinbuchstaben a, b, c veranschaulicht).

II *Mantra* für zwei Pianisten von Karlheinz Stockhausen (1970)

Die weitere Darstellung verfolgt den bisher behandelten grundsätzlichen Aspekt der seriellen Kompositionspraxis weiter und ist keine ins einzelne gehende Analyse des Werkes[1].

In einer Hinsicht ist *Mantra* das kompositorische Ergebnis einer Verfahrensweise, die man als Umkehrung der Methode von Xenakis bezeichnen könnte: Geht der Weg des kompositorischen Verfahrens bei Xenakis vom exponierten globalen Ganzen durch Eingrenzung Schritt für Schritt zur Einzelstruktur, so entsteht die musikalische Großform des Stockhausenschen Klavierstückes durch die schrittweise Projektion der inneren Struktur auf die äußere Form, gleichsam von innen nach außen. Dabei werden – wie im folgenden nachzuweisen sein wird – Innenwelt und Außenwelt identisch. Das zugrunde liegende Tonhöhenmaterial (das Tonhöhen-Mantra) sind die 13 Töne (13 gleich 1), die zu Beginn zusammengefaßt in vier Akkorden erklingen. Aus diesen entsteht, gleichsam durch Aufklappen der Akkorde in die Horizontale, die melodische Grundformel des Stückes.

Dieses Verfahren erinnert an die von Schönberg in seinem Klavierstück op. 33a angewandte Technik; die zugrunde liegende Zwölftonreihe wird in diesem Stück in drei vierstimmigen Akkorden „versteckt" und erst im Laufe der Komposition als horizontales Tonhöhenprinzip aufgedeckt (Bsp. 5.1).

[1] Analytische Daten und Verweise sind der Partitur (Stockhausen-Verlag), dem Beiheft der Schallplattenaufnahme (DGG Stereo 2530208) und dem Aufsatz von Christoph von Blumröder (Melos/NZ 1976, S. 94–104) zu entnehmen.

Bsp. 5.1

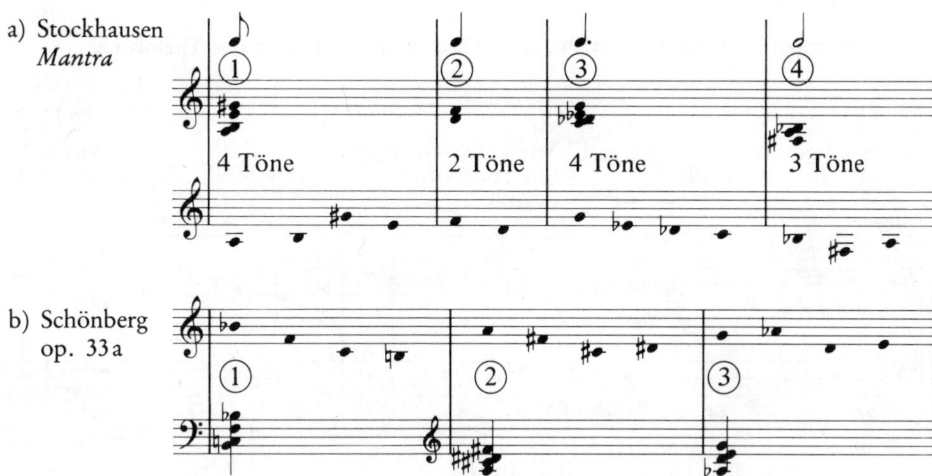

Das Mantra erhält seine für die Gesamtkomposition verbindliche musikalische Prägung

a) durch eine auf einfachen – also unmittelbar anschaulichen – Zahlenverhältnissen basierende Proportionierung und

b) durch eine „feste" – für das ganze Stück „thematische" – klangliche Charakterisierung des Tonhöhenmaterials als musikalische „Figuren".

Der Komponist hat diese Grunddisposition auf dem Titelblatt der Partitur exemplarisch verdeutlicht; in dem folgenden Beispiel sei deshalb der Notentext dieses Titelblattes einer schematischen Darstellung gegenübergestellt (Bsp. 5.2, S. 44/45).

Bsp. 5.2

a) vom Komponisten gemachte analytische Angaben im Notentext des Titelblattes:

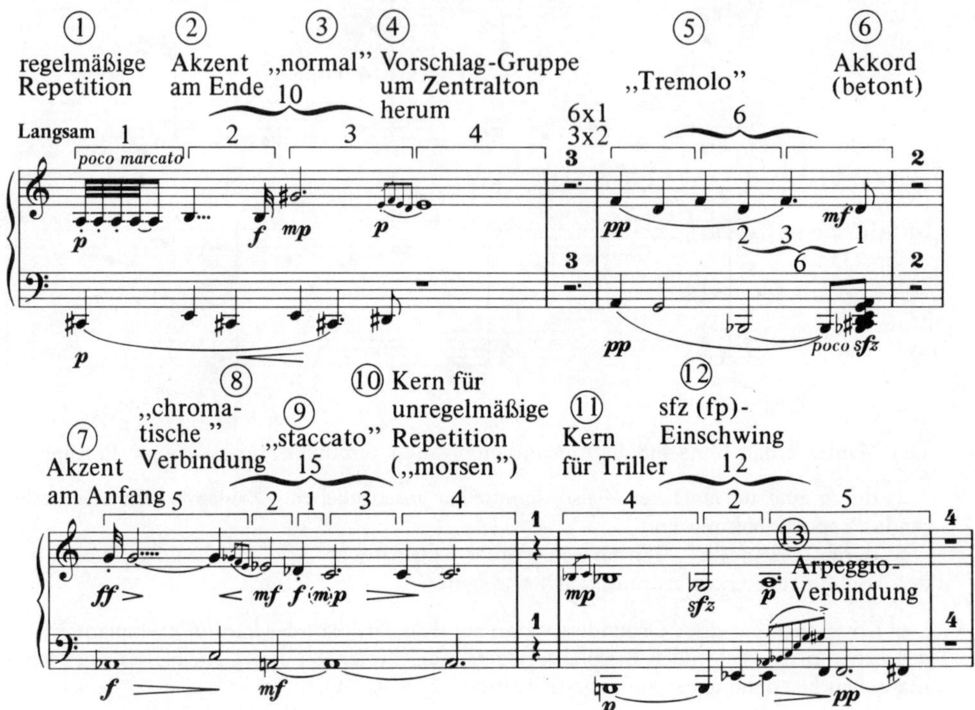

Mit frdl. Genehmigung des Komponisten.

b) schematische Darstellung:

	insgesamt 53 ♩ lang																
Dauer der Formglieder des Original-Mantra	I 10 ♩				,	II 6 ♩		,	III 15 ♩				,	IV 12 ♩			,
Anzahl der Tonhöhen	4 Töne				3 ♩	2 Töne		2 ♩	4 Töne				1 ♩	3 Töne			4 ♩
Dauer der Einzeltöne in ♩	1 1 ♩	2 2 ♩	3 3 ♩	4 4 ♩	𝄼.	5 6 mal 1 ♩ (3 mal 2 ♩)	6	𝄼	7 5 ♩	8 2 ♩	9 1 ♩	10 7 ♩ (3+4)	𝄽	11 4 ♩	12 2 ♩	13 6 ♩	𝄻
Obligate Charakterisierung der Tonhöhen	Repetition	Akzent am Anfang	„normal"	Vorschläge		Tremolo	Akkord		Akzent am Anfang	Chromatik	staccato	„Morse"-Rh.		Triller	sfz	Arpeggio	
Anzahl der Anschläge innerhalb der Grunddauern der einzelnen Tonhöhen:	4	2	1	5		6	1		2	4	1	2		3	1	7	

An dieser Stelle sei verwiesen auf eine Tradition seriellen Komponierens, die m. E. unmittelbar von Webern zu Stockhausen führt. Stockhausen hat in seiner berühmt gewordenen Analyse der ersten 8 Takte des ersten Satzes von Weberns Konzert op. 24 die Musik Weberns als serielle (oder vor-serielle) interpretiert und daraus ein kompositorisches Konzept abgeleitet, das seine Spuren in *Mantra* deutlich hinterlassen hat.

Beispiel 5.3 (S. 47) stellt den Beginn des Webernschen Konzertes dem Beginn von *Mantra* gegenüber. Gemeinsamkeit und Modifizierung des kompositorischen Verfahrens werden deutlich:

a) Es gibt in beiden Fällen ein einfaches, unmittelbar „faßliches" Strukturprinzip, das in einfachen Zahlen (auffallend die Bedeutung der Zahl 4) ausgedrückt werden kann.

b) Bei Webern resultieren die Klanggestalten aus einer „flüssigen" Parameter-Kontrapunktik, die die Parameter Tonhöhenmodus, rhythmischer Grundwert, Artikulation und Klangfarbe (= Instrumente) in einer Art von 4-fachem Kontrapunkt ständig anders kombiniert, während Stockhausen in *Mantra* von einer festen, gleichsam vorgegebenen und immer beibehaltenen klanglichen Charakterisierung der Tonhöhen ausgeht. Darin erinnert sein Verfahren an das Messiaensche (vgl. Bsp. 1).

Im übrigen wird in dem Original-Mantra eine unmittelbar anschauliche Zweistimmigkeit bzw. strukturelle Zweischichtigkeit exponiert, die im Verlauf der Gesamtkomposition präsent bleibt: die rechte Hand verhält sich zur linken wie Melodie zu Begleitung und verschränkt die Umkehrungsform mit dem Original über Kreuz. Die Krebsform der Tonhöhen-Formel ist tendenziell in der Rückkehr jedes Mantra zu seinem Ausgangston aufgehoben.

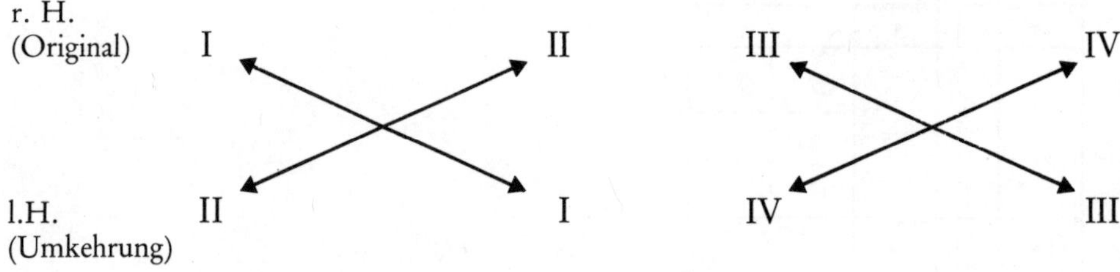

Die für den Gesamtverlauf der Komposition erforderliche Erweiterung des Tonhöhenmaterials gewinnt Stockhausen aus der exponierten Tonhöhenformel, diese wird zum Tonhöhen-Generator. *Mantra* besteht aus 13 Formzyklen, also aus ebensoviel Formteilen wie das Tonhöhen-Mantra aus Einzeltönen. Jedem dieser 13 Zyklen liegt eine „Reihe" von 13 Tonhöhenverläufen zugrunde, die jeweils auf einem anderen „Grundton" basieren, also:

Zyklus I: 13 Transpositionsformen auf a
Zyklus II: 13 Transpositionsformen auf h
Zyklus III: 13 Transpositionsformen auf gis
usw. im Sinne der exponierten Tonhöhen-Reihe.

Die 13 Tonhöhenverläufe innerhalb eines Form-Zyklus entstehen durch Spreizungen des Originals. In der Auflistung dieser „Modi" (Bsp. 5.4, S. 48) ist der 13. weggelassen, da er (in Konsequenz des Tonhöhen-Originals) dem ersten „Modus" gleich ist. Die Zahlenlogik, die dem Spreizungsverfahren zugrunde liegt, wird aus den eckig eingerahmten Angaben deutlich. Dabei entspricht eine Zahleneinheit dem Intervall der kleinen Sekunde.

Bsp. 5.3 Webern op. 24.1 / T. 1–8

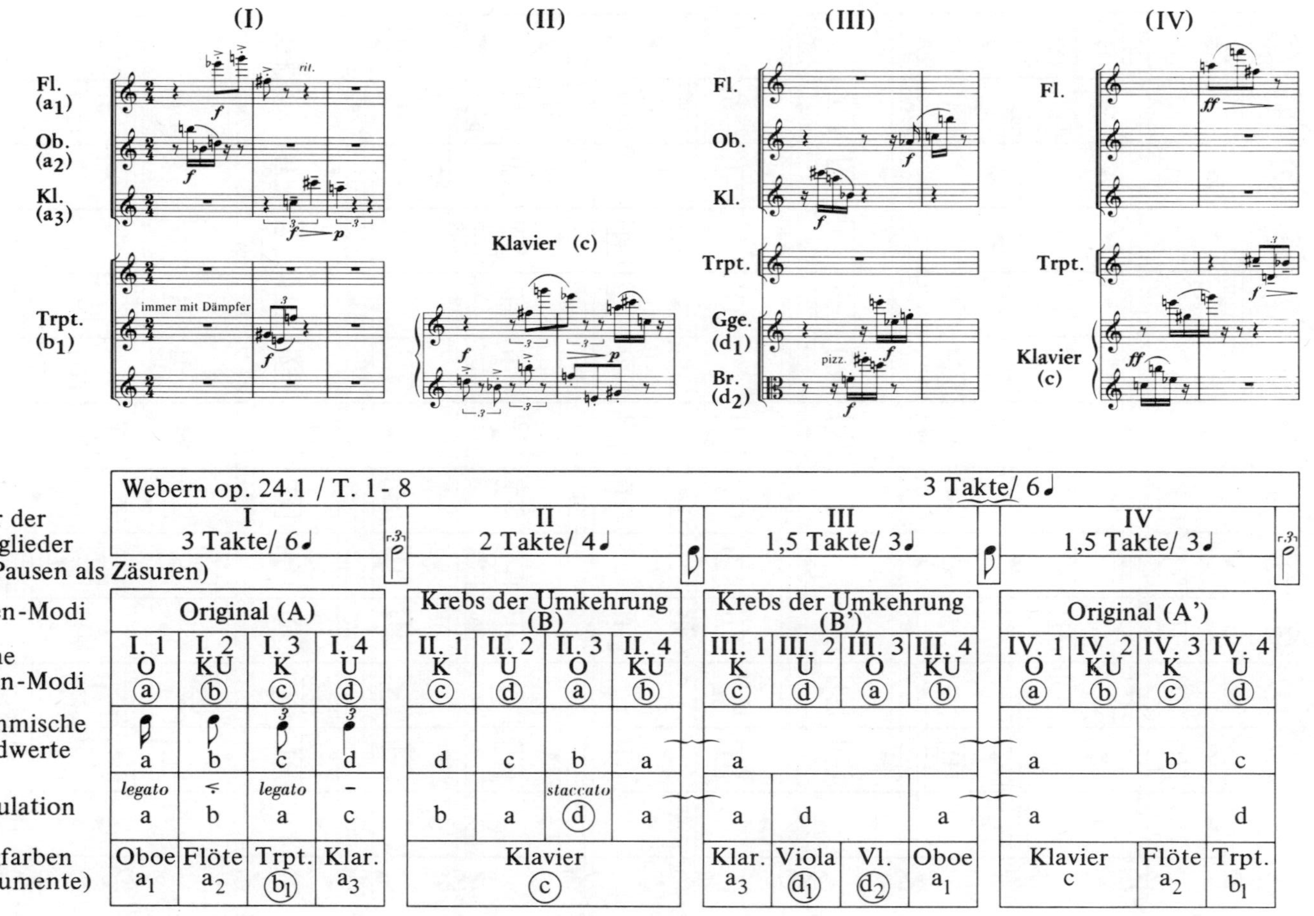

Webern op. 24.1 / T. 1 - 8									3 Takte/ 6♩							
Dauer der Formglieder (mit Pausen als Zäsuren)	I 3 Takte/ 6♩				II 2 Takte/ 4♩				III 1,5 Takte/ 3♩				IV 1,5 Takte/ 3♩			
Reihen-Modi	Original (A)				Krebs der Umkehrung (B)				Krebs der Umkehrung (B')				Original (A')			
interne Reihen-Modi	I. 1 O ⓐ	I. 2 KU ⓑ	I. 3 K ⓒ	I. 4 U ⓓ	II. 1 K ⓒ	II. 2 U ⓓ	II. 3 O ⓐ	II. 4 KU ⓑ	III. 1 K ⓒ	III. 2 U ⓓ	III. 3 O ⓐ	III. 4 KU ⓑ	IV. 1 O ⓐ	IV. 2 KU ⓑ	IV. 3 K ⓒ	IV. 4 U ⓓ
Rhythmische Grundwerte	a	b	c	d	d	c	b	a	a				a		b	c
Artikulation	legato a	< b	legato a	– c	b	a	staccato ⓓ	a	a	d		a	a			d
Klangfarben (Instrumente)	Oboe a_1	Flöte a_2	Trpt. (b_1)	Klar. a_3	Klavier ⓒ				Klar. a_3	Viola (d_1)	Vl. (d_2)	Oboe a_1	Klavier c		Flöte a_2	Trpt. b_1

Bsp. 5.4 Tonhöhenverläufe

Diese „Modi“ erscheinen in jedem Zyklus in einer Reihenfolge, die dem chromatischen Stellenwert der Tonhöhen des Original-Mantra entsprechen:

Bsp. 5.5 Reihendisposition

Reihenfolge der Tonhöhen

Transpositions-„Grund“-Töne der 13 Zyklen

Chromatischer Stellenwert und Reihenfolge der Reihen-„Modi“ pro Zyklus:

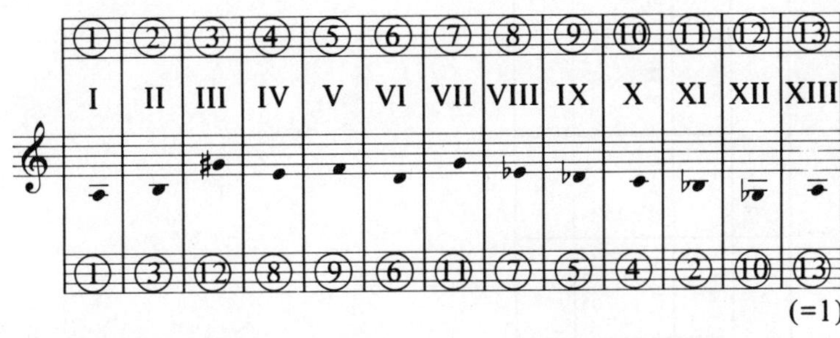

Im übrigen erscheint die gesamte Tonhöhendisposition der Komposition in einer Art Zeitraffer in einem „Einschub“ (T. 692ff.).

Die im Original-Mantra exponierten Grundcharaktere, die thematischen „Figuren“, werden jeweils zum H-Charakter eines Formzyklus „augmentiert“. Dieser ein wenig verwirrend anmutende Tatbestand erscheint sofort konsequent und einleuchtend, wenn man das kompositorische Verfahren ein wenig genauer beschreibt. Die 13-Mantra-Durchführungen innerhalb eines Zyklus sind von unterschiedlicher Dauer, sie überlappen sich „polyphon“ oder lösen einander in der oben beschriebenen, immer gleichen Reihenfolge ab. Die Gesamtdauer der einzelnen Mantra-Durchführungen wird durch ein proportionales Zahlensystem geregelt. Dieses besteht (abgerundet) aus den Werten

7 / 14 / 28
28 / 56 / 112 / 224

(jeweils Gesamtdauer in Zeiteinheiten).

Die Dominanz eines Grundcharakters pro Formzyklus resultiert nun aus der Tatsache, daß der entsprechenden Mantra-Durchführung die jeweils längste Gesamtdauer zugeordnet wird. Man könnte demnach das Verhältnis der 13 „Charakter“-Mantren zueinander als eines von Haupt- und Nebenstimmen bezeichnen. Eine schematische Darstellung der Verteilung der 13 Mantren auf den ersten Formzyklus mag das Verfahren verdeutlichen (s. Bsp. 5.6, S. 50).

Bsp. 5.6 Schematische Formdarstellung des 1. Form-Zyklus

	Zyklus I / T. 1-61	T. 12								T. 53			
	A langsam	B schnell								C sehr langsam			
„Modi"	M 1 (=13)	M 13 (=1)	M 3	M 12	M 8	M 9	M 6	M 11	M 7	M 5	M 4	M 2	M 10
Dauer	T. 3-9	T. 12-60	T. 12-20	T. 13-15	T. 19-20	T. 22-25	T. 26-29	T. 30-38	T. 35-45	T. 46-52	T. 53-70	T. 56	T. 59-60
	49 bzw. 53 ♩	212 ♩	51 ♩	14 ♩	7 ♩	14 ♩	14 ♩	28 ♩	28 ♩	28 ♩	106 ♩	7 ♩	14 ♩
Charakter	„Exposition"	①	②	③	④	⑤	⑥	⑦	⑧	⑨	⑩	⑪	⑫

Die Zentraltönigkeit eines jeden Formzyklus wird unterstützt durch die Art und Weise, in der in der Komposition *Mantra* der originale Klavierklang ringmoduliert wird. Jeder der beiden Pianisten wechselt im Verlauf des Spiels die Grundfrequenz seines Ringmodulators. Dies geschieht im Sinne des Tonhöhen-Mantra bzw. des aus diesem augmentierten Transpositionsschemas. Dabei entsprechen die Frequenzen des 1. Pianisten dem Tonhöhenverlauf des Originals und die des 2. Pianisten dem der Umkehrung. Die Abfolge der Ringmodulator-Frequenzen sind eine Augmentation des Tonhöhenmantra und seiner Umkehrung.

Unabhängig davon gibt es – über die ganze Komposition verteilt – zwei augmentierte Mantra-Verläufe, die Anschlag für Anschlag auf den beiden Sätzen aus antiken Cymbeln erfolgen, welche die beiden Pianisten zusätzlich bedienen. Die Verteilung auf die beiden erfolgt gleichsam in durchbrochener Technik abwechselnd, wobei in der 2. Durchführung (ab T. 458) eine kontrapunktische Vertauschung stattfindet.

Es sei bemerkt, daß die hier vorgenommene Darstellung eine vereinfachte ist. Die 13 Formzyklen der Komposition sind nicht so eindeutig blockhaft voneinander abgrenzbar, wie es die Darstellung vermuten läßt. Die beschriebenen, den Formwechsel kennzeichnenden Bestimmungen überschneiden sich quasi polyphon, treten nicht gleichzeitig auf. Intendiert ist vom Komponisten nicht die eindeutige Abgrenzbarkeit von einzelnen Formteilen, sondern deren ständig fließende Vermittlung. Dies gilt auch für die Binnenstruktur der Mantren. Die Zuordnung und Abgrenzung von Transpositionsformen, „Modi" und „Charakteren", wird nicht starr gehandhabt, sondern ist fließend und mehrdeutig. *Mantra* von Stockhausen ist u. a. auch ein kompositorisches Dokument der hohen Kunst des Übergangs, der Mehrdeutigkeit und der Verschleierung des Kompositionsprozesses durch die Komposition. Manches erinnert in dieser Beziehung an das in *Zyklus* für einen Schlagzeuger angewandte Verfahren, ein festes Konstruktions-Skelett durch die Hinzufügung freier Teile oder freier behandelter Teile zu relativieren. In diesem Sinne frei sind in *Mantra* die vom Komponisten als „Einschübe" bezeichneten Komplexe.

Die abschließende schematische Darstellung der Gesamtform (Bsp. 5.7, S. 52/53) versucht diesem Sachverhalt Rechnung zu tragen. Zur Bestimmung der einzelnen Formteile unterscheidet sie

a) das Auftreten der jeweils ersten Mantraform in der für den Formzyklus verbindlichen Transpositionsform,

b) die Ausprägung des den Formzyklus bestimmenden Ⱶ-Charakters,

c) den Frequenz-Wechsel der beiden Ringmodulatoren,

d) den Anschlagzyklus der antiken Cymbeln.

Bsp. 5.7 Schematische Formdarstellung von Stockhausens *Mantra*

		I	II	III	IV. 1	Einschub I (T.132)	IV.2
antike Cymbeln	Kl. ①	T. 11 ②, T. 22 ③		T. 89 [f d] ⑤, T. 121 ⑥	T. 128 ⑦		
	Kl. ②	T. 2 ①	T. 74 ④				
Ringmodulation	①	T. 1 a	T. 64 h	T. 94 (gis)		T. 132 e	T. 202 f
	② (Umkehrung)	T. 1 a	T. 67 g	T. 97 b		(T. 151) (gis)	T. 185 d
1. Auftreten der neuen Transpositionsform		T. 3 I. 1 (a)	T. 62 II. 1 (h)	T. 89 III. 1 (gis)	T. 125 IV. 1 (e)		
Ausprägung des H-Charakters		T. 12 I.-13 (−1) [Rep.-Stimme]	T. 62 II. 3 [♪♬]	T. 110 III. 7 [𝅝 𝅗𝅥] „normal"	T. 125 IV. 8 ♬♩ (um e')		T. 152 IV. 11 (wechselnde Zentraltöne)

		V. 1	Einschub II (T. 212)	V. 2	VI
Cymbeln	Kl. ①			T. 241 ⑧, T. 268 ⑨	T. 295 ⑩, T. 308 ⑪
	Kl. ②				T. 292 ⑩, T. 312 ⑫
Ring.-Mod.	①				T. 287 d
	②		T. 216 cis		T. 282 e, T. 438 h
1. Transposition		T. 205 V. 1 (f)		T. 238 (V. 12)	T. 282 VI. 1 d
H-Charakter		(Tremolo f – h)			T. 283 VI. 6 (Oberstimme der Akkordik)

	VII	VIII	IX	X
Cymbeln { Kl. ① / Kl. ②	T. 458 ⑬ (= 1) (Beginn der 2. Dfg. in Stimmvertauschung) ② T. 464	T. 530 ④ T. 521 ③	T. 540 ⑤ { cis \ e T. 564 (Tremolo) ⑥	T. 602 ⑧ T. 592 ⑦
Ringmodulation { ① / ②	T. 448 g	T. 491 es / es } ! T. 536 des T. 526 f	T. 577 c T. 580 ges	T. 610 b T. 609 as
1. Transposition	T. 446 VII. 1 (g)	T. 488 VIII. 1 (es)	T. 538 IX. 2 (des)	T. 587 X. 1 (c)
Ⱶ-Charakter	T. 445 [Akzent-Stimme]	T. 492 Klavier ① [diatonische bis chromatische Verbindung von Hauptnoten]	T. 538 [staccatissimo]	[Morse-Rhythmus]

	XI	T. 638 Einschub III	XII. 1	XII.2	T. 692 Einschub IV	XIII
Cymbeln { Kl. ① / Kl. ②	T. 630 ⑩ T. 612 ⑨ T. 631 ⑩		T. 641 ⑩ („ruhig morsen")	T. 665 ⑪ T. 668 ⑫ (gis statt c !)	(„Zeitraffer")	T. 865 ⑬ (c statt a!) T. 882 ⑬ [a]
Ring.-Mod. { ① / ②		T. 639 c		T. 672 a T. 687 a } !		
1. Transposition	T. 611 XI. 2 (b)		T. 641 XII.1 (ges)	T. 656 XII. 12 (+ I. 12) T. 672 XIII. 1 (a!) T. 688 XIII. 1		
Ⱶ-Charakter	[Triller-Stimme]		(Klavier 1: „ruhig morsen")	[Akzent-Stimme] (ff-Anschläge)		T. 855 [Arpeggierte Akkorde; Oberstimme: XIII.1]

Eine Tendenz, die formale Gesamtdisposition des musikalischen Werkes aus dem kompositorischen Kern der Binnenstruktur abzuleiten, bzw. diese in der formalen Außenstruktur zu spiegeln, ist wohl in der Entwicklung der europäischen Musik insgesamt latent vorhanden. Auf diese Tatsache haben analytische Interpretationen der Musik der Vergangenheit in den letzten Jahren zunehmend aufmerksam gemacht. Die analytischen Bemerkungen dieses Aufsatzes sollten deutlich machen, daß es ein zentrales Anliegen der seriellen kompositorischen Denkweise ist, die Integration des einzelnen ins Ganze durch die Projektion der internen strukturellen Disposition der musikalischen Parameter auf die formale Struktur zu verwirklichen. In diesem Sinne sind zahlreiche kompositorische Konzepte zu verstehen, in denen die musikalische Form als die Augmentation des exponierten „thematischen" Kerns erscheint. Während z. B. in dem Konzert op. 24 von Webern die Form des 1. Satzes im Verhältnis zur oben dargestellten Materialexposition der Takte 1–8 noch als „klassizistisch" aufgesetzt erscheint, können die neun Formteile des 2. Satzes der Sinfonie op. 21 bereits als konsequente Projektion der im „Thema" exponierten Spiegelstruktur auf das Ganze interpretiert werden. In der gleichen Tradition der komponierten Identität von innen und außen steht Nonos *Il canto sospeso,* eine kompositorische Großform, in der nicht nur die außermusikalische politische Intention ihre Spiegelung im Gebrauch des musikalischen Materials findet – Bezeichnetes und Bezeichnendes werden gleichsam eins –, sondern auch eine „Transposition" des seriell bestimmten Einzelnen auf die Ebene des seriell bestimmten Ganzen stattfindet.

Auf ein ganz frühes Beispiel solch kompositorischer Denkweise sei im folgenden noch verwiesen. Es stammt – wie so manches frappierend Innovatorische – von Cage und wurde 1939 komponiert: *First Construction (in Metal)* für 6 Schlagzeuger ist nicht nur das historisch ganz frühe Beispiel einer ausschließlichen Rhythmus-Komposition, sondern auch die exemplarische Konstruktion einer musikalischen Großform als proportionale Augmentation der Binnenstruktur. Die Komposition besteht aus 16 Perioden von je 16 4/4-Takten und einer 9-taktigen Coda. Die 16 gleichlangen Perioden werden zu „Bündeln" von Formteilen zusammengefaßt, die aus der Zahlenfolge 4-3-2 und deren rückläufiger Spiegelung resultieren. Dieses Quantelungsprinzip ist – in 16facher Diminution – in der 1. Periode exponiert und wird in jeder der folgenden Perioden strikt beibehalten. Jeweils 16 Takte werden durch von Fall zu Fall modifizierte kompositorische Maßnahmen in „Groß"-Takte von 4,3,2 4/4-Takten und deren Rücklauf gegliedert. Auf den drei „thematischen" Zahlen und deren mathematischen Kombinationen (z. B. 3 + 4 = 7, 2 + 3 + 4 = 9 usw.) basieren Mikro- und Makrokosmos der Komposition. In der nebenstehenden Darstellung (Bsp. 6) ist der Gesamtformablauf dem Ablauf der 1. Periode in der Proportion 1:16 gegenübergestellt.

Bsp. 6 John Cage *First Construction (in Metal)* (1939)

Gesamtform (1½ cm = 16 Takte)

♩ = 96 (Tempo I)				ein wenig schneller (Tempo II)		langsamer	wie vorher (Tempo I)		noch schneller (Tempo III)			schneller (Tempo IV)				immer langsamer
I. 1	I. 2	I. 3	I. 4	II. 1	II. 2	II. 3	III. 1	III. 2	IV. 1	IV. 2	IV. 3	V. 1	V. 2	V. 3	V. 4	VI.
	A	B	C	D	E	F	G	H	I	J	K	L	M	N	O	P
①	②	③	④	⑤	⑥	⑦	⑧	⑨	⑩	⑪	⑫	⑬	⑭	⑮	⑯	[Coda]

Periode I (1 cm = 1 Takt)

	① 4 Takte lang	② 3 Takte lang	③ 2 Takte lang	④ 3 Takte lang	⑤ 4 Takte lang	(9 Takte)
Spieler 1	Donnerblech		Röhrenglocken 4 Anschläge (𝅗𝅥)		Röhrenglocken 7 Anschläge (𝅗𝅥) (wie 3)	
Spieler 2	String-Piano 9 Gruppen aus 2 / 3 / 4 ♪			String-Piano 9 Gruppen wie vorher		
Spieler 3		Almglocken 4 Gruppen 2 – 4 ♪		Almglocken wie vorher (Erweiterung)		
Spieler 4	Donnerblech		Bremstrommeln 4 Anschläge (𝅗𝅥)		Bremstrommeln 7 Anschläge (𝅗𝅥) (wie 3)	
Spieler 5	Donnerblech		Türkische Becken 4 Anschläge (𝅗𝅥)		Türkische Becken 7 Anschläge (𝅗𝅥) (wie 3)	
Spieler 6	Donnerblech			Gongs 11 Gruppen aus 2/3/4 ♪		

Abschließend sei eine Bemerkung über die „Bedeutung" solcher „rein" strukturellen kompositorischen Verfahrensweisen insgesamt erlaubt. Vergleicht man die Titel der hier angesprochenen Kompositionen, so wird man bei fast allen eine Tendenz bemerken, die angewandte Kompositionsmethode selbst zu thematisieren.

1. Messiaen *Mode de valeurs et d'intensités*
bedeutet Modus der Dauern und Lautstärken;
2. Boulez *Structures*
bedeutet Strukturen;
3. Xenakis *Herma*
bedeutet Verbindung, aber auch Fundament, Embryo;
4. Stockhausen *Mantra*
ist ein aus der indischen Kultur stammender Begriff und bedeutet Meditationsspruch, der als Denkinstrument durch seine ständige Wiederholung hypnotische Wirkung erzielt;
5. Cage *First Construction (in Metal)*
bedeutet nicht nur die technisch-kontruktivistische klangliche Aura der Metallklänge (z. B. Bremstrommeln), sondern auch die kompositorische Konstruktion analog einer architektonisch-technischen;
6. Webern der unter der Überschrift „Thema und Variationen" bekannte Formtypus bedeutet bei Webern nicht nur das konkret erklingende musikalische Thema (im traditionellen Sinne), sondern auch das im 2. Satz der Sinfonie op. 21 auskomponierte Spiegelprinzip als Thema.

Eine Musik, die ihre eigenen Strukturprinzipien thematisiert, meint aber immer auch ein außerhalb ihrer Immanenz Existierendes. Wenn in der klassischen altgriechischen Philosophie das Weltbild mit den aus der Musik stammenden Begriffen „musica mundana", „musica humana" und „musica instrumentalis" definiert und „diszipliniert" wurde, ist der Umkehrschluß naheliegend: musikalischer Strukturalismus verweist auf die Strukturen der Welt, in der wir leben, denken und fühlen, oder auf eine andere, in der wir leben möchten, wenn die unsere solchen Strukturordnungen allzu offensichtlich nicht entspricht.

Die von Boulez in seinen *Structures* intendierte Musik als „musique pure" ist so weit nicht entfernt von der komponierten theologisch-spekulativen Zahlensymbolik Messiaens, und die Flucht eines zeitgenössischen Komponisten vom Range Stockhausens aus den unmenschlich konsequent und „logisch" ablaufenden Mechanismen des Spätkapitalismus in die – aus der Ferne betrachtet – intakte indische Welt der meditativen Besinnung auf sich selbst hat vieles gemein mit der „inneren Emigration" des Klassikers der neuen Musik Webern, seinem Ausweichen vor der trivialen Brutalität des faschistischen Terrors in das komponierte Ideal von Goethes pantheistischer *Urpflanze*. Strukturelle Musik übt Kritik an den bestehenden Verhältnissen aus *Ausbeutung und Unordnung* (Brecht), und dies auch dann, wenn deren Autoren sich dem gesellschaftlichen Anspruch *in eine beßre Welt entrückt* (Schubert: *Du holde Kunst*) entziehen wollen.

Diese Schlußbemerkung sei erlaubt in einer Situation, in der sich die jüngere Komponistengeneration der heute 20- bis 30jährigen anschickt, mit ebenso großem Selbstbewußtsein wie historischer Naivität das Komponieren von Musik als ein Geschäft zu betreiben, in dem alles unkritisch übernommen werden darf, was die neuere Musik an Techniken hervorgebracht hat, wenn es im Sinne der Nachfrage unserer gegenwärtigen Gesellschaft nach ästhetischen und religiösen Scheinwelten geboten erscheint.

Literatur

Blumröder, Christoph von: *Karlheinz Stockhausens „MANTRA für 2 Pianisten". Ein Beispiel für eine symbiotische Kompositionsform,* in: *Melos/NZ* 2/1976, S. 94–104
Cage, John: *Beschreibung der in „music for piano 21–52" angewandten Kompositionsmethode,* in: *R3,* Wien 1957, S. 43–45
Stockhausen, Karlheinz: *Weberns Konzert für 9 Instrumente op. 24,* in: *Texte zur elektronischen und instrumentalen Musik,* Bd. 1, Köln 1963, S. 24–31

Noten der Musikbeispiele

Boulez, Pierre: *Structures*/Premier livre (1951/52), Wien 1955
Cage, John: *First Construction (in Metal)* (1939), New York 1962
Nono, Luigi: *Il canto sospeso* (1956), Mainz 1957
Messiaen, Olivier: *Mode de valeurs et d'intensités* (1949), Paris
Reprises par interversion, in: *Livre d'orgue* (1951), Paris 1953
Stockhausen, Karlheinz: *Mantra für zwei Pianisten* (1970), Stockhausen-Verlag, Kürten 1975
Xenakis, Iannis: *Herma,* London 1967

Dirk Reith

Formalisierte Musik

I Serialismus und Rationalität in der Komposition

Wenn heute über serielle Kompositionstechniken gesprochen wird, hört es sich mitunter so an, als ob darunter ein mit starren Kompositionsregeln angefülltes Paket verstanden wird. Dabei heißt seriell zunächst einmal nichts anderes als „reihentechnisch". Damit ist in keiner Weise eine Aussage darüber gemacht, welche Funktion eine oder mehrere Reihen-Folgen innerhalb einer Komposition einnehmen.

> *Seriell ist in gewisser Weise die Dodekaphonie, seriell ist der punktuelle Stil, seriell ist die Gruppenkomposition, seriell ist auch noch die Strukturmusik, und seriell könnte auch durchaus eine Musik noch sein, die gewisse Formschichten dem Zufall überläßt. Seriell bedeutet also nichts oder alles, es ist fast eine Weltanschauung.*
> (Koenig 1961, 14)

Als man damit begann, seriell zu komponieren, griff man ein bei Schönberg und Webern zutage tretendes Moment auf, welches sich durch eine neue „Rationalität" innerhalb des Reihenbegriffs zu manifestieren schien.

> *Die Rationalität, die der Reihenbegriff versprach, gehörte der musikalischen Tradition an und überschritt sie sogleich, da diese neue Rationalität eine naturwissenschaftliche war. Das musikalische Objekt wurde meßbar und damit die Beziehung zwischen verschiedenen Objekten.*
> (Koenig 1961, 14)

Für die jungen Komponisten, welche die dodekaphonischen Techniken Schönbergs und Weberns aufgriffen, war allerdings das Maß an Rationalität noch zu klein. War das die Tonhöhe regelnde Prinzip bei Webern sehr fortschrittlich entwickelt, so galt dies nicht für alle anderen Parameter. Man suchte nach Systemen, die es gestatteten, Analogien zu bilden, mit deren Hilfe es möglich sein sollte, Quantitäten von einem Parameter auch auf andere abbilden zu können.

> *Die serielle Musik dehnt die rationale Kontrolle auf alle musikalischen Elemente aus* (wobei die Betonung auf alle liegt). *Das kann man als ein Zeichen dafür ansehen, daß der Klang in einer vorher nicht dagewesenen Weise kompositorisch verfügbar geworden ist.*
> (Stockhausen 1955, 7)

Welche Funktion diese rationale Kontrolle für Stockhausen hatte, formulierte er 1970 in einem Interview in folgender Weise:

> *Serialism is only a way of balancing different forces. In general it means simply that you have any numbers of degrees between two extremes that are defined at the beginning of a work and you establish a scale to mediate between these extremes. Serialism*

is just a way of thinking . . . Serialism tries to go beyond collage, beyond the incoherent multiplicity of things. It tries to find unity without destroying the individual elements, and that means to interconnect, to – yes, to try to balance out the different aspects of sound.
(Stockhausen, in: Henck 1976, 9)

Das bei Webern wirksame Prinzip struktureller Einheit durch ein entsprechendes Kontrollsystem in bezug auf den Parameter Tonhöhe wird von Stockhausen (dies gilt auch für viele andere seriell arbeitende Komponisten) auf alle Elemente und Parameter übertragen. Serielles Denken bedeutet damit das Zerlegen eines musikalischen Vorgangs in einzelne Quanten (Elemente, Parameter), um diese dann durch ein entsprechendes Kontrollsystem einheitlich wieder zusammenzufügen. Durch den einsetzenden Rationalisierungsvorgang und die damit entstandenen neuen quantitativen Maßeinheiten wurden die alten Formprinzipien, wie sie bei Schönberg und auch noch bei Webern latent vorhanden waren, abgelöst. Die permutierbare Reihenfolge verlor mehr und mehr ihre Kraft zur thematischen und motivischen Bildung, die harmonische Perspektive löste sich auf und damit auch die „Dimension" der Modulation. *Rationalität heißt, daß die qualitative Wahrnehmung in quantitative Beschreibung übergeht; Rationalität heißt auch, daß die Quantität nicht einfach wieder in Qualität zurückläuft. Die vernünftige Regelung wird durch Vernunft erkannt* (Koenig 1961, 14).

Die Entwicklung der elektronischen Musik hat gezeigt, daß ihre „Geburtsstunde" erst zu dem Zeitpunkt geschlagen hatte, als ein quantitatives Denken in die allgemeinen Kompositionstheorien einbezogen war. Erst durch entsprechende Maßeinheiten konnte die Klangfarbe elektronisch realisiert werden.

Die elektronischen Schwingungserzeuger waren aber keine Erfindung der ausklingenden 40er Jahre. Busoni berichtet 1907:

Es trifft sich glücklich, daß ich während der Arbeit an diesem Aufsatz eine direkte und authentische Nachricht aus Amerika erhalte, . . . es ist die Mitteilung von Herrn Dr. Thaddeus Cahills. Dieser Mann hat einen umfangreichen Apparat konstruiert, welcher es ermöglicht, einen elektrischen Strom in eine genau berechnete unalterable Anzahl Schwingungen zu verwandeln. Da die Tonhöhe von der Zahl der Schwingungen abhängt und der Apparat auf jede gewünschte Zahl zu „stellen" ist, so ist durch diesen die unendliche Abstufung der Oktav einfach das Werk eines Hebels, der mit dem Zeiger eines Quadranten korrespondiert.
(Busoni 1974, 56)

Die in dem ersten elektronischen Studio des WDR in Köln eingesetzten Meßgeneratoren bedeuteten gegenüber diesem 1906 entwickelten Gerät von Cahills einen Rückschritt innerhalb der Klangsynthese. Es ist nun unschwer zu erkennen, daß zu der Zeit von Cahills noch keine entsprechende Kompositionstheorie entwickelt war, die nach einem solchen Instrument verlangte, dies geht auch aus Schönbergs Kommentaren zu Busonis Ästhetik hervor, worin er zum Ausdruck brachte, daß die zur Verfügung stehenden zwölf emanzipierten Töne der Oktave ausreichend seien.

Die 113 Busonis (= Skalen pro Oktave) *stehen auf keinem besseren Niveau als die sieben alten. Im Gegenteil: die sieben entsprangen einem ursprünglichen Irrtum des Geistes! Die 113 aber entstehen auf dem trockenen Weg der Kombination. Für sieben*

> *Tonarten könnte das Gedächtnis noch reichen! Bei 113 müßte es versagen (ich wüßte gerne, ob Busoni seine 113 Tonarten aufsagen könnte).*
> (Schönberg, in: Busoni 1974, 72)

Erst ein atomistisches Kompositionsmodell, das nicht den Ton der Reihe als kleinste Maßeinheit benutzte, sondern den kleinsten „Schallpartikel" noch einmal spaltet und in seine Sinustonkomponenten zerlegte, konnte in der elektronischen Komposition Anwendung finden.

> *Eine zweite grundlegende Methode elektronischer Klangerzeugung basiert nicht auf der Addition von Sinusschwingungen zu stationären Klängen (Addition der Klangatome) und Tongemischen, sondern auf der Zerlegung des weißen Rauschens in farbiges Rauschen. Hierzu sind elektronische Filter notwendig, die das weiße Rauschen in Geräuschbänder beliebiger Bandbreite und Dichte zerlegen lassen – der Prismen-Zerlegung des weißen Lichtes in farbiges Licht vergleichbar . . . In beiden Studien (Studie 1 und 2) werden also nicht möglichst verschiedene fremdartige Klänge gesucht, vielmehr ist eine äußerste Einheitlichkeit der Klangmaterie und ihrer Form angestrebt.*
> (Stockhausen 1975, 22)

Stockhausen gehört zu den wenigen Komponisten, deren künstlerisches Schaffen auf dem Gebiet der Instrumentalmusik maßgeblich von dem neuen elektronischen Material beeinflußt wurde.

Die Klangfarbe wurde innerhalb der Elektronik meßbar, aber ein fast unlösbares Problem trat zutage, wie aus dem Zitat Stockhausens zu entnehmen ist. Zum ersten Mal hatten die Komponisten es mit zwei vollständig diametral entgegengesetzten Ausgangsmaterialien zu tun, dem Total und nur statistisch zu erfassenden weißen Rauschen und dem „Atom alles Schwingenden", dem einzelnen Sinuston. Es galt, diese beiden Materialien kompositorisch zu verknüpfen. In Stockhausens theoretischen Erörterungen tritt der Begriff der Vermittlung in bezug auf das Material besonders in den Vordergrund. Die Reihe wird für ihn zur Quantenskala verschiedener Vermittlungsstufen zwischen zwei Extremen, z. B. weißem Rauschen und Sinuston oder Chaos und Ordnung. Wenn Stockhausen in seinem ersten elektronischen Stück, der *Studie I,* die einzelnen Tongemische (Zusammenklänge von einzelnen Sinustönen) durch ganzzahlige Frequenzproportionen überlagert[1], so ist daraus zu schließen, daß es Stockhausen zu diesem Zeitpunkt noch nicht möglich war, ein neues Ordnungsprinzip zur Synthese der Klangfarbe zu entwickeln.

Erst in der *Studie II* ersetzt er das „instrumental" gedachte Ordnungsprinzip innerhalb der Klangsynthese durch ein neues, wobei allerdings zu bemerken ist, daß die elektronischen Klänge in *Studie I* sich von Instrumental-Klangfarben erheblich unterscheiden, da die Mikrostruktur eines Klanges nicht nur durch die Frequenzverhältnisse der einzelnen Sinustöne bestimmt wird, sondern auch durch die Amplitudenverhältnisse und die sich in der Zeit ändernden Phasenlagen der einzelnen Frequenzen zueinander.

[1] Die Sinustonkomponenten der Klangspektren mechanischer Instrumente stehen in ganzzahligen Verhältnissen zueinander, in folgender Reihenfolge: f_1 sei der Grundton eines Instrumentalklanges, dann folgt:
$f_2 = 2 \times f_1$, $f_3 = 3 \times f_1$, $f_4 = 4 \times f_1$, . . .
$f_n = n \times f_1$, . . . $f_{n-1} = (n-1) \times f_1$ . . .

II Die Reihe – Determinismus und Automatismus

Vor der Auseinandersetzung mit der musikalischen Reihe und ihrer Funktion sind zunächst einige terminologische Unterscheidungen notwendig.

„Reihe“ als Begriff in der Mathematik meint eine Reihenfolge von verschiedenen Zahlen, in der jedes Glied der Reihe einen „Vorläufer“ und einen „Nachfolger“ hat. Dabei ist die Folge der Zahlen nach einem bestimmten Gesetz entwickelt.

Das Gesetz der Arithmetischen Reihe besagt, daß zwischen den benachbarten Zahlen immer die gleiche Differenz stehen muß:

1 2 3 4 5 . . . n $n + 1$ . . .
3 7 11 15 19 . . . n $n + 4$ . . .

In der Geometrischen Reihe liegt die Gesetzmäßigkeit darin, daß benachbarte Zahlen den gleichen Quotienten aufweisen:

2 4 8 16 32 . . . n $n \times 2$ . . .
4 6 9 13,5 20,25 . . . n . . . $n \times 1{,}5$ . . .

Eine Nachbarschaft im Sinne der Reihe unter den Elementen existiert aber nur dann, wenn diese durch ein Gesetz definiert ist.

Eine Reihe im mathematischen Sinne, bezogen auf die dodekaphonischen Konventionen, liegt nur dann vor, wenn die einzelnen Zahlen, die stellvertretend für die chromatische Skala der zwölf Tonhöhen der Oktave (Frequenz) stehen, der Größe nach vom kleinsten fortlaufenden zum größten Zahlenwert geordnet werden.

Dann nämlich erhalten wir eine geometrische „Reihe“ mit dem konstanten Faktor $\sqrt[12]{2}$.

Eine Reihe, wie sie zur musikalischen Komposition benutzt wird, entlehnt zwar ihren Namen aus der Mathematik, strukturiert sich aber meistens nach nicht-mathematischen Kriterien, bildet sich also nicht aus Gliedern, deren Wachstum einem mathematischen Gesetz folgt. Diese Form der musikalischen „Reihe“ bezeichne ich als Reihenfolge. Eine Reihenfolge kann aus Elementen einer Reihe aufgebaut sein, z.B. die folgende Tonhöhenreihenfolge:

1 3 2 4 5 6 5 7 6 8

oder folgende rhythmische Reihenfolge: ♩, ♪., ♪, ♬, (3) ♪ 𝄽, (5) ♪ 𝄽,

Die obigen Reihenfolgen werden durch Glieder einer Aufzählung gebildet, die keinem mathematischen Gesetz folgt.

Wenn bei Schönberg die Reihenfolge noch mit der thematischen Gestaltung identisch war, so wird sie in der seriellen Technik dazu benutzt, die verschiedenen Zustände der verschiedenen Parameter darzustellen. Sie stellt die Menge des Materials dar, mit dem der Komponist im Verlauf des Stückes arbeitet. Eine einmal aufgestellte Reihenfolge ist, da es nicht darum gehen kann, sie in einem Stück ständig zu wiederholen, eine endliche Menge von verschiedenen möglichen „Reihenfolgen“. Mit der Reihenfolge wird auch das neue Reihenfolgen generierende Permutationsprogramm abgegrenzt und vorgestellt. Wenn es in der Zwölftonmusik noch möglich war, den Verlauf eines Stückes von der Reihenfolge abhängig zu machen oder, besser gesagt, aus der Reihenfolge zu entwickeln, wird diese Situation in den seriellen Techniken radikal verändert. Nicht die Reihe steht im Vordergrund, sondern das von der Reihenfolge abhängige und sie verändernde Permutationsprogramm.

> *... wenn aber für alle Parameter Reihenfolgen und Permutationsprogramme festliegen, liegt auch die ganze Komposition fest, und ob die einzelne Permutation an der Formstelle, die sie besetzen wird, auch die besten Dienste leistet, ist eine unbeantwortete Frage. Genau genommen hat die serielle Musik diese Frage abgeschafft. Das Problem liegt nicht mehr darin, eine Folge bloß schöner Stellen zu komponieren, oder „richtiger" Stellen, – denn wer soll die Richtigkeit „verifizieren"? Das Problem liegt vielmehr darin, einen vermittelten Zusammenhang herzustellen, an der alles an seiner geplanten Stelle steht, und die Frage nach dem Sinn kann allenfalls an den Plan gerichtet werden, nicht an die einzelne Stelle.*
> (Koenig 1961, 18)

Die Kriterien zur Auswahl einer Reihenfolge liegen damit in ihrer „Innenstruktur", in ihrem Permutationsprogramm, das sie verkörpert, sie muß nicht nur als Reihenfolge „sinnvoll" sein, sondern durch eine „gute" Permutierbarkeit die Charakteristika aller Parameter verdeutlichen. Das perpetuelle Programm der Permutation wird zur „Maschine", die, einmal angeworfen, das Stück „produziert".

> *Durch die atomistische Disposition der Elemente zergeht der Begriff des musikalischen Zusammenhangs, ohne den von Musik doch nicht die Rede sein kann. Der Kultus der Konsequenz, terminiert im Götzendienst, wird nicht weiter durchgeführt und artikuliert, um der künstlerischen Absicht dienstbar zu sein, sondern seine Zurichtung wird zur einzigen künstlerischen Absicht, die Palette zum Bild. So schlägt die Rationalisierung auf ominöse Weise ins Chaotische um.*
> (Adorno 1972, 149).

Zu dieser angesprochenen „Maschinerie" kann sich der Komponist nun auf zweierlei Art und Weise verhalten: er verstärkt den Determinismus und hofft darauf, daß die initiierte „Willkür" doch noch in eine „sinnvolle" Gestaltungsqualität umschlagen möge, oder er „entlastet" die Reihe.

> *Das Verfahren selber hat sich dabei manche Modifikationen und Korrekturen gefallen lassen müssen. Anfangs war die Blickrichtung zwangsläufig – und vielleicht einseitig – auf das Fortschreiten des kompositorischen Prozesses von innen nach außen fixiert, vom strukturierten Material zur strukturierten Form ... Entsprechend dem Wahrnehmungsmodus planten die Komponisten ihre Musik von außen nach innen oder gingen doch zumindest von übergeordneten Gestaltmerkmalen und Steuerungsfaktoren aus; andere Vorgänge im Materialbereich verloren dementsprechend an Bedeutung. In solchen internen Umschichtungen spiegelt sich die Entwicklung der seriellen Musik ... Selbst eine Komposition ... (es gab dies schon sehr früh), die vielleicht nur noch sehr weitläufig einige Erfahrungen aus dem Parameter- und Reihendenken einbezieht, gehört dennoch in den Bereich der seriellen Musik.*
> (Dibelius 1966, 343)

Die Entlastung der Reihe und die damit verbundene Aufhebung der Determination bis zu der Ebene der „Atome", den einzelnen Tönen, hinunter gibt der Reihenfolge eine andere Funktion. Die Reduktion der Permutationen gibt der Reihenfolge ein wesentlich stärkeres „Gewicht", das heißt die einzelnen Töne der Reihenfolge gewinnen an Bedeutung, das Programm (Permutation) verliert an Bedeutung. Die Reihenfolge, vorher als Instrument gedacht, verliert ihren Einheit stiftenden Charakter, dabei schlägt die Ordnung in eine Art Zufall um; da die Gesetzmäßigkeiten, und nur diese können Einheit stiften, in den von der Reihenfolge abhängigen Permutationen liegen, diese aber nur noch in stark reduzierten Formen auftreten, wird die Reihenfolge für den Komponisten zwar „geschmeidiger" und „anpassungsfähiger", aber im gleichen Moment auch willkürlich. Wie wir uns auch drehen und wenden, die „Willkür" oder der „Zufall" steht immer am Ende unserer Überlegungen.

> *... und es sieht so aus, als wenn er* (der Zufall) *immer dann zum Vorschein käme, wenn man die Konsequenzen aus jener Reihentechnik zieht, die doch gerade gegen jeden Zufall sich richtet.*
> (Koenig 1961, 19)

Boulez hat das Phänomen der durch den Zufall erzeugten Antinomie innerhalb des Kompositionsprozesses folgendermaßen zusammengefaßt dargestellt:

> *So ergibt sich folgendes Phänomen: je weniger man entscheidet, desto mehr hängt die einzelne Chance für die Begegnung der Objekte vom reinen Zufall ab; je mehr man entscheidet, desto mehr hängt das musikalische Ereignis von jenem Koeffizienten des Zufalls ab, der durch die Subjektivität des Komponisten gebildet wird.*
> (Boulez 1972, 107)

Das Denken in Parametern und der daraus entstandene punktuelle Stil in den Kompositionsverfahren der frühen 50er Jahre brachte Werke von höchster Komplexität hervor. Es ist evident, daß eine direkt proportionale Abhängigkeit zwischen der Steigerung der Komplexität durch deterministisches Verhalten und den daraus resultierenden Zufallsergebnissen bestehen muß. Auf diesem gedanklichen Hintergrund ist das Werk des Komponisten Xenakis zu verstehen, dessen kompositorische Verfahren und ästhetische Konzeption an zwei exponierten Stücken exemplarisch dargestellt werden sollen.

Um Xenakis' Auseinandersetzung mit diesem Phänomen nachzuvollziehen, die in der Entwicklung des Zufalls in der griechischen Philosophie wurzelt, soll vorab ein Exkurs über einige zentrale Gedanken aus der Wahrscheinlichkeitslehre in der griechischen Philosophie folgen.

III Kausalität und Zufall

Wie keine andere Gedankenstruktur hat der Pythagoreismus, das heißt die Anschauung, daß alle Dinge auf Zahlenverhältnissen beruhen und sich durch Zahlen darstellen lassen, das gesamte abendländische Denken durchdrungen. Diese These wurde für den Musiker zum Ausgangspunkt des Studiums der Intervalle. Eine aus dieser Zahlenordnung entwickelte Musik wurde im griechischen Weltbild eine Musik der Seelenläuterung (Darstellung der Harmonie der Welt). Dabei haben alle Musiktheoretiker die pythagoreischen Thesen aufgegriffen, angefangen von Aristoxenes, Zarlino bis hin zu Rameau, und diese nur einer jeweils zeitlichen Färbung unterzogen. Das später eingeführte axiomatische Denken innerhalb der griechischen Philosophie verneint die Sinneswahrnehmung und setzt den Begriff des Seins, unterstützt durch die abstrakten Regeln der Logik, in den Vordergrund. Ereignisse stehen damit in kausalem Zusammenhang mit anderen Ereignisobjekten. Somit kann man in den Axiomatikern die ersten absoluten Materialisten sehen. *Schließt die Logik den Zufall aus, so kann man durch Logik alles wissen und sogar alles tun. Das Problem der Wahl, des Entschlusses, der Zukunft ist gelöst. Aber man weiß, daß ein einziges Körnchen Zufall die schönste deterministische Struktur zu Fall bringt* (Xenakis 1966, 26/27).

Epikur war der erste Philosoph, der gegen die deterministischen Systeme der Atomiker, Platoniker, Aristoteliker und Stoiker zu Felde zog. Er versuchte, gegen das deterministische System, das in sich das Moment der Unfreiheit trug – denn wenn nach Aussage der Axiomatiker die Welt, zu der auch unser Körper gehört, da er ein Teil derselben ist, nach logischen Gesetzen funktioniert, dann muß auch unsere menschliche Logik diesen Gesetzen gehorchen, was uns allerdings zum Spielball der Naturereignisse machen würde –, die These der freien Willensentscheidung aufzustellen.

Erst sehr viel später wurde die Theorie Epikurs von dem Schweizer Mathematiker Bernoulli (1654–1705) in seiner Kinetischen Theorie der Gase wieder aufgegriffen. Sie beruht auf der Dialektik von Determinismus und Indeterminismus innerhalb der Korpuskelnatur der Materie und stellt damit eine erste Theorie der Wahrscheinlichkeitslehre dar, die er als *Grad von Gewißheit* bezeichnet. Bernoullis Kollege, der französische Mathematiker Pierre-Simon de Laplace (1749–1827), verfaßte dann die klassische Definition der Wahrscheinlichkeit: *Die Wahrscheinlichkeitstheorie in der Zurückführung aller Ereignisse einer Menge auf eine gewisse Anzahl „gleich-wahrscheinlicher Fälle" – das sind Fälle, über deren Eintreffen wir in gleicher Ungewißheit sind – und in deren Bestimmung der Anzahl der Fälle, welche „für die Ereignisse günstig sind", dessen Wahrscheinlichkeit wir suchen* (Laplace, in: Fuchs 1972, 187).

Am Beispiel des Münzwurfs soll die These von de Laplace veranschaulicht werden. Eine Münze bedruckt mit Adler und Zahl sei vollkommen symmetrisch (zwei gewichtsgleiche Seiten) und werde geworfen. Dabei sei p (Zahl) die günstige und q (Adler) die ungünstige Alternative der beiden gleich wahrscheinlichen Ereignisse. Gleichwahrscheinlichkeit bedeutet einen Quotienten von $p/q = 1$. Bei einer endlichen Menge von n Würfen wird das Verhältnis von p und q ungleich eins sein: $p/q \neq 1$. Das Gesetz der großen Zahlen besagt aber, daß mit steigender Anzahl von n Würfen der Quotient p/q gegen eins geht.

Bei Epikur wird der Zufall als eine Zustandsart des Seins angesehen, die moderne Wahrscheinlichkeitslehre versucht dagegen, des Zufalls Herr zu werden. Auf der einen Seite, bezogen auf unser Münzwurfmodell, wird die Hypothese aufgestellt, daß die Flugbahn der Münze die besagte Ungewißheit (den Zufall) erzeugt, auf der anderen Seite wird das Gesetz der großen Zahlen zu Hilfe genommen, diesen Zufall kalkulierbar zu machen. Als Kompensationskriterium dient hierbei die Zeit, man verändert den Wahrscheinlichkeitsquotienten in Richtung eins, indem man n, die Anzahl der Spiele maximiert. Wenn wir die Symmetrie der Münze dahingehend verändern, daß wir die eine Seite aus einem leichteren Material gestalten als die andere, bekommt unsere Wahrscheinlichkeit eine deutliche Tendenz. Diese Asymmetrie können wir so weit treiben, daß die Unsicherheit, der Zufall, gegen 0 gehen wird. Die leichtere Seite wird „immer" oben liegen. Wenn wir die Unsicherheit als Folge der Symmetrie der gleichwahrscheinlichen Ereignisse ansehen, so ist dies keine Tautologie, sondern die mathematische Definition der Wahrscheinlichkeit an sich.

IV Der „Klangstoff" – quantenmechanische Darstellung akustischer Ereignisse

1. Informationstheorie und Kommunikationsmodell

Die Informationstheorie, eine noch sehr junge Wissenschaft, macht es erst möglich, quantenmechanische Modelle, wie sie schon seit langem in der Naturwissenschaft Verwendung finden, mit in eine neue Kompositionstheorie einzubeziehen. Dabei werden die Erkenntnisse aus der allgemeinen Kybernetik auf den Kommunikationsprozeß zwischen Menschen angewendet. Die Informationsästhetik versucht dann, mit Hilfe der Informationstheorie mittels quantitativen Meßergebnissen an einem ästhetischen Objekt oder künstlerischen Produkt zu einer allgemeinen ästhetischen Aussage zu kommen.

Der Kommunikationsprozeß zwischen Sender und Empfänger läßt sich am besten an einem Modell von Meyer-Eppler, der auch entscheidenden Einfluß auf die seriell komponierenden Musiker der 50er Jahre hatte, darstellen (s. Abb. 1): Sender (in unserem Fall der reproduzierende Musiker) und Empfänger (Zuhörer) verfügen beide über ein sogenanntes Zeichenrepertoire. Der Sender bildet eine Nachricht aus den Elementen seines Repertoires. Diese Nachricht ist eine endliche, geordnete Gruppe von Wahrnehmungselementen. Zur Übermittlung dieser Nachricht bedient sich der Musiker eines physikalischen Nachrichtenkanals, im Fall des Instrumentalisten sind dies das die Schwingung erzeugende Instrument und der Vermittlungskanal, gebildet aus dem Medium Luft (vereinfachte Darstellung). Die nun in kodierter Form vorliegende Nachricht wird vom Empfänger durch Vergleich mit Elementen und Strukturen aus seinem Repertoire dekodiert. Dieser Vorgang wird aber nur dann möglich sein, wenn die Elemente der beiden Repertoires, die für die Nachricht von „Bedeutung", das heißt zur Generierung der Nachricht im Sender strukturbildend sind, als deckungsgleich bezeichnet werden können (in Abb. 1 durch die Schnittmenge der beiden Repertoires dargestellt).

Jede Nachrichtenübertragung wird unter diesen angeführten Bedingungen (Schnittmenge und nicht gestörter Nachrichtenkanal) Kriterium eines Lernprozesses. Das Repertoire des Empfängers erweitert sich, die Schnittmenge wird größer, womit die Repertoires mit der Zeit annähernd deckungsgleich werden.

Abb. 1 Einfaches Kommunikationsmodell

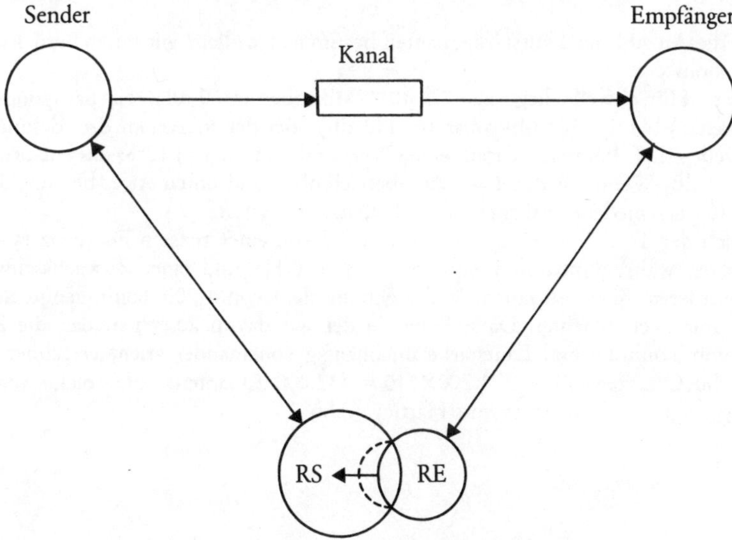

Abgeleitet aus diesem Modell bilden drei Axiome die Basis des quantenmechanischen Ansatzes:

1. Die Nachricht in Form eines musikalischen Reizes muß einen bestimmten Schwellenwert (Reizschwelle) überschreiten, damit die Variation des Reizes als Nachricht registriert werden kann.
2. Übersteigt der Reiz eine bestimmte Schwelle (Sättigungsschwelle), so wird ebenfalls keine Veränderung in der Nachricht mehr wahrgenommen.
3. Um eine ansteigende oder fallende Veränderung der Reizgrößen zu empfangen, sind Zuwachsquanten (Zuwachsschwellen) in bestimmten Größenordnungen nötig.

Im Weber-Fechnerschen Gesetz werden die Variationen der Zuwachsschwellen dargestellt. Dabei gilt für die Variation im Parameter Lautstärke:

$N_{dB} = 20 \log_{10} a/a_0$ (a = der vom Bezugspegel a_0 abweichende Pegel).

Für die Variation im Parameter Frequenz gilt:

$N_{Oktaven} \log_2 f/f_0$ (f = die von der Bezugsfrequenz f_0 abweichende Frequenz).

Alle akustischen Ereignisse werden durch die drei Axiome hinreichend abgegrenzt.

2. Repertoire zur Wahrnehmung von Schallereignissen

Die Parameter zur Darstellung eines Schallpartikels als physikalischer Reiz sind folgende:
1. Amplitude (Druck in Mikrobar)
2. Frequenz (Hertz)
3. Länge (Sekunden)

Der Reiz als subjektives Maß der Wahrnehmung stellt sich wie folgt dar:
1. Tonstärke (dB)
2. Tonhöhe (Oktaven)
3. Dauer (log t = Logarithmus der Zeit)

Wenn wir die Anzahl der Lautstärkequanten bestimmen wollen, gilt unter Berücksichtigung der drei Axiome:

Die untere Hörschwelle liegt bei $2 \cdot 10^{-4}$ Mikrobar (= 0 dB), die Sättigungsschwelle (Schmerzgrenze) bei $2 \cdot 10^{3}$ Mikrobar (= 140 dB). Bei der in Axiom drei definierten Zuwachsschwelle $\triangle L/L$ kommen wir auf einen Wert in der Höhe von 10%, das entspricht einem Faktor von 1 dB. Wenn wir den Lautstärkebereich oben und unten etwas beschneiden, ergeben sich 110 verschiedene wahrnehmbare Lautstärkequanten.

Im Bereich der Tonhöhe gelangt man ausgehend von einer tiefsten Frequenz $f_0 = 16$ Hz, einer höchsten wahrnehmbaren Frequenz f = 16.000 Hz und einer Zuwachsschwelle von 0,5% als mittlerem Wert zu einem Wahrnehmungsfeld von 1.200 Tonhöhenquanten.

In einer stark vereinfachten Darstellung, in der wir davon ausgehen, daß die Zuwachsschwellen von Tonhöhe und Lautstärke unabhängig voneinander seien, errechnet sich eine hypothetische Quantenzahl von 1.200×110 = 132.000 Quanten; eine solche vereinfachte Darstellung zeigt das Diagramm von Hartley (Abb. 2).

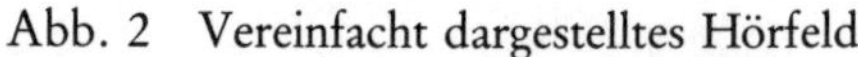
Abb. 2 Vereinfacht dargestelltes Hörfeld

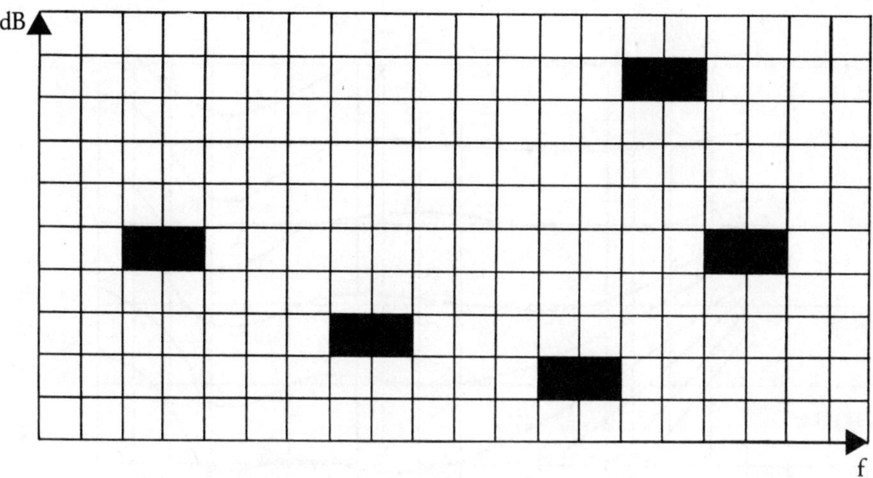

Eine genauere Darstellung erhält man durch die von Fletcher-Munson ermittelten *Kurven gleicher Lautstärke,* die erkennen lassen, daß die Tonhöhe/Lautstärke – Zuwachsschwellen nicht unabhängig voneinander sind und außerdem über den ganzen Hörbereich nicht linear verlaufen. In dem Tonhöhenbereich von ca. 1.000–3.000 Hz erkennen wir eine deutliche Quantenmaximierung (Präsenzbereich). In neueren wahrnehmungsphysiologischen Untersuchungen des Gehörs wurden 340.000 verschiedene wahrnehmbare Quanten ermittelt (Abb. 3, S. 68).

Der noch verbleibende dritte Parameter zur quantitativen Beschreibung eines Schallpartikels, die Tondauer, läßt sich nur bedingt umschreiben. Folgen zwei Schallereignisse in einer Zeit kleiner als 0,05 sec (50 msec) aufeinander, so sind sie in ihrer Tonhöhe und Tonstärke nicht mehr unabhängig voneinander bestimmbar. Der Grenzwert der Sättigungsschwelle liegt im Dauernbereich zwischen 6 und 10 Sekunden. Der Sättigungswert ist dann erreicht, wenn das Interesse an dem Schallereignis deutlich nachläßt; dies hängt jedoch sehr von dem Kontext ab, in dem ein bestimmtes Schallereignis steht.

Im Bereich der Zuwachsschwellen lassen sich genauere Angaben machen, dies ist den Untersuchungen von Wundt, Piéron, Fraisse über den Rhythmus zu entnehmen, in denen eine Zuwachsschwelle von 20% (= 2 dB) ermittelt wurde. Folglich kommen wir in diesem Parameter zu 30 unterscheidbaren Dauernquanten.

Um einen elementaren Ton (Sinuston) darzustellen, muß er in den dreidimensionalen Raum projiziert werden durch sein Parametertripel L, F, T (Lautstärke, Frequenz, Dauer). Der griechische Buchstabe Delta △, einer bestimmten Parametergröße vorangestellt, deutet die Variation dieses Parameters, ausgehend von seinem entsprechenden Bezugswert, an (Abb. 4, S. 69).

Der vierte noch ausstehende Parameter wird im musikalischen Sinne mit Klangfarbe bezeichnet. Das physikalische Definitionsäquivalent wäre die Bezeichnung Dichte.

Abb. 3 Kurven gleicher Lautstärke

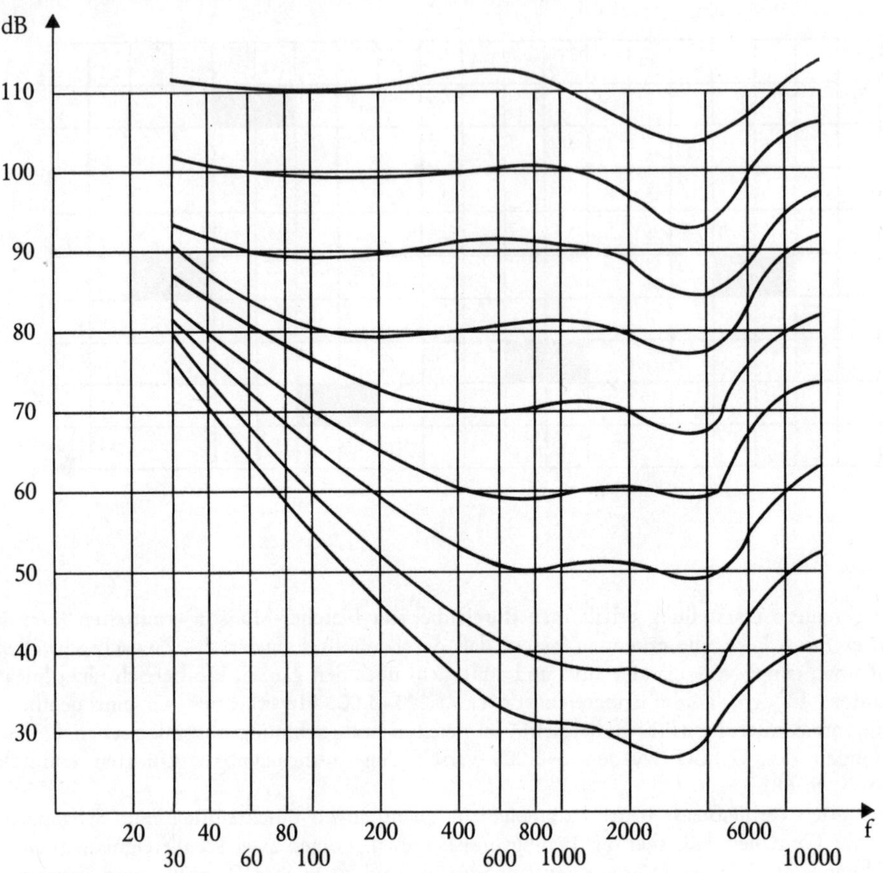

Abb. 4 Darstellung des Wahrnehmungskanals im dreidimensionalen Raum

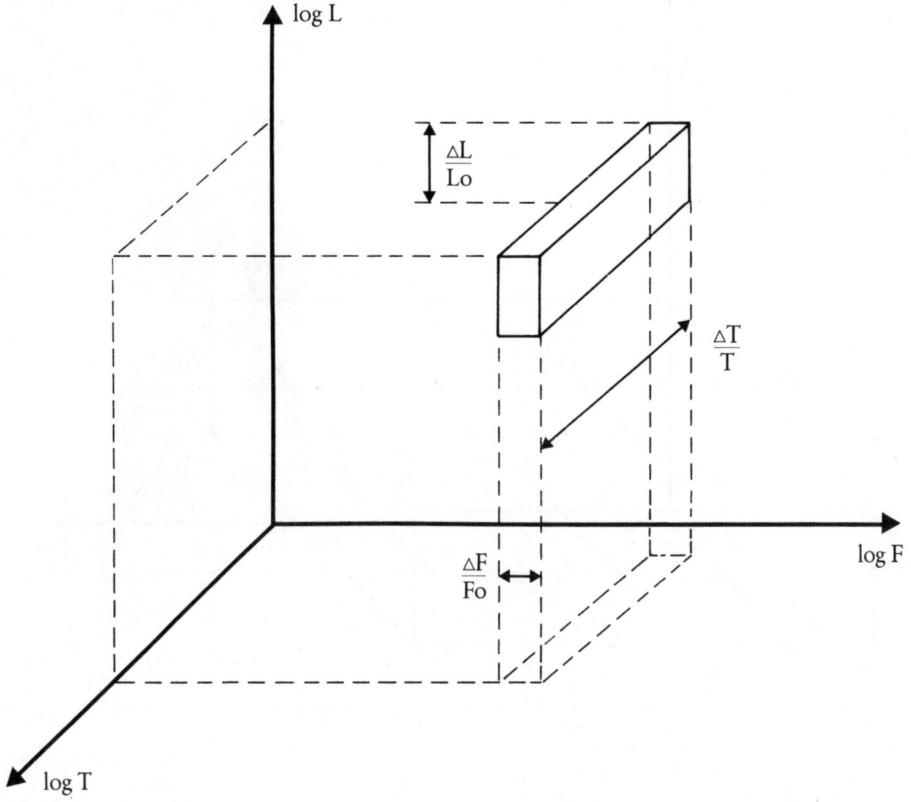

3. Der Parameter Dichte

Alle bis jetzt durchgeführten quantenmechanischen Betrachtungen hatten den Elementarton, den einzelnen Sinuston, zum Gegenstand. Dieser tritt isoliert im „natürlichen" Schallfeld in Reinkultur allerdings nicht auf, für Betrachtungen aus quantenmechanischer Sicht ist die Reduktion auf diesen Elementarton jedoch unumgänglich. Mehrere sich überlagernde Elementartöne bilden einen Klang oder, anders ausgedrückt, eine Tonwolke. Jedes auf einem Instrument erzeugte Klangereignis stellt eine solche Tonwolke dar. Die Superposition mehrerer Instrumentalereignisse bildet ebenfalls eine Tonwolke, allerdings auf der höheren Ebene (Instrumentation). In Abb. 5 (S. 70) ist ein komplexes Klangereignis dargestellt. Die Dichte dieses Klangs, bestehend aus vier Elementartönen, wird, wie es aus Untersuchungen von Xenakis hervorgeht, ebenfalls logarithmisch sein mit einer Basiszahl, die zwischen 2 und 3 liegen sollte. (Mit diesen logarithmischen Dichteverhältnissen, Basiszahl zwischen 2 und 3, hat Xenakis in dem Stück *Diamorphoses* gearbeitet.)

Abb. 5 Darstellung eines komplexen Klangereignisses im dreidimensionalen Raum

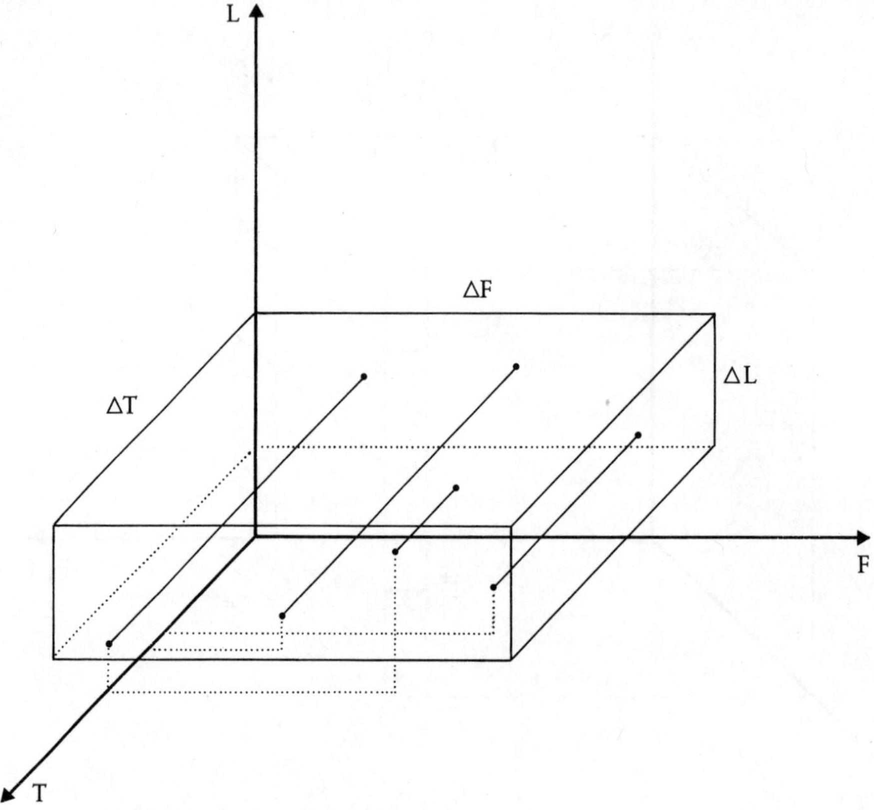

Den Abbildungen 6.1, 6.2, 6.3 sind verschiedene Dichteverhältnisse zu entnehmen, wobei der Parameter Zeit „eingefroren“ wurde. Abbildung 6.1 ist dabei der Zustand geringster möglicher Dichte und stellt quasi einen Elementarton dar mit den Parametern L, F. Abbildung 6.4 zeigt einen Zustand größtmöglicher Dichte. Jede dieser einzelnen Zustandsarten kann für sich allein stehen, solange der Parameter Zeit ausgeschaltet ist. In Abbildung 6.5 habe ich den Versuch unternommen, alle vorher definierten Dichtezustände in einen zeitlichen Verlauf einzubetten, das zeitliche Kontinuum zwischen dem Einzelereignis und dem Total ist hergestellt. Wie in den Parametern Frequenz, Amplitude, Dauer existiert auch für den Parameter der Dichtevariation kein unendlich fein abgestuftes Kontinuum, er muß ebenfalls mit einer endlichen Anzahl von Quanten „gerastert“ sein. Gesetzt, daß alle diese Dichtequanten stochastisch (durch Zufallsoperationen) erzeugt wären (dies könnte bei einem elektronischen Stück mit einem Zufallsgenerator geschehen sein), hätte der Komponist nur die Anzahl der Töne pro Dichtequant definiert, nicht aber die einzelnen Töne selbst. Wenn man

„Momentaufnahmen“ verschiedener „Klangwolken“

Abb. 6.1

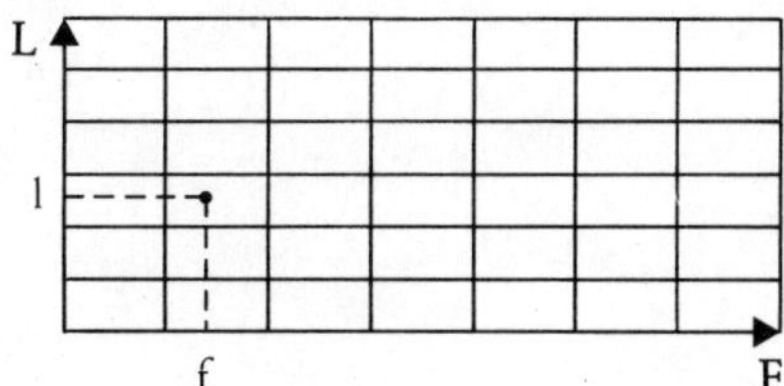

sec 0

Abb. 6.2

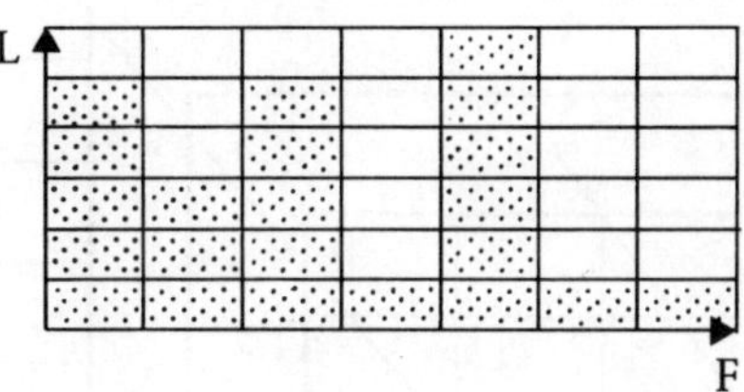

$\triangle t_1 = 50$ ms

Abb. 6.3

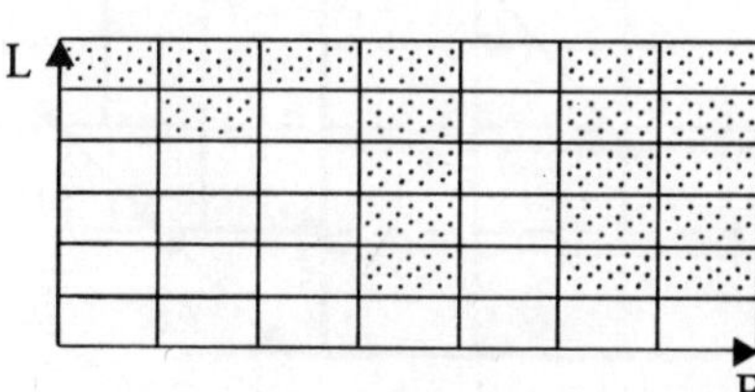

$\triangle t_2 = 70$ ms

Abb. 6.4

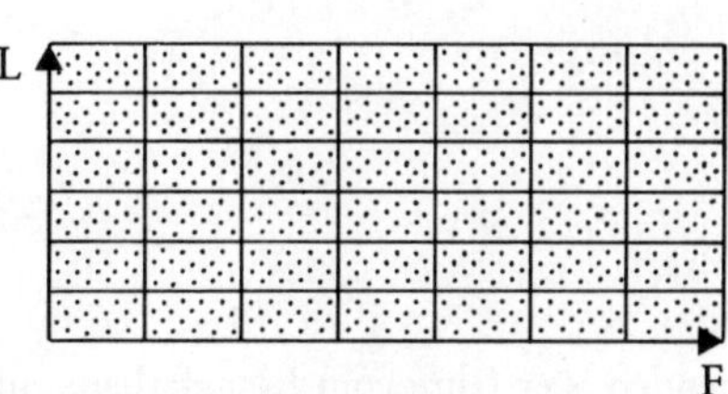

$\triangle t_3 = 100$ ms

Abb. 6.5 Zeitlicher Verlauf einer gerasterten „Klangwolke“

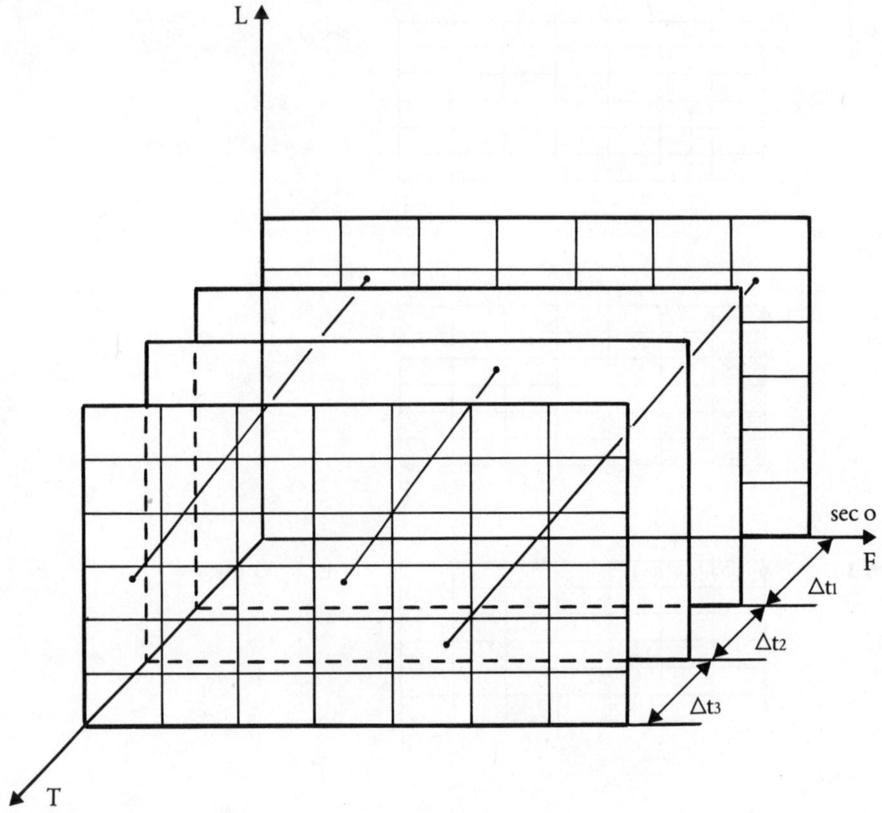

in der elektronischen Musik der beginnenden 50er Jahre vom Klangfarbenkontinuum sprach, so vergaß man doch, in der Kontinuität die für die Wahrnehmung so überaus wichtige Diskontinuität zu komponieren. Ein solch kontinuierliches oder starres Spektrum ist in Abbildung 7 dargestellt. Derartige Klangstrukturen hat Xenakis einmal sehr treffend mit *Spaghettipaket* bezeichnet. Daß es zu diesen Spaghettispektren kommen konnte, lag einmal in der Technologie des Studios in dieser Zeit und zum anderen in der „Unzulänglichkeit“ der seriellen Methode.

Bei allen harmonischen Spektren (z. B. Instrumentalklänge) folgen dem Grundton mehr oder weniger stark ausgeprägte Obertöne (Harmonische, da sie ganzzahlige Zahlenproportionen mit dem Grundton und untereinander bilden); die „Position“ dieser Töne im Zeit/Frequenz-Raum unterliegt dabei aber einer diskontinuierlichen Veränderung. Dabei stoßen wir

Abb. 7 Darstellung eines starren kontinuierlichen Spektrums

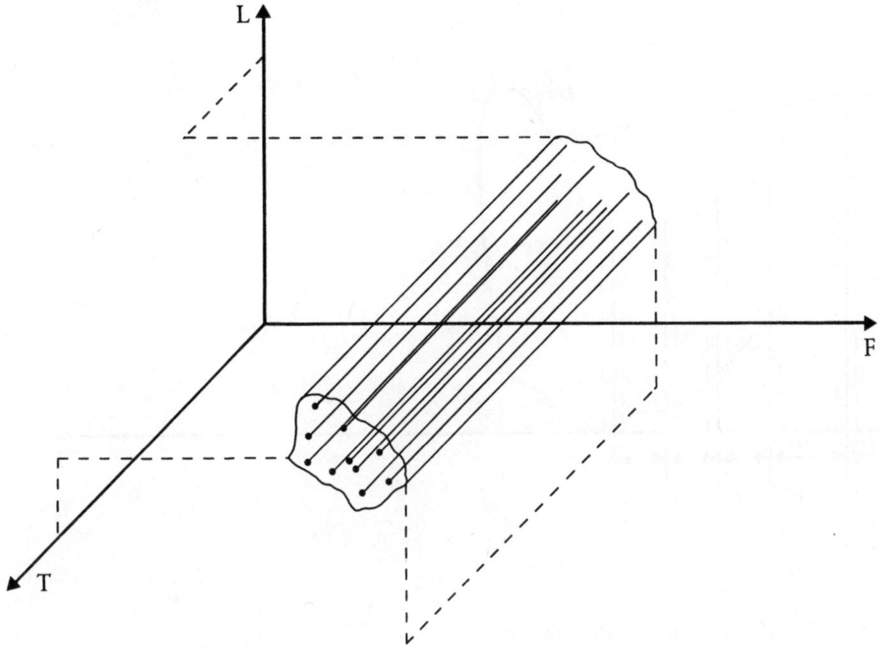

schon bei der Betrachtung des „Mikrokosmos" von akustischen Ereignissen auf die „formbildenden" Kriterien des Zufalls. Wenn in einer großen Orchesterbesetzung z. B. die Streicher um ein Vielfaches verdoppelt werden, spielt der Lautstärkezuwachs von einer gewissen Anzahl von Instrumentalisten an keine entscheidende Rolle mehr, die Priorität liegt in der Multiplikation der „Inharmonizität", womit die Diskontinuität oder das Zufällige zum ästhetischen Prinzip wird. Die Abbildungen 8.1. und 8.2. stellen die „Inharmonizität" innerhalb eines harmonischen Instrumentalspektrums dar (Abb. 8.1.: Harmonisches Spektrum f_1–f_5, projiziert in den gehörphysiologischen Wahrnehmungsraum; Abb. 8.2.: Reduktion des Spektrums auf Grundton [1. Harmonische] und Oktav über dem Grundton [2. Harmonische]; s. S. 74).

Abb. 8.1 Projektion eines Spektrums in den gehörphysiologischen Raum

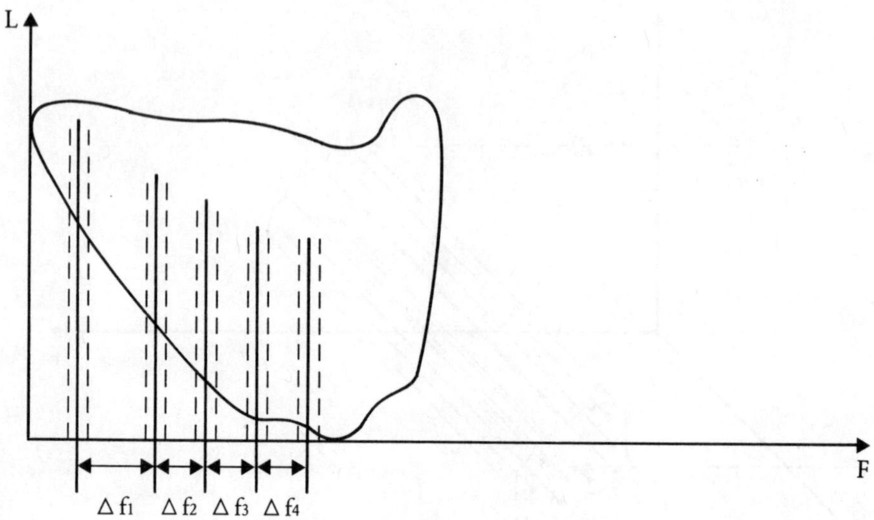

Abb. 8.2 Inharmonizität von Partialtönen

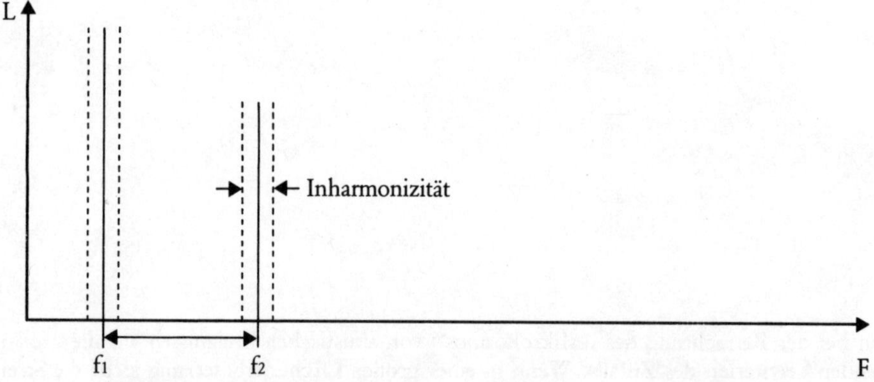

V *Achorripsis* für 21 Instrumente
„Werkzeuge" und Verfahrensweisen zur Komposition eines stochastischen Feldes[2]

In allen Werken von Xenakis spielt das Prinzip des Zufalls eine entscheidende Rolle. Dabei ist er nicht mehr nur die Folge von nicht mehr zu kontrollierenden Strukturergebnissen aus der perpetuellen Maschinerie von Determinismen auf der Ebene der Klangatome (serielle Methode), sondern Kompositionsprinzip selbst. Das Phänomen Zufall wird mit Hilfe mathematischer Abstraktionsvorgänge kontrolliert und in klingende Materie, Musik verwandelt. Die Wahrscheinlichkeitstheorie wird zur ästhetischen Gesetzmäßigkeit, zu einer „regelrechten" Philosophie der Kompositionstheorie. Von einem komponierten, den Regeln der großen Zahlen folgenden Zufall kann man nicht mehr „überrascht" werden, wenn es ein Werkzeug gibt, das es ermöglicht, ihn zu kontrollieren. Ihn zu kontrollieren heißt aber, den Zufall innerhalb eines abgesteckten Rahmens zu organisieren, das heißt Klangelemente so anzuordnen, daß sie ein gegebenes Zeitquant in Form einer „stochastischen Tonwolke" ausfüllen.

Welches sind die Tonelemente, die ein Kontinuum stochastischer Verteilung generieren?

1. Bezogen auf Instrumentalmusik können dies einzelne „Tonpartikel" – ich nenne sie diskontinuierliche Ereignisse – von unterschiedlicher Dauer, Lautstärke und Tonhöhe sein.
2. Die mit kontinuierlich zu bezeichnenden Klangereignisse – sie können nur von einigen wenigen Instrumenten oder Instrumentenfamilien hinreichend befriedigend erzeugt werden – sind in dem z. B. von einer Geige hervorgebrachten „minimalen" (dies bezieht sich auf die Dauer des Klangereignisses) Glissando zu sehen.

In der stochastischen Feldkomposition müssen wir prinzipiell unterscheiden zwischen den beiden „Urelementen" (kontinuierliche und diskontinuierliche Elemente) und einem mathematischen Regulativ, das aus folgenden mathematischen Prinzipien und den vom Komponisten zu bestimmenden Maßeinheiten besteht:

1. dem Poissonschen Gesetz,
2. der mittleren Ereignisdichte,
3. der Vektormatrix mit einer bestimmten Anzahl von Feldern, gebildet aus Reihen und Spalten, die mit Hilfe des Poissonschen Gesetzes und der mittleren Ereignisdichte „angefüllt" werden.

In *Achorripsis* werden alle Klangereignisse durch die Poissonsche und Gaußsche Verteilung organisiert; dieses Werk ist damit eine der ersten Kompositionen, in der Xenakis die von ihm aufgestellte These der geringsten kompositorischen Einschränkung zur Anwendung bringt. Die späteren *ST-. . .* Stücke sind dann mit Hilfe eines Computerprogramms entstanden, das die These der geringsten kompositorischen Einschränkung in automatisierter Form verkörpert.

Um das Poissonsche Gesetz später in seiner musikalischen Anwendung zu verdeutlichen, soll zunächst wieder ein Modellfall konstruiert werden. Aus einer Urne, gefüllt mit schwarzen und weißen Kugeln, werden 60 Ziehungen durchgeführt. Die Wahrscheinlichkeit für das Ziehen einer schwarzen Kugel sei $p = 0{,}01$ und damit relativ gering (das Poissonsche Gesetz findet immer da Anwendung, wo eine relativ hohe Anzahl Ziehungen bei entsprechend geringer Wahrscheinlichkeit eines Ereignisses erfolgt; ist dies nicht der Fall, wird die sogenannte Binominalverteilung benutzt).

[2] Alle Formeln zu dem besprochenen Werk einschließlich der Matrix Q sind auf dem Umschlag der Partitur (Bote & Bock, Berlin 1958) abgebildet. Ihre Ableitung aus den mathematischen Gebieten dert Wahrscheinlichkeitsrechnung, Statistik, mathematischen Fehlerrechnung und Matrizenrechnung wird im folgenden aufgezeigt.

Wenn n = 60 die Anzahl der Ziehungen ist und p = 0,01 die Wahrscheinlichkeit für das Eintreffen des gewünschten Ereignisses (Ziehen einer schwarzen Kugel), so können wir $a = n \cdot p$ als mittlere Ereignisdichte als konstant für alle Ziehungen definieren. Durch Einsetzen in das Poissonsche Gesetz ermitteln wir dann die Wahrscheinlichkeit, mit n Zügen k schwarze Kugeln zu ziehen. Die Poissonsche Verteilung lautet wie folgt:

$$P_{(k)} = \frac{a^k \cdot e^{-a}}{k!}$$

Für n = 60 und k von 0 bis 60 folgt die Wertetabelle für die Wahrscheinlichkeit der verschiedenen k:

k	0	1	2	3	4	.....	60
$P_{(k)}$	0,549	0,329	0,099	0,020	0,003	.....	0,000

Aus der Tabelle geht hervor, daß die Wahrscheinlichkeit, bei einer Gruppe, gebildet aus n = 60 Ziehungen, k = 0 schwarze Kugeln zu erhalten, wesentlich höher ist als z. B. die Wahrscheinlichkeit, vier schwarze Kugeln anzutreffen.

Werte von $k > 4$ können vernachlässigt werden, da die Wahrscheinlichkeit $P_{(k)}$ gegen 0 geht.

Das in *Achorripsis* angewandte Poissonsche Gesetz geht von einer mittleren konstanten Wahrscheinlichkeit a = 0,6 Ereignisse pro Einheit aus. Wir erhalten folgende Werte von $P_{(k)}$, die – von kleinen Auf- oder Abrundungen abgesehen – mit denen aus der obigen Tabelle übereinstimmen.

$P_0 = 0{,}5488$
$P_1 = 0{,}3293$
$P_2 = 0{,}0988$
$P_3 = 0{,}0198$
$P_4 = 0{,}0029$
$P_5 = 0{,}0000$

Eingeteilt ist das ganze Werk in 196 Felder. Durch Multiplikation der $P_{(k)}$-Werte mit 196 ergibt sich eine Tabelle der 1 . . . 4-wertigen Ereigniswahrscheinlichkeiten, das heißt das 1-fache Ereignis erscheint in 65 Feldern, das 4-fache dagegen nur noch in einem Feld.

k	Anzahl der Felder $196 \cdot P_{(k)}$
0	107
1	65
2	19
3	4
4	1

Tab. A

Die aus der Poissonschen Formel entwickelten Daten werden nun auf die Instrumentation des Stückes angewandt. Eine weitere Transformation verändert die Felder mit Hilfe einer Zeit-Klangfarben-Matrix so, daß aus den Feldern Zeitquanten entstehen nach der Definition Klangfarben · Zeit = 196 Felder.

Gegeben sind 7 Klangfarben (Instrumente); daraus folgt:

$$\frac{196}{7} = 28 \text{ Zeiteinheiten.}$$

Flöte[1])								
Oboe[2])								
Gleitende Streicher[3])								
Schlagzeug[4])								
Streicher pizz.[3])								
Blechbläser[5])								
Streicher[3])								
	0	1	2	3	4	....	28	

Zeit

Tab. B: Zeit-Klangfarben-Matrix

[1]) Flöte (immer piccolo)

[2]) an die Stelle der Klangfarbe Oboe können auch andere Klangfarben treten: Es-Klarinette, B-Baßklarinette, Fagott, Kontrafagott

[3]) 3 Violinen, 3 Violoncelli, 3 Kontrabässe

[4]) 1 Xylophon, 1 Holzblock, 1 große Trommel

[5]) 2 Trompeten, 1 Posaune

Drei mal sieben verschiedene Klangfarben können in die Matrix eingesetzt werden.

Bei einem Metrum von 𝅗𝅥 = 52 hat das Stück eine Gesamtdauer von sieben Minuten. Entsprechend 420 sec Spieldauer, verteilt auf 28 Quanten, ergibt sich eine Dauer von 15 sec pro Quant, bei 𝅝 = 26 sind 6,5 Takte in einem Quant von 15 sec unterzubringen.

Durch die nächste Transformation gelangt man zur „dritten Materialebene". Tabelle A und Tabelle B werden miteinander verknüpft, das heißt, die 0- bis 4-wertigen Ereigniswahrscheinlichkeiten werden in den zweidimensionalen Klangfarben-Zeit-Raum projiziert. Um eine stochastische Verteilung zu erhalten, wird das Poissonsche Gesetz noch einmal angewandt. Wenn wir das einfache Ereignis aus Tabelle A nach Poisson verteilen wollen, muß zuerst die mittlere Ereignisdichte ermittelt werden. Das einfache Ereignis taucht nach Tabelle A 65mal auf, daraus folgt für die mittlere Ereignisdichte:

$$a = \frac{65}{28} = 2{,}3214$$

Wenn die stochastische Verteilung hinreichend erfüllt sein soll, so muß dies sowohl für die Reihen als auch für die Spalten der Tabelle B gelten. Dabei verfährt man rechnerisch genau so, wie es zur Ermittlung der Tabelle A geschehen ist. Mit der Poissonschen Formel werden einzeln die verschiedenen $P_{(k)}$-Werte ermittelt (k nimmt Werte von 0 . . . n an, wobei n dann erreicht wird, wenn der entsprechende $P_{(k)}$-Wert sich der Zahl 0 nähert; für die mittlere Ereignisdichte setzen wir a = 2,32, die dann mit der Quantenzahl 28 multipliziert wird).

Für das einfache Ereignis aus Tabelle A folgt Tabelle C.1, mittlere Ereignisdichte a = 2,321.

Häufigkeit k	Wahrscheinlichkeitswert $P_{(k)}$	Anzahl der senkrechten Felder $n = P_{(k)} \cdot 28$	n · K
0	0,098	3	0
1	0,227	6	6
2	0,282	8	16
3	0,204	5	15
4	0,118	3	12
5	0,055	2	10
6	0,021	1	6
7	(0,007)	(0)	0
Summe:		28	65

Tab. C.1

Für das zweifache Ereignis folgt Tabelle C.2, mittlere Ereignisdichte a = 0,678.

k	$P_{(k)}$	$n = P_{(k)} \cdot 28$	n · K
0	0,507	14	0
1	0,344	10	10
2	0,116	3	6
3	0,026	1	3
4	(0,0004)	0	0
Summe:		28	19

Tab. C.2

Für das dreifache Ereignis aus Tabelle A folgt Tabelle C.3, a = 0,142.

k	$P_{(k)}$	$n = P_{(k)} \cdot 28$	n · K
0	0,866	24	0
1	0,123	4	4
2	(0,008)	0	0
Summe:		28	4

Tab. C.3

Für das vierfache Ereignis aus Tabelle A folgt Tabelle C.4, a = 0,035.

k	$P_{(k)}$	$n = P_{(k)} \cdot 28$	$n \cdot K$
0	0,964	27	0
1	0,034	1	1
2	(0,0006)	0	0
Summe:		28	1

Tab. C.4

(Die Zahlen in der Spalte $n = P_{(k)} \cdot 28$ stellen auf- oder abgerundete Werte dar.)

Die Tabelle der 0-Ereignisse braucht nicht ermittelt zu werden, da die leeren Mengen (0-Ereignisse) sich später bei der „Montage" zur Hauptmatrize zwangsläufig ergeben.

Aus den errechneten Tabellen C.1, C.2, C.3 und C.4 gewinnt man die Matrix Q (Abb. 9, S. 80). An dieser Stelle hat der Komponist innerhalb der stochastischen Verfahrensweise zum zweiten Mal die Möglichkeit, entscheidend in den Verteilungsprozeß einzugreifen. Die erste Eingriffsmöglichkeit lag in der Bestimmung der mittleren Ereignisdichte und in der Definition der Gesamtdauer des Werkes.

An der Tabelle C.1 soll die Konstruktion der Matrix Q erläutert werden. Wir greifen aus der Tabelle die zweite Zeile mit dem k-Faktor 1 heraus. Es gilt, nach dieser Tabelle das einfache Ereignis auf die Matrix Q zu verteilen. Die Zeile zwei besagt, daß das einfache Ereignis in sechs Spalten der Gesamtmatrix nur einmal vertreten sein darf. Die zweite Zeile aus der Tabelle C.1 bestimmt dagegen, daß das einfache Ereignis in acht Spalten der Matrix Q anzutreffen sein muß; dabei ist es allerdings in jeder dieser acht Spalten zweimal einzutragen. Bei einem Häufigkeitsfaktor k = 6 in der gleichen Tabelle hieße das, daß das einfache Ereignis nur noch in einer Spalte der Matrix auftaucht und in dieser sechsmal vertreten ist. Die Matrix Q wird dann in den nächsten Arbeitsgängen allmählich mit den Daten aus den verbleibenden Tabellen angefüllt. Die Positionen, die die einzelnen Ereignisse innerhalb der Matrix einnehmen, bleiben dem Komponisten überlassen. Da die mit einfach, zweifach, dreifach, vierfach und Null-Ereignis bezeichneten Mengen den Dichteverlauf innerhalb eines Werkes bestimmen, liegt in diesem „Montagepuzzle" die eigentliche „Drehscheibe" kompositorischen Handelns. Wie auch der Komponist seine Matrix aufbaut, er wird nie sein axiomatisches Gedankengebäude zerstören; der einmal komponierte Zufall ist „gebändigt" durch die Logik der großen ganzen Zahlen und durch das Poissonsche Verteilungsgesetz. Die in Abbildung 9 gezeigte Matrix bildet die Grundlage für das Stück *Achorripsis.*

Abb. 9 Matrix Q

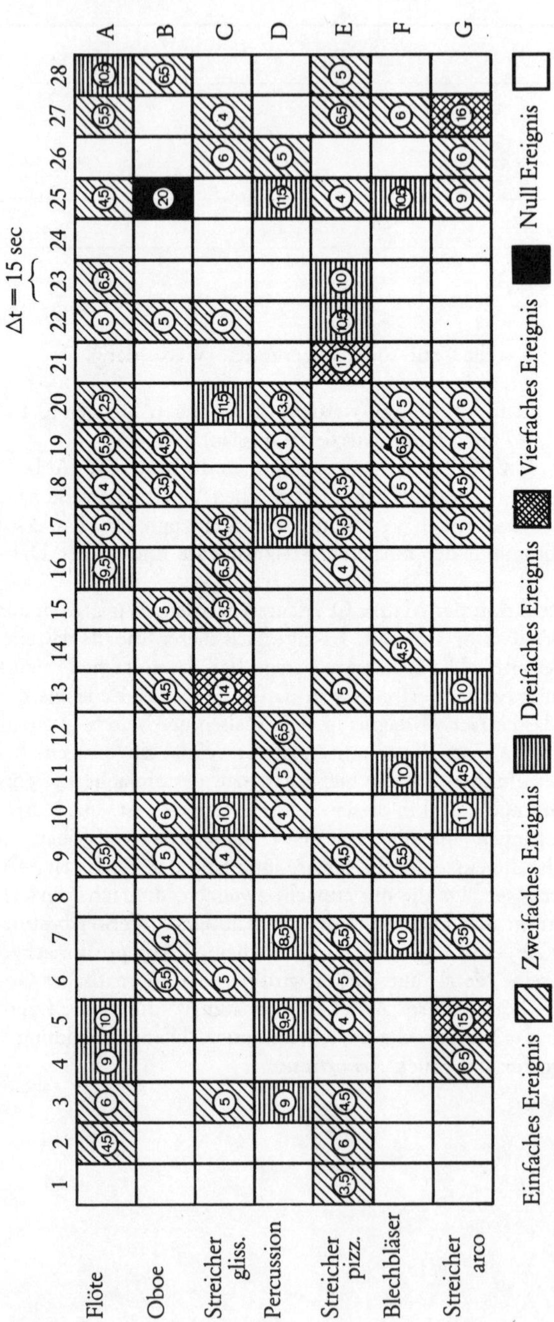

Mit der Montage der Matrix Q liegt das Stück in seiner Makroform fest. Um die Mikrostruktur der einzelnen Quanten zu bestimmen, muß die Frage der Dichte innerhalb der einzelnen Quanten gelöst werden. Wie bei der Makroform steht die Analyse des zeitlichen Rahmens am Anfang. Aus der Matrix Q werden für die einzelnen Quantentypen folgende Dichten ermittelt:

Einfaches Ereignis:

Dichte	Anzahl der gleichen Dichten	
3,5	6	
4,0	10	
4,5	10	
5,0	15	Die mittlere Dichte beträgt a ≈ 5 (gerundet)
5,5	8	
6,0	9	
6,5	7	
Summe:	65	

Tab. D.1

Zweifaches Ereignis:

Dichte	Anzahl der gleichen Dichten	
8,5	1	
9,0	3	
9,5	2	
10,0	7	Die mittlere Dichte beträgt a ≈ 10
10,5	3	
11,0	1	
11,5	2	
Summe:	19	

Tab. D.2

Dreifaches Ereignis:

Dichte	Anzahl der gleichen Dichten	
14	1	
15	1	Die mittlere Dichte beträgt a ≈ 15
16	1	
17	1	
Summe:	4	

Tab. D.3

Vierfaches Ereignis:

Dichte	Anzahl der gleichen Dichten	
20	1	Die mittlere Dichte beträgt a = 20

Tab. D.4

Mit den mittleren Dichten, bezogen auf einen Takt der 6,5 Takte eines Quants, errechnet sich die Tabelle E der „Tonwolkendichten" und die sich daraus ergebenden Zeitfaktoren.

Art des Ereignisses	Tonwolkendichte a		Töne/Quant (15 sec)
	Töne/Takt 𝅝 = 26	Töne/sec	
Null	0	0	0
einfach	5	2,17 (2,2)	32,6 (32,5)
zweifach	10	4,34 (4,4)	65,21 (65)
dreifach	15	6,52 (6,6)	97,8 (97,5)
vierfach	20	8,68 (8,8)	130,4 (130)

Tab. E: Tonwolkendichten

Die in Klammern angegebenen Werte sind als Mittelwerte zu verstehen. Die Dichte-Progression der Ereigniselemente folgt damit im Mittel einer arithmetischen Reihe. Aus der Matrix Q geht allerdings hervor, daß, wenn zwei gleiche Ereignisquanten in einer Zeile (Instrument, Klangfarbe) direkt hintereinander auftauchen, die Dichte des Folgeereignisses um diesen in Tabelle E ermittelten Wert schwankt. Die Schwankungen bewegen sich dabei aber immer in einer Bandbreite um den mittleren Dichteverlauf, so daß die arithmetische Reihe der mittleren Dichteverläufe immer erfüllt wird.

Geringe Abweichungen von den errechneten „Sollwerten" zerstören nicht das stochastische Gefüge der Matrix, die damit weiter „lenkendes Gedankengerüst" innerhalb des Kompositionsprozesses bleibt.

Die Entscheidungsfreiheit des Komponisten bleibt auch auf der Ebene der Grundparameter erhalten. Die Arbeitsweise in der Organisation der Dauern unterscheidet sich dabei nur geringfügig von den Methoden auf den bis jetzt dargestellten kompositorischen Ebenen. Im Unterschied zu den Dichtequanten handelt es sich bei den Dauern um einen dynamischen Prozeß (Organisation von Tonereignissen „in der Zeit"). Wie Xenakis in einem Referat (Bonn 1975) ausführte, geht es hier um das Problem der *fortlaufenden kontinuierlichen Wahrscheinlichkeiten.*

Zwischen der schon bestimmten mittleren Dichte der einzelnen Quanten und deren Quantelung in rhythmische Einzelwerte besteht eine direkte Abhängigkeit. Die einzelnen rhythmischen Unterteilungen eines Quants werden durch die folgende Formel errechnet:

$$P_{(t)} = a \cdot e^{-at} \cdot dt\ .$$

Dabei ist a die mittlere Dichte des zu rhythmisierenden 15 Sekunden-Quants und t eine beliebige Unterteilung eines Taktes (die Werte für t liegen zwischen 0,00 und 0,70).

Als Beispiel dient ein Quant mit der mittleren Dichte a = 4,5, also ein einfaches Ereignisquant.

Ein Takt hat die Dauer von 15 sec/6,5 Takte = 2,30 sec (bei 𝅝 = 26). Das gesamte Quant enthält 4,5 · 6,5 = 29 Töne, wobei 29 Töne 28 Dauern bedingen.

Um die fortschreitenden Wahrscheinlichkeiten zu ermitteln, wird die Zeit eines Quants auf einer Zeitgeraden durch eine punktuelle Verteilung mit der mittleren Dichte von a (in unserem Beispiel 4.5 Töne/Takt) verteilt.

Abb. 10

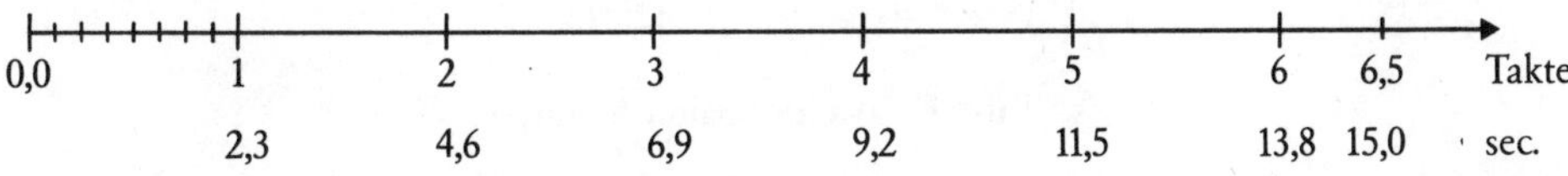

Die zu errechnenden Dauernwerte werden um einen mittleren auf der Zeitachse liegenden Wert, der hier die Funktion des Dauernparameters hat, schwanken. (Parameter ist hier im mathematischen Sinn zu verstehen und bezeichnet eine konstante Größe). Durch Einsetzen des Dichtewertes a und verschiedener t-Werte, womit die Länge eines beliebigen Dauernsegments bezeichnet wird, in die obige Formel, errechnet sich die Tondauerntabelle F (s. S. 84).

Takt-Einheiten t	$a \cdot e^{-at}$	$a \cdot e^{-at} \cdot dt$	$P_{(t)} \cdot 28$ = Anzahl der Dauern
0,00	4,500	0,360	10
0,10	2,870	0,231	7
0,20	1,830	0,184	4
0,30	1,165	0,094	3
0,40	0,743	0,060	2
0,50	0,437	0,038	1
0,60	0,302	0,024	1
0,70	0,194	0,016	0
Summe:	12,415	0,973	28

Tab. F: Tondauern

Die Größe dt aus der Wahrscheinlichkeitsformel ergibt sich aus der folgenden Überlegung. Wenn wir uns noch einmal die Zeitgerade mit ihren einzelnen Elementen vor Augen halten, dann ermitteln wir durch die Formel der fortschreitenden Wahrscheinlichkeit ein Segment i mit einer Länge von t_i zwischen den Grenzen t und t + dt; diesen gewonnenen Wert nennen wir den Wahrscheinlichkeitsfaktor $P_{(t)}$ für das Auftreten eines Ereignisses. Der Faktor dt ist normalerweise eine variable Größe. Annäherungsweise kann er als konstant angenommen werden, da gilt:

$$\sum_{0}^{\infty} a \cdot e^{-at} \cdot dt = 1$$

daraus folgt:

$$dt = \overbrace{\frac{1}{\sum_{0}^{t} a \cdot e^{-at}\, dx}}^{\text{Summe aller } P_{(t)}} \rightarrow dt = \frac{1}{12{,}415} = 0{,}0805$$

(s. Tab. F, zweite Spalte, Summe)

Die Tabelle gilt für alle einfachen Ereignisquanten mit der mittleren Dichte von a = 4,5, die Dauernverteilung für die noch fehlenden Quanten lassen sich auf dem gleichen Weg errechnen. Zur Analyse des Stückes sind die Spalten 1 und 4 die ausschlaggebenden. Wenn man die t-Werte aus der Spalte 1 umrechnet in rhythmische Werte bei einem Metrum von 𝅝 = 26, kann man die dazugehörige Anzahl von Dauern pro Quant in der zu einem t-Wert gehörenden Zeile in Spalte 4 ablesen (Takt 84,5–91 Blechbläser; Matrix Q Spalte 14, einfaches Ereignis, mittlere Dichte 4,5).

Zur Analyse der Tonhöhenorganisation läßt sich ein ähnliches Modell wie bei der Rhythmusdisposition aufstellen. Ausgehend von den Streichinstrumenten, die in der Lage sind, etwa 80 Halbtöne zu erzeugen, werden alle Töne auf einer Geraden gesammelt:

Abb. 11

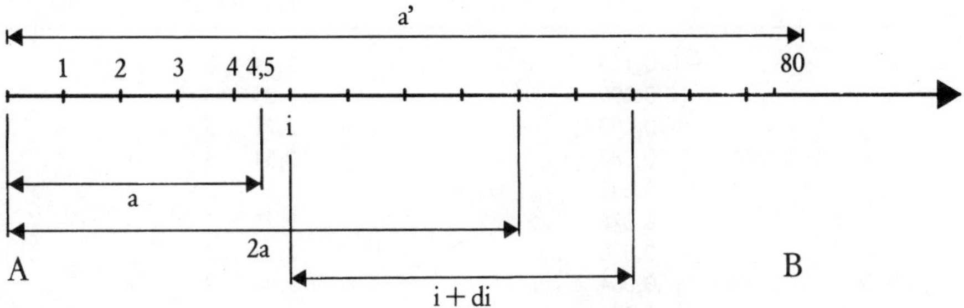

Dann wird die Wahrscheinlichkeit $P_{(i)}$ ermittelt für ein Intervall oder auch Segment auf dieser Geraden mit einer Länge a (Intervall). Die gesamte Länge der Geraden wird dabei von A und B begrenzt. Dabei gilt a' = AB. Das gesuchte Element a soll dabei eine Länge zwischen i und i + di einnehmen (i ist irgendeine Stelle auf der Geraden, di ist die obere Begrenzung und bildet mit i das gesuchte Intervall a, wobei durch d [Differential] die Variabilität der oberen Begrenzung dargestellt wird).

Das Verteilungsgesetz für die einzelnen Intervalle lautet:

$$f_{(i)}\,di = \frac{2}{a'}\left(1 - \frac{i}{a'}\right) di$$

Nach einigen mathematischen Umformungen, in denen wir das Differential di ersetzen, gelangen wir zu einer leichter anwendbaren Formel für den Wahrscheinlichkeitswert, der das Auftreten eines bestimmten Intervalls zur Folge hat:

$$P_{(i)} = \frac{2}{m+1}\left(1 - \frac{i}{m}\right)$$

i nimmt in der Berechnung die Werte i = 1, 2, 3, 4, 5, 6, 7 . . . m ein.

Es gilt nun, eine quantitative Verknüpfung zwischen dem Tonhöhenreservoir eines Instruments oder einer Instrumentengruppe und dem betreffenden Ereignisquant aus der Matrix Q (Abb. 9) herzustellen. Dabei wird auch hier das stochastische Feld nicht zerstört, wenn der Komponist nicht das ganze Tonhöhenreservoir eines Instruments ausschöpft.

Bleiben wir bei dem Beispiel des einfachen Ereignisses mit der mittleren Dichte a = 4,5 und verknüpfen wir dieses Quant mit dem Tonhöhenquant von a' = 80 Halbtönen.

Dann ergibt sich $a'/a \approx 18$ Quanten von jeweils 4,5 Halbtönen. i, welches in die Formel für $P_{(i)}$ eingesetzt wird, ist damit ein Vielfaches von unserem neuen a = 18. Die folgende Tabelle ermittelt nach stufenweisem Einsetzen der i-Werte in die $P_{(i)}$-Formel mit einem m von 18 (m ist das letzte Glied in der Reihe der einzelnen i-Werte), wie in unserem Modellfall die einzelnen Vielfachen i von 4,5 Halbtönen innerhalb eines Quants mengenmäßig verteilt werden.

Vielfache von 4,5 Halbtönen i	Wahrscheinlichkeitswert $P_{(i)}$	Anzahl von Ereignissen $P_{(i)} \cdot 29$	
0	0,105	3,04	3
1	0,099	3,05	3
2	0,093	2,71	3
3	0,087	2,54	3
4	0,081	2,37	2
5	0,076	2,20	2
6	0,070	2,03	2
7	0,064	1,86	2
8	0,058	1,69	2
9	0,052	1,52	2
10	0,046	1,35	1
11	0,040	1,18	1
12	0,035	1,01	1
13	0,029	0,84	1
14	0,023	0,67	1
15	0,017	0,50	0
16	0,011	0,33	0
17	$5{,}84 \cdot 10^{-3}$	0,16	0
18	0,000	0,00	0
Summe:			29

Tab. G: Intervalltabelle

Wie aus der Tabelle ersichtlich, besteht zwischen den Intervallen und den Wahrscheinlichkeitswerten $P_{(i)}$ eine annähernd lineare Abhängigkeit, die sich wie in Abb. 12 graphisch darstellt.

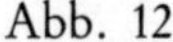
Abb. 12

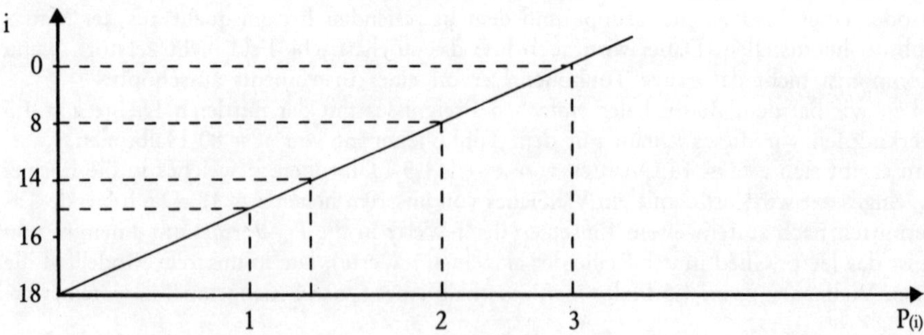

Zu Anfang dieses Kapitels über *Achorripsis* wurde zwischen den beiden Grundelementen, den kontinuierlichen und den diskontinuierlichen Ereignissen, unterschieden.

Die Streicher im Stück sind diejenige Instrumentengruppe, die, wie aus der Matrix Q hervorgeht, in der differenziertesten Weise behandelt werden. Sie haben vermittelnde Funktion zwischen dem ephemeren Tonpartikel, dem kleinsten überhaupt möglichen Quant, und der kontinuierlichen stochastischen Fläche. Der flächenmodulierte Klang, erzeugt durch die glissandierenden Streicher, erhält seinen charakteristischen Modulationsgrad durch die verschiedenen Schnellen der Glissandi. Xenakis führt für den Grad der Modulation einer Fläche, bestehend aus kontinuierlichen Ereignissen, den aus der Physik entlehnten Begriff der „Temperatur" ein (in der Physik versteht man darunter die mittlere Bewegungsgeschwindigkeit von Gasmolekülen). Der konstante Faktor a für die Temperatur errechnet sich aus dem quadratischen Mittelwert aller in dem betreffenden Quant vorkommenden Bewegungsschnellen v. Dabei bezeichnet v die Geschwindigkeit eines Glissando in Halbtönen pro Takt. Die Verteilung der einzelnen Schnellen geschieht nach dem gleichen Modell, wie es bei der Dauernorganisation dargestellt wurde. Alle Schnellen werden wieder auf einer Geraden mit den Begrenzungen A und B „gesammelt", und durch die Gaußsche Normalverteilung wird die Anzahl für die einzelnen Schnellen ermittelt:

$$f_{(v)} = \frac{2}{a\sqrt{\pi}} \cdot e\,\frac{v^2}{a^2}$$

Mit diesem Gesetz wird die Wahrscheinlichkeit $f_{(v)}$ für eine Geschwindigkeit v bestimmt, wobei die Geschwindigkeitswerte mit größtmöglicher Asymmetrie (Zufälligkeit) verteilt sind. Um die Wahrscheinlichkeit $P_{(\delta)}$ zu ermitteln, setzen wir, indem $v_1 \leqslant v \leqslant v_2$ gilt, folgende Formel an:

$$P_{(\delta)} = \Phi_{(\delta_2)} - \Phi_{(\delta_1)}$$

in der

$$\delta_i = \frac{v_i}{a}$$

(für i = 0, 1, 2, 3, 4, . . ., n − 1) ist.

Zur Bestimmung der Wahrscheinlichkeit $P_{(\delta)}$ für die verschiedenen Schnellen v setzen wir die Gaußsche Normalverteilung an.

$$\Phi_{(\delta)} = \frac{2}{\sqrt{\pi}} \int_0^{\delta} e^{-\delta^2}\, d\delta.$$

Die folgende Tonschnelletabelle (Tab. H) ergibt sich aus den obenstehenden Formeln (für das Integral gibt es Lösungstabellen) bei einer „Temperatur" von a = 3,88.

v	$\delta = v/a$	$\Phi_{(\delta)}$	$P_{(\delta)} = \Phi_{(\delta_2)} - \Phi_{(\delta_1)}$	$P_{(\delta)} \cdot 29$
0	0,000	0,000	0,2869	9
1	0,258	0,286	0,2510	7
2	0,516	0,537	0,185	5
3	0,773	0,723	0,131	4
4	1,032	0,854	0,077	2
5	1,228	0,951	0,039	1
6	1,545	0,971	0,017	1
7	1,805	0,989	0,007	0
Summe:				29

Tab. H: Tonschnelle

Als Summe ergeben sich 29 Schnellenwahrscheinlichkeiten; da die Tabelle für ein einfaches Ereignis (s. Matrix Q) mit der mittleren Dichte 4,5 errechnet wurde, gilt 4,5 · 6,5 =29 Ereignisse pro Quant. Die $P_{(\delta)}$-Werte beziehen sich auf die Schnellen pro Takt.

Aus den Tabellen F, G, H wurden alle Klangereignisse für die glissandierenden Streicher in den Takten 103–111 gewonnen, dies entspricht dem Quant mit den Koordinaten C/17 aus der Matrix Q. Bei einer genaueren Analyse dieses Teilabschnittes und einem Vergleich mit den Elementen aus der Materialdisposition der oben erwähnten Tabellen wird deutlich, daß Xenakis seine Berechnungen nur als gedankliches Gerüst verwendet, um im Detail seine Daten innerhalb einer gewissen Bandbreite aus musikalischen Gesichtspunkten heraus zu verändern.

Die Reihenfolge beim Auslesen der Elemente aus den drei Tabellen ist beliebig, da alle Elemente und Parameter stochastisch aufeinander bezogen (im mathematischen Sinne abgebildet) sind.

VI *Herma*
musique symbolique pour piano

Wer in den feinen Strichen der Logik nicht die Unruhelinien der Sehnsucht aufgezeichnet sieht, wer in dieser scharfen Seismographie nicht das Beben unter der Rinde, die Spannungen des Umtreibenden hört, verwechselt die Logik mit einem Herbarium von Redeblumen oder auch nur, positivistisch, von Tautologien.
(Ernst Bloch)

Unter *musique symbolique* versteht Xenakis die symbolische Darstellung verschiedener auf die Musik angewandter Syllogismen. Oberflächlich gesehen scheint es, daß Xenakis durch die Einführung der Kausalität die Stochastik als ästhetisches Prinzip aus seiner musikalischen Komposition verbannt.

Wenn in *Achorripsis* das Prinzip der geringsten kompositorischen Einschränkungen durch das „Werkzeug" der Matrizenrechnung (Matrix Q) exponiert wurde, so wird in *Herma* versucht, die Synthese aus der Dialektik zwischen Determinismus und Indeterminismus oder Logik und Zufall zu entwickeln.

Mit den in *Achorripsis* ausführlich beschriebenen Methoden werden in *Herma* in den ersten 29 Takten sieben verschiedene stochastische Felder aufgebaut. Alle stochastischen Felder werden zu einer Menge zusammengefaßt. Die verschiedenen mittleren Dichten dieser mit R (steht für referential class) bezeichneten Tonklassen oder Mengen können aus dem Flußdiagramm des Stückes (Abb. 13, S. 90) entnommen werden. Die in den ersten 29 Takten progressiv angelegte Dichteverteilung von Quant zu Quant zieht, da wie in *Achorripsis* nachgewiesen alle Parameter mehr oder weniger durch das Poissonsche Gesetz von der mittleren Dichte abhängig sind, einen progressiven Verlauf auch des Parameters Tonraum mit sich.

Zu der R-Klasse, die alle Töne des Klaviers beinhaltet, kommen noch drei weitere Klassen, A, B und C, die Ausschnitte aus dem Tonhöhenmaterial des Klaviers bilden. Auch innerhalb dieser Klassen sind alle Parameter stochastisch organisiert. Das Tonhöhenmaterial in allen Tonklassen bleibt über die Dauer des ganzen Stückes konstant. Die mittleren Dichten (δ) in den einzelnen Klassen variieren (s. Abb. 13). Xenakis hat einmal polemisch zum Ausdruck gebracht, er hätte mit *Herma* eine Musik geschaffen, die ganz aus sich heraus getragen wird und sich allen historischen Ballastes entledigt hätte; damit spielte er auf die Verfahren der seriellen Technik an, die zwar die 12 Töne der Oktave befreit hatten, zu deren Organisation aber wieder auf tradierte Kompositionsverfahren zurückgriffen.

Die drei Klassen A, B und C als Teilmengen oder Reduktionen der alle Töne umfassenden Klasse R begrenzen das stochastische Total; der Parameter Unordnung, charakterisiert durch sein Maximum an „Überraschungswert" für den Zuhörer, wird abgebaut. Informationstheoretisch gesehen hieße das: der Informationsgehalt, informationstheoretisch auch Entropie genannt, der abhängig ist von den Wahrscheinlichkeitswerten für die Elemente und von der Anzahl der Elemente, wird reduziert, die komplementäre Größe zur Entropie, die Redundanz, steigt.

Die Kompositionsweise in *Achorripsis* läßt sich aufgrund der Tatsache, daß die alles organisierende Matrix Q als Grundlage der Großform festgelegt ist, als eine Arbeitsweise „von außen nach innen" mit der geringsten kompositorischen Einschränkung im Detail charakterisieren. Die durch die Logik eingeführte Kausalität in *Herma* wird wie eine zusätzliche Ebene über die stochastische Feldkomposition gelegt. Die „Kompositionsrichtung" des ausschließlich „von außen nach innen" Komponierens wird durchbrochen. Die Entropie wird zugunsten der „Gestaltsstruktur" verändert. Gestaltsstrukturen durchdringen sich und werden durch die algebraische Logik verknüpft und bilden neue unterscheidbare Gestaltformen.

Um die Mechanismen dieser kausalen Kompositionsweise genauer darstellen zu können, muß an dieser Stelle das schon früher definierte Quantenmodell noch einmal aufgegriffen werden. Der einzelne Klavierton wird in den dreidimensionalen Vektorraum projiziert. Der vierte Parameter, die Klangfarbe, ist nicht Bestandteil der logischen Operationen, da sich alle Klangfarbenvariationen des Klaviers innerhalb eines Kontinuums von sehr geringer Bandbreite bewegen. Die Veränderung der Farbe eines Klaviertons verhält sich proportional zu seiner Anschlagsintensität, ist also abhängig von seinem dynamischen Wert. Die Dynamik in *Herma* hat nur einsatzmarkierende Funktion für die einzelnen Tonklassen; Klangfarbenveränderungen treten in Synchronizität mit der Dynamikbehandlung auf.

In Abb. 14 ist ein solcher elementarer Klavierton dargestellt in dem Parametertripel H, G und U (H = Tonhöhenintervall, G = Intensitätsintervall, U = Dauer). Jedes klangliche Ereignis läßt sich in dieser Form darstellen (s. S. 91).

Abb. 13: Flußdiagramm *Herma*

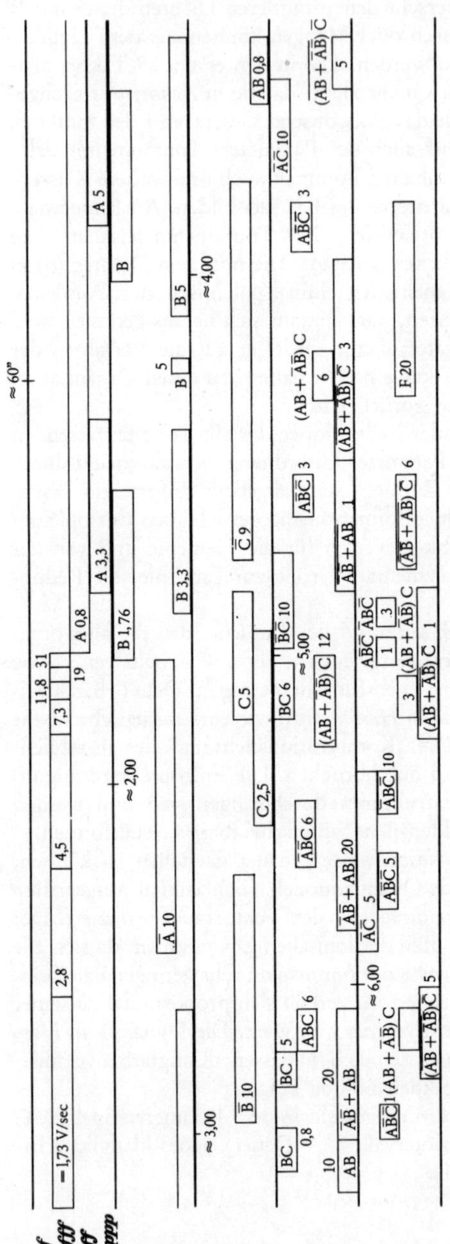

Abb. 14 Vektorielle Darstellung eines Klangereignisses

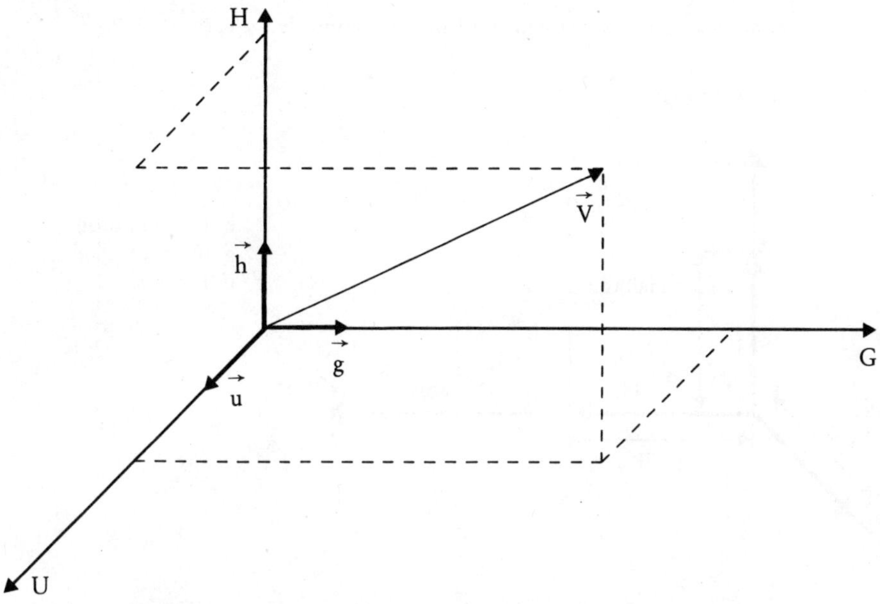

Für den Parameter Tonhöhe gelten folgende Axiome:

1. H sei die Menge aller Tonhöhenintervalle.
   Wenn h_a und $h_b \in H$ (lies: h_a und h_b sind Element aus der Menge H), folgt daraus ein drittes korrespondierendes Element, und es gilt: $h_a + h_b = h_c \in H$.
   An einem Beispiel sei dies näher erläutert:
   Gegeben sind die Tonhöhen 1, 2, 3, $h_{(1,2)}$ und $h_{(2,3)}$ sind Intervalle in der Halbtonskala. $h_{(1,2)}$ = Intervall zwischen Ton 1 und 2, $h_{(2,3)}$ = Intervall zwischen Ton 2 und 3.
   Dann trennt $h_{(1,3)}$ den Ton 1 von Ton 3 und ist gleich der Summe von $h_{(1,2)}$ und $h_{(2,3)}$, daraus folgt: die Verbindungen von Intervallen gehorchen den Gesetzen der Addition.
2. Die Gesetzmäßigkeit ist assoziativ:
   $h_a + (h_b + h_c) = (h_a + h_b) + h_c = h_a + h_b + h_c$.
3. Es existiert ein neutrales Element h_0, es gilt $h_0 \in H$.
   3.1. Für den Parameter Tonhöhe hat das Element h_0 den Namen UNISONO.
   3.2. Für den Parameter Dynamik ist h_0 namenlos.
   3.3. Für den Parameter Rhythmik bedingt h_0 SIMULTANEITÄT.
4. Für jedes h_a existiert ein $\bar{h}_a$, $\bar{h}_a$ ist das Inverse von h_a oder dessen Negation: $\bar{h}_a + h_a = h_a + \bar{h}_a = h_0 = 0$.
   4.1. Für ein steigendes Intervall h_a führt ein $\bar{h}_a$ (fallendes Intervall) zu h_0 = UNISONO.
   4.2. Für ein steigendes Lautstärkeintervall (in + dB) führt ein fallendes Intervall (− dB) zu gleichbleibender Lautstärke.
   4.3. Für ein positives Zeitintervall (Rhythmus) führt die Negation (negatives Zeitintervall) zu SIMULTANEITÄT.
5. Die Gesetzmäßigkeiten sind kommutativ: $h_a + h_b = h_b + h_a$.

Im folgenden Beispiel sollen die obigen Axiome auf zwei musikalische Ereignisse darstellende Vektoren angewandt werden.

Mit den sogenannten Einheitsvektoren wird die Skalierung festgelegt:

Abb. 15 Einheitsvektoren

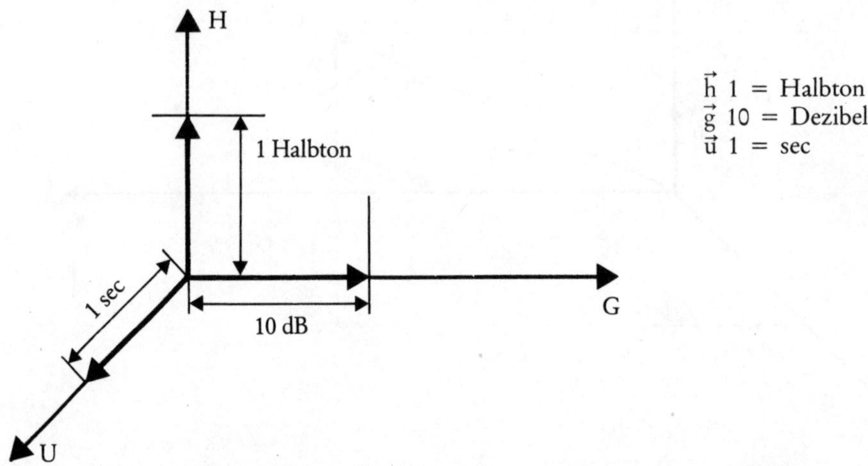

Mit der Definition des 0-Punktes oder auch Ursprung für die beiden Vektoren erhalten wir folgende Konstellation:

Absoluter 0-Punkt: 0-Punkt für h wird auf $a^1 = 440$ Hz,
0-Punkt für g wird auf 50 dB ≈ mf
0-Punkt für u wird auf 10 sec bei 1 sec = ♪ gelegt.

Die beiden folgenden Vektoren, $\vec{v}_1$ und $\vec{v}_2$, sollen addiert werden.

$\vec{v}_1 = 5\,\vec{h} - 3\,\vec{g} + 5\,\vec{u}$

} 15 sec

20 (50 – 30) Db ≈ ***pp***

$\vec{v}_2 = 7\,\vec{h} + 1\,\vec{g} - 1\,\vec{u}$

} 9 sec

60 (50 + 10) db ≈ ***f***

Unter Berücksichtigung der Bezugspunkte

$\vec{v}_1 + \vec{v}_2 = (5 + 7)\,\vec{h} + (-3 + 1)\,\vec{g} + (5 - 1)\,\vec{u} = 12\,\vec{h} - 2\,\vec{g} + 4\,\vec{u}$

} 14 sec

30 dB ≈ ***mp***

1. Alle diese bis jetzt erörterten Operationen bezeichnet Xenakis mit *algebra out-of-time* (Algebra außerhalb der Zeit).
   Würde man eine Tonsequenz, gebildet aus einem arpeggierten Akkord, darstellen, so müßte der Vektorraum der einzelnen Ereignisse in die Zeitachse t (s. Abb. 16) projiziert werden.
2. Die von Xenakis mit *temporal algebra* (Algebra der Zeit) benannte Operation, die von der *algebra out-of-time* unabhängig ist, wurde bereits bei der Analyse von *Achorripsis* dargestellt.
3. Unter *algebra in-time* (Algebra in der Zeit) ist die funktionale Verknüpfung der Prozesse *algebra out-of-time* und *temporal algebra* zu verstehen.

Abb. 16 Vektordarstellung einer Tonsequenz

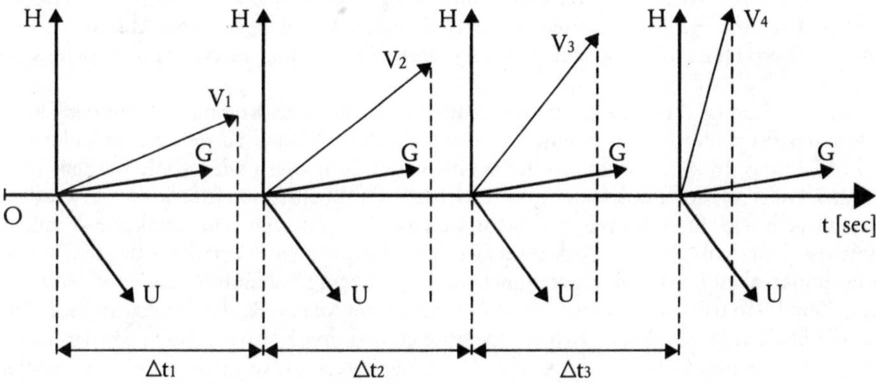

Nachdem die operationellen Verknüpfungsmethoden für die einzelnen Klangereignisse umfassend dargestellt wurden, soll im folgenden die Kompositionstechnik mit Hilfe logischer Verfahrensweisen analysiert werden.

Die drei Tonklassen A, B und C können durch folgende Operationen logisch verknüpft werden:

(·) = ‚und'-Operation
(+) = ‚oder'-Operation
(−) = Negation

In Abb. 18.2 (S. 97) werden einige Operationen aus der Booleschen Algebra in Form von Venn-Diagrammen dargestellt. Die schraffierten und schwarzen Flächen ergeben, wenn Xenakis für R alle Töne des Klaviers definiert hat, die resultierenden Töne für die gesuchte Menge M. Die Anzahl der möglichen Operationen mit drei Elementklassen errechnet sich aus der folgenden Formel:

x sei die Anzahl der Klassen,

dann folgt für A = Anzahl der Operationen bei x = 3

$$A = 3x \cdot 2^{x-2} - 1 = 17$$

Die Funktion für alle 17 Operationen lautet:

$$F = (ABC) + (A\bar{B}\bar{C}) + (\bar{A}B\bar{C}) + (\bar{A}\bar{B}C)$$

In eine vereinfachte Funktion umgeschrieben erhalten wir:

$$F = (A \cdot B + \bar{A} \cdot B) \cdot C + (\overline{A \cdot B + \bar{A} \cdot \bar{B}})\ \bar{C}$$

Alle Funktionen, die im Verlauf des Stückes gebildet werden, sind aus der in dem letzten Abschnitt Takt 198–202 verwendeten Funktion F (s. o.) durch Reduktion gewonnen. Die Abbildung 18.2, Nr. 14 zeigt die Funktion in der graphischen Darstellung durch ein Venn-Diagramm. Wie die Operationswege verlaufen, um zu der Funktion $F = (A \cdot B + A \cdot B) \cdot C + (\overline{A \cdot B + \bar{A} \cdot \bar{B}}) \cdot \bar{C}$ zu gelangen, zeigt die Graphik in Abbildung 17.

Zwei kompositorische Prozesse finden in *Herma* Anwendung: der stochastische Prozeß, der die Elemente innerhalb der einzelnen Tonklassen generiert, und der Prozeß des logischen Schließens. Die Abfolge der einzelnen Klassen ohne Wiederholungen ist in Abbildung 18.1 dargestellt. Diese Dynamik-Zeit-Matrix K zeigt ebenfalls eine angenäherte stochastische Verteilung.

Von Minute 5 an (s. Abb. 13) setzt eine deutliche Zunahme an Komplexität auf der Ebene der logischen Prozeßkomposition ein, da in zunehmendem Maße zu den Haupttonklassen (s. Abb. 18.1 und 18.2) die schon vorher verarbeiteten Tonklassen wiederholt werden. Dieser Prozeß endet in der Funktion F, die gleichfalls die höchste in dem Stück verwendete Dichte, ausgedrückt in Vektoren pro Sekunde ($\delta = 20$), erreicht. Die Funktion F bildet die Synthese innerhalb der Dialektik zwischen kausalem und stochastischem Prozeß, sie ist Ausgangspunkt aller logischen Operationen und gleichzeitig Schlußfunktion innerhalb des Stückes. Durch sie tritt die maximale Annäherung an die Menge R, das stochastische Total, zutage, die überhaupt mit den logischen Operationen und drei Klassen erreicht werden kann.

Der Zufall, nur den Gesetzen der großen Zahlen gehorchend, ist integriert in ein kausales Gedankengebäude.

Abb. 17 Operations-Flußdiagramm

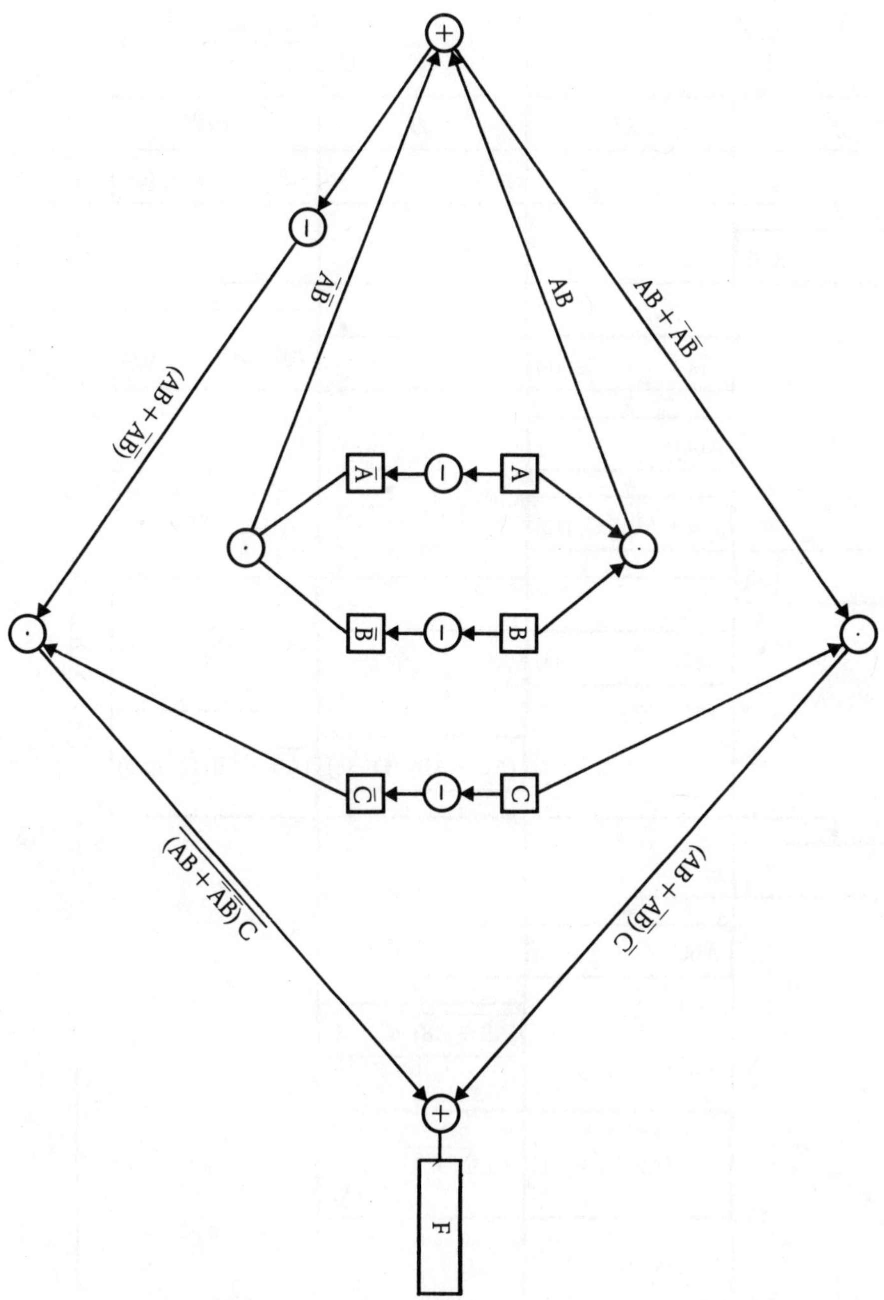

Abb. 18.1 Matrix K

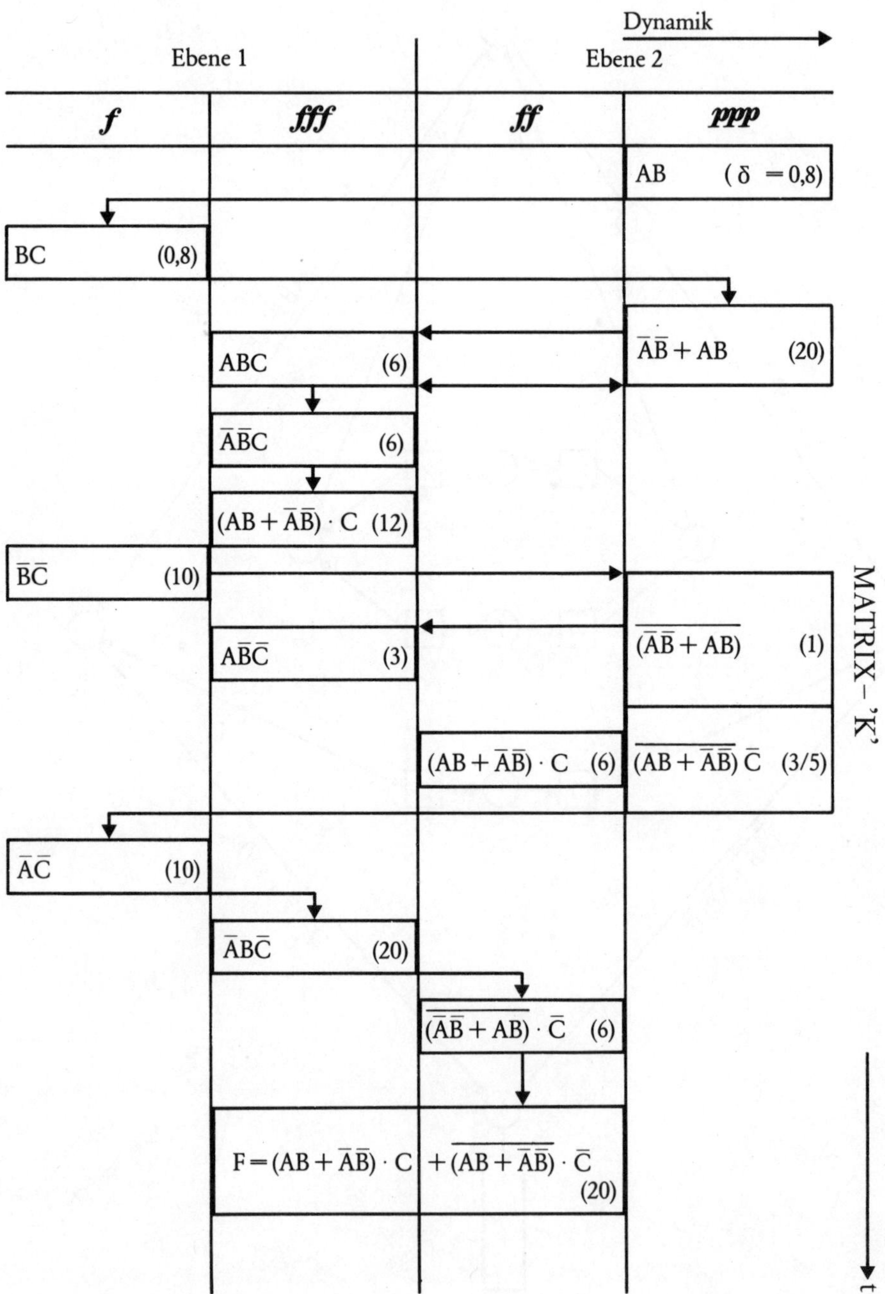

Abb. 18.2 Venn-Diagramme der Hauptklassen

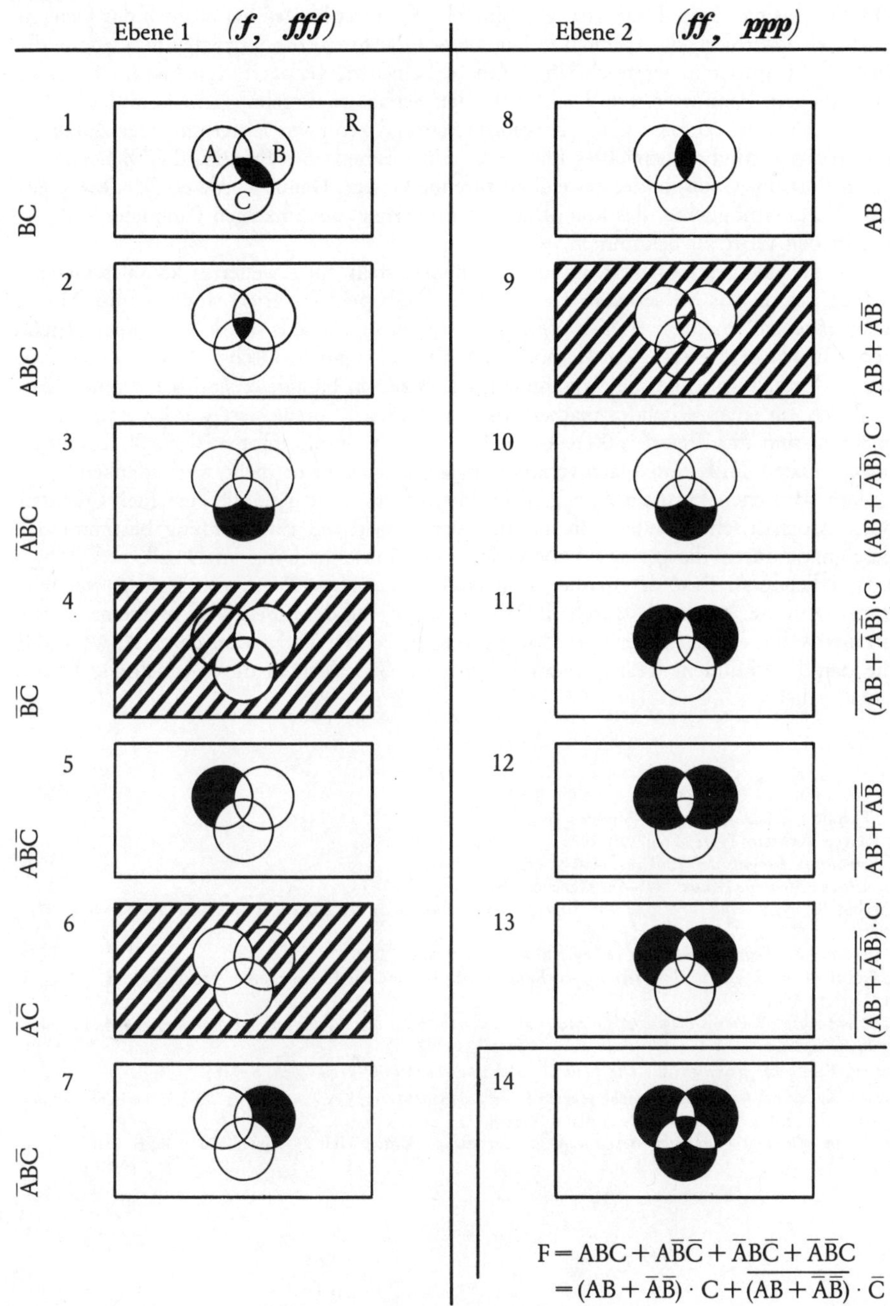

$$F = ABC + A\overline{B}\overline{C} + \overline{A}B\overline{C} + \overline{A}\overline{B}C$$
$$= (AB + \overline{A}\overline{B}) \cdot C + \overline{(AB + \overline{A}\overline{B})} \cdot \overline{C}$$

VII Konklusion

Obwohl Xenakis nie „seriell" im strengen Sinne komponiert hat, so hat er doch das Denken der Serialisten absorbiert, das Denken in Parametern. Während die Serialisten im Grunde die Tonhöhe als Hauptparameter noch lange Zeit beibehielten, verlagert Xenakis das Gewicht auf einen anderen Parameter: Die Dichte, bei den Serialisten Ergebnis sehr komplexer Permutationen, wird bei Xenakis zum übergeordneten und zentralen Kriterium. Der Zufall als kompositorisch verfügbar gemachtes Phänomen wird ästhetisches Prinzip, die Dichteverteilung (nach Poisson, Gauß) bildet das einheitstiftende Gesetz. Damit wurde ein Werkzeug geschaffen, das es ermöglichte, das komplexe Zusammenspiel der einzelnen Parameter kompositorisch in den Griff zu bekommen.

Die von Xenakis geschaffene Kompositionstheorie stellt ein erweitertes kausales Gedankengebäude dar, in das die seriellen Techniken als Teilaspekt integriert sind. Die der Musik „zurückgegebenen" mathematischen Verfahrensweisen in Xenakis Werk sind nicht gleichzusetzen mit den in der seriellen Methode angewandten mathematischen Operationen. Die akustischen Verhältnisse und die Verzahnung der einzelnen Parameter sind so komplex, daß sie nur durch ein entsprechendes mathematisches Werkzeug organisiert werden können. In diesem Sinne sind die Theorien Xenakis auch innerhalb eines „automatisierten" Kompositionsprozesses mit Hilfe von Datenverarbeitungsmaschinen nicht mehr wegzudenken.

Die mathematischen Formeln erzeugen die Makroform, indem sie die einzelnen Quanten (Gruppen) stochastisch verteilen; die Freiheit der subjektiven Entscheidung bestimmt die Einzelereignisse durch die geringste kompositorische Einschränkung im Detail.

Als darstellende Analyse der mathematischen Werkzeuge im Werk von Xenakis versteht sich dieser Aufsatz. Geschult durch die Arbeitsweise auf der Ebene der mathematischen Operationen sollte es dem Leser und Hörer gelingen, bei der Perzeption deren Anwendung und die damit verbundene Transformation logischer Gedanken in die musikalische Ebene nachzuvollziehen.

Literatur

Adorno, Theodor W.: *Dissonanzen,* Göttingen 1972

Boulez, Pierre: *Werkstatt-Texte,* Frankfurt 1972

Busoni, Ferruccio: *Ästhetik der Tonkunst* (1907), Frankfurt 1974

Dibelius, Ulrich: *Moderne Musik 1945–65,* München 1966

Fuchs, Walter R.: *Netzwerke für Zufall und Strategie,* in: *Knaurs Buch der modernen Mathematik,* München 1972, S. 187ff.

Henck, Herbert: *Karlheinz Stockhausen, Klavierstück X,* Herrenberg 1976

Koenig, Gottfried M.: *Musik in ihrer technischen Rationalität,* Referate zur Internationalen Musikwoche Gaudeamus 1961, Utrecht 1961

Krenek, Ernst: *Anton Weberns magisches Quadrat,* in: *Österreichische Monatsblätter für kulturelle Freiheit,* 12. Jahrgang 1965, S. 895ff.

Stockhausen, Karlheinz: Vorwort, in: *Die Reihe 1, Elektronische Musik,* Wien 1955, S. 7ff.

Stockhausen, Karlheinz: *Nr. 3 Elektronische Studien I und II (1953/54),* in: *Texte zu eigenen Werken, zur Kunst Anderer, Aktuelles,* Bd. 2, Köln 1964, 2. Auflage 1975, S. 22

Xenakis, Iannis: *Zu einer Philosophie der Musik,* in: *Gravesaner Blätter,* Heft 29, Gravesano 1966, S. 23ff.

Dirk Reith

Zur Situation elektronischen Komponierens heute

I Die Sprache der elektronischen Musik

1. Zur Entwicklung der elektronischen Musik

Die Grundlage der elektronischen Musik der 50er Jahre bildeten die seriellen Techniken. Zum einen war in den seriellen Verfahren die „Erfindung" der elektronischen Musik schon angelegt, zum anderen stellten aber gerade diese Techniken die einzig mögliche Konstruktions- und Organisationsform dar, um musikalische Vorstellungen in das Medium Elektronik zu übertragen.

Gerade der Vorgang der „Übertragung" musikalischer Kriterien in ein in erster Linie „nicht-musikalisches" Material machte die Entwicklung einer den musikalischen Vorstellungen entsprechenden Sprache notwendig, die es erst ermöglicht, eine Brücke zu schlagen zwischen technischen Gesetzmäßigkeiten und musikalischen Strukturen. Vergleichbar ist dieser Vorgang mit der Entwicklung der Notation in der Instrumentalmusik. Durch die Notation werden musikalische Vorstellungen des Komponisten übertragen in einen Code („Programm"), der eine akustische Realisation ermöglicht. Der Code ist angepaßt an die technischen Strukturen der Instrumente und deren spezielle Bedienung durch den Instrumentalisten. In der historischen Entwicklung veränderten sich ständig die Anforderungen an die Musikmaschinen und damit auch die Bedienungsvorgänge, die wiederum eine Entwicklung der Codierung nach sich zogen. Dabei sind alle diese Größen miteinander verzahnt:

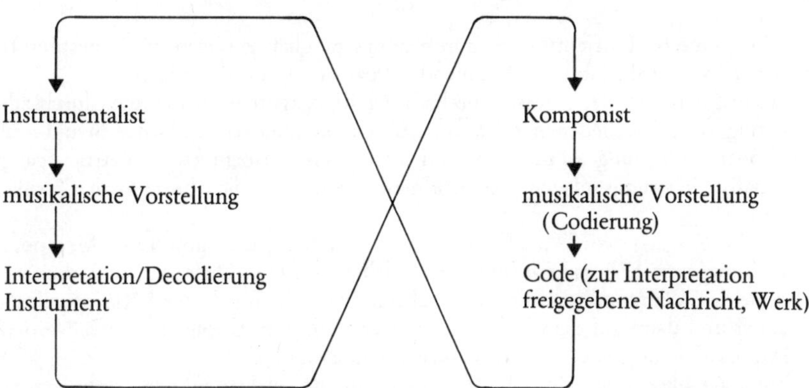

Das Flußdiagramm stellt die Abhängigkeit zwischen Komponist und Instrumentalist vereinfacht dar. In diesem Regelkreis ist nicht enthalten die Person des Instrumentenbauers, der die Produktionsmittel zur akustischen Umsetzung von codierten musikalischen Vorstellungen konstruiert und herstellt, es sei denn, diese Tätigkeit würde vom Komponisten und/oder dem Instrumentalisten selbst ausgeführt.

Die musikalischen Vorstellungen des Komponisten und der Vorgang der Codierung sind so eng miteinander verbunden, daß sie quasi als Einheit anzusehen sind; der Komponist denkt also in „sprachlichen" Konstellationen. Dieser Vorgang ist auch auf den Instrumentalisten und seine Interpretation zu übertragen. In der elektronischen Musik der 50er Jahre prallten nun zwei vollkommen unterschiedliche Sprachtypen aufeinander: die der Techniker in den Studios, denen die Bedienung der technischen Einrichtung oblag, und die dem traditionellen Codieren von musikalischen Vorstellungen verhafteten Komponisten, welche sich anschickten, das elektronische Material ihren Kompositionstechniken zu unterwerfen. Dabei war es keine Seltenheit, daß Kompositionsprojekte, die außerhalb der Studios, das heißt nicht im direkten Dialog mit der Elektronik, konzipiert wurden, zum einen an der Sprachbarriere zwischen Komponisten und Ingenieuren und zum anderen am Fehlen einer von den Komponisten definierten musikalisch-technisch allgemeingültigen Realisationssprache scheiterten.

Elektronische Musik plane ich also am Apparat von möglichen Realisationsprozessen her (Koenig, in: Stürzbecher 1971, 26). Die Lösung dieses Problems in den Anfangsjahren der Entwicklung der elektronischen Musik ist vornehmlich in den ersten Projekten von H. Eimert, K. Stockhausen und G. M. Koenig zu finden, die wissenschaftliche Basis wurde von W. Meyer-Eppler erarbeitet.

Die technische Struktur der damaligen Studios, wie z. B. auch die des Kölner WDR-Studios, läßt sich in folgende zur Realisation notwendige Gerätegruppen aufteilen:

1. Geräte zur Schallerzeugung (sources)
   Tongeneratoren unterschiedlicher Schwingungsformen (Spektren)
2. Geräte zur Schallverarbeitung (treatments)
   Filter, Modulatoren
3. Geräte zur Schallspeicherung (recorder)
   Tonbandmaschinen, Plattenspieler

Es existierten also keinerlei Einrichtungen, durch die es möglich gewesen wäre, bestimmte sich während einer Werkrealisation wiederholende Prozesse zu automatisieren.

Die beiden wichtigsten Arbeitsprozesse innerhalb der Klangsynthese waren die, durch additive Überlagerung von verschiedenen Schwingungskomponenten von einfachen Strukturen zu Komplexen höherer Ordnung zu gelangen und diese dann in einem zweiten Arbeitsgang mit Hilfe der Schallspeicherungsanlagen (Tonbandmaschinen) zu zeitlich-horizontalen Strukturtypen zu ordnen.

In dem ersten Arbeitsgang wurde auch das inverse Verfahren, die subtraktive Methode, d. i. von Klangkomplexen höherer Ordnung zu solchen niederer Ordnung zu kommen, angewandt. Bei beiden Verfahren – additiv und subtraktiv –, die nur diskrete Klangstrukturen hervorbrachten und dann auf dem Tonband in ihrer zeitlichen Abfolge montiert werden mußten, handelte es sich um eine Art der Collagekomposition.

Bis zum Jahre 1964 blieb die technische Grundstruktur des elektronischen Studios trotz Verbesserung der Geräte doch im wesentlichen erhalten. Die „große Wende" in der Realisation elektronischer Musik wurde durch das von Robert Moog im Jahre 1964 entwickelte Spannungssteuerungssystem[1] ausgelöst. Hier war es ein Instrumentenbauer, der die Komponisten veranlaßte, in einer neuen Realisationssprache innerhalb der elektronischen Komposition zu schreiben und damit auch zu denken. „Prozeßkomposition" erhält nun eine neue und wesentliche Bedeutung (obwohl auch in den Studios alten Typs, wie oben angeführt, in verschiedenen Arbeitsprozessen gedacht wurde). „Prozeßkomposition" meint nicht mehr

[1] Nähere Ausführung dazu vgl. „Zur technischen Struktur des Analogen Studios", S. 112ff.

nur das Erstellen von einzelnen Klangtypen und den Ordnungsvorgang, der die verschiedenen Klangtypen zu Strukturgruppen vereinigt, sondern das Denken auf einer „höheren Sprachebene“, das nicht gerichtet ist von innen nach außen, von der Mikro- zur Makrostruktur (wie beim Entstehungsvorgang eines elektronischen Werkes, ausgehend von der kleinsten Einheit, dem Sinuston, hin zur komplexen musikalischen Struktur), sondern den umgekehrten Weg einschlägt.

Die Instrumente, die dem Komponisten ein solches Denken aufzwingen (wobei der Begriff Instrument oder das, was wir durch unsere sprachliche Vereinbarung im musikalischen Sinn unter Instrument verstehen, beibehalten werden kann), sind im elektronischen Studio Funktionsgeneratoren, die, wenn sie diskret benutzt werden (sich nicht gegenseitig modulieren), den einzelnen Schallquellen (Instrumenten) eines Orchesterapparates vergleichbar sind. Der wesentliche Vorgang in der Elektronik aber ist der der Modulation, in der durch das Zusammenwirken von verschiedenen Funktionsgeneratoren Töne, Klangtypen und Strukturgruppen generiert werden. Dabei wird etwas geschaffen, das über die eigentliche diskrete Schwingungsform der Generatoren hinausgeht, wobei die Modulation der Ereignisse untereinander mehr ist als die Summe der an der Modulation beteiligten Teile.

Auch die Instrumente innerhalb eines Orchesterapparates modulieren sich durch ihr additives Auftreten, sie überlagern sich; hier aber im Spannungssteuerungssystem (die Betonung liegt auf Steuerung) beeinflußt das eine Instrument (Gerät) das andere direkt in seinem zeitlichen Verlauf.

Systeme sind aber nur dann als solche anzusehen, wenn sie einem Programm gehorchen; dieses Programm organisiert die Form des Stückes; die Form des Werkes ist also die Formel, durch die das Werk „funktioniert“, und damit eine komplexe Zeitfunktion, die eine einmal programmierte Vorstellung in die akustische Realität überführt und so zu dem macht, was wir im hörbaren Bereich unserer Wahrnehmung unter Musik verstehen.

Ein elektronisches Studio von heute ist in seiner technischen Struktur nicht mehr so einfach zu gliedern wie ein Studio der 50er Jahre. Um dies genauer zu erklären, müssen Begriffe aus der Terminologie der Datenverarbeitung eingeführt werden. Alle Geräte eines Studios werden von nun an mit „hard ware“ bezeichnet. Diese sind von Ingenieuren entwickelt, und ihre Vielfalt an Verschaltungsmöglichkeiten ist weniger durch kompositorische Anforderungen beeinflußt oder ausgelöst worden als durch mediumimmanente konstruktive Zusammenhänge. Dadurch sieht sich der Komponist der permanenten Schwierigkeit gegenübergestellt, mit einer „hard ware“ zu arbeiten, die er der speziellen Anforderung seines zu realisierenden Werkes anpassen muß. Dies geschieht durch die sogenannte „soft ware“, das Programm. Er muß das Ensemble der Studiogeräte in einer Sprache programmieren, die man in der Datenverarbeitung mit „Assemblersprache“ (maschinenorientierte Sprache) bezeichnet, die sich aber in ihrer Dokumentation (Notation) erheblich von der traditionellen Codierung von Musik abhebt.

Es müssen sogenannte „flow charts“ (Flußdiagramme) angefertigt werden, die direkt als Programm umgesetzt werden können und darüber hinaus ein Kontrollwerkzeug (Dokumentation) darstellen, welches dem Komponisten überhaupt ermöglicht, innerhalb komplexer kybernetischer Abläufe einen Überblick zu behalten.

Die sich ständig erweiternden und damit komplexer werdenden elektronischen Kompositionstechniken haben das Lager der Komponisten in zwei Teile auseinanderfallen lassen, nämlich in das Lager derer, die nur gelegentlich ein elektronisches Stück geschrieben haben, und in die Gruppe der anderen, die sich über Jahre hinweg mit elektronischer Musik befaßten, sie weiterentwickelten und veränderte Formen der Programmierung erfanden, wodurch ein entscheidender Einfluß auch auf die Gerätebauer ausgeübt wurde, wenn nicht sogar die

Komponisten, und das zeigt sich besonders in den Werken der jüngeren, selbst diese Arbeit übernahmen.

Die elektronische Musik hat ihre eigene Sprache gefunden. Der Prozeß, generiert aus dem Material selbst, wird zum Hauptbestandteil elektronischen Komponierens und nicht mehr die Übertragung von instrumentalem Denken in das elektronische Medium. Dies wird besonders deutlich an den Funktionsstücken von G. M. Koenig, in denen sich die automatisierten Prozesse innerhalb eines elektronischen Studios in der Form des Werkes widerspiegeln, ja sogar das Werk sind. *Diese Entwicklung elektronischer Klänge . . . vollzieht sich indes in einem anderen Medium und setzt daher eine andersartige Planung (sprich Komposition) voraus und hat dann auch eine andersartige Aufführungstechnik zur Folge: Die Realisation im elektronischen Studio* (Koenig, in: Stürzbecher 1971, 27). Die Technik der Klangtransformation wird zum Inhalt der Komposition. *Wie ich eben schon sagte, durchläuft jeder Klang mehrere Arbeitsstufen, und sowohl der Originalklang als auch die verschiedenen Zwischenresultate des Transformationsprozesses werden vorgeführt. Die Form konstituiert sich also aus den verschiedenen Graden der Klangtransformation. Diesem Prinzip bin ich bis heute treu geblieben. Selbst meine späteren Arbeiten, wie z. B. „Funktion Gelb“, beruhen auf diesem Prinzip* (Koenig, in: Stürzbecher 1971, 27).

2. Prozeßkomposition – höhere Programmiersprachen

Die Programmierung eines Analogen Studios erfolgt in erster Linie durch Steuerfunktionen, die aus den Grundschwingungsformen der Sinus-, Dreieck-, Rechteck-, Sägezahn- und Pulsfunktion synthetisiert werden. Bei allen diesen Schwingungsfunktionen handelt es sich um Funktionen periodischen Ursprungs. Sollen nun definierte Tonhöhen oder Lautstärken als Sequenzen nicht periodischer Art programmiert werden, so geschieht dies mit Hilfe eines Sequenzers. Dieses Gerät ist nicht mehr direkt zu den Standardgeräten eines Analogen Studios zu rechnen. Mit einer Einrichtung dieser Art ist es möglich, einzelne Spannungsschritte (in der zeitlichen Abtastung der einzelnen Schritte gibt das Gerät eine Steuerfunktion aus) zu speichern (programmieren) und somit für die Steuerung eines beliebigen musikalischen Parameters heranzuziehen. Es werden hier also nicht fertige Klangstrukturen gespeichert, wie dies mit Hilfe der Tonbandmaschinen der Fall ist, sondern Zeit-Spannungsfunktionen, die Klangsynthesen oder Klangmodulationen auslösen.

Moderne Sequenzereinrichtungen werden nicht mehr analog programmiert, sondern in einer auf höherer Ebene angesiedelten Sprache. Dies sind aber schon Programmierweisen, die in die Computertechnik einzuordnen sind, da viele Sequenzer aus Mikroprozessoren[2] aufgebaut sind. Mikroprozessoren sind Bauelemente aus der letzten Computergeneration.

Schon im Jahre 1959 wird unter Zuhilfenahme eines Computers Musik „synthetisiert“ (Leonhard Isaacson, *Experimental Music*). Der Anwendungsbereich des Computers läßt sich in der musikalischen Komposition auf folgende Gruppen aufteilen:

a) Computer als Speicher- und Steuereinrichtung im Verbund mit einem Analogen Studio (Hybrides System)
b) Computer als informationsverarbeitende Einrichtung zur Lösung kompositionstheoretischer Problemstellungen
c) Computer als „direct-synthesizer“ (der Computer synthetisiert nach eingegebenen Daten und operationellen Regeln die einzelnen Klangstrukturen selbst[3]).

[2] Mikroprozessoren sind integrierte elektronische Bausteine, die auf kleinstem Raum eine große Anzahl von logischen Verknüpfungen darstellen können.

[3] Siehe hierzu auch „Programmierte Klangsynthese“, S. 123ff.

3. „Musik durch Sprache“

Er (der Computer) *nimmt den Komponisten beim Wort und gibt auf unzureichende Fragen keine oder nur unzureichende Antwort. Das Programm übernimmt die Funktion einer fremden Sprache, in die die Frage und aus der die Antwort übersetzt werden müssen* (Koenig, in: Dibelius 1969, 80). Es handelt sich hier nicht etwa um vertonte Sprache oder um den klingenden (musikalischen) oder phonetischen Teil der Sprache, sondern um eine Programmiersprache, die sich als „verbindendes Element“ zwischen Mensch und Maschine schiebt. Sie zwingt den Komponisten, die Organisation des musikalischen Materials in einer neuen Form zu überdenken und seine musikalischen Ideen auf eine bestimmte, ihm häufig ungewohnte Weise zu formulieren.

Alle Sprachen stellen eine Übereinkunft von Zeichenanordnungen zwischen zwei Kommunikatoren dar, dies gilt für musikalische Sprachen, für die verbalen Sprachen und die Programmiersprachen als Vereinbarungen zur Übermittlung von Befehlen an die Maschine. Nun ist dem Computer vom Menschen eine Sprache eingegeben, um ihn in die Lage zu versetzen, Befehle (Operationen) zu befolgen. Wenn Komponisten den Computer benutzen, taucht häufig die Frage auf, ob Computer überhaupt „komponieren“ können. Kein Komponist, der sich dieses Werkzeugs bedient, hat aber je behauptet, daß Computer in der Lage wären, zu komponieren, wenn wir darunter die Anwendung des vollständigen Wissens und der künstlerischen Phantasie, dieses Wissen anzuwenden, verstehen wollen. Der Computer ist ein Produktionsinstrument (wie alle anderen uns bekannten Musikmaschinen, darunter fallen auch die mechanischen Musikinstrumente) und kein „Gehirn“. Die nach den „Komponierfähigkeiten“ des Computers fragen, vergessen ganz, daß das Komponieren einen großen Teil mechanischer Tätigkeiten einschließt, z. B. das Notenschreiben, aber auch das Befolgen vorgegebener Kompositionsregeln, seien sie überliefert oder für das im Moment zu schaffende Werk vom Komponisten entworfen.

Während des Komponierens wird eine große Anzahl von Ideen „geboren“, von denen aber nur ein sehr geringer Teil in der abgeschlossenen Komposition sich niederschlägt. „Ideen“ haben aber nur dann eine Funktion, wenn sie eine künstlerische Gestalt angenommen haben; da aber viele solcher Ideen während des Komponierens oft nicht weiter ausgeführt werden, ist man als Komponist nie dazu in der Lage, diese Ideen auf ihre Brauchbarkeit innerhalb des Gesamtkontextes zu untersuchen. Gerade hier liegt das „Betätigungsfeld“ des Computers. Das Produktionsmittel Computer versetzt den Komponisten in die Lage, mit der Maschine aufgrund ihrer Fähigkeit, Daten mit Hilfe von eingegebenen Regeln in extrem kurzen Zeitintervallen zu verknüpfen, seine Ideen auf musikalische Brauchbarkeit hin zu untersuchen und auszuwerten.

Diese Ideen müssen formuliert bzw. in die entsprechende Programmiersprache transformiert werden, damit sie in einer für den Computer verständlichen Sprache vorliegen. Sie sind also ein Teil seines Kompositionsplanes. Jeder Plan hat aber immer verschiedene Varianten, auch in einem Kompositionsprozeß, bei dem kein Computer beteiligt ist, wobei der Komponist nicht jeder Variantenform nachgeht, d. h. aus zeitlichen Gründen nicht nachgehen kann. In einer Vorauswahl werden Ideen verworfen oder für das Stück aufgenommen und weiterverarbeitet. Wenn hier das Aufgabengebiet des Computers liegt, müßte er in der Lage sein, nach einem ihm eingegebenen Plan verschiedene Varianten zu berechnen und dem Komponisten auszudrucken. Dies ist kein kreativer Prozeß, es ist also keine „künstliche Intelligenz“ am Werk, sondern es handelt sich um einen Vorgang, in dem nur Regeln befolgt werden.

Intuition

Die Entstehung von Ideen beim Kompositionsvorgang beruht auf Intuitionen, wobei der Begriff Intuition nicht klar definiert ist. Wenn von der Intuition eines Künstlers, Wissenschaftlers oder irgendeines Menschen gesprochen wird, ist wohl der Vorgang eines tiefen inneren gefühlsmäßigen Erfassens von Situationen gemeint. Eine genaue Beschreibung dieses Prozesses (Transformation in die sprachliche Ebene) ist meistens nicht oder nur annäherungsweise möglich. *Wir sprechen wertend von „nur" intuitivem Verstehen, womit eben die Nicht-Kommunizierbarkeit solcher Verständnisse ausgedrückt werden soll . . . Begriffe im Umfeld von Intuition sind Phantasie, Mutmaßung, unmittelbare unwissenschaftliche Anschauung, unlogisches Schließen, assoziatives Denken* (Nake 1974, 47/48).

Aber auch in der naturwissenschaftlichen Arbeit hat die Intuition eine größere Bedeutung, als oft angenommen wird. In vielen Fällen ist es so, daß wissenschaftliche Erkenntnisse nicht ermittelt sind durch deduktives und induktives Schließen, sondern ein Sachverhalt wird durch Intuition postuliert, von dessen Wahrheitsgehalt oder Richtigkeit der betreffende Wissenschaftler überzeugt ist, der dann in einem zweiten Arbeitsgang versucht, diese angenommene Richtigkeit durch einen formalen Gedankengang zu beweisen. In seinem Buch *Über das Geistige in der Kunst* schreibt Kandinsky: *Es gibt kein Muß in der Kunst, die ewig frei ist . . . In der Kunst . . . ist alles und ganz besonders am Anfang Gefühlssache . . . Nur . . . durch Gefühl . . . ist das künstlerisch Richtige zu erreichen* (1965, 76 u. 84). Und er verbindet beides, die innere Notwendigkeit mit dem freien Gefühl (der Intuition): die *volle unbeschränkte Freiheit des Künstlers in der Wahl seiner Mittel . . . muß auf dem Grund der inneren Notwendigkeiten . . . basieren* (Kandinsky 1965, 113).

Alle Entscheidungen eines Künstlers sind also freie Entscheidungen innerhalb eines Rahmens. Es hat den Anschein, daß er sich in einer nicht vollständig kontrollierbaren Weise innerhalb des vorgegebenen Rahmens bewegt, sich damit intuitiv verhält.

Zufall

Unter Zufall versteht man häufig das Fehlen jeglicher Ursache, also eine quasi Anti-Kausalität. Dabei sind als Beschreibungen eines zufälligen Ereignisses Begriffe wie „unbeabsichtigt", „unerwartet", „überraschend", „unwahrscheinlich" zu vernehmen. Aber gerade das Beschreiben des Eintretens einer Situation als recht unwahrscheinlich setzt das Existieren eines Systems von Wahrscheinlichkeiten voraus, in dem eine Situation oder das Auftreten dieser „unwahrscheinlich" genannt wird. Das Wort wahrscheinlich definiert in sich schon eine Situation des Unwahrscheinlichen.

In der Definition des dialektischen Materialismus ist der Zufall die „Ergänzungs- und Erscheinungsform der Notwendigkeit". Damit ist ein Ereignisverlauf als zufällig zu bezeichnen, wenn er hätte so oder auch anders ablaufen können. Dies bedeutet aber nicht das Nichtvorhandensein einer Kausalität, sondern es ist evident, daß zufällige Ereignisse als Ergänzung zu notwendigen Ereignissen auftreten. *Zufall und Notwendigkeit bilden einen dialektischen Widerspruch, dessen bestimmende Seite die Notwendigkeit darstellt. Zufall als Ergänzung der Notwendigkeit bedeutet, daß ein notwendiges Ereignis stets durch gewisse zufällige Seiten ergänzt wird. Zufall als Erscheinungsform der Notwendigkeit bedeutet, daß sich unter der Oberfläche scheinbar rein zufälliger Erscheinungen stets eine tiefere Notwendigkeit verbirgt, die es aus dem Chaos der Zufälligkeiten herauszulösen gilt* (Klaus/Buhr 1975, 1331).

Der Zufallsgenerator als „Modell" zum künstlichen Generieren von Intuitionen innerhalb eines programmierten Kompositionsvorgangs

Zufall und Intuition sind Phänomene, die innerhalb eines jeden Kompositionsprozesses eine entscheidende Rolle spielen. Jedes Regelsystem, das sich ein Komponist für ein zu schaffendes Werk erarbeitet, läßt eine Vielzahl von unterschiedlichen Varianten zu, unter denen der Komponist „intuitiv" auswählt. In einem Kompositionsprozeß, an dem ein Computer beteiligt ist, hat der Komponist die Möglichkeit, mit Hilfe des im Computer eingebauten Zufallsgenerators sein intuitives Verhalten zu seinem Regelsystem künstlich darzustellen. Der Computer errechnet aus den vom Komponisten eingegebenen Daten für die einzelnen musikalischen Parameter mit Hilfe des programmierten Regelsystems eine Vielzahl von Varianten, indem er den Zufallsgenerator dazu benutzt, eine Auswahl unter den Daten zu bilden. Die detaillierte Anwendung des Zufallsgenerators innerhalb des Kompositionsprozesses wird in dem folgenden Abschnitt anhand des Stückes *Übungen für Klavier* deutlich.

4. G. M. Koenig: Projekt II, *Übungen für Klavier*

Das Stück *Übungen für Klavier* ist mit dem von Koenig entwickelten Kompositionsprogramm, dem Projekt II, komponiert. In diesem Programm wird versucht, „allgemeine" Kompositionstechniken, beliebig, für welches Material (Instrument oder Instrumentalgruppen) man zu schreiben gedenkt, zu definieren, d. h. in eine Sprache zu übersetzen, die der Komponist den Anforderungen seines Stückes anpassen kann.

Das Kompositionsprogramm erlaubt dem Komponisten, verschiedene Vorschriften für folgende Parameter zu geben: Instrument, Harmonik, Register, Einsatzabstand, Dauer, Pause und Dynamik. Für alle diese Parameter bestimmt der Komponist Elemente, die er in einem Dialogverfahren dem Computer eingibt. Zusätzlich stellt er einen Katalog von Auswahlprinzipien auf, mit deren Hilfe die Rechenanlage dann die Partitur zusammenstellt. Die durch das Programm gegebenen Auswahlprinzipien basieren auf Zufallsentscheidungen durch den Computer und sind wie folgt definiert:

ALEA (1,n)	Der Computer wählt aus den eingegebenen Elementen durch unkontrollierte Zufallsentscheidungen aus.
SERIES (1,n)	Auch hier werden Zufallsentscheidungen getroffen unter den Elementen, aber mit Wiederholungssperre: ein Element wird erst dann wiederholt, wenn alle Elemente abgearbeitet sind.
RATIO (p,p . . . . p)	Jedes Element bekommt einen Wahrscheinlichkeitswert (p), d. h. es kann p-mal gewählt werden, bis es gesperrt wird.
GROUP (a,z,type)	Hier werden Gruppen gleicher Elemente gewählt, dies erfolgt dadurch, daß jedes Element mehrfach erscheinen kann. Die Gruppengröße liegt zwischen den Grenzen a und z. Durch die type-Angabe wird bestimmt, nach welchen Prinzipien die Gruppen gebildet werden.

	type	Element (1,n)	Gruppengröße (a,z)
	1	ALEA	ALEA
	2	ALEA	SERIES
	3	SERIES	SERIES
	4	SERIES	SERIES

TENDENCY (d,a1,a2,z1,z2) In diesem Fall bewegt sich eine Maske über alle eingegebenen Elemente, wobei die Grenzen der Maske (Maskenränder) variabel sind. Unter den durch die Maske sichtbaren Elementen wird durch ALEA gewählt. Dabei bewegt sich der linke Maskenrand von a1 nach z1, und der rechte Maskenrand von a2 nach z2. (d) gibt hierbei an, für welchen Teil der Gesamttendenz die Maskenbewegung definiert wurde.

Wenn das „wahre" elektronische Komponieren nur im Dialog mit dem Apparat erfolgen kann, so gilt das auch für die Kompositionsweise mit einer Rechenanlage. Die in dem Programm definierten Regeln, welche abgeleitet wurden aus allgemeinen Kompositionsregeln, sind frei anwendbar auf fast jedes kompositorische Problem; sie zwingen den Komponisten nicht dazu, ausschließlich „serielle" Stücke zu schreiben. Das Programm spiegelt nur ein seit der seriellen Zeit bestehendes Parameterdenken wider. Es hängt also vom Komponisten allein ab, wie und mit welchen Elementen er das Gedächtnis des Computers füttert und durch welche Regeln er das Auswahlverfahren unter den Elementen in Gang setzt. Durch die Zufallsoperationen wird dann eine künstliche Intuition geschaffen. Die Ergebnisse dieser Operationen können nun aufgrund einer weiteren Intuition neben der Regelbestimmung und Elementeneingabe des Komponisten ausgewählt und zur Weiterverarbeitung herangezogen werden oder werden im anderen Fall von der Maschine analysiert, was den Komponisten dazu veranlassen kann, seinen präformierten Regelkatalog in der Art zu verändern, daß mit jedem Arbeitsschritt der Zufall, also die künstliche Intuition, eingeschränkt wird. Daraus folgt, daß ein total determiniertes System von Regeln und Daten (Elementen) den Computer überflüssig macht, wobei es sich dann um ein Komponieren im traditionellen Sinne handelt, in dem Zufall und System allein abhängig sind von Intuition und Intention des Komponisten während des Schaffensprozesses.

Wie schon eingangs erwähnt, hat Koenig versucht, individuelle Kompositionsverfahren innerhalb einer beschränkten Kompositionstheorie (da ein allumfassendes Programm, mit dem ein jegliches Werk zu schaffen wäre, nicht möglich ist) in verallgemeinerter Form vorzustellen und für den öffentlichen Gebrauch freizugeben. Das Werk *Übungen für Klavier* stellt somit das erste „Testobjekt" dar, an dem die Regeln, die diese Kompositionstheorie tragen, gespiegelt werden[4].

Die Großform ist in 12 Strukturen unterteilt, von denen jede einzelne in drei verschiedenen Varianten vorliegt.

[4] Daß diese Analyse von Koenigs Klavierstück innerhalb eines Kapitels über elektronische Musik erscheint, ist weder zufällig noch willkürlich. Zum einen fasse ich den Begriff der elektronischen Musik so weit, daß sich darunter jede mit Hilfe von elektronischen Einrichtungen (auch Computer) produzierte Musik subsumiert, zum anderen ist „Übung für Klavier" kompositionstheoretisch und ästhetisch eng verknüpft zu sehen mit Koenigs „rein" elektronischen, das heißt mit synthetischen Klangquellen erzeugtem Werk.

Da innerhalb der einzelnen Programmteile nach Zufallsentscheidungen ausgewählt wird, brauchen für die einzelnen Varianten keine neuen Daten mehr eingegeben zu werden, das Datenreservoir und die Regeln stehen fest, und der Computer konstruiert eine Folge von Varianten mit gleichem musikalischen „Gestus".

In den Strukturen 1, 3, 9, 11 wird das Klavier als einstimmiges Instrument behandelt, in den Strukturen 5 und 7 werden ausschließlich Akkordfolgen angewandt. Eine stärkere Ausnutzung der reichhaltigen Spielmöglichkeiten wird in den Strukturen 2 und 10 erreicht, schnelle und langsamere Tonfolgen werden kombiniert. In den Strukturen 4, 6, 8 sind verschieden schnelle Akkordfolgen miteinander verbunden. Aber erst in der 12. Struktur wird das Klavier als „polyphones" Instrument eingesetzt.

Struktur 1

Die Eingabe der Elemente für den Parameter Harmonik kann auf zwei unterschiedliche Arten erfolgen:

1. Der Komponist gibt einen Akkord ein, der dann vom Computer analysiert wird. Der Computer errechnet eine Intervalltabelle, die er aus dem Akkord abgeleitet hat.

Folgende Tabelle ist aus dem Akkord mit den Tönen 1 5 6 9 10 12 = c e f gis a h abgeleitet:

		Folge-Intervalle										
		2−	2+	3−	3+	4	4+	5	6−	6+	7−	7+
gegebene Intervalle	2−	1	0	0	0	0	0	0	0	0	1	1
	2+	0	1	1	1	0	0	1	1	0	1	1
	3−	0	1	0	0	0	0	1	0	1	0	0
	3+	0	0	0	0	0	1	0	1	0	1	0
	4	0	0	0	0	0	0	1	0	1	1	0
	4+	0	1	0	0	0	1	0	1	0	0	0
	5	0	1	1	0	1	0	0	0	0	0	0
	6−	0	1	0	1	0	0	0	0	0	1	0
	6+	0	0	1	0	1	0	0	0	0	1	0
	7−	1	1	0	1	1	1	0	0	1	1	0
	7+	1	1	0	0	0	0	0	0	0	0	1

0 = erlaubtes Intervall
1 = verbotenes Intervall

Dieser vom Computer ausgedruckten Liste ist zu entnehmen, welche Intervalle auf ein Intervall der vertikalen Achse folgen dürfen. Wenn nun Tonhöhenreihenfolgen gebildet werden aus diesen Folgeintervallen, so bleibt gewährleistet, daß alle Reihenfolgen eine harmonische Farbe widerspiegeln, die der des eingegebenen Akkordes entspricht. Aus dieser Matrix kann der Komponist sich nun verschiedene Reihenfolgen auswählen oder dem Computer die Anweisung geben, eine „unendliche" Tonhöhenreihenfolge zu bilden, wobei die Auswahl unter den Folgeintervallen wiederum auf Zufallsoperationen beruht. Gleichzeitig ist in das Programm ein Mechanismus eingebaut, der verhindert, daß ein Reihenton früher wiederholt wird als unbedingt nötig ist.

2. Die zweite Möglichkeit der Eingabe von Elementen für den Parameter Harmonik liegt darin, daß nicht ein Akkord definiert wird, sondern die Intervallfolgetabelle direkt programmiert wird. Auch bei dieser Arbeitsweise des Computers wird die Auswahl nach der schon vorgestellten ALEA-Regel vorgenommen.

Wenn eine Liste eingegeben wird, besteht die Möglichkeit, bestimmte Intervallrepetitionen oder das Sperren von spezifischen Intervallkonstellationen zu veranlassen (z. B. können Komplementärintervalle und Dreiklänge, 3+ zu 3− oder 3− zu 3+ oder auch 3− zu 4, blockiert werden).

Ein beliebiges Rahmenintervall, welches als Auswahlprogramm höherer Ordnung über die Zufallsentscheidungen des Harmonik-Parameters geworfen werden kann, bestimmt das Register. Liegt dabei ein ausgewähltes Element aus dem Harmonik-Programm innerhalb eines momentanen Registers, so wird dieses Element gewählt. Im anderen Falle wird es „gelöscht". Für diesen Parameter werden nicht nur Elemente für den Registerambitus angegeben, sondern auch der entsprechende Oktavraum wird innerhalb dieses Parameters definiert (Eingabe in absoluter Tonhöhe).

Die Auswahl der Registerwerte erfolgt durch die schon erwähnte TENDENCY-Regel. Durch TENDENCY wird ein „Tendenzverlauf" innerhalb der musikalischen Form ausgedrückt. Anhand des Parameters Rhythmus in der ersten Struktur soll dieses Verfahren näher erklärt werden. Die zwei Komponenten des Parameters Rhythmus, nämlich Ereignisdauer und Einsatzabstand, werden getrennt betrachtet. In dem Fall, daß TENDENCY auf den Rhythmus angewandt wird, gibt der Komponist eine Reihe von Elementen sowohl für die Dauern als auch für die Einsatzabstände ein. In der ersten Struktur sind Werte für die Einsatzabstände innerhalb eines Ambitus zwischen 0,10 sec (𝄿) und 1,72 sec (𝄽𝄽𝄽𝄽) vorgegeben. Durch das TENDENCY-Programm sind allerdings nur Werte zwischen 0,10 sec und 1,34 sec (𝄽 𝄾..) ausgewählt worden (siehe T. 2, erste Variante, erste 32stel-Pause und T. 10, Viertelpause und doppelt punktierte Achtelpause). Es zeigt sich eine deutliche Tendenz in der Organisation der Einsatzabstände von sehr kurzen zu sehr langen Werten. Strukturell geschlossene Figurationen werden aufgelöst in punktuelle Ereignisse. Die Dauern verlaufen in ähnlicher Weise von kürzeren zu längeren Werten, wobei der Augmentationsprozeß sehr viel langsamer durchmessen wird, da der eingegebene Ambitus für die Dauern geringer ist als der der Einsatzabstände, und zwar im Verhältnis von 0,03 sec (𝅘𝅥𝅱) zu 0,5 sec (𝅘𝅥 𝄾 ³).

Die TENDENCY-Maske ist zu Beginn der Struktur 1 „statisch", sie wählt für alle drei Varianten Einsatzabstände aus, die gleich den Dauern sind (Dauer 0,10 sec = 𝅘𝅥𝅰 ≥ Einsatzabstand). Der Zufall ist zu diesem Zeitpunkt für den „Parameter Pause" scheinbar ausgeschaltet.

Nach der ersten 1/32-Gruppe (T. 1) geraten die Ränder von Dauernmaske und Einsatzabstandsmaske in Bewegung, überlappen sich aber so, daß keine „Lücke" zwischen den beiden Masken entsteht. Der Zufall organisiert bis jetzt mit den eingegebenen Elementen für Dauer und Einsatzabstand nur den Parameter Dauer. Die erste „Bruchstelle" entsteht in der zweiten Septole (1/16 Pause).

Der Verlauf der Dynamik entwickelt sich invers zu den Dichteverhältnissen und unterliegt damit auch dem Auswahlprinzip TENDENCY. Die Maske bewegt sich mit kontinuierlicher Breite über den Elementenvorrat für die Dynamik, so daß untereinander benachbarte Dynamikstufen sich nur durch einen Wert, + oder −, voneinander unterscheiden. Durch dieses crescendo über den gesamten Verlauf der Struktur wird die punktuelle Auflösung der am Anfang geschlossenen „Figur" noch weiter verstärkt. Gleichzeitig entsteht ein ausgeglichenes „Kräfteverhältnis" zwischen Anfang und Ende innerhalb der gesamten Struktur, da die Zeitintervalle mit der größten Dichte von Ereignissen in den „Hintergrund" treten gegenüber den isolierten Tonhöhen (mf . . . ff).

Struktur 4, Variante 1

In der 4. Struktur gelangt ein neues Prinzip in bezug auf die Auswahl und Eingabe innerhalb des Parameters Harmonik zur Anwendung. Während in den bei Struktur 1 vorgestellten Methoden entweder ein Akkord oder die Liste von Folgeintervallen eingegeben wurde und der Computer daraufhin Tonhöhenreihen produzierte, wird in dieser Struktur eine Liste mit 17 Akkorden programmiert. Durch die Bestimmung der Akkorde in dieser Liste wird eine Verbindung durch die harmonische Farbe zu der ersten Struktur gebildet, da alle 17 Akkorde aus einem Permutationsprozeß mit den Tönen des Akkords von Struktur 1 entstanden sind. Die Anzahl der Töne in den einzelnen Akkordgruppen steht zur Anzahl der Töne des „Mutterakkords" im Verhältnis 1/3, 1/2, 2/3.

Liste der Akkorde, geordnet zu Gruppen mit steigendem Gruppenindex:

Unter den Akkorden wird nun nach dem ALEA-Prinzip gewählt. ALEA bestimmt damit die Reihenfolge der Akkorde. Durch ein Transpositionsprogramm wird ein noch „diffuserer" harmonischer Verlauf erreicht, als er schon durch die Auswahl der Akkorde mit Hilfe der Permutationen determiniert wurde. Transponiert wird ebenfalls nach ALEA (1, 12). ALEA wählt für die Transposition einen Ton zwischen 1 und 12 (c und h), der dann der erste Ton des gerade an der Reihe gewesenen Akkordes wird. Dann wird der alte Akkord aus der Liste gestrichen und der transponierte an Stelle des gelöschten eingelesen, um bei einer erneuten Auswahl wieder verwendet zu werden. Somit erhält ein bestimmter Akkord keine Garantie, alle Transpositionen zu durchlaufen.

Das Reservoir von Dauern und Einsatzabständen ist gleich groß (10 Elemente):

0,30 (≙ 𝄿) 0,37 0,46 0,58 0,72 0,89 1,11 1,38 1,72 2,14 (≙ 𝄼) sec.

Das Auswahlprinzip erfolgt nach RATIO. Dabei überwiegen die längeren Einsatzabstände und Dauern in der Struktur, da alle Werte zwischen 0,30 und 0,72 sec im Gegensatz zu den Werten von 0,89 und 2,14, denen ein p = 2 (d. h. diese Elemente werden zweimal gewählt) zugeordnet ist, nur einmal gewählt werden können und dann für weitere Zufallsentscheidungen gesperrt bleiben.

Die ganze Struktur ist in vier Teile gegliedert (A, BA, BBA, BBB), wobei der A-Teil vor dem B-Teil steht, alle anderen Teile sind verzahnt, enden aber gemeinsam. Der BA-Teil beginnt mit T. 13. Er hebt sich deutlich von dem A-Teil ab, da die Akkordfolge durch die einstimmige Tonfolge des BA-Teils durchbrochen wird. In der Folge der Töne spiegelt sich der Akkord der ersten Struktur wider. Nach Ablauf der dem Akkord von Struktur 1 entsprechenden ersten sechs Töne verändert ein Transpositionsprogramm den weiteren Verlauf der Tonhöhenreihenfolge des BA-Teils. Eingeleitet wird der BA-Teil aber schon früher durch den in T. 9 arpeggierten Akkord (G, ges, b, f^2). Die vertikale Struktur Harmonik wird gekippt, aufgefasert in einen zwar sehr kurzen, aber trotzdem zeitlich sukzessiven Prozeß, der dann in dem BA-Teil aufgegriffen wird. Der Einsatz des Pedals während der ersten sechs Töne des BA-Teils bildet aber gleichzeitig eine „Rückorientierung" zu dem akkordischen Teil.

Struktur 12b, Variante 2

Die Struktur 12 ist die komplexeste innerhalb des ganzen Stückes. Sie besteht aus zwei „Schichten“, die aber miteinander verwoben sind.

Die Kompositionsweise beruht auf Gruppenbildung zwischen den einzelnen Elementen und Parametern, wobei der Programmierungsvorgang in zwei Stufen erfolgt. Zuerst wird die rhythmische Struktur für beide Schichten errechnet, denen dann erst der „harmonische“ Verlauf aufgeprägt wird. Die Folgeintervalle werden wieder aus der in der ersten Struktur errechneten Matrix ermittelt. Auch die Großform in bezug auf die Verteilung der Dauern hat eine ähnliche Gestalt wie in der ersten Struktur (Dauernverhältnis Anfang/Ende wie 𝅘𝅥𝅯/♩‿𝅘𝅥𝅮𝅘𝅥𝅯). Die Pausen treten hier aber als ein Parameter auf, der das Stück nicht auffasert bis zur punktuellen Gestalt, sondern sie schieben sich so zwischen die Dauernwerte, daß eine deutliche Gruppenwirkung entsteht: 1. Gruppe T. 1–5, 2. Gruppe T. 6–7, 3. Gruppe T. 8–10, 4. Gruppe T. 11–16. Die drei gliedernden Pausenintervalle unterliegen dabei einem Augmentationsprozeß in folgenden Abstufungen: 𝄽 𝄾·, 𝄿▬𝄾·, 𝄿𝄽▬𝄾·. Da die Dauern gleich den Einsatzabständen sind, kommt es zu geschlossenen Figuren, über die ein Netz von kürzeren Pausenwerten geworfen wird. Dieses Pausennetz bildet innerhalb der Gruppen „Mikrogruppen“, wobei unter den Pausenelementen durch ALEA gewählt wird. Das Reservoir für die Pausenauswahl ist definiert durch ein prozentuales Verhältnis von ca. 20–30% von der gesamten Spieldauer der Varianten (Variante 2 ♩ = 75 ≙ 20 sec Spieldauer). Da das Pausennetz für beide Schichten aus einem sehr eingeengten Elementenvorrat durch ALEA ermittelt wird, kommt es teilweise zu synchronen Gruppenbildungen in beiden Schichten.

Der Dynamikverlauf ist gleichgerichtet dem Dichteverlauf, das heißt die längeren Dauernwerte werden im pp gespielt, was zur Folge hat, daß „künstliche“ Pausen entstehen durch das schnellere Ausschwingen dieser Töne mit geringerer Energie.

Die *Übungen für Klavier* sind nicht als Etüden zum Erlernen des Klavierspiels gedacht und dienen – wie es David Tudor einmal ausdrückte – nicht dem Studium des Klaviers, sondern eines Musikstückes, und Musikstücke haben in Kompositionsmethoden ihren Ursprung. Diese „Übungen“ sind also solche für den Komponisten, der untersucht, bis zu welchem Grad programmierte musikalische Ideen auf einem Instrument interpretiert werden können.

Eine falsche Schlußfolgerung aber wäre es, zu meinen, das Projekt II stelle einem „phantasielosen“ Menschen ein Werkzeug zur Verfügung, mit dem es möglich sei, aus dem Nichts heraus Stücke „am laufenden Band“ zu produzieren. Das Projekt II ist nicht zu vergleichen mit etwa Mozarts *Würfelspiel* zur Komposition von Menuetten und Schleifern und anderen ähnlichen automatischen Komponierprogrammen.

Alle musikalischen Ideen sind zu übersetzen in eine höhere sprachliche Ebene, das Programm und das daraus sich ergebende Stück kann nur so „gut“ sein, wie die Anweisungen und Daten des Komponisten es sind. Das Programm ist nur der Filter, durch den verschiedene Gedanken durchgelassen und andere wiederum blockiert werden.

Ich möchte diesen Prozeß an dem schon erwähnten Beispiel der Überführung oder Transformation einer geschlossenen Struktur in eine punktuelle abschließend beleuchten.

Diese Transformation sei die Aufgabenstellung, die der Komponist sich gegeben hat. Am Schreibtisch würde der Komponist ähnlich verfahren wie der Computer, der Komponist hat das System, das der Entwicklung der Form eine Richtung verleiht (Tendenz), und wählt seine Elemente so aus, daß sie das System tragen, er arbeitet also planmäßig im Sinne seiner Regeln; im Detail aber verfährt er planlos, wählt also aus dem Reservoir der Zeichen erst ein Element und dann die Folgeelemente. Warum sollte er dann diese Arbeit nicht dem

Computer überlassen, der durch seine hohe Rechengeschwindigkeit eine Vielzahl solcher im Detail planlosen Entscheidungen generiert, die aber alle das System tragen. Der Komponist wird durch die Varianten, die der Computer auf seine Anweisung hin ermittelt hat, dazu gezwungen, seine Kompositionstheorie ständig zu überdenken und zu verändern.

> *Mit Computern Kunstgegenstände produzieren oder kritisieren zu wollen, kann deswegen kein Ziel an sich sein – nur ein Teilziel im Versuch, die technische Welt bewohnbar zu machen. Worum es dabei höchstens gehen kann, ist, die Hilfe der Maschinen in Anspruch zu nehmen – also etwas mit Computern zu tun und nicht etwas von ihnen (als quasi selbständige Wesen) tun zu lassen. Dem Gerede von der künstlichen Intelligenz ist ein großer Teil der Schuld an der Vernebelung dieses Unterschieds zuzuschieben.* (Nake 1974, 5)

II Vom Sinuston zur programmierten Klangsynthese

1. Zur technischen Struktur des Analogen Studios

Eine umwälzende Neuerung bedeutete für die Realisationsverfahren elektronischer Musik die Einführung der Spannungssteuerungssysteme (s. S. 99ff, „Die Sprache der elektronischen Musik"). Zu den schon in den 50er Jahren verwendeten Klangquellen Sinustongenerator, Rauschgenerator und Impulsgenerator werden nun sogenannte Funktionsgeneratoren eingesetzt, die folgende Grundschwingungsformen abgeben: Sinusschwingung, Rechteckschwingung (Puls), Sägezahnschwingung, Dreieckschwingung. Alle diese Schwingungen außer der Sinusschwingung bilden zu ihrem Grundton Oberwellen aus. Die Zusammensetzungen der einzelnen Klangspektren sind in Abbildung 1 dargestellt. Die Analyse dieser Spektren erfolgt durch die mathematische Funktion der Fourier-Reihe. Auf den ersten Blick erscheinen die Spektren sehr komplex und somit manchen Instrumentalspektren verwandt. Bei einer vergleichenden Gegenüberstellung jedoch von mittels Computer analysierten Instrumentalspektren und von Spektren synthetischer Grundschwingungsformen wird der Unterschied zwischen diesen beiden Klängen deutlich. In Abbildung 2.1 und 2.2 (S. 114/115) ist der zeitliche Verlauf eines Trompetentons auf zwei Arten dargestellt. Der prinzipielle Unterschied zwischen dem Instrumentalklang und dem synthetischen Spektrum liegt in dem zeitlichen Verlauf der einzelnen Harmonischen (Obertöne + Grundton). Die Harmonischen der synthetischen Schwingungsfunktionen setzen beim Einschalten des Generators alle zur gleichen Zeit ein und verklingen auch wieder gleichzeitig beim Abschalten der Klangquelle.

Diese elektronischen Grundklangfarben lassen sich kompositorisch nur bedingt einsetzen: um die in der technischen Struktur angelegte „Starrheit" aufzubrechen, werden verschiedene Schwingungsgeneratoren miteinander verknüpft.

Die Steuerungs- oder Modulationsprozesse können wie folgt systematisch zusammengefaßt dargestellt werden:

a) Frequenzmodulation durch subauditive Steuerung

Ausgehend von zwei Generatoren, von denen der eine eine Sinusschwingung im Audio-(hörbaren) Bereich erzeugt, z.B. $a^1 = 440$ Hz, und einem zweiten, dessen erzeugte Sinusschwingung im Subaudio-Bereich (Frequenzbereich unterhalb von 16 Hz) liegt, soll der tiefer schwingende Generator den Parameter Frequenz des höher schwingenden Generators steuern. Hat der Subaudio-Generator z. B. eine Frequenz von 3 Hz, so entsteht eine Glissandobewegung zwischen zwei „Ecktönen", oberhalb und unterhalb von $a^1 = 440$ Hz liegend, wobei die Extremtöne (höchster und tiefster Ton) in der Sekunde dreimal durchlaufen werden. Dieser Modulationsvorgang, der mit Frequenzmodulation bezeichnet wird – ein Geiger würde eine solchen Vorgang einfach Vibrato nennen –, kann durch die nachstehende Parameterkonstellation beschrieben werden.

1. Gesteuerter Generator (Audiobereich)

1.1. Schwingungsform

Die von diesem Generator erzeugte Schwingungsform bestimmt die Klangfarbe des Ereignisses. In unserem Modellfall handelt es sich um eine Sinusschwingung (das klangliche Ergebnis wird wegen des schwach ausgeprägten Obertonspektrums einen flötenähnlichen Charakter haben).

1.2. „Reaktion" auf die Steuerfunktion

Wie der gesteuerte Generator auf das Steuersignal reagiert, ist unterschiedlich von System zu System. In den letzten Jahren ist allerdings eine Standardisierung bei den In-

Abb. 1

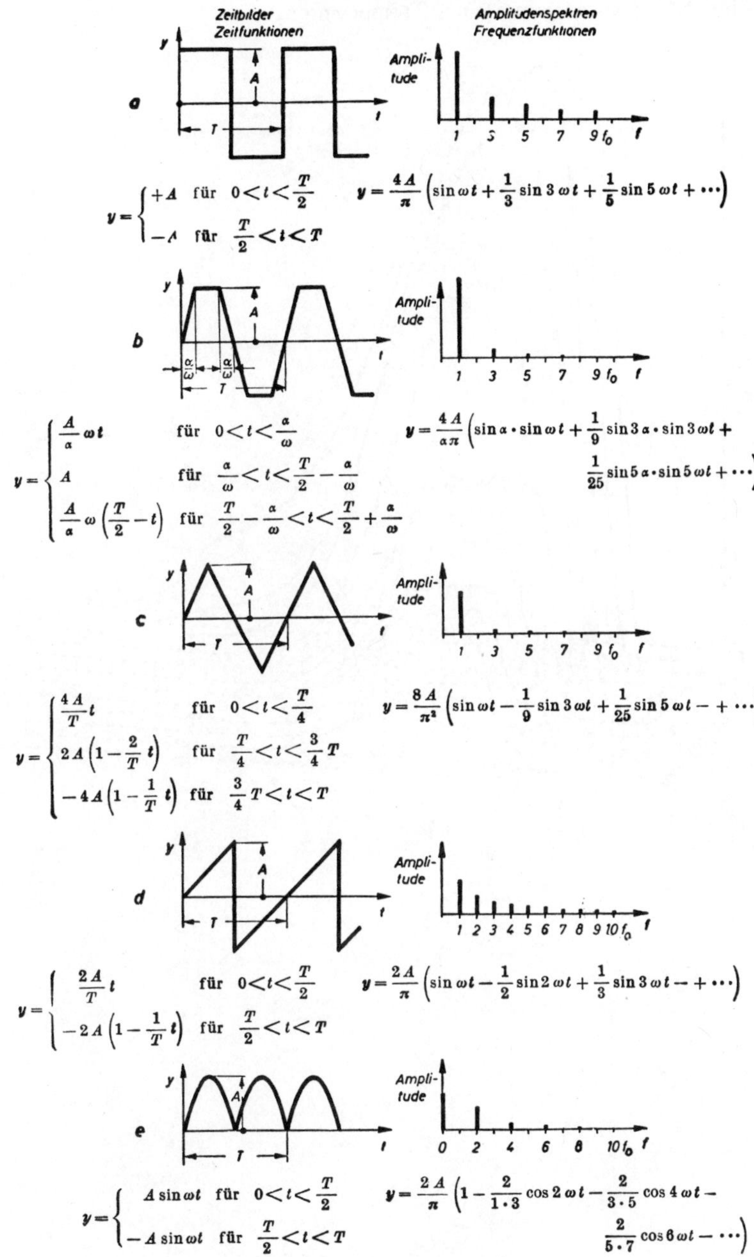

Zeitfunktion und Amplitudenspektrum einiger mathematischer Kurven (*a* Rechteckkurve, *b* Trapezkurve, *c* Dreieckkurve, *d* Sägezahnkurve, *e* in Doppelwegschaltung gleichgerichteter Wechselstrom)

Abb. 2.1 Spektrogramm eines Trompetentons

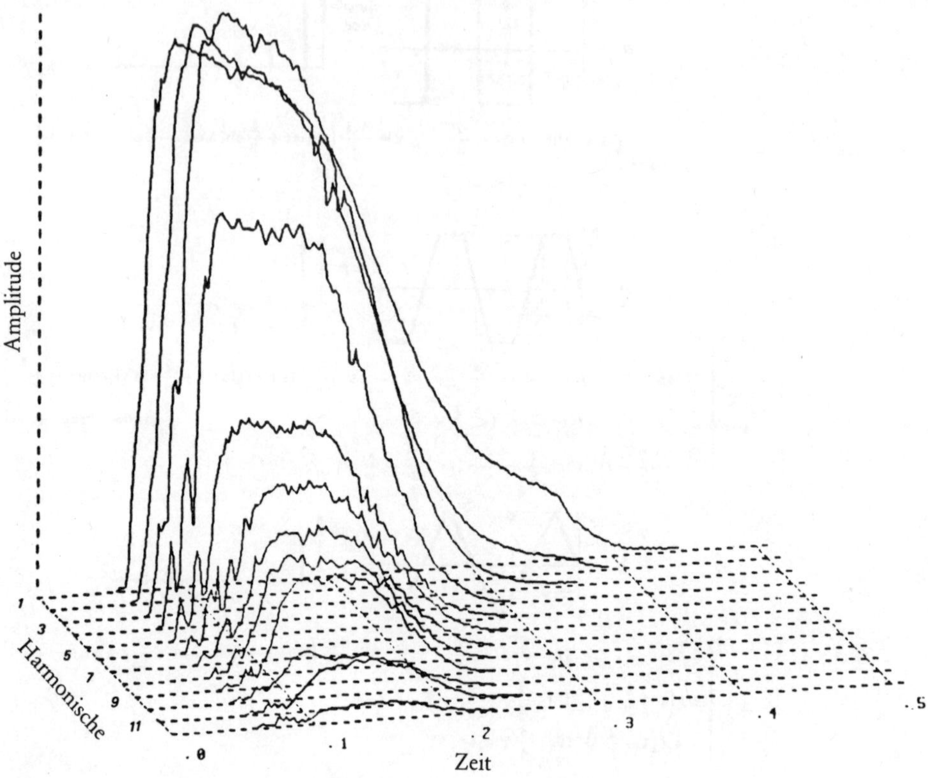

Abb. 1 aus: Heinrich Schröder, Elektrische Nachrichtentechnik, Bd. 1, Berlin-Borsigwalde 1959/1971.
Abb. 2.1 und 2.2 aus: Computer Music Journal, Vol. 2, No. 2, The MIT Press, Cambridge, MA, U.S.A.

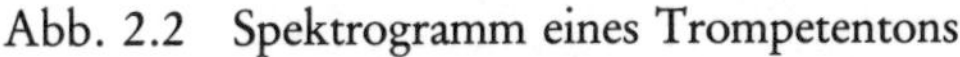
Abb. 2.2 Spektrogramm eines Trompetentons

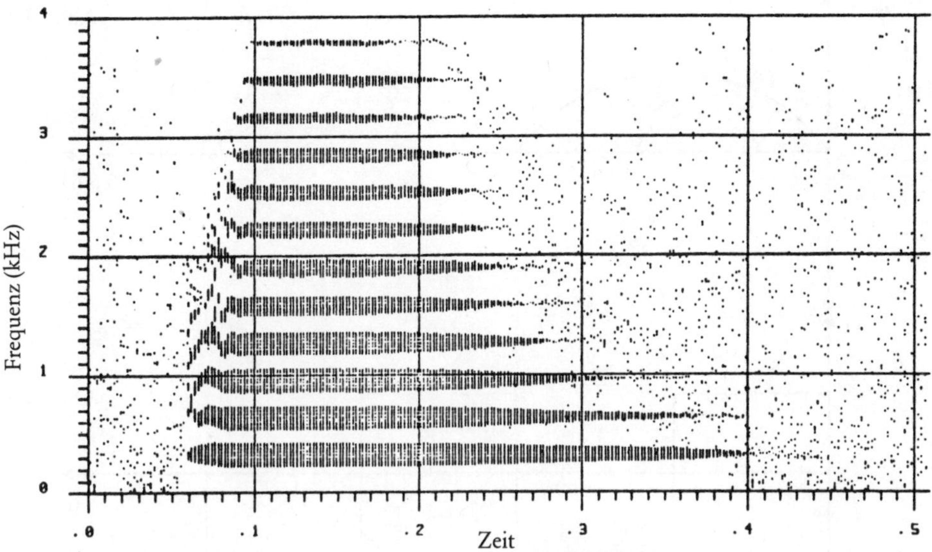

strumentenbauern festzustellen. In allen heutigen Studiosystemen werden elektrische Spannungsänderungen als Steuerinformationen von einem Gerät zum anderen übertragen. Bei der Tonhöhensteuerung (Fm) = Frequenzmodulation heißt dies, daß der gesteuerte Generator auf den Zuwachs der Steuerspannung um ein Volt seine Frequenz verdoppelt und damit einen Ton erzeugt, der um das Intervall einer Oktave über dem Ausgangston liegt. Eine Verringerung der Steuerspannung von einem höheren Wert auf einen um ein Volt tieferen Wert läßt den Generator um eine Oktave tiefer schwingen. Damit erhalten wir die Abhängigkeit von 1 Volt/Oktave. Alle Intervalle kleiner als eine Oktave lassen sich durch Division ermitteln, dabei ergibt sich für einen temperierten Halbton ein Spannungssteuerungswert von 1/12 Volt = 0,083 = 83,$\overline{3}$ mV.

2. Steuernder Generator (Subaudio)

2.1. Schwingungsform

Der Verlauf der Steuerfunktion bestimmt den Charakter des Modulationsprozesses. Dabei ist zu unterscheiden zwischen den zeitlichen Spannungsverläufen kontinuierlich, diskontinuierlich und zusammengesetzt kontinuierlich-diskontinuierlich. Die Abbildung 3.1 zeigt im Gegensatz zur Abbildung 3.2 einen kontinuierlichen Spannungsverlauf, in Abbildung 3.3 und 3.4 sind zusammengesetzte kontinuierlich-diskontinuierliche Spannungs-Zeitverläufe zu sehen mit dem Unterschied, daß die in Abbildung 3.3 dargestellte Schwingung periodischen Ursprungs ist, die in Abbildung 3.4 gezeigte Schwingung ist mit aperiodisch zu bezeichnen. Diskontinuität erzeugt als Steuersignal im gesteuerten Generator immer eine sprunghafte Änderung der Frequenz. Die Sinusschwingung in unserem Modellfall wird, da sie zur Gruppe der kontinuierlichen Ereignisse zu zählen ist, eine Glissandobewegung auslösen (s. S. 116).

Kontinuierliche und diskontinuierliche Steuerfunktionen

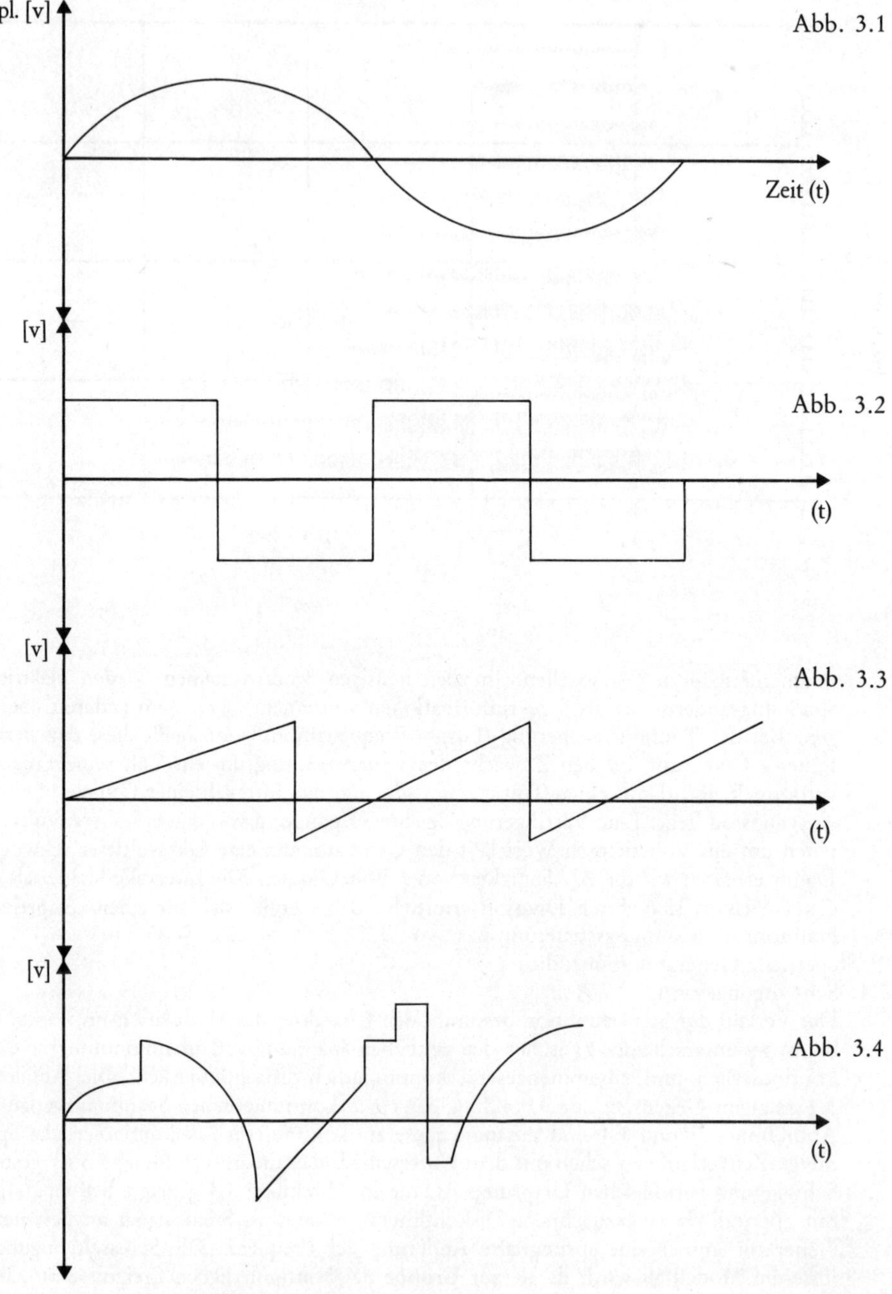

2.2. Frequenz des Steuersignals
Die Spannungsänderung pro Zeit, bei periodischen Schwingungen angegeben in Hertz, bedingt die Schnelligkeit der Modulation oder besser gesagt, die zeitliche Abfolge der zyklischen Modulationsprozesse.

2.3. Spannungsambitus des Steuersignals
Der Spannungsambitus des Steuersignals hängt direkt mit dem unter 1.2. beschriebenen Sachverhalt zusammen. Schwankt die Amplitude der Spannung zwischen den beiden Extremwerten + 0,25 Volt und − 0,25 Volt, also mit einem Ambitus von 0,5 Volt (dies entspricht dem Intervall eines Tritonus), so erfolgt in dem gesteuerten Generator eine Glissandobewegung zwischen den Tönen c^1 und fis^1 für unseren Modellfall.

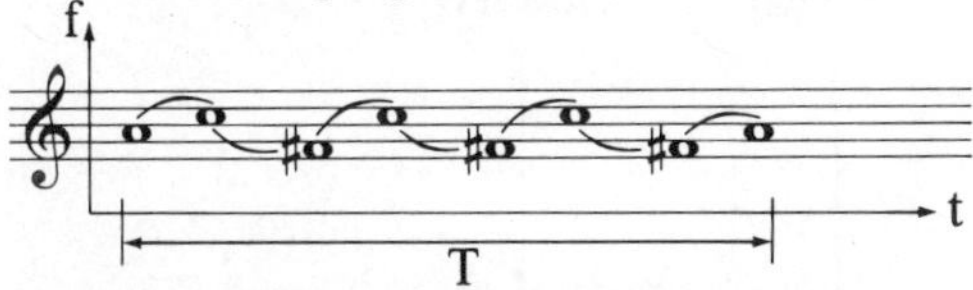

Die pendelnde Bewegung um den Zentralton a ist bedingt durch die beiden unterschiedlichen Spannungsvorzeichen plus und minus. Eine nur im positiven Bereich sich bewegende Spannung hätte dagegen nur Frequenzänderungen oberhalb der Bezugsfrequenz $a^1 = 440$ Hz zur Folge.

b) Frequenzmodulation durch auditives Steuersignal

Wird nun das Steuersignal beschleunigt, das heißt die Frequenz erhöht, so schlägt von einem bestimmten Punkt an die Qualität des klanglichen Ereignisses um. Der Schwellenwert liegt bei einer Frequenz von 16 Hz für das steuernde Signal, beide Signale befinden sich damit im auditiven Bereich. Zu den beiden Signalen treten nun neue Schwingungen hinzu. Der sich vorher kontinuierlich bewegende Sinuston (Glissando) wird durch die beschleunigte Modulation in ein statisches Spektrum umgewandelt. Diese Modulationsart gewann zu Beginn der 70er Jahre eine überaus große Bedeutung innerhalb der Computerklangsynthese. An dem Stück *Trigon* von Barry Truax sollen später die unterschiedlichen Klangsyntheseeigenschaften der Frequenzmodulation in ihrer kompositorischen Anwendung noch näher beleuchtet werden.

Dieser an der Tonhöhensteuerung dargestellte Steuerungsprozeß im Spannungssteuerungssystem ist analog übertragbar auf die Steuerung aller musikalischen Parameter.

c) Steuerung des Parameters Amplitude (Tonstärke)

Bei der Anwendung unseres Modellfalls auf die Amplitudensteuerung erhalten wir einen dreimal in der Sekunde an- und abschwellenden Kammerton $a^1 = 440$ Hz. Auch bei der Amplitudenmodulation wird die rhythmische Qualität, die wir durch die subauditive Steuerung erhalten, bei einer entsprechenden Beschleunigung des Steuersignals über 16 Hz hinaus verändert, und zwar dahingehend, daß ein statischer Klang entsteht. Nehmen wir zwei im auditiven Bereich liegende Signale mit den Tönen $a^1 = 440$ Hz und ein Steuersignal $c = 130{,}82$ Hz, das den Ton a^1 amplitudenmoduliert, dann erhalten wir einen Klang, bestehend aus folgenden Sinustönen:

440 Hz = a^1
570,82 Hz ≈ d^2 (d² temperiert bezogen auf 440 Hz = 587,34)
309,18 Hz ≈ dis^1 (dis¹ temperiert bezogen auf 440 Hz = 311,13)

Abbildung 4 zeigt eine Frequenzdarstellung der oben erwähnten Amplitudenmodulation und die mathemtische Gesetzmäßigkeit, durch die die neuen Sinustöne ermittelt werden können.

Abb. 4 Linienspektrum einer Amplitudenmodulation

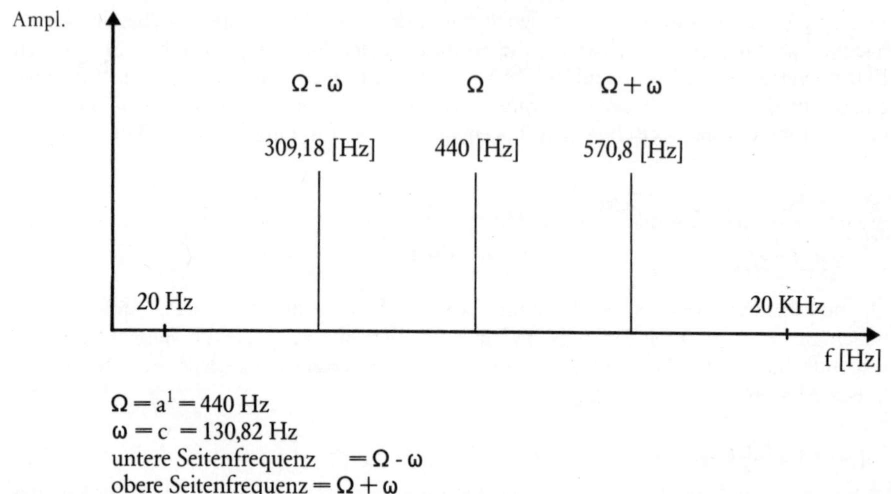

d) Klangfarbenmodulation

Klangfarbenmodulierende Prozesse können durch verschiedene Syntheseverfahren generiert werden. Für die Frequenzmodulation wird dieses Verfahren zu einem späteren Zeitpunkt näher erläutert.

Im Bereich der Amplitudenmodulation besteht die Möglichkeit, nicht nur mit einem Modulationssignal zu arbeiten, sondern während des Modulationsprozesses verschiedene Signale mit unterschiedlichen Modulationsfrequenzen zu überlagern, wobei dann alle an der Modulation beteiligten Frequenzen miteinander nach der in Abbildung 4 dargestellten Gesetzmäßigkeit Summen- und Differenztöne bilden. Geschieht das Hinzumischen von neuen Modulationssignalen allmählich – dies bezieht sich auf den Parameter Amplitude der Modulationssignale, die durch einen automatischen oder manuell gesteuerten Prozeß verändert werden –, so entsteht ein sich kontinuierlich verändernder Klang, dessen charakteristische Farbe zu jedem beliebigen Zeitpunkt bestimmt ist durch die an der Modulation beteiligten Frequenzen und deren Amplitudenverhältnisse untereinander. Werden die neuen Frequenzen nicht durch einen kontinuierlichen Prozeß hinzugemischt, sondern die Amplituden der neuen Signale sprunghaft geregelt, das heißt diskontinuierlich verändert, so wird das Klangfarbenkontinuum aufgebrochen, und wir erhalten mehr oder weniger unterschiedliche sukzessive Klänge, deren zeitliche Dauern direkt proportional sind zu den Zeitdauern, die zwischen den einzelnen Zu- und Abschaltphasen liegen.

Das Mischen der Steuersignale untereinander kann – wie erwähnt – auf zwei verschiedene Weisen erfolgen: einmal manuell – dies wäre vergleichbar einem Abmischvorgang, wie er bei jeder Plattenaufnahme mit verschiedenen akustischen Instrumenten stattfindet –, im anderen Fall automatisch, das heißt aber nichts anderes, als daß ein oder mehrere Steuersignale mit

Abb. 5.1 Signalflußplan einer komplexen Amplitudenmodulation

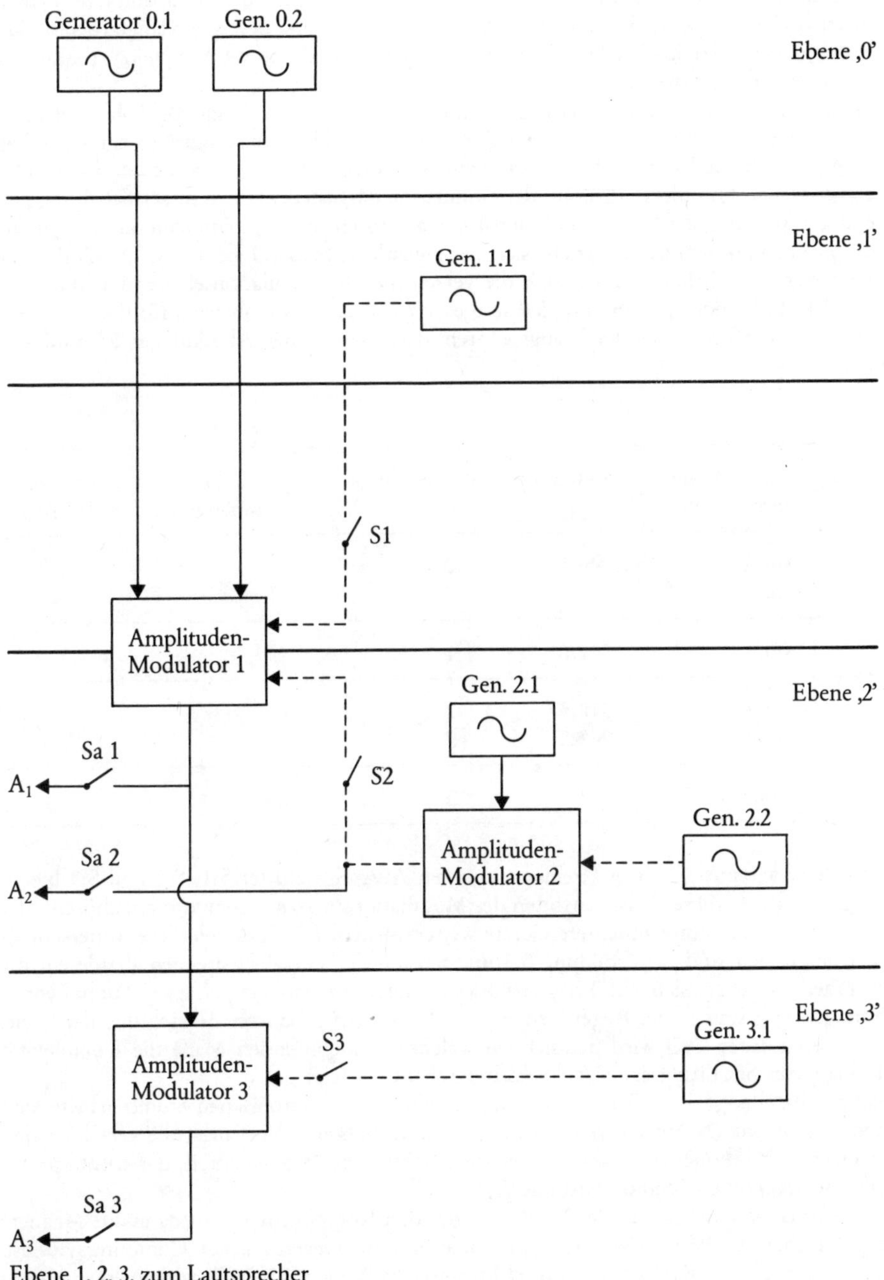

bestimmten Schwingungsfunktionen durch eine weitere Amplitudenmodulation das Mischverhältnis unter den an der Modulation beteiligten Signalen verändern. Sind diese auf der neuen Modulationsebene stattfindenden Steuerprozesse bestimmt durch subauditive Signale periodischen Ursprungs, z. B. Sinustöne, so erfolgt eine fließend bewegte Klangfarbenmodulation, deren Periodizität (Wiederholungsrate) bestimmt ist durch die Frequenzverhältnisse, gebildet durch die Signale auf der zweiten Steuerebene.

Eine Beschleunigung der Frequenzen auf dieser Ebene in den Audio-Bereich wird auch hier, wie schon vorher beschrieben, den dynamischen Modulationsprozeß in ein statisches Klangereignis höherer Komplexität umwandeln. In Abbildung 5.1 (S. 119) ist der Signalflußplan einer solchen komplexen Amplitudenmodulation dargestellt. Die in dieser Schaltung zur Anwendung kommenden Geräte sind Sinustongeneratoren und Amplitudenmodulatoren. In den Amplitudenmodulatoren vollzieht sich der eigentliche Steuerungsprozeß. Durch die mit S1–S3 bezeichneten Schalter lassen sich die verschiedenen Modulationsebenen zu- oder abschalten. Mit Hilfe der in Abbildung 5.2 festgesetzten Ausgangsfrequenzen für die sechs Generatoren sind die Tonhöhen der Klangspektren, dargestellt in den Abbildungen 5.3 und 5.4, ermittelt.

Abb. 5.2

Generator	Schwingungs-form	Frequenz	Schaltungs-ebene	Tonhöhe (temperiert)	Alteration < 1/2 Ton
0.1.	sinus	1046,5	0	c^3	–
0.2.	sinus	521,5	0	c^2	
1.1.	sinus	272,0	1	cis^1	–
2.1.	sinus	1318,5	2	e^3	–
2.2.	sinus	249,5	2	h	
3.1.	sinus	233,8	3	ais	–

Die im Flußdiagramm (Abb. 5.1) eingezeichneten Ausgangsschalter S_a1, S_a2 und S_a3 bieten die Möglichkeit, einzelne Zwischenstufen des Modulationsprozesses getrennt abzuhören oder zur weiteren Verarbeitung an andere Geräte weiterzuleiten. Die Spektren dieser unterschiedlichen Klangfarben sind in Abbildung 5.3 und 5.4 auf den einzelnen Ebenen abzulesen, die Alterationen beziehen sich auf Frequenzabweichungen zu den temperierten Tonhöhenbezeichnungen und sind in der Regel kleiner als 1/4 Ton. Bei genauerer Betrachtung der Spektren auf den Ebenen 1–3 wird deutlich, in welchem zunehmenden Maße die Komplexität der Klänge von Schaltungsebene zu Schaltungsebene ansteigt.

Solche Darstellungen wie 5.1 bis 5.4 sind für einen im elektronischen Studio arbeitenden Komponisten mehr als nur die Beschreibung eines technischen Vorgangs, die verschiedenen Schaltungen und Frequenztabellen werden zur Partitur einer Komposition, deren Interpretation im elektronischen Studio stattfindet.

Diese einmalige Aufführung des Werkes durch den Komponisten wird dann auf Magnetband gespeichert und ist so ständig reproduzierbar. Im Gegensatz zur Computersynthese handelt es sich bei der Realisation eines elektronischen Werkes mit Hilfe von analogen Gerä-

Resultierende Tonhöhen und Frequenzen auf den verschiedenen Modulationsebenen

Abb. 5.3

		Ebene I		Ebene I + Ebene II	
	Tonhöhe (temp)	Frequenz [Hz]	Alteration < ½ Ton	Frequenz [Hz]	Alteration < ½ Ton
Kleine Okt.	h	249,5	↑	249,5	↑
1. Okt.	c^1				
	cis				
	d				
	dis				
	e				
	f				
	fis				
	g				
	gis				
	a				
	ais				
	h				
2. Okt.	c^2	251,5	↓	251,5	↓
	cis				
	d				
	dis				
	e				
	f				
	fis				
	g	774,5	↓	774,5	↓
	gis	793,5	↑	793,5	↑
	a				
	ais				
	h				
3. Okt.	c^3	1046,5		1046,5	
	cis				
	d				
	dis				
	e	1318,5		1318,5	
	f				
	fis				
	g				
	gis				
	a				
	ais			1817,5	↓
	h				
4. Okt.	c^4			2089,5	↓
	cis				
	d			2342,5	↓
	dis			2361,5	↓
	e			2614,5	↓
	f			2886,5	↑
	fis				
	g				
	gis				
	a				
	ais				
	h				
	c^5				

Alteration: ↑ ≙ höher als ... ; ↓ ≙ tiefer als ...

Abb. 5.4

	Ebene I + II + III					
	Tonhöhe (temp.)	Frequ. [Hz]	Alteration < ½ Ton	Tonhöhe	Frequ. [Hz]	Alteration < ½ Ton
Subkontra	C	15,7		d^4	2342,5	↓
Kleine Okt.	h	249,5	↑	d^4	2361,5	↑
		287,7	↑		2380,7	↑
					2576,3	↑
1. Okt.	c^1			dis^4		
	cis			e^4	2595,3	↓
	d				2614,5	↓
	dis				2652,7	↓
	e			f^4		
	f			fis^4	2848,3	↓
	fis				2886,5	↓
	g			g^4	3120,3	↓
	gis					
	a					
	ais					
	h	483,3	↓			
2. Okt.	c^2	521,5	↓			
	cis	540,7	↓			
		559,7	↑			
	d					
	dis					
	e					
	f					
	fis	755,3	↑			
	g	774,5	↓			
		793,5	↑			
	gis	812,7	↓			
	a					
	ais					
	h	1008,3	↑			
		1027,3	↑			
3. Okt.	c^3	1046,5				
	cis	1084,7	↓			
	d					
	dis	1280,3	↓			
	e	1318,5				
	f					
	fis					
	g	1552,3	↓			
		1583,7	↑			
	gis					
	a					
	ais	1817,5	↓			
		1855,7	↓			
	h					
4. Okt.	c^4	2051,3	↓			
		2089,5	↓			
	cis	2108,7	↓			
		2127,7	↓			
		2323,3	↑			

ten um einen Realisationsprozeß, der der Aufführung eines Instrumentalwerkes sehr ähnlich ist. Während der Komponist bei der Computersynthese der Rechenanlage eine Partitur, die er vorher erstellt hat, am Bildschirmgerät eingibt und diese dann vom Computer in klingende „Materie" konvertiert wird, hat er es im analogen Medium mit Instrumenten zu tun, die von ihm manuell bedient werden müssen. Zwar wird der Ton im Gegensatz zu den mechanischen Instrumenten durch elektronische Schwingkreise erzeugt, aber manuell, also mechanisch moduliert. Dabei entstehen die gleichen Unschärfen durch die „Ungenauigkeit" der Bedienung, wie wir sie auch aus der Instrumentalmusik kennen. Es ist nicht selten, daß gerade durch die so auftretenden Unschärfen während der Realisation innerhalb einer Schaltung Klangstrukturen entstehen, die vorher nicht abzusehen waren, und damit neue kompositorische Dimensionen entstehen können.

Bei der Realisation eines elektronischen Stückes steht der Komponist immer vor der Entscheidung, welche Steuerungsvorgänge er aus musikalischen Gründen einer automatischen Schaltung überläßt oder manuell ausführt.

e) Automatisierung einer manuellen Schaltung

Alle bis jetzt verwendeten Steuerungsprozesse sind ausschließlich zur Erzeugung von statischen Spektren, also auf der Mikrokompositions-Ebene eingesetzt. Automatisierung aber heißt, verschiedene auf der Mikrosteuerungsebene generierte Klänge zu kompositorisch vermittelten musikalischen Strukturverläufen zu „komponieren". Zur Gestaltung solcher Makroprogramme stehen dem Komponisten verschiedene spannungsgesteuerte Geräte zur Verfügung. Bedienen wir in unserer Modellschaltung die Schalter S1, S2, S3 nicht mehr manuell, um zu einem zeitlichen Klangfarbenverlauf zu gelangen, sondern ersetzen die Schalter durch elektronisch ansteuerbare Schalteinrichtungen, bestände die Möglichkeit, diesen Strukturverlauf auf einer vierten Kompositionsebene automatisch zu gestalten. Dies hätte den Vorteil, daß die sechs Schalter S_a1, S_a2, S_a3, S1, S2, S3, die schwerlich von nur einer Person bedient werden könnten, jede beliebige Konfiguration einnehmen könnten, ohne daß der Komponist sich eine Beschränkung in bezug auf die Geschwindigkeit der Abfolge der verschiedenen Schaltzustände, die ja die Komplexität der musikalischen Struktur bestimmt, auferlegen müßte. Komplexität in der Realisation von elektronischen Klängen ist aber nicht Selbstzweck, sondern aus wahrnehmungspsychologischen und ästhetischen Gründen unumgänglich, um die Starrheit der elektronischen Grundschwingungsformen Sinus, Dreieck usw. aufzubrechen. Sollen in einer musikalischen Struktur noch weitere Parameter berücksichtigt werden, wächst die Anzahl der Schaltungsebenen ins Unermeßliche, und von einem bestimmten Komplexitätsgrad der Gesamtschaltung an ist eine Kontrolle des musikalischen Ergebnisses durch den Komponisten kaum noch möglich, der determinierte Prozeß bekommt den Charakter des Zufälligen. Meistens werden solche Prozesse auf einer noch überschaubaren Schaltungsebene abgebrochen und die verschiedenen Einzelergebnisse aus unterschiedlichen Schaltungen dann mit Hilfe von Abmisch- und Bandschnittverfahren weiterverarbeitet. In Abbildung 6 ist ein modernes Analoges Studio zu sehen; folgende Gerätegruppen sind zu unterscheiden:

1. Voltage-control-System (bestehend aus Generatoren, Filter, Amplitudenmodulatoren usw.)
2. Meßeinrichtungen (zur Bestimmung der Grundparameter Amplitude, Frequenz, Schwingungsform)
3. Tonbandmaschinen
4. Mischpult (im Mischpult können alle Signale des Studios miteinander verknüpft und in ihrem zeitlichen Verlauf manuell moduliert werden)
5. Tastatur (Tastaturen und Schalter sind Spielhilfen bei der manuellen Steuerung der verschiedenen Parametergrößen)
6. Steckfeld (auf diesen Zentralfeldern laufen alle Eingänge und Ausgänge der verschiedenen Studiogeräte auf und können hier in beliebigen Schaltungskonfigurationen miteinander verbunden werden).

Abb. 6 Elektronisches Studio der Staatlichen Hochschule für Musik Ruhr, Folkwang Hochschule Essen

2. Programmierte Klangsynthese

Die Begrenztheit der Möglichkeiten des Voltage-control-Systems, das oft nur im Bereich der Mikrostruktur kalkuliert eingesetzt werden kann, hatte die Entwicklung der sogenannten hybriden elektronischen Studios zur Folge, die schon in den frühen 60er Jahren begann. Eine der fortschrittlichsten technischen Konzeptionen wurde in dem Electronic Music Studio (EMS) Stockholm im Jahre 1965 verwirklicht. Was dieses System gegenüber früheren Versuchen auf diesem Gebiet auszeichnete, war, daß der Computer nicht nur Steuerspannungen nach den Anweisungen des Komponisten erzeugte, sondern ebenfalls die Verschaltung der Geräte untereinander übernahm, wobei diese Verschaltungen dynamisch zu gebrauchen waren, das heißt sie konnten während des Syntheseprozesses verändert werden. Parallel zu dieser Entwicklung hybrider Systeme begann man mit der Erforschung von sogenannten Direktsyntheseverfahren.

a) Digital-Analog-Wandlung

Da der Computer nur in der Lage ist, mit Quantitäten, dargestellt in Zahlen, zu arbeiten, müssen alle Befehle und Daten, die vom Komponisten in die Anlage eingegeben werden sollen, in Zahlen codiert werden. Höhere Programmiersprachen erleichtern dem Komponisten diesen Umsetzungsprozeß. Sollen die Zahlen wieder in analoge Steuersignale umgewandelt werden, müssen diese beiden unterschiedlichen Systeme durch einen „Übersetzer", einen sogenannten Digital-Analog-Wandler, miteinander verbunden werden. In Abbildung 7 ist eine vom Computer erzeugte digital analog-gewandelte Sinusschwingung dargestellt. Die D/A-gewandelte, nach einer Sinusfunktion sich ändernde Ausgangsspannung, ist vergleichbar mit einer von einem analogen Generator erzeugten Sinusschwingung, allerdings treppenförmig, das heißt nicht unendlich fein in ihrem zeitlichen Verlauf aufgelöst wie die Analog-Schwingung. Der Grad der Feinheit der Quantelungen ist primär abhängig von dem Auflösungsvermögen des D/A-Converters. Parallel zu der Entwicklung hybrider Techniken wurden Verfahren der Direktsynthese entwickelt, die davon ausgeht, daß die Schwingungen nicht mehr von einem externen analogen Generator erzeugt werden und der Computer die Steuerkurven erzeugt, sondern der Computer wird selbst zum „Generator".

Ein dazu erforderliches spezielles Programm macht aus der universell einsetzbaren Maschine Computer ein Werkzeug zur Klangsynthese. Dabei erzeugt dieses Programm in der Maschine verschiedene Zahlenkombinationen, die dann bei entsprechend schneller „Zusammensetzung" durch den Computer und mit Hilfe des D/A-Converters in ein analoges Signal gewandelt werden können. Durch entsprechende Programmierungen lassen sich nicht nur die aus der Analogtechnik bekannten Grundschwingungsformen erzeugen, sondern jeder beliebige Spannungsverlauf kann programmiert werden und damit auch die Klangfarbe. Rechengeschwindigkeit und Datenspeicherkapazität der Rechenanlage sind die ausschließlichen Faktoren, die den Grad der möglichen realisierbaren Komplexität von musikalischen Strukturen bestimmen.

Abb. 7 Sinusfunktion durch D/A-Wandlung

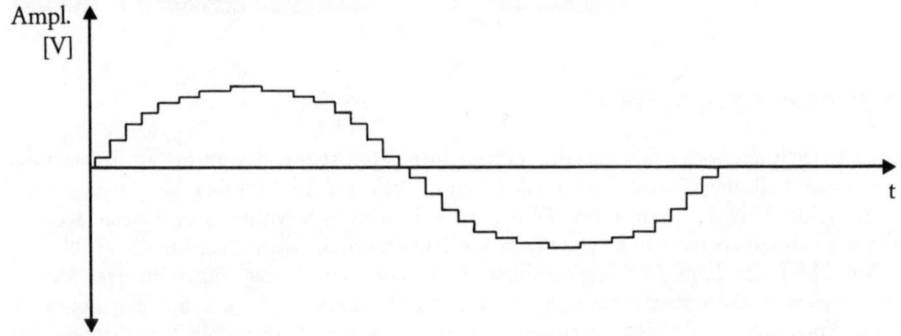

b) Das POD-Programm von Barry Truax

Eines von zahlreichen seit dem Beginn der 60er Jahre existierenden Syntheseprogrammen ist das von Barry Truax entwickelte POD-Programm, das u. a. in seinem Stück *Trigon* Anwendung findet. Dieses Programm hat aufgrund der sehr kurzen Rechenzeiten für die einzelnen klanglichen Ereignisse gegenüber größeren Syntheseprogrammen den Vorteil, daß ein direkter Mensch-Maschine-Dialog möglich ist. Um eine Frequenzmodulation durchzuführen, sind folgende Parametergrößen zu definieren:

1. die Trägerfrequenz (die Frequenz des gesteuerten Generators) f_T
2. die Modulationsfrequenz (die Frequenz des modulierenden Generators) f_M
3. der Modulationsindex I (das Verhältnis der maximalen Frequenzabweichung, ausgelöst durch die Amplitude des Modulationssignals, zu der Frequenz des Modulationssignals

$$I = \frac{\triangle f_T}{f_M} (\triangle f_T = \text{Frequenzhub})$$

Werden als Trägersignal und Modulationssignal Sinustöne verwendet, so entstehen folgende neue Töne, die auch aufgrund ihrer Lage oberhalb und unterhalb der Trägerfrequenz mit „Seitenbänder" bezeichnet werden:

Mittenfrequenz (Trägerfrequenz) F_T

1. Seitenfrequenz	$f_T + f_M$	$f_T - f_M$
2. Seitenfrequenz	$f_T + 2 \times f_M$	$f_T - 2 \times f_M$
3. Seitenfrequenz	$f_T + 3 \times f_M$	$f_T - 3 \times f_M$

Streng genommen entstehen unendlich viele Seitenfrequenzen. Da aber die Energie der Seitenfrequenzen höherer Ordnungen abnimmt, spielen sie von einem gewissen Punkt an für die akustische Wahrnehmung keine Rolle mehr. Wie stark die Amplituden dieser Seitenfrequenzen ausgeprägt sind, ist abhängig vom Modulationsindex I. Mit Hilfe der sogenannten Besselfunktionen sind die einzelnen Amplituden der Seitenfrequenzen in Abhängigkeit vom Modulationsindex zu bestimmen. Da die Frequenzmodulation sehr komplexe Spektren und zu einem großen Teil Klangfarben von akustischen Instrumenten hervorbringt, wurde sie zu einer der wichtigsten Modulationsarten innerhalb der Klangsynthese.

Der Komponist hat die Möglichkeit, ausgehend von ihm vertrauten Klangfarben sich bei der Klangfarbensynthese langsam in klangfarbliches „Neuland" vorzutasten. In dieser interaktiven Arbeitsweise mit dem Computer bietet das POD-Programm sehr viele Möglichkeiten. Einzelne Klänge werden durch die oben angeführten Parameter bestimmt und können kurz nach der Eingabe der Daten in den Computer gehört werden. Durch dieses Dialog-Verfahren entsteht eine Datenkartei unterschiedlicher Klänge, die mit einer Ordnungsnummer versehen abgespeichert und zu einem späteren Zeitpunkt nicht nur wieder abgerufen (gehört) werden können, sondern auch dann noch jederzeit wieder zu verändern sind. Um ein Klangereignis vollständig in seinem zeitlich-klanglichen Verlauf determinieren zu können, sind noch der Verlauf der Amplitude oder besser gesagt die Hüllkurve, bestehend aus Anstiegszeit, statischem Verlauf (Haltepegel) und Abklingzeit, und der Klangfarbenmodulations-Verlauf während der Ereigniszeit zu bestimmen. Eine farbliche Veränderung ist zu erreichen, indem zu den bis jetzt abgespeicherten Daten für ein Ereignis ein Kurvenverlauf für den Modulationsindex eingegeben wird.

Die nächste Programmebene wäre mit syntaktischer Ebene zu bezeichnen. Hier kann mit Hilfe des Poissonschen Gesetzes, das die Dichteverteilung bestimmt (vgl. Kapitel „Formalisierte Musik"), ein Frequenz-Zeit-Feld definiert werden. Folgende Variablen sind auf der syntaktischen Ebene vom Komponisten zu bestimmen:

1. Dichte: ausgehend von einfachen linearen Dichteveränderungen bis hin zu komplexen Dichtevariationen sind alle erdenklichen Übergangsstadien programmierbar.
2. Frequenzmaske (s. Abb. 8B, S. 126): Frequenzen, die nicht innerhalb der Maskenbegrenzung liegen, werden blockiert, die Maskenlänge ist durch den Komponisten zu bestimmen.
3. Amplitudenauswahl: Amplitudenverläufe können aleatorisch durch das Programm oder durch die Bestimmung von Tendenzmasken ausgewählt werden. Die Tendenzmaske

schränkt, wie bei dem Parameter Frequenz, die zufälligen Auswahlerscheinungen durch das Programm mehr oder weniger, abhängig von dem Ambitus der bestimmten Maske, ein. (Diese Kompositionsweise wurde von G. M. Koenig in seinem Projekt 2, s. S. 99ff. „Die Sprache der elektronischen Musik", zum ersten Mal angewendet.)

4. Klangobjekt-Auswahl: Vorher gespeicherte Klangobjekte oder Ereignisse sind auf dieser 4. syntaktischen Ebene auszuwählen. Dies kann, wie bei der Auswahl der Amplituden, durch ein Aleatorik-Programm oder eine durch den Komponisten bestimmte zeitliche Tendenzmaske erfolgen. (Dies entspräche im Bereich der Instrumentalkomposition der mehr oder weniger zufälligen Auswahl des Komponisten aus einem Reservoir von vorher festgelegten Instrumenten, der Instrumentation.)

Verbinden wir alle Variablen dieser syntaktischen Ebene miteinander, kommen wir zu einer zeitlich einheitlich geschlossenen musikalischen Struktur (s. Abb. 8).

Abb. 8 Darstellung der einzelnen Parameter auf der syntaktischen Ebene

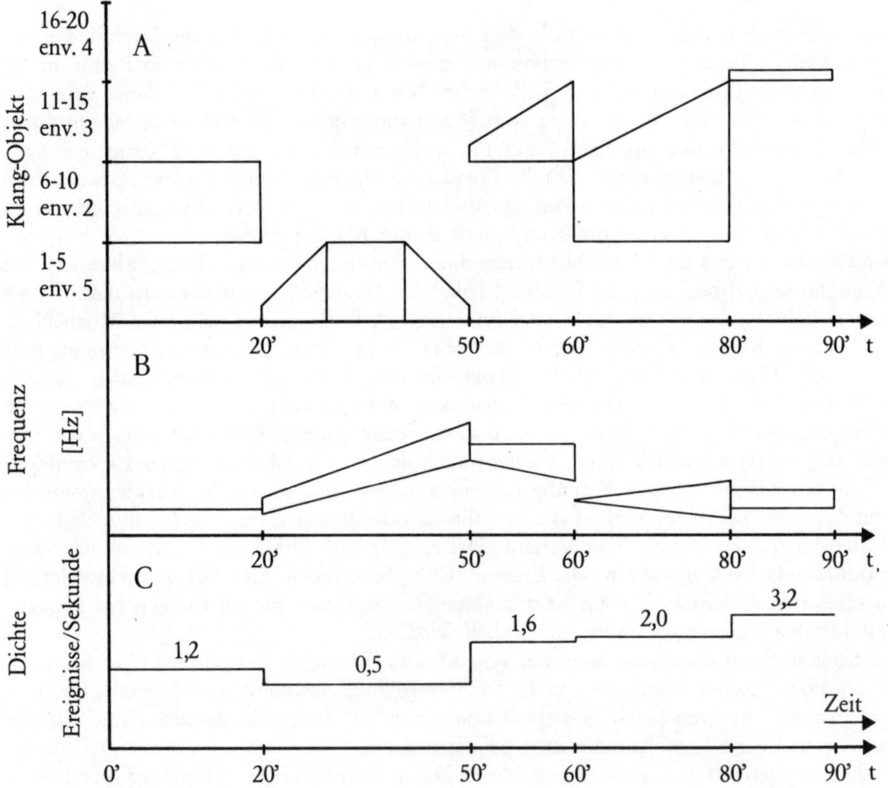

In Abbildung 9 sind verschiedene Kurvenverläufe für die Veränderung des Modulationsindex und der damit festgelegten Klangfarbenmodulation eines Klangobjektes zu sehen. Unter der Spalte A Klangobjekte (die schon vorher bestimmt und gespeichert wurden) wird

Abb. 9 Darstellung verschiedener Modulationsindex-Funktionen

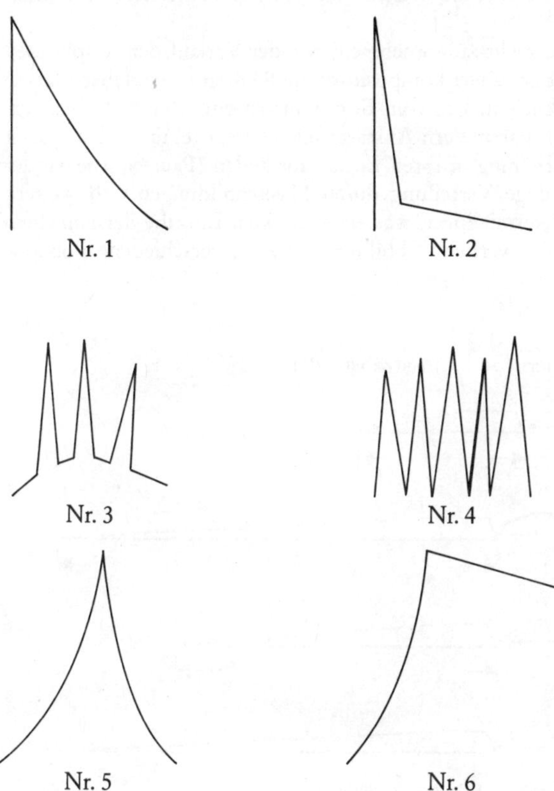

dann, wie Abbildung 8 zeigt, mit einer vom Komponisten definierten Tendenzmaske durch das Programm gewählt; d.h. das Programm wählt unter den Objekten 6–10 nach der Poissonverteilung entsprechende Objekte aus, und zwar mit einer mittleren Dichte von 1,2, die in der Rubrik C abzulesen ist. Alle Klangobjekte haben dabei die gleiche Tonhöhe, da keine Auswahlmaske für die Frequenz für den Beginn der Struktur bis Sekunde 20 existiert (vgl. Frequenzrubrik B). Moduliert in der Klangfarbe durch die Indexkurven aus Abbildung 9 werden alle Objekte durch die Kurve 2.

In dem Zeitintervall zwischen Sekunde 60 und 80 ändert sich gegenüber dem Anfang nicht nur die mittlere Dichte von 1,2 auf 2,0, sondern im Bereich der Klangfarbenobjektauswahl wird der Ambitus auf die Elemente zwischen den Ordnungszahlen 6 und 15 ausgedehnt; damit einhergehend entsteht ein Übergang von der Modulationskurve 2 zu der Modulationskurve 3. Da die beiden Modulationskurven aufgrund ihres charakteristischen zeitlichen Verlaufs beide der gleichen Klangfarbenmodulationsfamilie angehören, die Kurve 3 aber einen höheren Komplexitätsgrad aufweist, wird es zwar zu verschiedenen Klängen kommen, deren Ursprung aber bleibt dennoch deutlich wahrnehmbar. Dieser Typ von Modulationskurve mit einer oder auch mehreren sehr schnellen pulsartigen Veränderungen bringt Klangfarben mit perkussiven Eigenschaften hervor, die in dem Stück *Trigon* sehr häufig verwendet werden.

Der Abbildung 8 ist allerdings noch nicht zu entnehmen, wie der Verlauf der Amplituden der einzelnen Klangereignisse gestaltet ist. Zwei kompositorische Realisationsverfahren lassen sich hier in diesem Programm verwirklichen. Die vom Komponisten oder durch Poissonverteilung definierten Hüllkurven mit den Parametern Anstiegszeit, Haltepegel und Abstiegszeit werden durch eine weitere Poissonverteilung in ihren Einsatzabständen (Pausen) zueinander organisiert. Auch hier kann die zufällige Verteilung durch Maskenbildungen und weitere komplexe Verfahren bis zur reinen Determination, was einer direkten Eingabe der einzelnen Dauernwerte gleichkäme, eingeschränkt werden. Abbildung 10 zeigt verschiedene Poissonsche Dauernverteilungen.

Abb. 10 Verhältnisse zwischen Dauern und Einsatzabständen

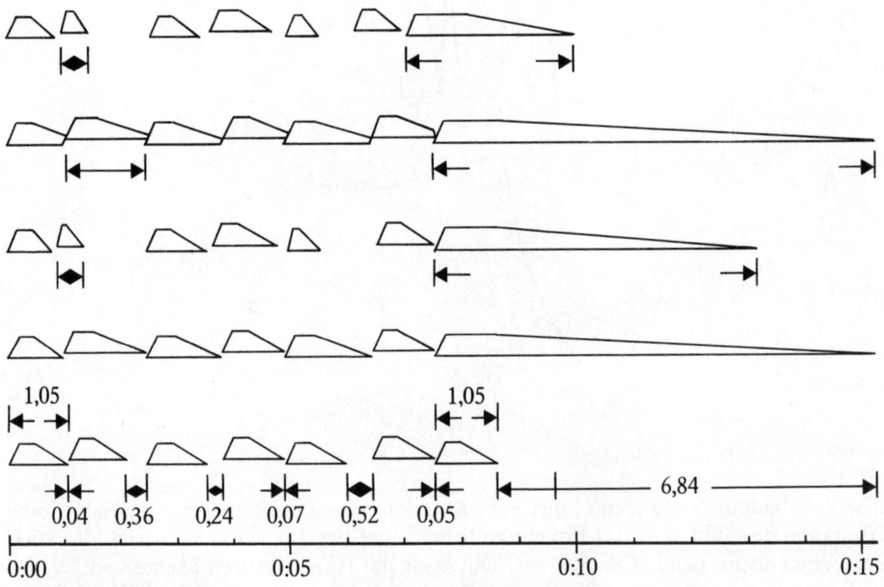

3. Kompositorische Anwendung des POD-Programms bei den verschiedenen Realisationsverfahren in dem Stück *Trigon* (1974–75), *music for mezzo-soprano, alto flute, piano and computer-synthesized tape* von Barry Truax[5]

Das Stück *Trigon* ist die erste Komposition, die Truax nach der Fertigstellung seines Kompositions- und Synthese-Programms POD realisierte. Er komponiert in diesem Stück ein dia-

[5] Die Einspielung von *Trigon* ist erschienen bei der kanadischen Plattenfirma Melbourne (SMLP 4033) und ist zu beziehen durch Waterloo Music, 3 Regina Street North, Waterloo, Ontario, Canada N2J 4A5. Die Partitur ist erhältlich durch den Komponisten, Simon Frazer University, Burnaby, British Columbia, Canada V5A 156, Department of Communication.

lektisches Spannungsfeld zwischen einer Instrumental-Vokal-Ebene (Altflöte, Klavier und Mezzosopran) und einer synthetischen Ebene in Form eines vom Computer generierten zweikanaligen Tonbands. Die Synthese der beiden Ebenen bildet ein Klangfarbenkontinuum; das verbindende Element ist das POD-Programm, nicht nur Werkzeug zur Komposition und Synthetisierung elektronischer Klänge, sondern gleichermaßen Kompositionsprogramm für die instrumentale Partitur.

Die Tonbandschicht liegt in Form einer grafischen Notation vor, aus der die zeitliche Abfolge der einzelnen elektronischen Klangereignisse zu entnehmen ist. Die zur Zeitachse im unteren Abschnitt der Partiturseite dargestellte vertikale Achse bezeichnet den Tonraum (Frequenz) für die einzelnen Ereignisse (s. Partiturbeispiel, Ausschnitt S. 6, Min. 1,00 bis 1,30).

Das Wort „Trigon" (Dreieck) hat in dieser Komposition mehrdeutige Funktion:

1. Es definiert den musikalischen Aufführungsraum: im Expositionsteil zwischen Minute 0,00 und 1,00 bewegen sich der Flötist und der Mezzosopran, die mit vorgegebenen Materialien improvisieren, von unterschiedlichen Raumpositionen auf das Klavier zu und nehmen bis Minute 1,00 ihre endgültige Aufstellung in Form eines Dreiecks zur Position des Klaviers ein (auf der Schallplattenaufnahme Flöte links und Mezzosopran rechts im stereophonen Panorama).

2. Die synthetischen Materialien sind neben verschiedenen Übergangszuständen in drei große Materialgruppen aufzuteilen:

2.1. harmonische Spektren

2.2. Übergangs- oder Modulationsspektren
Durch diese Materialgruppe werden in dem Parameter Klangfarbe verschiedene Vermittlungsstufen aufgebaut, in denen es zu gerichteten klangfarblichen Bewegungsprozessen zwischen den rein elektronischen Klängen und den Instrumentalfarben kommt.

2.3. inharmonische Spektren

Die Instrumentalschicht gliedert sich in sich abwechselnde Duos und Soli, die in verschiedenen durch Permutation gewonnenen Kombinationen auftreten. Während das Tonband zwischen den einzelnen Instrumenten vermittelt, das heißt z. B. die Klangfarbe eines Instruments aufgreift, es quasi „imitiert" und über verschiedene Modulationsebenen so lange verändert, bis schließlich die Ausgangsklangfarbe in die Klangfarbe des anderen Instruments überführt ist, vermag nur die Stimme als einziges „Instrument" aufgrund ihrer klanglichen Variabilität synthetische Klangereignisse aufzugreifen und weiterzuverarbeiten. Durch die fehlende semantische Ebene der Sprachbehandlung in *Trigon* (Logatomkomposition) ist die Stimme gleichgesetzt mit den anderen Instrumenten. Während die in der Stimme verwendeten Vokalfarben die Klangfarbe der elektronischen Ereignisse darstellen, bilden die Konsonanten, abgestuft nach unterschiedlichen Schärfegraden, die Übertragung der Hüllkurven der synthetischen Klänge in die instrumentale Ebene.

Die Großform des Stückes ist dreiteilig, Teil eins und Abschnitte aus Teil drei unterscheiden sich durch ihren improvisatorischen Charakter vom Teil zwei.

Besondere Funktion haben die beiden Instrumente Klavier und Flöte, sie bilden innerhalb ihrer Soli Spiegelachsen. Die Zentralachse liegt innerhalb des Klaviersolos (Partiturseite 28, Min. 8,05 bis 8,26). In Teil zwei, der durch Spiegelung um das Flötensolo bei Minute 5,12 in zwei große Abschnitte geteilt wird, ist zu sehen, daß die einzelnen Spiegelungsprozesse nicht synchron in allen Parametern erfolgen (wie später noch zu zeigen sein wird).

Teil eins (Minute 0,00 bis 1,00) kann als Exposition verstanden werden. Dieser Formabschnitt taucht gemäß der achsialsymmetrischen Anlage des Stückes bei Minute 15,30 wieder auf. Die Instrumentalereignisse und die einzelnen Materialien der synthetischen Schicht bilden ein sehr enges, netzartiges Klanggewebe. Alle musikalischen Strukturen werden von den Instrumentalisten improvisatorisch gebildet, indem sie aus dem vorgegebenen Materialreservoir auswählen. Durch die weichen Ein- und Ausschwingvorgänge der Instrumente, die sich damit in Analogie zu der Tonbandschicht befinden, entsteht ein synthetisch-instrumentales Klangkontinuum, aus dem sich, beginnend mit Minute 1,00, das erste Solo entwickelt. Dieses Mezzosopransolo bildet den Übergang zum zweiten Großformabschnitt des Stückes.

Die langen Dauern und weichen Ein- und Ausschwingvorgänge zu Beginn des Solos werden im weiteren Verlauf immer stärker rhythmisch gequantelt. Dieser Prozeß wird unterstützt durch sich mehrendes konsonantisches Material in der Stimme.

Zwei unterschiedliche formbildende Prinzipien bilden in diesem Werk eine dialektische Einheit. Entweder müssen sich die Instrumentalisten dem Band unterordnen, indem sie ihre Interpretation mit der „starren", nicht mehr veränderbaren Tonbandschicht synchronisieren, oder aber diese starre Verbindung wird aufgehoben, indem die Interpreten improvisieren. Zwischen diesen beiden Extremen gibt es verschiedene Vermittlungsstufen. Als eine solche ist auch die Auswahl anzusehen, die der Interpret treffen muß, wenn er sich für eine von zwei Varianten eines Solos entscheidet.

Die beiden Solovarianten für den Mezzosopran bei Minute 1,00 sind sich als Varianten desselben Kompositionsprozesses ähnlich in ihrem Tendenzverlauf sowohl im rhythmischen Bereich als auch im Parameter Tonraum. Beide Varianten entwickeln sich aus dem statischen Ton ais und erreichen für die Variante 1 bei Minute 1,36 und für die Variante 2 bei Minute 1,42 den in dieser Struktur vorkommenden höchsten Ton cis^2. Innerhalb dieser Zeiteckwerte liegt wiederum eine Spiegelachse, die der gesamten Struktur die Gestalt eines „verwackelten" Palindroms gibt. Die zeitliche Verdichtung hat ihren Höhepunkt erreicht und wird bis zum Ende der Solostelle langsam wieder abgebaut. Verdeutlicht wird diese Spiegelachse bei Minute 1,40 durch die Sprungstelle, bei der der Mezzosopran zur anderen Variante hinüberwechseln kann (Doppelpfeil zwischen den beiden Varianten).

In der Behandlung der Dynamik der gesamten Struktur wird der Prozeßverlauf der langsamen Ein- und Ausschwingvorgänge aus der synthetischen Schicht augmentierend aufgegriffen durch ein crescendo bis zur Spiegelachse und ein dann einsetzendes decrescendo bis zum Ende der Solostelle. Kleinere Amplitudenzwischenmaxima bilden eine Vermittlung der Instrumentalstruktur zu den zeitlich diminuierten glockenähnlichen perkussiven elektronischen Klängen.

In den Abbildungen 11.1 bis 11.5 ist der Strukturverlauf des zweiten Großformabschnittes dargestellt. Die obere Hälfte der Darstellungen zeigt das Wechselspiel zwischen Duos und Soli in der instrumentalen Ebene. Die in der unteren Abbildungshälfte eingetragenen Tendenzmaskenverläufe erleichtern das Verfolgen der Tonbandschicht. Diese gliedert sich in zwei Ebenen, die mit A und B bezeichnet sind. In der A-Schicht werden nur Materialien aus der mit P bezeichneten Gruppe verwendet, in der B-Schicht Materialien aus der Gruppe Q. Beide Gruppen enthalten sowohl harmonische als auch inharmonische klangliche Ereignisse.

Die Elemente aus den beiden Gruppen sind, da es sich bei der Klangsynthese um Frequenzmodulation handelt, bestimmt durch die Trägerfrequenz f_T, den minimalen Modulationsindex I_{min}, die Modulationsindexkurve, die einen entscheidenden Einfluß auf die Klangfarbe des Ereignisses hat (die Modulationsindexkurven sind in der folgenden Aufstellung nur angedeutet wiedergegeben), und das Verhältnis von Trägerfrequenz zu Modula-

Strukturverlauf des zweiten Großformabschnitts

Abb. 11.1

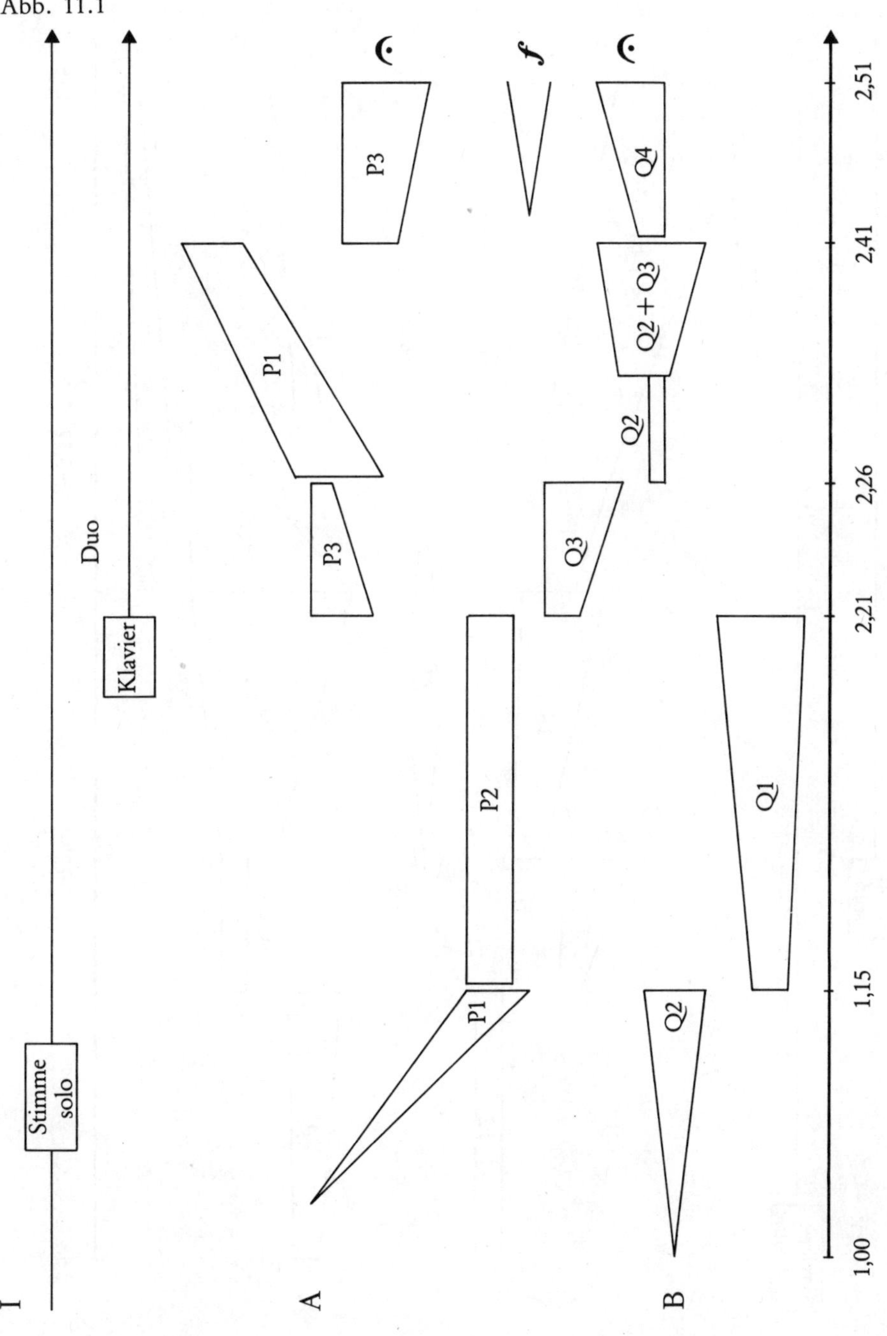

Abb. 11.2

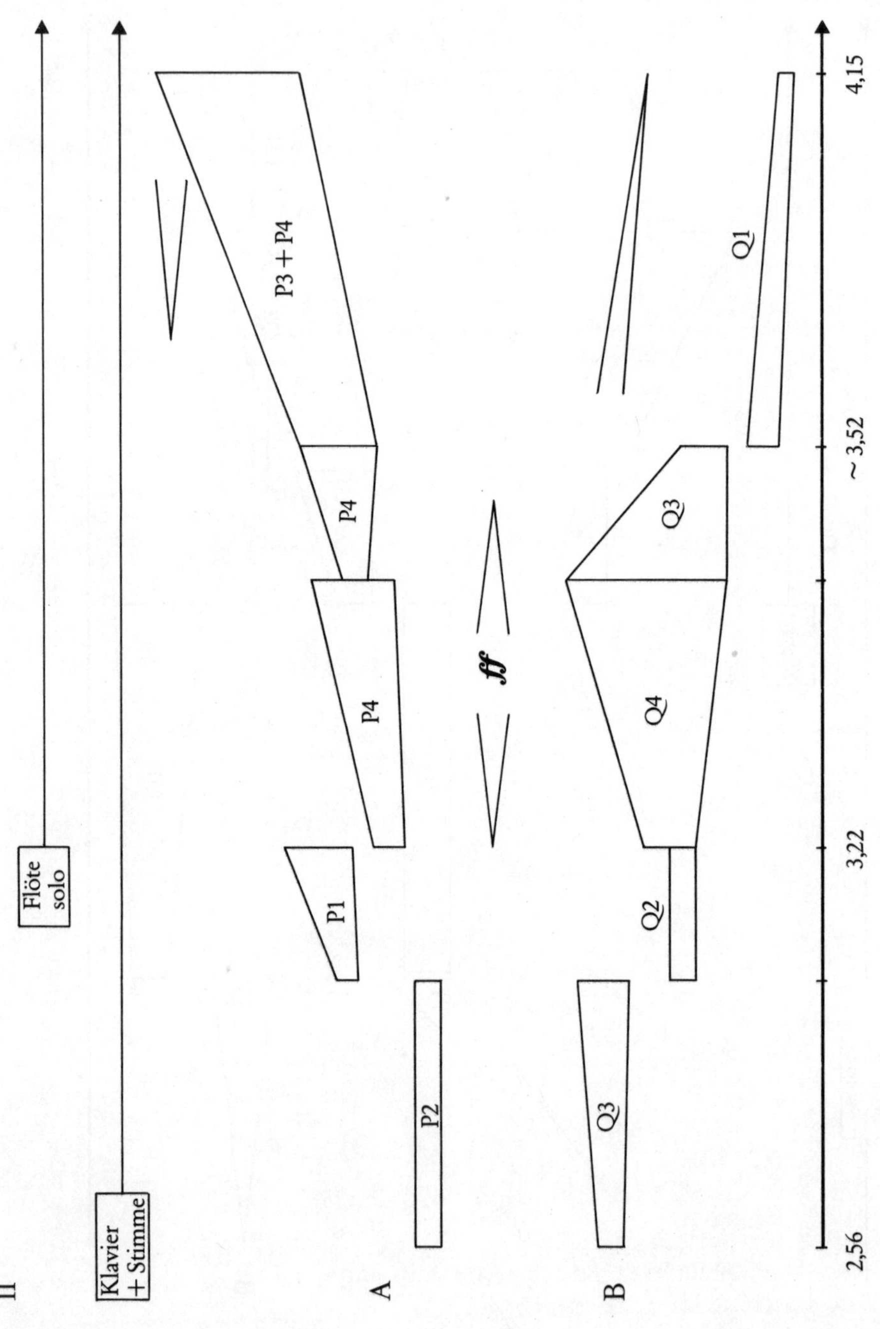
II
Flöte solo
Klavier + Stimme
A
P2
P1
P4
P4
P3 + P4
ff
B
Q3
Q2
Q4
Q3
Q1
2,56
3,22
~ 3,52
4,15

Abb. 11.3

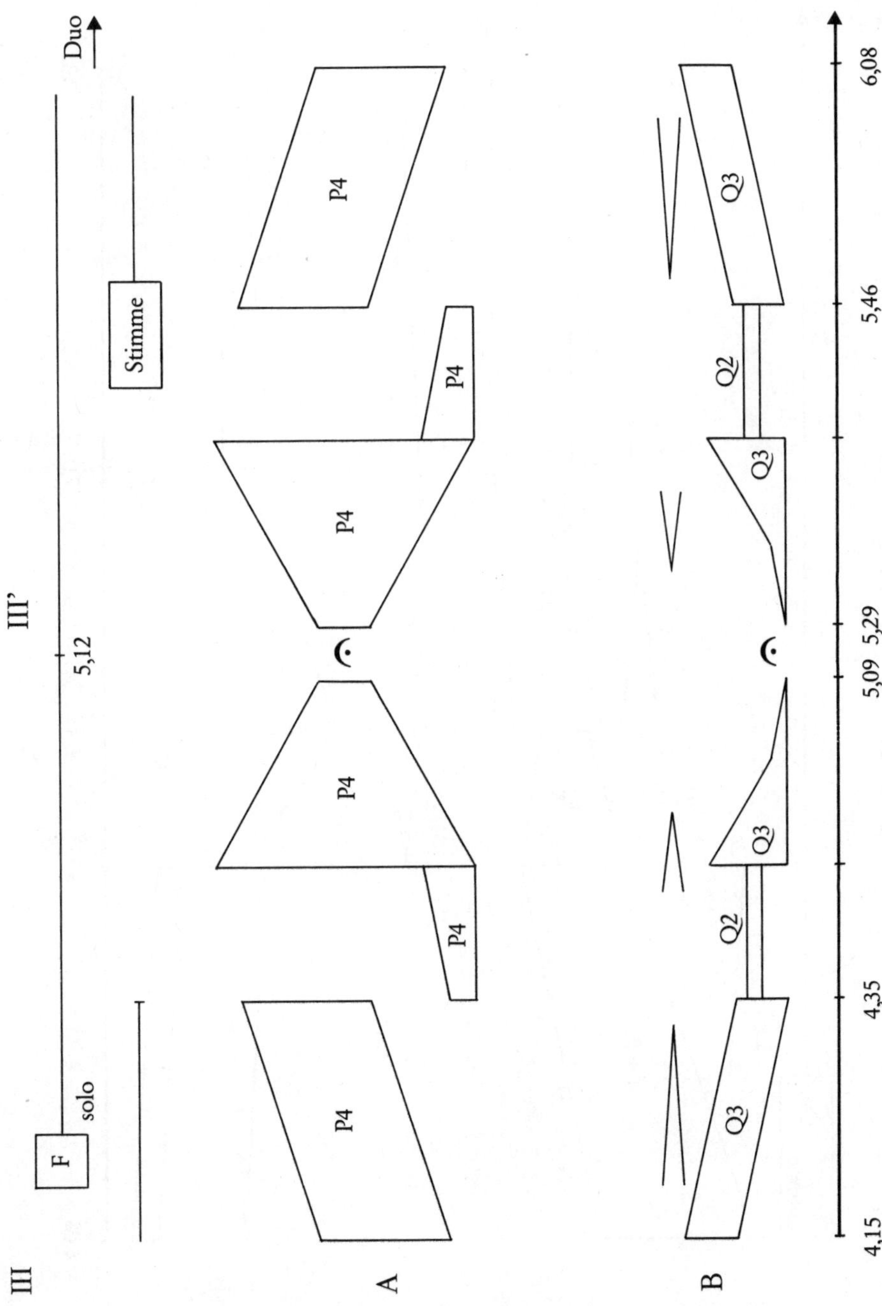
III
III'
Duo
F
solo
Stimme
5,12
A
P4
P4
P4
P4
P4
P4
B
Q3
Q2
Q3
Q3
Q2
Q3
4,15
4,35
5,09
5,29
5,46
6,08

Abb. 11.4

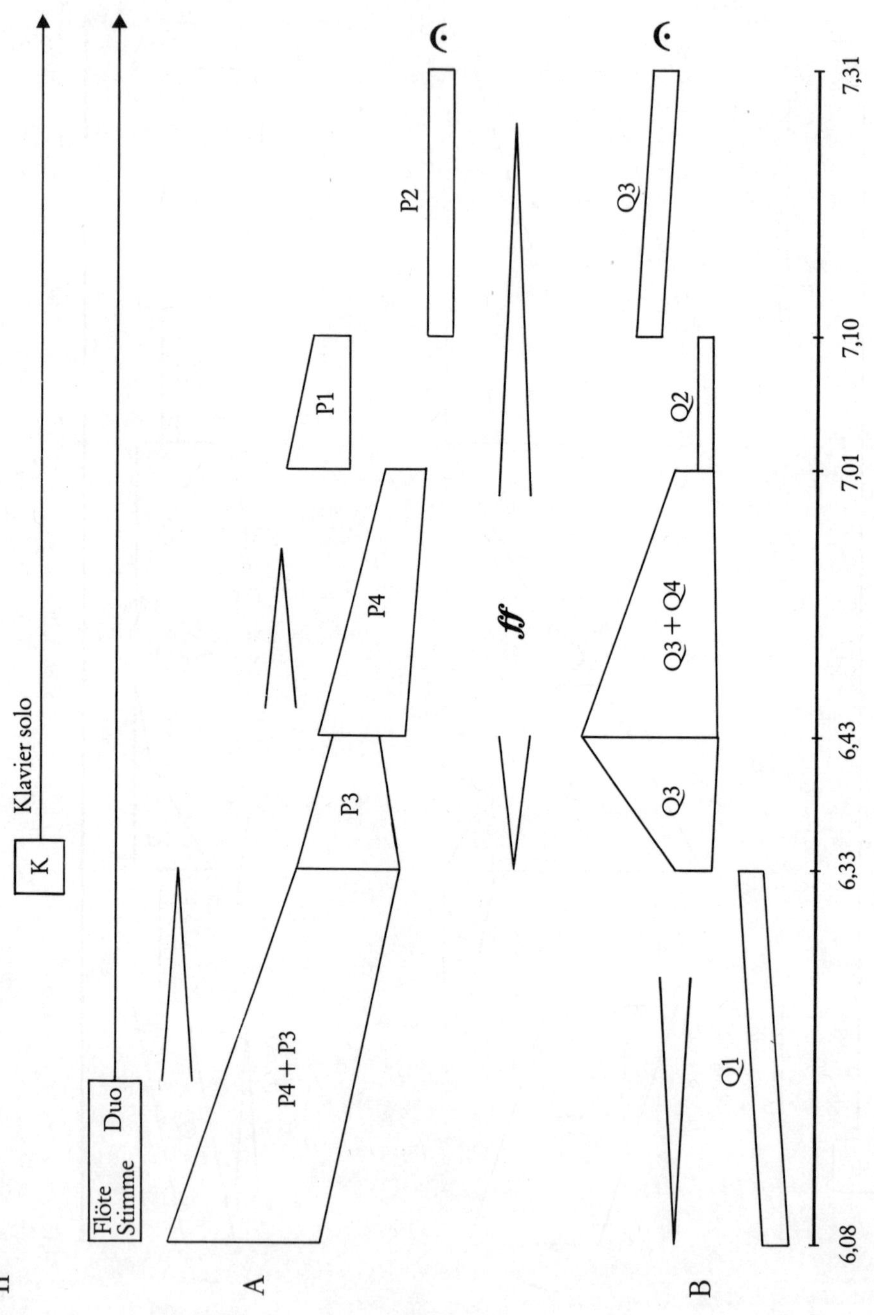
II'
A
B
K
Klavier solo
Flöte
Stimme
Duo
P4 + P3
P3
P4
P1
P2
ff
Q1
Q3
Q3 + Q4
Q2
Q3
6,08
6,33
6,43
7,01
7,10
7,31

Abb. 11.5

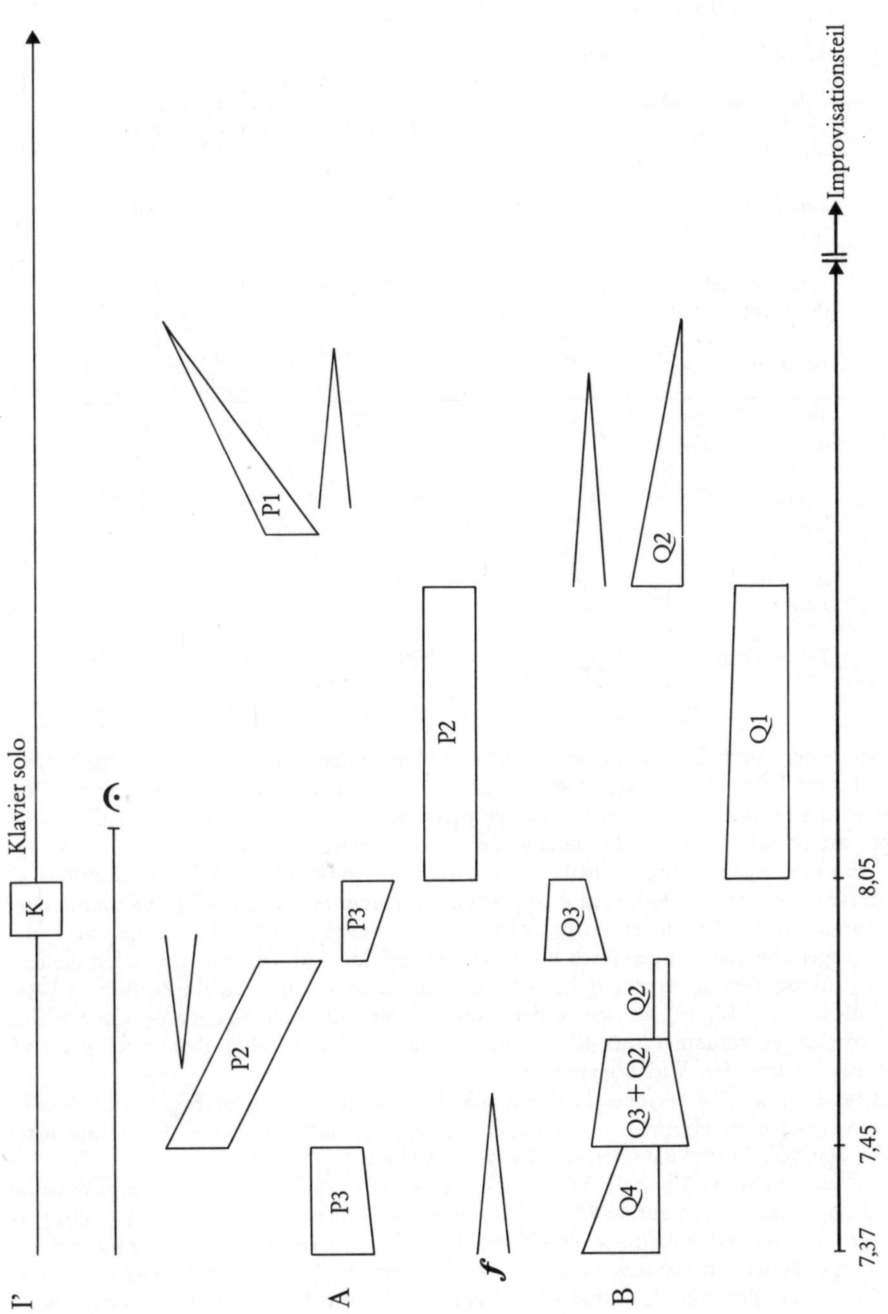
I'
A
B
f
Klavier solo
K
P1
P2
P2
P3
P3
Q1
Q2
Q2
Q3
Q3 + Q2
Q4
7,37
7,45
8,05
Improvisationsteil

tionsfrequenz f_T/f_M. Die einzelnen Parameter für die Elemente aus den beiden Materialgruppen setzen sich wie folgt zusammen:

Element	Klang	Indexmodulations-Kurve	f_T	Index I (Minimum)	f_T/f_M
P 1	glocken-ähnlich		750-800	2-4	5/8→5/12
P 2	tiefe Resonanztöne		2-4	3	1/20→1/30
P 3	sprachähnlich (Formantspektren)		200-500	2-4	7/3→7/6
P 4	flötenähnlich				
Q 1	abwärts glissandierender Klang		200-600	5-9	8/1→12/1
Q 2	„angerissener" harm. Klang		250 Konst.	6-10	1/1→5/1
Q 3	rhythmische Ereignisse		300-450	3	5/2→5/3
Q 4	Echowirkung		250-300	4,5	5/3→5/4

Analog zu der durch Permutationen gebildeten Abfolge der Soli und Duos der Instrumentalschicht hat Truax die vier verschiedenen Elemente aus der P- und Q-Gruppe durch Permutationen geordnet. Dabei werden immer paarweise ein P- und ein Q-Element zu einer Gruppe zusammengefaßt. Die Permutationen sind so angelegt, daß über verschiedene klangliche Vermittlungsstufen das synthetische Material zu Beginn des Flötensolos bei Minute 4,15 (Partiturseite 15) mit der Flöte ein Klangfarbenkontinuum bildet. Dieses Kontinuum endet bei Minute 5,12. An dieser Stelle wird durch das zwei Sekunden lange tacet die Hauptspiegelachse für den gesamten Formabschnitt gebildet. Ab Minute 5,15 laufen die einzelnen Strukturtypen der synthetischen Ebene invers zu dem ersten Teil ab. Zu Beginn dieses Rücklaufes (S. 17, 18, 19) werden in der Flötenstimme die Tonhöhen aus dem ersten Teil noch wörtlich übernommen, der Rhythmus allerdings unterliegt schon dem durch die Tendenzmasken gebildeten Variationsprinzip.

Das bei Minute 6,33 beginnende Klaviersolo hat wie die Stimme zu Beginn des zweiten Großformabschnittes ebenfalls eine Doppelfunktion, es bildet eine Spiegelachse und leitet über in den von Improvisationen durchsetzten Schlußteil (s. Abb. 12).

Zwischen Minute 9,00 und 10,33 geht das Klavier von seinem Solo in die Improvisation über, die Synchronisation mit dem Band ist weitgehend aufgehoben. Der Instrumentalist reagiert nur noch assoziativ auf die synthetischen Ereignisse. Er tritt in einen Dialog mit den auf Band gespeicherten Strukturen, indem er aus verschiedenen ausnotierten Materialgruppen auswählt, wobei ihm der Zeitpunkt des Wechsels zwischen den Gruppen freigestellt ist.

Abb. 12 Strukturplan des dritten Großformabschnitts

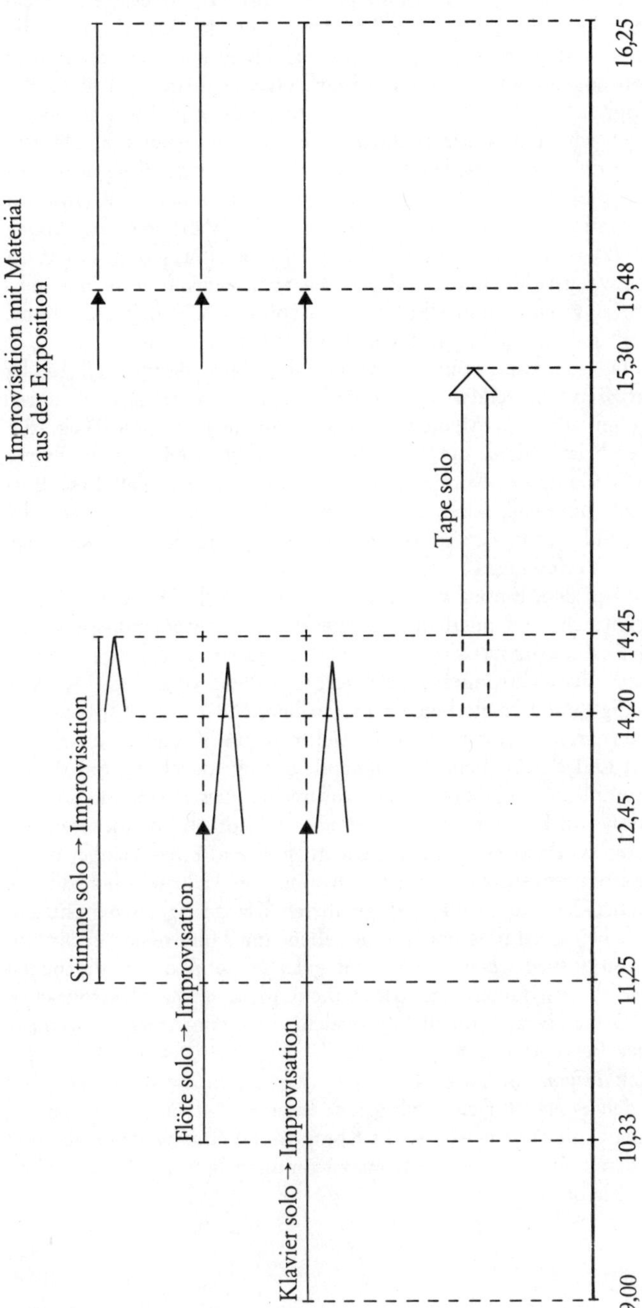

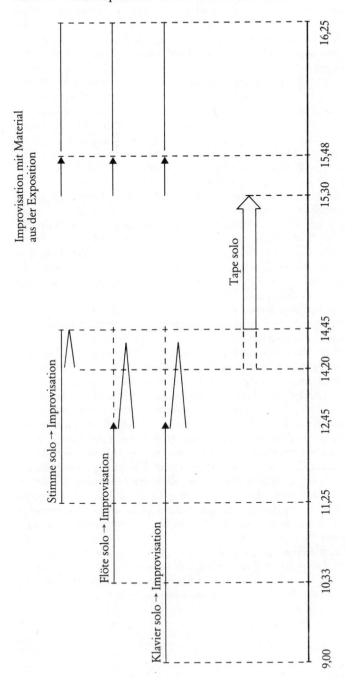

Durch den improvisatorischen Schluß wird das allgemeine, für das Stück bestimmende Kompositionsprinzip der Variantenbildung in die musikalische Aufführung verlagert. Nicht die Determination jedes klanglichen Ereignisses, wie dies das dominante Kriterium bei der Synthese der Tonbandschicht war, steht im Vordergrund des Schlußteils, sondern die in dem Kompositionsprogramm schon angelegte Prozeßkomposition. Hier liegt die eigentliche Bedeutung des Kompositionsprogrammes. Mit Hilfe der Computersynthese und den automatisierten Schaltungen im analogen Medium wurde es möglich, Klänge zu generieren, die weit über den Komplexitätsgrad der durch die seriellen Methoden synthetisierten Ereignisse hinausgehen. Um aber diese komplexen Klangereignisse auch in den Parametern Rhythmus, Raumverteilung – dies gilt besonders für die Komposition binauraler Wahrnehmungsgrößen – und Klangfarbenmodulation (zwischen Harmonizität und Inharmonizität) gezielt kompositorisch einzusetzen, mußten zwangsläufig Rechenanlagen die Steuerungsprozesse übernehmen. Gezielt einsetzbar meint auch eine hundertprozentige Reproduzierbarkeit von einmal ermittelten Strukturen, die im analogen Medium ebenfalls nur bedingt möglich ist.

Durch den steuerbaren Zufallsgenerator kann der Komponist sich experimentell zu der musikalischen Struktur vorarbeiten, die seinen Intentionen entspricht. Dies ist auch durch entsprechende Einrichtungen im analogen Medium möglich, allerdings ist der Weg, der durch das Experimentieren beschritten wird, nur schwerlich analytisch wieder nachvollziehbar. Bei der Arbeit mit einem Computer-Kompositionsprogramm können alle diese Entscheidungen, die der Komponist innerhalb seines Experimentierfeldes getroffen hat, von der Maschine gespeichert werden und stehen ihm so zur Analyse seiner eigenen musikalischen Gedankengänge permanent zur Verfügung.

Wie in *Trigon* zu hören, hat mit dem Einsatz von Computern innerhalb der elektronischen Komposition eine neue Epoche nicht nur innerhalb des eigentlichen Kompositionsprozesses und den damit verbundenen Realisationsverfahren begonnen, sondern daraus zwangsläufig resultierend hat sich die Ästhetik der elektronischen Stücke entscheidend verändert. Das, was man in den 50er Jahren „voreilig“ mit Klangfarbenkontinuum bezeichnet hat, ist in den 70er Jahren erst wirklich komponierbar. Die eindimensionale elektronische Klangfläche war nur unter größten Schwierigkeiten und erheblichem Zeitaufwand, bedingt durch die umständlichen Realisationsverfahren, komplexer zu gestalten; das Aufbrechen dieser Eindimensionalität ermöglichte die Komposition von Klangereignissen mit einer wesentlich komplexeren Mikrostruktur (mir sind Computer-synthetisierte Stücke bekannt, in denen Einzelklänge, bestehend aus bis zu 500 komponierten Sinusteiltönen, auftreten) und von Makroebenen, die aus einer Vielzahl in ihrem zeitlichen Verlauf unabhängig geführten Klangereignissen bestehen.

In der elektronischen Musik heute kann es nur darum gehen, mit Hilfe neuer Technologien zu einem veränderten kompositorischen Denken zu gelangen und durch die neuen Werkzeuge der Klangsynthese die vertrauten und damit nicht mehr neuen elektronischen Klangfarben auf das „Komplexitätsniveau“ anzuheben, welches wir von unseren mechanischen Instrumenten her in der Perzeption gewohnt sind.

In diesem Sinne ist das Stück *Trigon* von Barry Truax eines der ersten Zwischenergebnisse auf einem noch langen Weg, den es zu erforschen gilt gerade in einer Zeit, in der immer weniger Komponisten sich ernsthaft mit der elektronischen Komposition auseinandersetzen und der Einsatz dieses Mediums damit immer mehr dem vom Kommerz bestimmten Unterhaltungsmusik-Markt überlassen bleibt.

Trigon (1974-75) von Barry Truax
Partiturausschnitte und Spielanweisungen

General Notes on the score and its performance:

The tape part is shown by the envelopes of each sound event positioned according to time (point of attack and duration) and relative pitch (vertical axis).

The first part of the work consists of solos and duos as defined below. The second part is largely improvised according to certain rules and freedoms of choice. This structure is described on the last page of the score.

The tape part is in two sections joined by leader. However it runs continuously. The two channels of the tape should be played through loudspeakers on either side of the performers. If the speakers are too directional, they may be placed on their backs on the floor for better diffusion of the sound. If rear speakers are available, the two channels should be combined into a mono image for these additioned channels. In the case of speakers surrounding the audience the stereo channels should be multiplied onto the other channels, not combined. Left and right channels may be crossed.

L × R
R   L

Definitions and Conventions:

Solo: The performer co-ordinates and synchronizes with the tape only, producing a detailed interaction with the tape part as read from the envelopes on the score. In the case of the flute solo, the tape part to be followed is shown separately from the other materials on the tape. This separate voice is available as a practice tape from the composer. In the voice and flute solos, a choice of two solo lines (structural variants of each other) is to be made. The performer may switch between solo lines at points marked ⇕. The piano solo has a freer synchronization with the tape part as noted.

Duo: Two performers synchronize their parts while generally following the tape part. If a solo part is happening simultaneously, it is essentially ignored by the duo, though in fact, all parts should be close to the vertical synchronization as written.

Tempo: all parts at ♩= 60; note timescale at bottom of page. Five-second intervals are marked in most parts.

Accidentals: An accidental applies only to the given note except: 1) with immediate repetitions of the same note; the accidental applies to consecutive notes of the same pitch. 2) In crowded situations, the accidental will apply to other notes of the same pitch within groups of notes beamed together. Under no circumstance is an accidental carried beyond a quarter note grouping.

Abbreviations & Signs:

c. c.	change tone colour
o. b.	on the beat
𝄐	silence (when standing alone, and not as a fermata)
gl.	glissando
𝄲	quarter tone sharp
𝄳	quarter tone flat
---›	synchronization cue

Performance Instructions:

General: precise pitch; very clean articulation, a sensitivity to tone colour, smooth rhythmic flow and balanced interaction with the tape are the most essential ingredients.

Voice: with whole notes lasting longer than 4″ (at ♩= 60), the number of seconds (i.e. beats) duration is written above or on the extention line. Otherwise, assume 4″. Minimize vibrato on short notes and rapid sections. x noteheads indicate intoned, voiced speech on approximate pitch.

Pronunciation:

a or aa: as in ah;	e or ēē: as in seem;
ā: as in may;	eu: as in jeu (French);
ō: as in go;	ū: as in tune;
ōō: as in moon;	u: as in tub;
ȯ: as in more;	
rr: rolled r	

Alto Flute: all parts are transposed for an instrument in G, i.e. sounding a 4th below the written pitch.

Grace notes are usually detached and tongued separately. Tone colour may vary throughout the part, but particularly at places marked c. c.

Short notes in flutter-tongue sections need not be fluttered.

Piano: Five damping devices are required that may be easily inserted and removed from the strings. Stiff felt or padded cork are suggested. The pitch of the muted string should remain identifiable but not prominent. A dry rapid decay should produce a solid "thub" sound. These devices are inserted as indicated on, moved or removed off. If the mute is not on, an attempt should be made to damp the string by hand with a firm pressure. Suggested fingerings and hand crossings are given in difficult parts. Arpeggiated chords are to be rolled in the direction indicated by ↑ or ↓.

Note: see final page for lighting suggestions.

Alto Flute: Very quiet, sustained notes with long attacks and decays. During the attack or slow crescendo and the long decay, the notes should add the following effects, progressively adding colour in the given order: 1) vibrato, increasing in speed with attack, and slowing on the decay 2) quiet flutter tongue 3) trill between two colourations of the same note (i.e. fingerings) combined with slow 1/4 tone oscillations (1/2, 1 or 2 cycles of + 1/4 and −1/4 per envelope of note) 4) on higher notes given, an upward and downward scale passage (starting down from given note) but omitting fingering such flat the pitch remains on the start note.

For example: 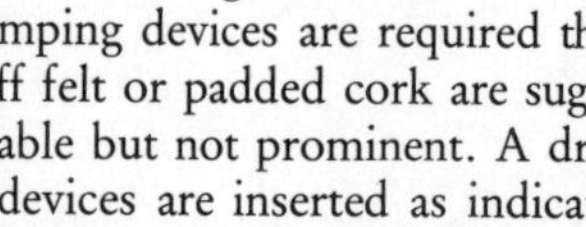 fingering etc. (leave thumb off)

The above instructions apply to the following notes. Use the lower ones first, then the higher ones (any order): Flute in G (at beginning)

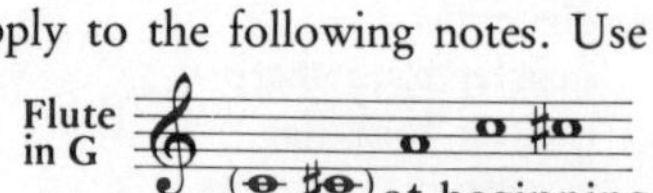

Voice: Similar to the flute in terms of sustained, slow envelopes, but of the form:

○—♪ (↑ maj. 2nd) or ○—♪(↓ min. 2nd)
ah eu

The sustained note should be with mouth closed at first, then using different vowels. Quarter tone oscillations may be added around the given note, and changes in colour within the note, as well as alternations between two colours may be added as the overall texture develops.
Available notes are D E♭ F♯ and A♭ in the lower octave, with the lower ones used first.
Piano: Various buildups of sustained note clusters. Each cluster of 3–6 notes should include some harmonies and some normal tones, both kinds having similar loudness. The clusters should be sustained with the pedal for several seconds before releasing and starting again. At first fewer notes are used, then more. Available notes, to be used in any order:

sounding note ← sounding note

← struck note

In general: slow, even pace; quiet at first, then more active (i. e. complex); never overpowering tape sounds; careful interaction between parts.

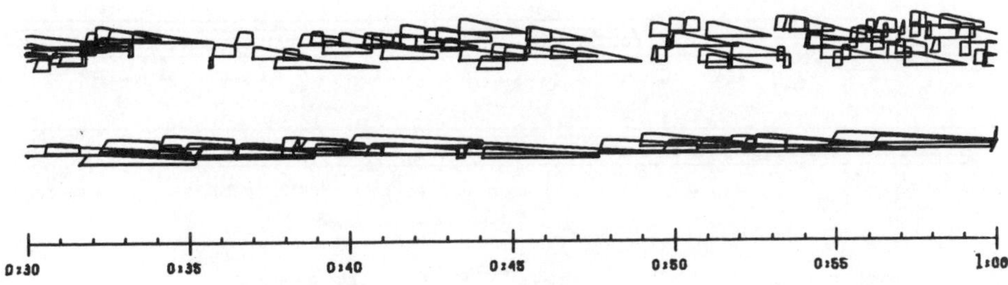

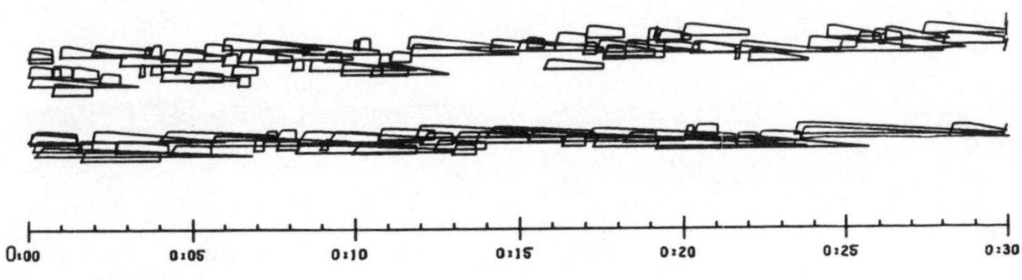

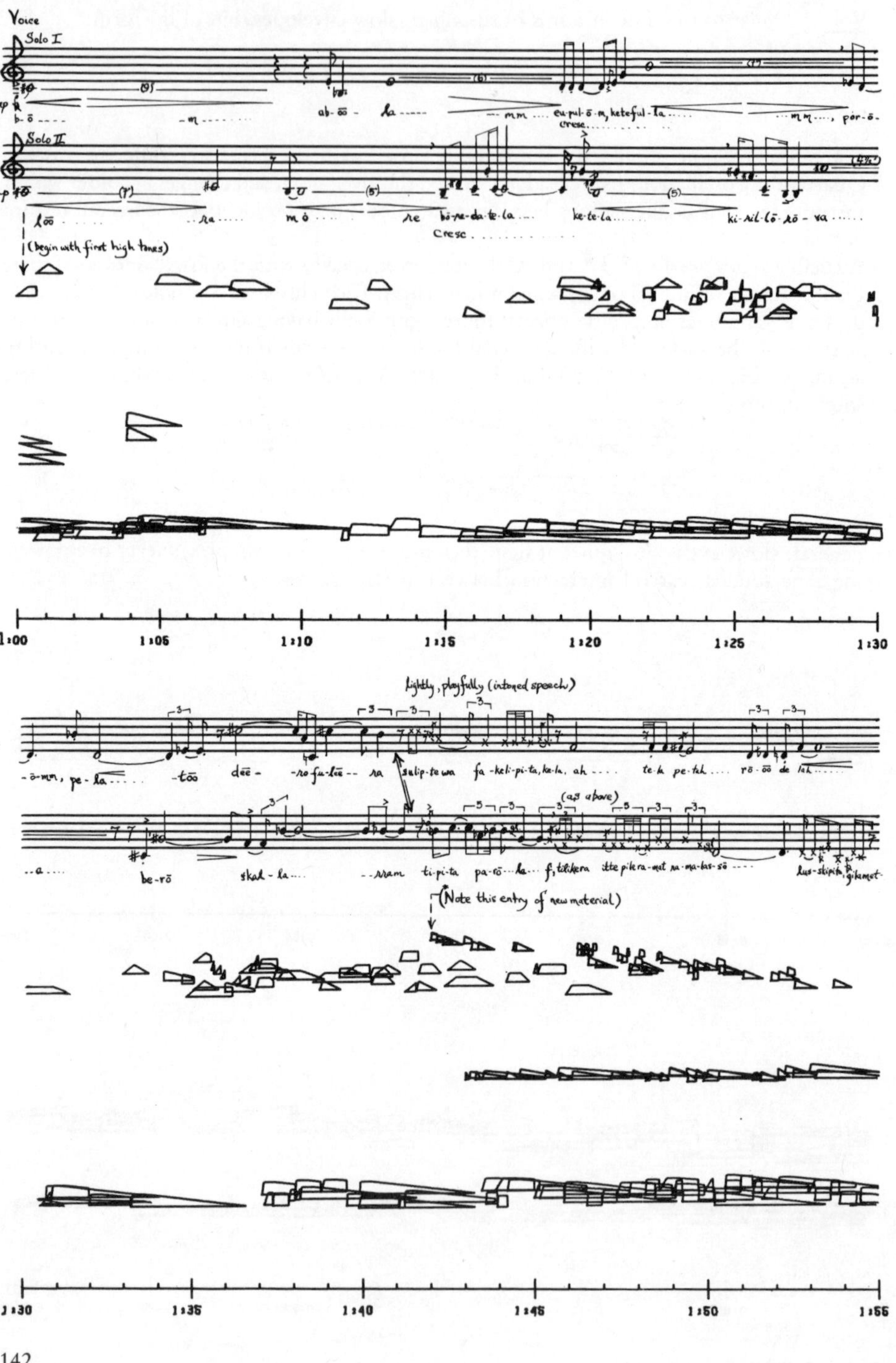
Voice
Solo I
Solo II
(begin with first high tones)
1:00
1:05
1:10
1:15
1:20
1:25
1:30
lightly, playfully (intoned speech)
(as above)
(Note this entry of new material)
1:30
1:35
1:40
1:45
1:50
1:55

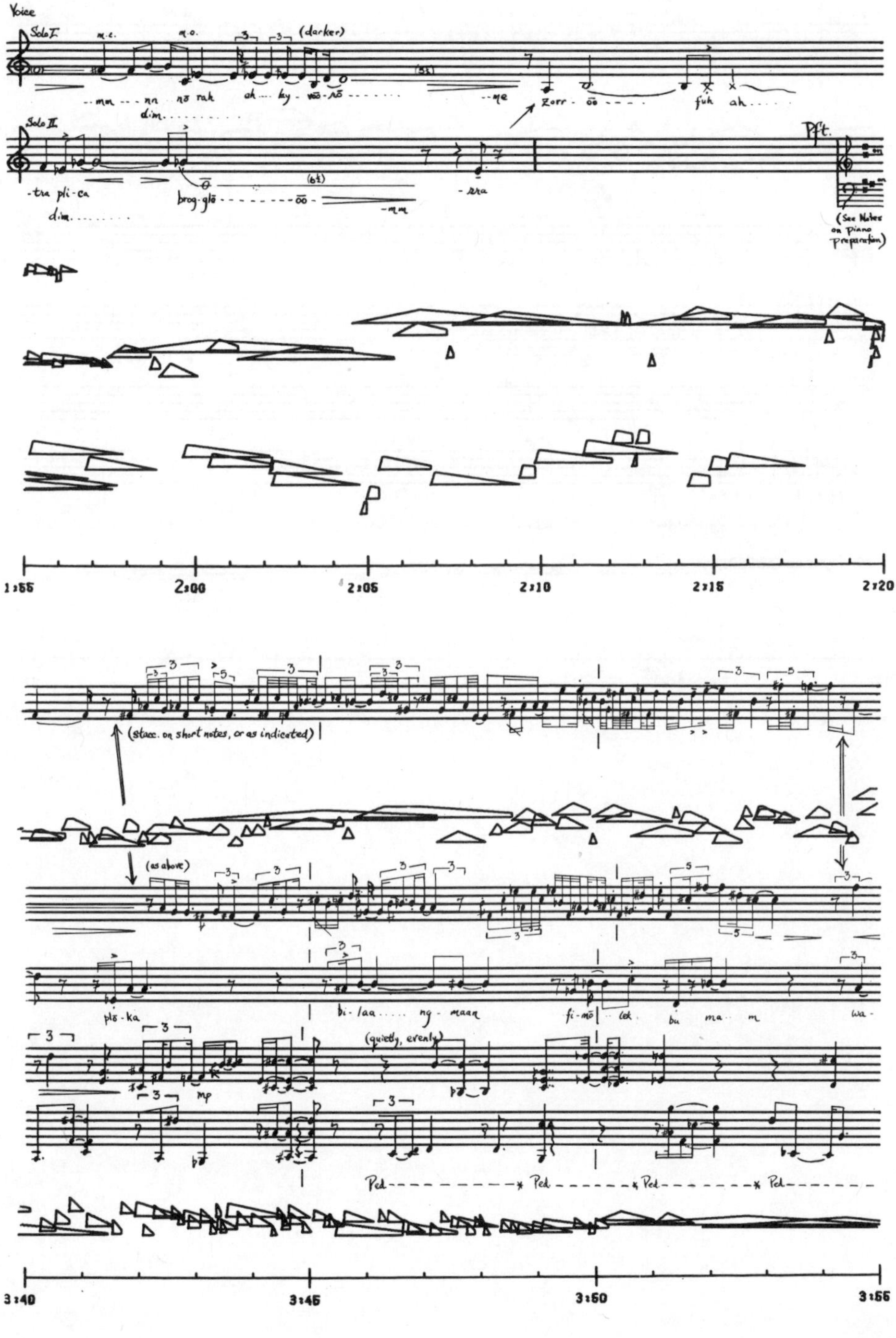
Voice
Solo I
(darker)
Solo II
Pft.
(See Notes on piano preparation)
1:55
2:00
2:05
2:10
2:15
2:20
(stacc. on short notes, or as indicated)
(as above)
(quietly, evenly)
Ped
3:40
3:45
3:50
3:55

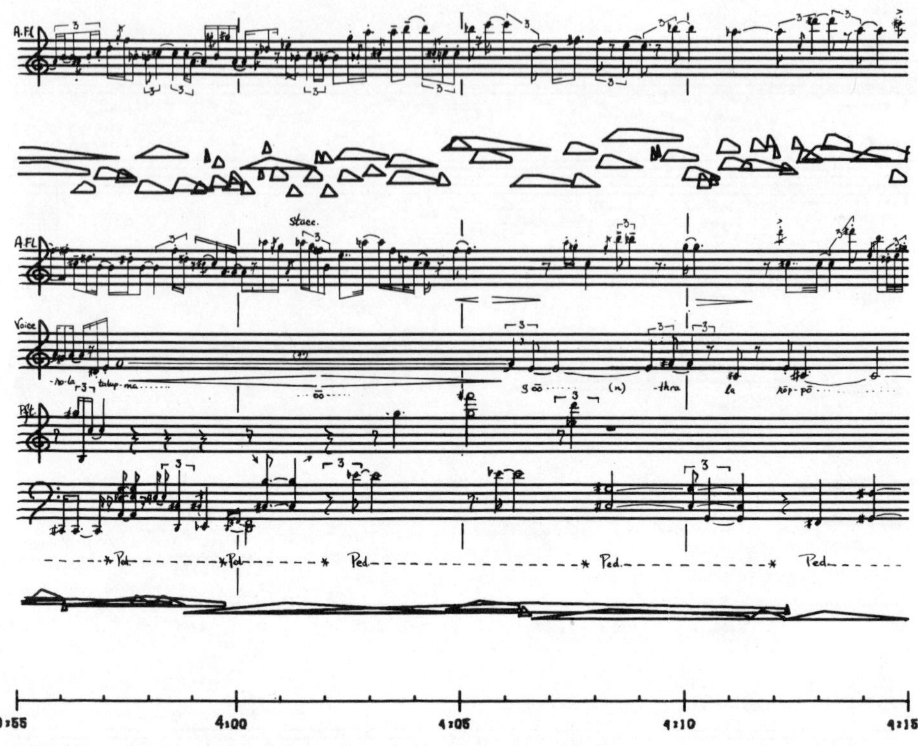
A.Fl.
A.Fl.
Stacc.
Voice
Pft.
Ped.
3:55
4:00
4:05
4:10
4:15

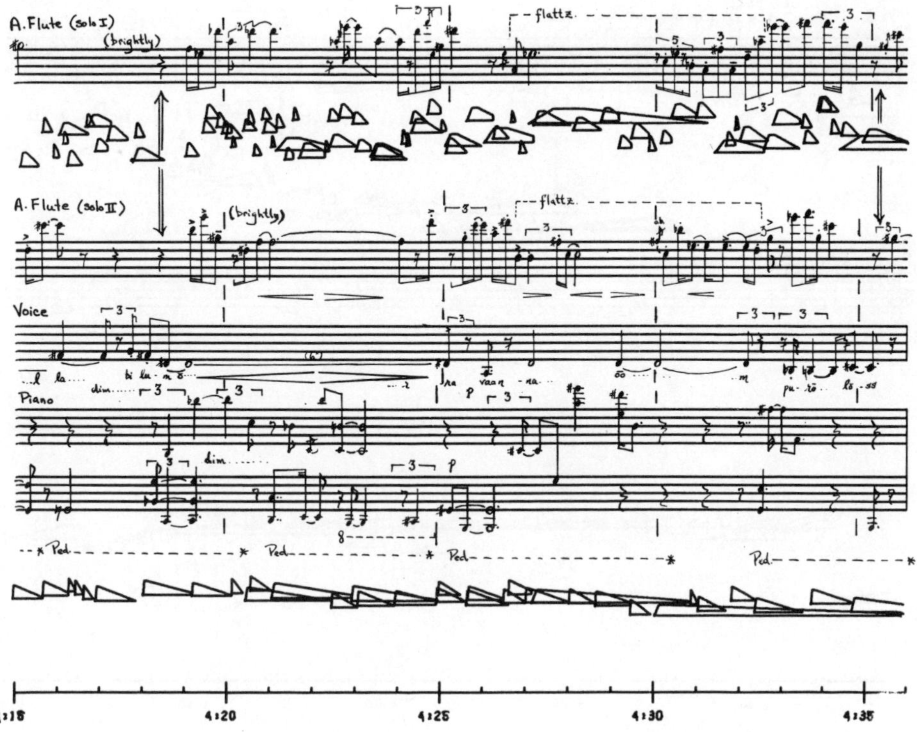

A. Flute (solo I)
(brightly)
flattz.
A. Flute (solo II)
(brightly)
flattz.
Voice
Piano
dim.
Ped.
Ped.
Ped.
Ped.
4:20
4:25
4:30

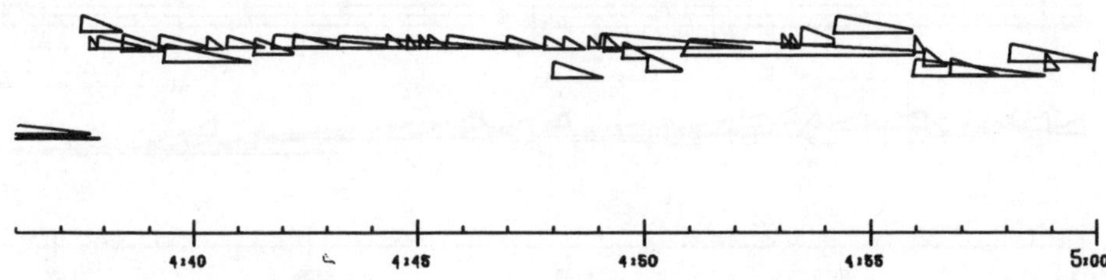

Mit frdl. Genehmigung des Komponisten.

Literatur

Kandinsky, Wassily: *Über das Geistige in der Kunst,* Bern 1965

Klaus, Georg/Buhr, Manfred (Hrsg.): *Philosophisches Wörterbuch,* Berlin 1975

Koenig, Gottfried M.: *Computer-Verwendung in Kompositionsprozessen,* in: Ulrich Dibelius (Hrsg.), *Musik auf der Flucht vor sich selbst,* München 1969, S. 78–91

Nake, Frieder: *Ästhetik als Informationsverarbeitung,* Wien 1974

Stürzbecher, Ursula: *G. M. Koenig,* in: *Werkstattgespräche mit Komponisten,* München 1971, S. 19–31

Musik der Reduktion

Wolfgang Hufschmidt

Musik als Wiederholung

Anmerkungen zur Periodischen Musik

I Reduktion

> *Die große Schwierigkeit und die große Notwendigkeit besteht darin, daß man mit dem Kleinsten beginnen muß. Ich möchte wie neugeboren sein und nichts, absolut nichts über Europa wissen; keine Dichter, keine Moden kennen, beinah primitiv sein. Dann möchte ich etwas ganz Bescheidenes machen, möchte aus mir selbst heraus ein winziges formales Motiv ausarbeiten, eines, das mein Bleistift ohne Technik bewältigen kann. Ein günstiger Augenblick genügt, und die Kleinigkeit ist mühelos und knapp zu Papier gebracht. Schon ist sie fertig! Es war nur eine winzige, aber eine wahre Sache, und eines Tages wird durch die Wiederholung solcher kleinen, aber ursprünglichen Taten ein Werk kommen, auf das ich wirklich bauen kann.*
> (Paul Klee, in: Cage 1973, 112).

Piano 1
Piano 2

Mit frdl. Genehmigung von Universal Edition (London) Ltd., London.

Das Notenbeispiel ist die erste Partiturseite der Komposition *Piano Phase* für zwei Klaviere von Steve Reich aus dem Jahre 1967, ein frühes Beispiel der sogenannten „periodischen" Musik. Vergegenwärtigt man sich das Klangbild, das aus dem Notentext – und einer dazugehörigen Spielanweisung – resultiert, so entsteht ein ungewöhnlich reduzierter musikalischer Vorgang, der ungewöhnlich oft wiederholt wird und sich dabei nur ungewöhnlich geringfügig verändert. Eine aus 12 ♪-Noten bestehende Figur wird von den beiden Pianisten im Unisono begonnen. Bei beliebig häufiger Wiederholung beschleunigt der zweite Pianist gegenüber dem ersten so minimal, daß nach einer gewissen Zeit die Phasen um einen ♪-Anschlag gegeneinander verschoben sind. Nach 12 solchen Phasenverschiebungen ist der Ausgangszustand wieder erreicht.

Angeregt wurde dieses Verfahren durch Erfahrungen, die der Komponist im Umgang mit Tonbandschleifen gemacht hatte:

> *Ich hatte zwei Tonbandgeräte mit je einer Bandschleife, auf denen nur die Worte des Negerpredigers „It's Gonna Rain" aufgezeichnet waren. Beide Bandschleifen hatten exakt die gleiche Länge, und ich ließ sie auf beiden Maschinen mit der gleichen Geschwindigkeit laufen. Nach einiger Zeit ergab sich, daß die Maschinen nicht exakt liefen, die Information geriet allmählich außer Phase. Jeder Tontechniker wird bestätigen, daß es zwei Bandmaschinen, die völlig übereinstimmend laufen, nicht gibt. Ich erkannte jedoch in diesem technischen Defekt eine große Möglichkeit, meine patterns kontinuierlich zu verändern. Später haben Art Murphy und ich versucht, diesen Vorgang der allmählichen Phasenverschiebung auf zwei Klaviere zu übertragen. Es entstand die Komposition „Piano phase".*
> (Reich, in: Gottwald 1975, 4).

Eine detaillierte Analyse der auf diese Weise entstandenen Komposition erscheint unangebracht; sie wäre die verdoppelnde verbale Umschreibung dessen, was ohnedies jedermann hören kann. Die Komposition meint nicht mehr als das klangliche Produkt: kompositorisches Verfahren und klangliches Resultat werden identisch.

Da die Komposition *Piano Phase* aber nicht das kuriose Einzelbeispiel einer neo-dadaistischen Exzentrik ist, sondern Schule gemacht hat, eine Schule, die die gegenwärtige Situation der Neuen Musik entscheidend mitgeprägt hat (erst unlängst hat György Ligeti drei Stücke für zwei Klaviere veröffentlicht, deren zweites den bezeichnenden Titel „Selbstportrait mit Reich und Riley – und Chopin ist auch dabei" trägt; vgl. dazu die Analyse von Reinhard Febel, in: zfmth 78/1), wird eine relevante analytische Betrachtung dieses musikalischen Phänomens die allgemeinen ästhetischen Intentionen zu berücksichtigen haben.

Zu fragen wäre zunächst nach „Schwierigkeit" und „Notwendigkeit" der Reduktion. Vergleicht man die Tagebuchnotiz Klees mit der hier infragestehenden Musik, so kann man den Eindruck gewinnen, Klee habe Jahrzehnte früher für die Bildende Kunst etwas gefordert, was die Komponisten der jüngeren amerikanischen Schule im Gefolge von John Cage in den 60er Jahren als ästhetisches Programm in ihrer Musik kompositorisch realisiert haben. Gemeint ist die Abwendung von einer europäischen Tradition, die gekennzeichnet ist durch die zunehmende Differenzierung und Komplexität des musikalischen Kunstwerkes und die programmatische Hinwendung zu dem, was – „wie neugeboren" – unabhängig von der Belastung durch eine Jahrhunderte alte Tradition lebt, „aus sich selbst heraus" bescheiden, klein, „aber wahr" ist und „mühelos und knapp" zu Papier gebracht werden kann. Man wird erinnert an die Bemerkung, die Morton Feldmann einst auf einer Eisenbahnfahrt zu John Cage machte: *Nun, da die Dinge so einfach sind, gibt es so viel zu tun* (zit. in: Cage 1959, 50). In diesem Sinne ist die Tendenz zur Reduktion durchaus ein Charakteristikum amerikanischer Tradition: Ives, Cowell und Cage mit seinen Schülern haben sich immer auch verstanden als die kulturgeographische Alternative der „Neuen Welt“ zu der altgewordenen Musik Europas. (In mancher Beziehung verhält sich diese amerikanische „Schule“ zur europäischen wie die nationalbewußt französische in der Zeit Debussys zur deutschen Musik im Gefolge Wagners.)

Nun gibt es aber auch innerhalb der europäischen Musik des 20. Jahrhunderts eine gleichsam alternative Tendenz zur Reduktion:

a) Als Reaktion auf die immer monumentaleren Besetzungen und Formen der europäischen Musik zu Beginn des Jahrhunderts findet eine Reduktion auf kammermusikalische Besetzung und Minimal-Formen statt (vgl. etwa Schönbergs Gurre-Lieder mit seiner Kammersinfonie op. 9 oder den Klavierstücken op. 19).

b) Aus diesem Zyklus von Klavierstücken gilt besonders das letzte als Beispiel einer extrem reduzierten Musik: das Klangrepertoire wird auf einen einzigen Akkord und dessen geringfügige Modifikation, die Melodik auf wenige kleine Fortschreitungen und die Technik der entwickelnden Variation auf das Prinzip der minimalen Veränderung reduziert.

c) Grundlegend neue ästhetische Erfahrungen mit der Reduktion entstanden im Gefolge der Klangfarbenkomposition. Die Aufmerksamkeit des Hörers kann erst dadurch auf die kompositorisch intendierte Veränderung der Klangfarbe gelenkt werden, daß diese nicht durch die im traditionellen Vorverständnis zu erwartenden melodischen, rhythmischen und strukturellen Veränderungen abgelenkt wird. Voraussetzung für die Wahrnehmung der Komposition von Klangfarbe ist die Reduktion der „klassischen“ Parameter bis hin zur Null-Stellung. Die ausschließliche Wahrnehmung der Klangfarbenveränderung zu Beginn des Cello-Konzertes von Ligeti etwa ist nur möglich, weil diese, durch keinerlei rhythmische, melodische und klanglich-harmonische Veränderung abgelenkt, am gleichsam null-gestellten Parameter Tonhöhe des konstant beibehaltenen Tones e' verfolgt werden kann; und in einer Art Umkehrverfahren der Wahrnehmung wird Ligetis *Atmosphères* als Klangfarbenkomposition gehört, weil rhythmische und melodische Vorgänge so gehäuft werden, daß ihre strukturell distinkten Veränderungen nicht mehr wahrgenommen werden können. Daß dieses Hör-Resultat kompositorisch intendiert ist, geht aus folgendem Zitat hervor:

> *„Die schönste Kritik meines Lebens“ nannte Ligeti die gänzlich negative Besprechung seiner „Atmosphères“ in einer deutschen Tageszeitung: „Alles steht ja völlig still; während der zu einer Ewigkeit zerdehnten neun Minuten, die das Stück dauert, geschieht überhaupt nichts.“*
>
> *Ligeti fand, dieser Kritiker habe wirklich als einziger erfaßt, was er tatsächlich komponiert hatte.*
>
> (Nordwall 1971, 9)

Wird Musik auf ihr Existenzminimum reduziert, so sieht sich der Hörer solcher Musik veranlaßt, sich in diesem Existenzminimum ästhetisch einzurichten. Was ihm an erwarteter musikalischer Information vorenthalten wird, holt er sich gleichsam, indem er sie am und im reduzierten Objekt selbst erfährt. Seine Aufmerksamkeit wird auf „das Ding an sich“ gelenkt, seine Wahrnehmung wird konzentrierter, und er nimmt sozusagen unter dem akustischen Mikroskop wahr, was schon immer da war, an dessen Wahrnehmung ihn aber die auf die traditionellen Informationen gerichtete Aufmerksamkeit hinderte.

Reduktion – und die damit verbundene Redundanz – ermöglicht die Einführung neuer bzw. bislang nicht wahrgenommener Informationselemente. Diese Erfahrung kennzeichnet die Entwicklung der Bildenden Kunst im 20. Jahrhundert. Definierte bereits Malewitsch

(1878–1935) den von ihm entwickelten Suprematismus mit der Formel *Reduktion als Mittel der Befreiung von gegenständlicher Deskription,* so fand diese Reduktions-Tradition ihre konsequente Fortsetzung in den „antireizintensiven" und „farbmonochromen" Bildern der Op Art und Minimal Art.

In der neueren Musik werden ganz offensichtlich seh-psychologische Wahrnehmungserfahrungen auf hör-psychologische übertragen. Es ist wohl deshalb kein Zufall, daß diese Art Musik unter Kennern der neueren Kunst mehr Liebhaber hat als unter Musikliebhabern. Die auf das Existenzminimum reduzierte Kunst bedeutet für den Betrachter/Zuhörer eine beträchtliche Einengung seines Interpretationsspielraumes. Schrumpft das aus vielen differenzierten Einzelteilen verknüpfte Ganze eines komplexen Kunstwerkes zum elementaren Einzelvorgang zusammen, so wird das Interpretations-Bedürfnis, das Verstehen-Wollen des ästhetischen Objekts auf diesen Vorgang selbst verwiesen. Die Analyse wird nicht durch immanente Material- und Strukturbetrachtungen abgelenkt und sieht sich gezwungen, dem Vorgang als solchem eine Bedeutung beizumessen. Wenn in *Tacet* von Cage der Pianist, statt Klavier zu spielen (wie zu erwarten), sich darauf beschränkt, den Klavierdeckel mehrfach zu schließen und wieder zu öffnen, um auf diese Weise die Gliederung des Ganzen in drei „Sätze" zu verdeutlichen, dann provoziert diese Tatsache den Zuhörer/Zuschauer zu einer Erklärung, die nur außerhalb des Stückes selbst liegen kann. Die musikalische Aktion schrumpft zu einem Symbol, zu einer Metapher, die im positiven Fall ästhetischen, soziologischen oder philosophischen Erkenntnischarakter hat. Die Musik wird zur betrachtenden Reflexion über sich selbst und ihre Funktion innerhalb der Gesellschaft.

Ein Aspekt von Reduktion wurde bis jetzt mit Bedacht ausgespart: gemeint ist das Verhältnis von Reduktion und Wiederholung. Webern ist die Erkenntnis zu verdanken, daß die musikalische Grammatik „normalerweise" auf einem differenzierten System von Wiederholungen basiert, indem er die Negation dieses Systems komponierte.

Die zeitliche Reduktion seines Gesamtwerks auf eine Gesamtdauer von etwa drei Stunden entsteht durch den komponierten Verzicht auf Wiederholung; exemplarisch deutlich wird diese Intention vor allem in den Frühwerken op. 9–11. Die Emanzipation der Musik von der Wiederholung hat in der neueren Musik Schule gemacht:

a) In der Grammatik der 12-Ton-Musik intendiert das Tonhöhen-Wiederholungsverbot die Aufhebung der tonalen Orientierung.

b) Die Tabuisierung der Wiederholung führt zu der Tendenz, syntaktisch gemeinte Wiederholungen, aus denen die tonale Musik ihre einprägsame Anschaulichkeit bezog, zu vermeiden. Es liegt auf der Hand, daß damit die Verständlichkeit der Neuen Musik im selben Maße erschwert wird, wie ihre kompositorische Dichte zunimmt.

c) Das Wiederholungsverbot impliziert aber auch zumindest tendenziell den Anspruch der Neuen Musik, a priori innovatorisch zu sein: Neue Musik ist nicht nur neu gegenüber der älteren, sondern will in jedem einzelnen Werk gegenüber einem anderen neu sein. Die „Neuheit" einer musikalischen Komposition gilt als ein Qualitätskriterium, das in dieser Form in der Geschichte der Musik nicht bestanden hat.

Die periodische Musik erscheint in ihren Intentionen als eine gegen diese altgewordene Tradition der Neuen Musik in der Nachfolge Weberns gerichtete. Sie übt Kritik an der „klassischen" Neuen Musik, wie diese sie einst an der „alten Musik" übte. In diesem Sinne ist sie die Negation der Negation:

a) im Gegensatz zur a-tonalen Musik ist sie nicht „wieder" tonal, sondern gleichsam a-atonal;

b) sie greift die Wiederholungsstruktur der älteren Musik nicht einfach wieder auf, sondern steigert deren Gebrauch über das jemals bekannte Maß hinaus;

c) die Komponisten der periodischen Musik haben nicht den Ehrgeiz, die neue Musik durch eine noch neuere innovatorisch zu überholen, sondern begnügen sich mit einer alternativen Position zu dieser.

Insgesamt nimmt die periodische Musik für sich das Recht in Anspruch, auch über „ungleichzeitige" musikalische Phänomene kompositorisch frei verfügen zu können. In diesem Sinne will sie die musikgeschichtliche Zeit (wie übrigens in einzelnen Aspekten auch die musikgeographischen Grenzen) aufheben.

II Wiederholung

Herr K. sagte einmal: „Der Denkende benützt kein Licht zuviel, kein Stück Brot zuviel, keinen Gedanken zuviel."
(B. Brecht: *Geschichten vom Herrn Keuner*)

... möchten wir bemerken, daß es ein Irrthum ist, die Wiederholung als Armuth anzusehen. Vom Standpunkt des Publikums aus ist sie zum Verständnis des Gedankens unentbehrlich, vom Standpunkt der Kunst aus ist sie fast identisch mit den Forderungen der Klarheit, der Anordnung und der Wirkung.
(F. Liszt: Rezension über Schumanns op. 11)

Um es zu wiederholen: Die traditionelle tonale Musik kann beschrieben werden als ein System von Wiederholungen. Diese allgemein bekannte Tatsache bedeutet zweierlei: Ökonomie im kompositionstechnischen Umgang mit dem Material und Einprägsamkeit für die Rezeption durch den Hörer. Ein Denkmodell: Würde man das Gesamtwerk Weberns (bis op. 31) durch Wiederholungen auf die Dauer von Beethovens Schaffen bis zu seinem op. 31 zeitlich strecken, so hätte die Musik Weberns einen ähnlichen Grad von einprägsamer Faßlichkeit erreicht wie die Beethovens. Anders ausgedrückt: Muß man Weberns Musik immer wieder hören, damit man sie „versteht", so sind diese „didaktischen" Wiederholungen bei Beethoven sozusagen auskomponiert.

Betrachten wir zur Verdeutlichung die ersten acht Takte des 3. Satzes aus Beethovens Klaviersonate op. 31, 2:

Die ersten vier Takte können beschrieben werden als: dreimal dasselbe, beim vierten Mal anders. Die Veränderung beim vierten Mal kann verstanden werden:

a) formal als permutatorische Modifizierung der Tonfolge:

3 ×
‖:1 2 3 4 :‖ 1 2 4 3

b) syntaktisch (im Sinne der klassischen Perioden-Bildung) als Öffnung zum Halbschluß nach dem Festhalten der Tonika;

c) gehörspsychologisch (sozusagen stil-neutral) als das insistierende Festhalten der Ausgangs-Figur im Sinne eines Spannungs-Staus, der am Ende gelöst wird: Da jedermann weiß, daß eine Veränderung eintreten muß, wird diese um so dringender erwartet, je mehr sich ihr Eintreten verzögert.

Die Takte 5–8 (mit Auftakt) bilden eine den ersten vier Takten analoge Wiederholungsstruktur mit modifiziertem Material. Diese Wiederholung ist von anderer Art als die oben beschriebene:

a) wiederholt wird etwas sinngemäß Gleiches, etwas analog Gleiches: dasselbe anders; hier als intervallische Spreizung der thematischen Figur in ihre dominantische Form;

b) die Wiederholung des sinngemäß Gleichen meint aber syntaktisch nicht dasselbe: die Wiederholung fungiert als Nachsatz in der Korrespondenz zum Vordersatz. Die Wiederholung ist eine syntaktisch korrespondierende.

Auf solche oder ähnliche Weise ließen sich unzählige Beispiele der tonalen Musik beschreiben; es handelt sich um den für die formale Grammatik der klassischen Musik charakteristischen, also allgemeinen Gebrauch der Wiederholung.

Nun gibt es daneben auch noch einen besonderen Gebrauch der Wiederholung. In diesem Falle bedeutet die Wiederholung als Wiederholung etwas über den allgemeinen Gebrauch hinaus. Als Beispiel sei die Wiederholungsstruktur in Schumanns *Kind im Einschlummern* aus den *Kinderszenen* op. 15 kurz skizziert.

Thematisch ist das ein zweigliedriger Rhythmus, der im Kanonabstand von einem Viertel auf die beiden Hände verteilt, durch seine ständige Wiederholung die für das Stück kennzeichnende komplementär durchlaufende 𝅘𝅥𝅯-Bewegung herstellt:

Tonal kreist dieser Rhythmus um den stets festgehaltenen Ton h, was zusammengenommen den Gestus des monoton Einschläfernden ausmacht und gleichzeitig in der Metaphorik dieses Stückes für das Festhalten an etwas, für das Bewußtsein des noch nicht schlafenden Kindes steht. Am Ende des Stückes geht mit dem höchst ungewöhnlichen Schluß auf der Subdominante die Orientierung an dem festgehaltenen Ton h verloren, und der Rhythmus „schläft ein". Mit diesem Einschlafen des Wiederholungsrhythmus entgleitet der Wachzustand in den des Schlafes. Die folgende schematische Darstellung beschränkt sich auf diesen Sachverhalt:

Teil A: Rhythmus-Wiederholung 8 mal

Teil B: Modifizierter Rhythmus insgesamt 16 mal, jetzt nur einstimmig: die komplementär durchlaufende Bewegung wird zweimal, auf relativ betonter und auf relativ unbetonter Zeit, angehalten.

Teil A': wie A, aber nach fünfmaligem Auftreten des Rhythmus kommt dieser zum Stillstand, vorbereitet durch ein längeres ritardando und das „Verlieren" des Tones h.

In diesem Klavierstück ist die Wiederholung „thematisch" über den allgemein syntaktischen Gebrauch der klassischen Musik hinaus. Ihr kompositorischer Gebrauch vermittelt die Erkenntnis dessen, was Leben als pulsierend und Wachsein als sich orientierendes Bewußtsein im Gegensatz zum Bereich des Unbewußten, des Schlafs und des Traumes ausmacht. Es dürfte kein Zufall sein, daß ein so expliziter Gebrauch der Wiederholung in der Musik immer dann anzutreffen ist, wenn diese Leben und Vitalität (und deren Negation) bedeutet.

Dies möge an einer der berühmtesten Wiederholungs-Kompositionen der traditionellen Musik, an Ravels *Bolero*, anschaulich werden.

1. Die Komposition basiert auf einem Rhythmus-Ostinato, das in sich bereits auf drei Ebenen Wiederholungsstruktur hat:

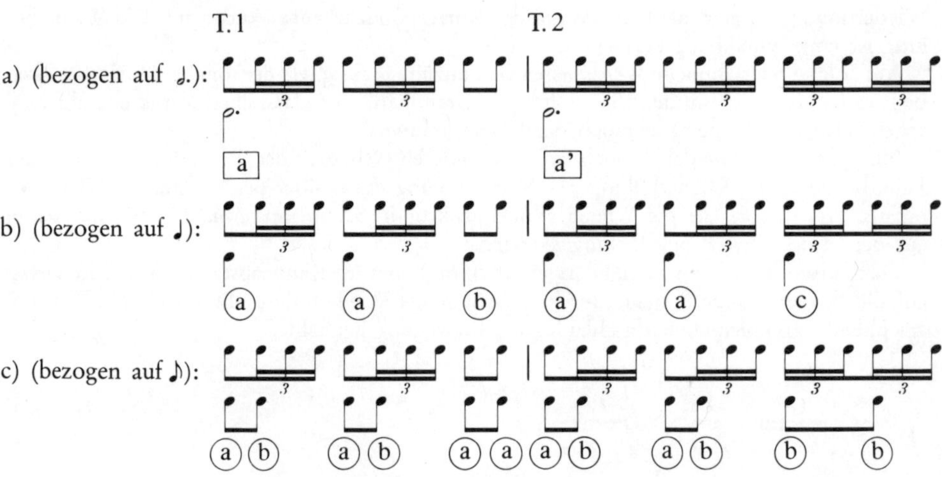

2. Die Form der Komposition entsteht ausschließlich durch die Wiederholung dieses zweitaktigen Rhythmus-Modells (insgesamt 169 mal) und der Wiederholung zweier jeweils 16-taktiger Melodien in der Folge: a a b b.

Diese Konstellation wird insgesamt viermal wiederholt, bevor beim fünften Mal eine harmonische Veränderung erfolgt:

a	b →	(E-Dur)
(16 T.)	(16 T.)	(8 T.)

Darauf bricht das Rhythmus-Modell nach zweimaliger Wiederholung in der größtmöglichen dynamischen Intensität in den letzten zwei Takten ab.

Die skizzierte Darstellung bestätigt folgenden Sachverhalt:

a) Durch die Reduktion auf die Wiederholung des immer Gleichen tritt ein Spannungsstau auf, der sich am Ende erwartungsgemäß explosiv-orgiastisch entlädt. Die Eruption erfolgt durch den klanglich harmonischen Sprung nach E-Dur und das Ausbrechen aus dem Rhythmus-Ostinato in den letzten zwei Takten.

b) Durch die Reduktion auf die Wiederholung des immer Gleichen wird die Aufmerksamkeit des Hörers auf das gelenkt, was sich überhaupt noch verändert, nämlich die Instrumentation.

In diesem Sinne ist der *Bolero* von Ravel eine Klangfarbenkomposition. Diese Tatsache verdeckt oder verschleiert bzw. überlagert die Komposition als reine Wiederholungskomposition, was sofort deutlich wird, wenn man Transkriptionen der Komposition, wie etwa die für Klavier von Roger Brangas mit der Orchesterfassung vergleicht.

So sensationell die Ravelsche Komposition in ihrer Reduktion auf die Wiederholung des immer Gleichen bzw. nur minimal modifizierten Gleichen gewirkt hat (und wirkt), sie tradiert durchaus einen allgemeinen topos von Wiederholungskomposition, wie er sich in der Musik des 19. Jahrhunderts ausgeprägt hat: die Passacaglien von Reger und Brahms sind Steigerungsformen, deren Prinzip die allmähliche, sich steigernde Veränderung des immer Gleichen ist.

Immer aber bestand in der traditionellen Musik die Tendenz, die Wiederholung (ohne die nicht komponiert werden konnte) als solche zu verdecken, zu verschleiern. Man kann das traditionelle kompositorische Verfahren beschreiben als eines, das Konstanz (also Wiederholung) und Variabilität (also Veränderung) in einen Kontrapunkt setzt. Das allgegenwärtige Variationsprinzip kann als ein verdecktes, bzw. modifiziertes Wiederholungsprinzip interpretiert werden. Noch die differenzierteste kompositorische Verknüpfungstechnik, die Technik der entwickelnden Variation, wird ermöglicht durch das kompositorisch kalkulierte Ineinander von einem oder mehreren Parametern, die sich verändern gegenüber einem oder mehreren, die beibehalten werden, also sich wiederholen.

Die Entwicklung der neueren Kompositionstechnik ist des öfteren beschrieben worden als eine von Emanzipationen, und zwar

- der Emanzipation der Dissonanz (aus der Rollen-Funktion Dissonanz-Konsonanz),
- der Emanzipation der Tonhöhen (aus ihrer Rollen-Funktion als Vermittler von Tonalität und Motivik),
- der Emanzipation der Klangfarbe (aus ihrer Rollen-Funktion als Darstellungsmittel der Satzstruktur).

Cage hat diesen emanzipatorischen Anspruch in vielen Kompositionen und verbalen Äußerungen definiert, so in dem bemerkenswerten Satz: . . . *daß Töne sie selbst sein möchten, anstatt für den Ausdruck von Gefühlen oder Ordnungsvorstellungen ausgebeutet zu werden* (Cage 1959, 48).

Und Cage hat schon sehr früh auch die Emanzipation der Wiederholung aus ihrer Rollen-Funktion als Trägerin der musikalischen Syntax und ihrem unterschiedlichen metaphorischen Gebrauch kompositorisch betrieben. Als Beispiel sei das fünfte Stück aus dem Zyklus *Sonatas und Interludes* für präpariertes Klavier aus dem Jahre 1946/48 in aller Kürze beschrieben.

Aus dem chromatischen Auf und Ab von je fünf Tönen für die rechte und die linke Hand (wobei das Klangergebnis nicht der Notation entspricht: die Klaviersaiten sind präpariert) und dessen minimaler Modifizierung entsteht eine fünfteilige Form aus vier neuntaktigen Perioden und einer halb so langen (viereinhalbtaktigen) Coda, die ausschließlich auf der minutiös kalkulierten Logik von wörtlicher und modifizierter Wiederholung basiert. Diese Wiederholungs-Logik ist nicht mit der korrespondierend syntaktischen der klassischen zu verwechseln: die melodische Kontur ist mit reduktiver Absicht zur gleichmäßigen Auf- und Abwärtsbewegung eingeebnet und der Rhythmus zum schematisch belanglosen Achtel- und Viertel-Gleichmaß und deren Negation als Bewegungsstillstand reduziert. In der folgenden Partitur-Skizze werden die wörtlichen Wiederholungen nicht ausgeschrieben, angedeutet sind lediglich die permutierend modifizierten, minimalen Abweichungen vom Grundmodell:

Aus: John Cage, *Sonatas and Interludes*. Mit frdl. Genehmigung von C. F. Peters, Frankfurt – New York – London.

Angestrebt ist sozusagen eine musikalische „Form an sich", eine Art „Leer-Form", die sich ausschließlich aus der Wiederholung konstituiert, eine Studie über das formale Existenzminimum eines Musikstückes, die Cage's These von der musikalischen Form stützen soll:

> *Musik ist Kontinuität des Klangs. Damit sie vom Nichtseienden unterscheidbar sei, muß sie eine Struktur haben; das heißt sie muß klar voneinander getrennte Teile besitzen, die jedoch so aufeinander wirken, daß sie ein Ganzes bilden. Damit dieses Ganze die Qualität eines Lebendigen habe, muß ihm Form gegeben werden. In der Musik ist Form der morphologische Verlauf der Klangkontinuität . . . Neben Struktur und Form muß ein Musikstück auch Methode haben, das heißt ein Kontinuität schaffendes Mittel . . . Im Leben ist es das Einhalten eines geregelten Lebens, das uns bis zu einem gewissen Grad verläßlich macht. Auf einer Primärstufe ist Methode im Leben einfach dies: zu bestimmten Zeiten schlafen, essen, arbeiten – und nicht zu irgendeiner beliebigen Zeit . . .*
> (Cage, in: Kostelanetz 1973, 109).

Diese Sätze stammen aus einer Vorlesung von Cage aus dem Jahr 1948 mit der Überschrift *Plädoyer für Satie,* in der dieser Webern und Satie (in einem Atem!) als die wichtigsten Komponisten seit Beethoven bezeichnet. Die auf den ersten Blick verblüffende Gemeinsamkeit dieser beiden Komponisten ist eine des extrem ungewöhnlichen Verhältnisses zur Wiederholung: Webern ist der Komponist, der die Emanzipation der Musik von der Wiederholung intendierte und Satie ist der Komponist, der die Emanzipation der Wiederholung als Wiederholung betrieb.

Seine instantaneistische Tendenz, musikalische Formteile gleichsam absichtslos unverändert zu wiederholen, wurde stark von der Ästhetik des Dadaismus geprägt und führte zu dem wohl berühmtesten Wiederholungsexzeß der Musikgeschichte, jenem kurzen Klavierstück *Vexations,* das laut Anweisung 840mal ohne Unterbrechung wiederholt werden soll (bei einer von Cage 1963 in New York organisierten Aufführung wechselten sich mehrere Pianisten ab und spielten insgesamt etwa 12 Stunden lang). Als ein Beispiel solcher Wiederholungstechnik innerhalb der dadaistischen Literatur sei im folgenden eine Seite aus Kurt Schwitters *Ur-Sonate* (1922–32) angeführt (s. S. 158).

1964 komponierte Terry Riley in San Francisco seine Komposition *In C.* Die Schallplattenhülle (Columbia M 57178) enthält auf ihrer Innenseite den Notentext des etwa 45 Minuten langen Stückes für 10 Instrumentalisten und einen „Puls-Spieler". Dieser fungiert als eine Art akustischer Dirigent, indem er das Grundmetrum der Komposition (♩ = ca. 120) durch Repetition angibt. Alle anderen spielen, kanonisch nacheinander einsetzend und zwischendurch in unregelmäßigen Abständen pausierend, 53 Modelle hintereinander und wiederholen diese unterschiedlich oft. Die Melodienmodelle haben unterschiedliche Länge:

0,5 / 0,75 / 1 / 1,5 / 2 / 3 / 4 / 5 / 6 / 8 / 9 / 9,5 / 10,5 / 12 / 12,5 / 14 / 15 / 16 / 30 ♩

und verwenden 13 verschiedene Dauern:

𝅘𝅥𝅯 | 𝅘𝅥𝅮 | 𝅘𝅥𝅮. | ♩ | ♩. | 𝅗𝅥‿𝅘𝅥𝅮 | 𝅗𝅥. | 𝅗𝅥.‿𝅘𝅥𝅯 | 𝅗𝅥.‿𝅘𝅥𝅮 | 𝅝 | 𝅝‿♩ | 𝅝. | 𝅝‿𝅝 |

fümmsböwötää
　　böwörötää
fümmsböwötää
　　böwörötää
fümmsböwötää
　　böwörötää
fümmsböwötää
　　böwörötää
fümmsböwötää
　　böwörötääzää
fümmsböwötääzää
　　böwörötääzää
fümmsböwötääzää
　　böwörötääzää
fümmsböwötääzää
　　böwörötääzää
fümmsböwötääzää
　　böwörötääzää
fümmsböwötääzää
　　böwörötääzää
fümmsböwötääzää
　　böwörötääzääUu
fümmsböwötääzääUu
　　böwörötääzääUu
fümmsböwötääzääUu
　　böwörötääzääUu
fümmsböwötääzääUu
　　böwörötääzääUu
fümmsböwötääzääUu
　　böwörötääzääUu
fümmsböwötääzääUu
　　böwörötääzääUu
fümmsböwötääzääUu
　　böwörötääzääUu pö
fümmsböwötääzääUu pö
　　böwörötääzääUu pö
fümmsböwötääzääUu pö
　　böwörötääzääUu pö

Die Modelle 1–13 enthalten ausschließlich diatonisches Tonhöhenmaterial in C; die Modelle 14–28 verwenden bei sonst gleichem Tonhöhenmaterial fis anstelle von f, stehen also in G bzw. c-lydisch; die Modelle 29–34 stehen wieder in C; das Modell 35 fällt aufgrund seiner maximalen Länge, der relativ vielen unterschiedlichen Dauern, des relativ ungewöhnlichen Tonraumes und des tonal indifferenten Tonhöhenmaterials (f und fis, h und b) heraus; die Modelle 36–48 stehen wieder in C und die Modelle 49–53 verwenden anstelle von h den Ton b, stehen also in F bzw. c-mixolydisch.

Die folgende schematische Darstellung zeigt die Tonhöhen in der Reihenfolge ihres Auftretens, bezogen auf die verschiedenen Modelle; die als ◘ notierten Tonhöhen sind absolut neu auftretende, die mit ○ notierten sind neu gegenüber der unmittelbar vorhergehenden Gruppe:

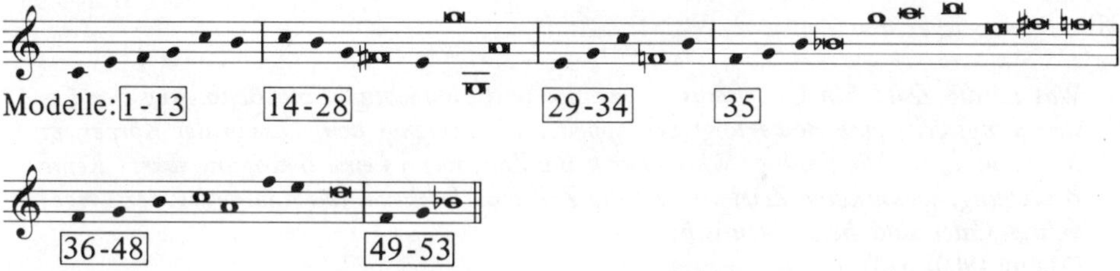

Die Gesamtdauer des notierten Materials beträgt 262,5 Viertel, bei einem Tempo von = 120 also etwa zwei Minuten; bei einer Gesamtdauer der Aufführung von 45 Minuten bedeutet dies, daß jedes Modell statistisch über 20 mal wiederholt wird.

Es fällt auf, daß – auf einen formelhaften Nenner gebracht – konventionelle Mittel unkonventionell gebraucht werden: das Tonhöhenmaterial ist im wesentlichen tonal; aber als Strukturprinzip fungiert anstelle der syntaktischen Wiederholungstechnik der tonalen Musik ein differenziertes kanonisches Bandschleifen-Prinzip.

Der Formablauf kann in seinen harmonischen Regionen als die Abfolge

      D
T D T T T S
      S

beschrieben werden; aber diese Abfolge stellt sich nicht als strukturierter Klang, sondern als fließender Übergang von einer Tonartfarbe zur anderen dar. Tempo und Dynamik bleiben – das ist bei der Gesamtdauer der Komposition ungewöhnlich – konstant.

In C hat alle Merkmale einer Klangflächenkomposition mit Ausnahme der rhythmischen Strukturierung. Die Klangflächenkomposition strebt durch die Technik der rhythmischen „Querständigkeit" die Aufhebung des Metrums und damit der Zeitstruktur an:

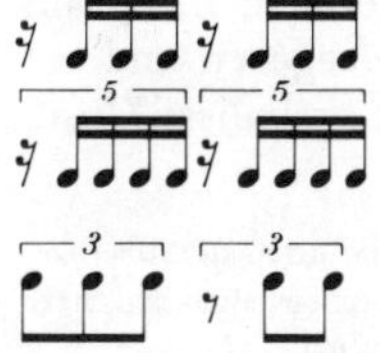

Eine rhythmische Konstellation wie diese ergibt bei einem Tempo von ♩ = 120 eine Summierung der Einzelanschläge von 19 pro Sekunde und kann nur noch als Zeit-„Geräusch", als nicht mehr rhythmisch wahrnehmbare Fläche wahrgenommen werden. Klangfarben- oder Klangflächenkomposition intendiert Klangzustände, in denen der Rhythmus als Zeitsignifikant aufgehoben ist. Es ist wohl deshalb kein Zufall, daß sie räumliche und optische Assoziationen intendiert und/oder hervorruft. Im Gegensatz dazu ist die Musik Rileys auf eine ebenso simple wie provozierende Weise rhythmische Musik und wirkt gegenüber der Unwirklichkeit einer Klangfarbenkomposition (etwa Ligetis) mit deren geheimnisvoll unmerklichen Veränderungen extrem präsent. Stets ist zu hören, was geschieht und wie es geschieht. Musik ist primär gequantelte Zeit, ihr Puls ist hörbar der gleichmäßig lebendige des pulsierenden Lebens.

III *Exkurs über den Zeitsinn*[1]

> *Was ist die Zeit? Ein Geheimnis – wesenlos und allmächtig. Eine Bedingung der Erscheinungswelt, eine Bewegung, verkoppelt und vermengt dem Dasein der Körper im Raum und ihrer Bewegung. Wäre aber keine Zeit, wenn keine Bewegung wäre? Keine Bewegung, wenn keine Zeit? . . . Ist die Zeit eine Funktion des Raumes? Oder umgekehrt? Oder sind beide identisch?*
> (Mann 1960, 316)

> *Wenn Sie in Betracht ziehen, daß ein Ton durch seine Höhe, seine Lautstärke, seine Farbe und seine Dauer charakterisiert wird, und daß Stille, welche das Gegenteil und deshalb der notwendige Partner des Tons ist, nur durch ihre Dauer charakterisiert wird, dann kommt man zu dem Schluß, daß die Dauer, das heißt die Zeitlänge, die fundamentalste der vier Charakteristiken des musikalischen Materials ist.*
> (Cage, in: Kostelanetz 1973, 111)

> *Einen graduellen musikalischen Prozeß zu spielen oder zuhörend zu verfolgen, ist ähnlich wie: eine Schaukel in Bewegung setzen und beobachten, wie sie allmählich zum Stillstand kommt . . . eine Sanduhr umdrehen und zuschauen, wie der Sand langsam zu Boden rinnt . . . seine Füße am Meer in den Sand stecken und zuschauen, hören und fühlen, wie die Wellen sie langsam eingraben.*
> (Reich 1974)

Die drei Texte weisen auf einen Zusammenhang hin, der zwischen dem „Zeitsinn" unseres alltäglichen Lebens und der musikalischen Zeit besteht. Der musikalische Terminus ist nicht nur abgeleitet vom alltäglichen Gebrauch des Wortes Rhythmus (als Tages-, Jahres- oder Lebensrhythmus), sondern steht innerhalb der Musik metaphorisch für diesen.

Zeit wird zur musikalischen Zeit, indem sie deren Beschaffenheit – im dialektisch doppelten Sinne des Wortes – aufhebt. So wie jedermann längere ereignislose Zeitabläufe mechanisch gliedert, indem er Minuten, Stunden und Tage zählt, um dem amorphen Zeitablauf nicht schutzlos preisgegeben zu sein (alle authentischen Berichte von Gefangenen und auf einsame Inseln verschlagenen Schiffbrüchigen kreisen um dieses Problem), artikuliert Musik

[1] Thomas Mann: Kapitelüberschrift aus dem Roman *Der Zauberberg*. Im folgenden werden Zitate aus dem *Zauberberg* und Passagen aus einem Einführungsvortrag, den Thomas Mann 1938 vor Studenten in Princeton gehalten hat, Steve Reichs Kommentaren zu *Drumming* gegenübergestellt und durch einzelne Anmerkungen ergänzt.

die Zeit, indem sie diese durch metrisches Gleichmaß quantelt. Musikalische Zeitstrukturierung ist zunächst Wiederholung des immer Gleichen, so wie sich das Leben im Gleichmaß von Pulsschlag und Atem äußert.

Mit dieser mechanisch gequantelten, periodisch-metrischen Zeitstruktur korrespondiert eine andere, die man Ereignis-Zeit nennen könnte. In der Musik kennen wir, neben durch Metrum und Takt gegliederten Zeitabläufen auch solche, in denen das Gleichmaß aufgehoben ist und an dessen Stelle unregelmäßig – und also unvorhersehbar – eintretende Klangereignisse gesetzt werden. Eine solche Musik gestaltet ihre Struktur, indem sie einen Kontrapunkt herstellt aus Ereignis und Nicht-Ereignis bzw. Klang und Stille.

Die Zeitgestaltung der tonalen Musik basiert auf dem Kontrapunkt aus periodisch gequantelter Zeit einerseits und einem unregelmäßigen Wechsel von Entwicklungen und Höhepunkten andererseits (und dies mit erheblichen Unterschieden: ein Vergleich der musikalischen Ereignis-Strukturierung innerhalb der Musik Beethovens und der Schuberts etwa könnte diese These belegen.)

Für den „Zeitsinn" innerhalb unseres Lebensgefühls wie für unseren musikalischen Zeitsinn gilt: Rhythmus ist Wiederholung; er basiert auf der Wiederkehr des immer Gleichen in der „alltäglichen" Zeit, musikalisch als metrisches Prinzip, als die ständige Wiederholung eines realen oder empfundenen Pulsschlags, als periodische Wiederholung von ganzen Formteilen (Rhythmus der Form), als Wiederholung von Bekanntem, schon Dagewesenem oder aber als das unvorhergesehene, unerwartet eintretende Ereignis, dessen Wiederholung man erhofft oder befürchtet.

Ein Jahr lang, von Herbst 1970 bis Herbst 1971, habe ich an einem Stück gearbeitet, das das längste wurde, das ich je komponiert habe. „Drumming" dauert ungefähr eineinhalb Stunden und gliedert sich in vier Abschnitte, die ohne Pause ineinander übergehen.
(Reich 1974)

I 25' lang	II 25' lang	III 15' lang	IV 25' lang
Fell (Bongos)	Holz (Marimbas)	Metall (Glockenspiele)	Fell Holz Metall

Zu Beginn von „Drumming" exponieren zwei Trommler das rhythmische Grundmodell des gesamten eineinhalb Stunden langen Stücks: sie spielen zunächst einen einzigen Trommelschlag in einem Zyklus von zwölf Schlägen bei elf Pausen. Allmählich werden dann zusätzliche Trommelschläge – jeweils einer nach dem andern – anstelle der Pausen eingesetzt, bis das Modell vollständig aufgebaut ist. Der Abbauprozeß verläuft umgekehrt: die Schläge werden – jeweils einer nach dem andern – durch Pausen ersetzt, bis nur noch ein einzelner Schlag übrigbleibt. Der Abbau am Ende des Glockenspiel-Abschnitts führt zu einem erneuten Aufbau, an dem Glockenspiele, Marimbas und Trommeln simultan beteiligt sind.
(Reich 1974)

Was zeitigt sie denn? Veränderung! Jetzt ist nicht damals, hier nicht dort, denn zwischen beiden liegt Bewegung. Da aber die Bewegung, an der man die Zeit mißt, kreisläufig, in sich selber beschlossen, so ist das eine Bewegung und Veränderung, die man fast ebensogut als Ruhe und Stillstand bezeichnen könnte; denn das Damals wiederholt sich beständig im Jetzt, das Dort im Hier.
(Mann 1960, 316)

Die periodische Musik basiert auf dem Prinzip der minimalen Veränderung. Diese minimale Veränderung aber ist keine permutatorisch modifizierende, sondern eine linear gerichtete. Die ständigen, nur graduell unterschiedlichen Abweichungen vom Gewesenen sind die kleinsten Stationen in einem ununterbrochenen „crescendo"- oder „decrescendo"-Prozeß. Informationstheoretisch gesprochen ist eine solche Musik nicht redundant, sondern unendlich minutiös gequantelte Information. Der Hörer wird für diese minimalisierte Information aber gleichsam dadurch entschädigt, daß er die Chance hat, den musikalischen Prozeß in jedem Augenblick verfolgen zu können.

Es gibt also für „Drumming" insgesamt nur ein einziges rhythmisches Grundmodell:

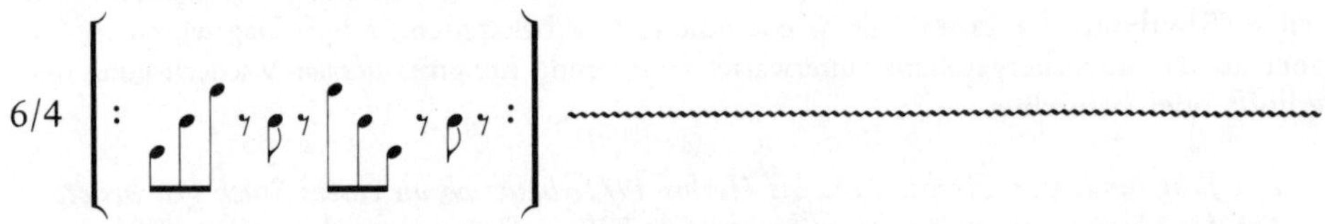

6/4

Zwar wird das Modell in Tonhöhe, Klangfarbe und Phasenstellung vielfach verändert, doch spielen alle Musiker dieses Modell – oder einen Teil des Modells – während des ganzen Stücks.
(Reich 1974)

. . . weil die reine Zeit selbst sein Gegenstand ist . . ., strebt es selbst durch seine künstlerischen Mittel die Aufhebung der Zeit an durch den Versuch, der musikalisch-ideellen Gesamtwelt, die es umfaßt, in jedem Augenblick volle Präsenz zu verleihen und ein magisches „nunc stans" herzustellen.
(Mann 1960, XI)

„Drumming" präsentiert – in Zusammenhang mit meiner eigenen Musik – die letzte Verfeinerung der Phasentechnik: zwei oder drei identische Instrumente, die dasselbe Melodiemodell ständig wiederholen, verschieben sich allmählich asynchron gegeneinander.

Am Ende des ersten Abschnitts spielen drei Trommler dasselbe Modell mit einer Phasenverschiebung von jeweils einer Viertelnote.
(Reich 1974)

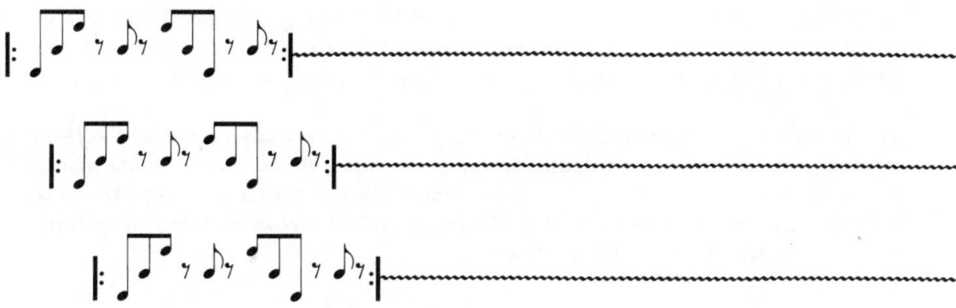

„Drumming" zeigt, daß es durchaus möglich ist, für längere Zeit in derselben Tonart zu verharren, wenn stattdessen beträchtliche rhythmische Entwicklungen zusammen mit gelegentlichem – aber völligem – Klangfarbenwechsel für Abwechslung sorgen. (Reich 1974)

I 25'	II 25'	III 15'	IV 25'
→	(globale Dichte konstant) →		→
ohne Tonhöhen	Tonhöhen (nach oben)	Tonhöhen (nach oben)	Tonhöhen konstant
		Glockensp.	Glockenspiele
	Marimbas	>	Marimbas
Bongos	>		Bongos

Die Komposition *Drumming* bedient sich konventioneller formaler Gestaltungsmittel. Die formale Gliederung reproduziert in ihrer Vierteiligkeit die Viersätzigkeit der großen klassischen Formen. Der vierte Teil hat zusammenfassende Reprisen-Funktion. Wenn in diesem Teil die Instrumente in krebsläufiger Folge kanonisch einsetzen (Glockenspiel/Marimba/Bongo), indiziert dieser Rücklauf der Klangfarben die symmetrische Anlage des Ganzen: Auf- und Abbau der rhythmischen Struktur und der Klangfarben spiegeln die zweiteilige symmetrische Binnenstruktur des Grundmodells. Dieses ist viergliedrig (wie die Gesamtform vierteilig) aus zwei Teilen zusammengesetzt, die sich zueinander verhalten wie Original zu Umkehrung. Auch in diesem Sinne steht die Musik in einer Tradition der klassischen abendländischen Musik: Kompositorisches Prinzip der Spiegelung des Ganzen im Einzelnen bzw. die Projektion des Einzelnen auf das Ganze[2].

Gleichzeitig tradiert *Drumming* aber noch einen anderen Form-topos der traditionellen Musik: den der Steigerungsform. Die Steigerungskurve verläuft in der Musik Reichs allerdings extrem gleichförmig linear, sie ist gleichsam skalenmäßig eingeebnet wie das zugrundeliegende Material. Nicht dieses steigert sich – es gibt keine steigerungsbildenden Tendenzen des Materials –, sondern die Steigerung erscheint als eine von außen „künstlich" dem Material aufgesetzte, sie ist Steigerung „an sich".

[2] Vgl. dazu die Ausführungen in dem Kapitel „Musik aus Zahlen", darin besonders die Bemerkungen über Stockhausens *Mantra*. Das Grundmodell von *Drumming* hat ähnliche Funktion wie das Mantra für die Komposition *Mantra*.

> *Sein Ehrgeiz aber, Inhalt und Form, Wesen und Erscheinung zu voller Kongruenz zu bringen und immer zugleich das zu sein, wovon es handelt und spricht, dieser Ehrgeiz geht weiter. Er bezieht sich noch auf ein anderes Grundthema, auf das der Steigerung . . .*
>
> *In der fieberhaften Hermetik des Zauberberges aber erfährt dieser schlichte Stoff eine Steigerung, die ihn zu moralischen, geistigen und sinnlichen Abenteuern fähig macht, von denen er sich in der Welt, die immer ironisch als das Flachland bezeichnet wird, nie hätte etwas träumen lassen. Seine Geschichte ist die Geschichte einer Steigerung, aber sie ist Steigerung auch in sich selbst . . .*
>
> (Mann 1960, XI)

Die Tatsache, daß in der Musik Reichs die Steigerung im *Flachland* des banalisierten Materials stattfindet, unterscheidet sie von den „Hochland"-Steigerungen der großen sinfonischen Musik des 19. Jahrhunderts und bewirkt die *sinnlichen Abenteuer* von *Drumming.*

Aber noch ein zweiter, grundlegend ästhetischer Aspekt der Musik von Steve Reich kommt in dem Thomas-Mann-Zitat zum Ausdruck: die Intention, *Wesen und Erscheinung,* Struktur und Klang *zu voller Kongruenz zu bringen.*

> *Ich bin an wahrnehmbaren Prozessen interessiert. Ich möchte den Verlauf des Prozesses in der Musik von Anfang bis Ende hören können. Um intensives und detailliertes Zuhören zu erleichtern, sollte ein musikalischer Prozeß extrem graduell verlaufen.*
>
> *Wenn ich ein bestimmtes Material einen bestimmten Prozeß durchlaufen lasse, kann ich die musikalischen Resultate uneingeschränkt kontrollieren, aber zugleich akzeptiere ich auch all diese Resultate, ohne sie zu verändern.*
>
> *Ich kenne keine Strukturgeheimnisse, die man nicht hören kann. Wir alle verfolgen gemeinsam den Prozeß, weil er ganz durchhörbar ist, und einer der Gründe für solche Durchhörbarkeit ist seine extrem graduelle Entfaltung.*
>
> (Reich 1974)

In der Geschichte der neueren Kompositionstechnik gibt es eine Entwicklung, die den Kompositionsvorgang und dessen Produkt, das kompositorische Resultat, voneinander getrennt hat. Wie eine Komposition gemacht ist und wie sie klingt, das sind in vielen Werken der neueren Musik zwei verschiedene Seiten der gleichen Münze. Komplizierte kompositorische Verfahren haben längst begonnen, ihr Eigenleben zu führen, und werden zu Prozeduren, die vor der Realität des klingenden Resultats ihre eigene Folgerichtigkeit entwickeln. Weberns Reihenkonstruktionen werden in seinen Kompositionen kaum unmittelbar hörbar; Xenakis nennt seine kompositorischen Operationen *out of time* (des kompositorischen Ergebnisses)[3], und Steve Reich bemerkt kritisch, daß die Musik Cage's *auf kompositorischen Prozessen* beruht, *die man während der Aufführung nicht hören konnte. Kompositionsprozeß und Klangresultat haben keine hörbare Verbindung, ähnlich wie auch in serieller Musik, wo die Reihe nur selten hörbar ist* (Reich 1974). Die periodische Musik dagegen intendiert einen Kompositionsprozeß, der mit der klingenden Musik identisch ist.

Im Gegensatz zu dem Satz Adornos, *die Verdeckung der Produktion durch das Produkt ist das Formgesetz Richard Wagners,* geht es Reich um eine Aufdeckung der Produktionsmethode für das Produkt und damit um eine Art von Mitbestimmung des Hörers am komposi-

[3] Vgl. dazu die Ausführungen zu Xenakis in den Kapiteln „Musik aus Zahlen" und „Formalisierte Musik".

torischen Produkt. Diese Eigentümlichkeit macht die unverstellt offene Direktheit seiner Musik aus und entschädigt den Hörer sozusagen für den Verzicht auf Gewichtigeres.

Und doch hat auch diese Musik ihre ästhetischen Imponderabilien, lassen Steve Reichs extrem graduelle Klangprozesse sich nicht völlig kompositorisch kontrollieren und hörend erfassen. Es bleibt ein Rest, der unter der Oberfläche des Rationalen sein Eigenleben führt und der Oberflächen-Musik perspektivische Tiefenwirkung zuführt.

> *Selbst wenn alle Karten offen auf dem Tisch liegen und jeder hört, was sich in einem musikalischen Prozeß nach und nach abspielt, gibt es immer noch genügend Geheimnisse aufzuspüren. Solche Geheimnisse sind die unpersönlichen und unbeabsichtigten psycho-akustischen Nebenerscheinungen des absichtsvoll konzipierten Prozesses: etwa Nebenmelodien, die man bei repetierten Melodiemodellen wahrnehmen kann, oder bestimmte Raumeffekte, die von der Plazierung des Hörers im Auditorium abhängen, oder geringfügige Unregelmäßigkeiten der Aufführung, oder Obertöne, Differenztöne usw.*
> (Reich 1974)

Das hier angesprochene „psycho-akustische“ Phänomen ist jedermann als „psycho-optisches“ bekannt: Betrachtet man lange genug eine aus vielen gleichen oder ähnlichen, figürlich genügend neutralen Elementen zusammengesetzte Fläche, so sieht man Figuren in das Bild hinein. Dieser „psycho-optische“ Effekt beruht auf dem Zusammentreffen von Realität und Phantasie: diese projiziert in die Realität, was dort vergeblich gesucht wird.

Zur Veranschaulichung betrachte man die informell – also ohne jede figürliche Intention entstandene – Zeichnung von Jackson Pollock aus dem Jahre 1951 (S. 166).

Die von Reich angesprochenen *psycho-akustischen Nebenerscheinungen* seiner Musik sind Übertragungen solcher optischen Erfahrungen auf die Musik: Durch die Multiplikation vieler dichter Strukturen aus gleichen oder *extrem graduell* unterschiedlichen akustischen Elementen entsteht eine musikalische Struktur, durch die der Hörer gleichsam „seine eigenen“ musikalischen Fäden ziehen kann. Was Reich mit *resulting patterns* bezeichnet, sind diese von ihm instrumentierten Sekundärstimmen. Aus dem im Grunde unbegrenzten Feld solcher latenten Nebenstimmen filtert er einige heraus und macht sie damit zu realen Stimmen.

Dazu ein fiktives Beispiel: Zwei Spieler spielen auf zwei gleichgestimmten Bongopaaren (die beiden Tonhöhen als ♪ und ♪ notiert) kanonisch versetzt das gleiche Modell:

Spieler ①

Spieler ②

Zwei mögliche „resulting patterns“: ① (aus ♪): ② (aus ♪):

Jackson Pollock, Zeichnung 1951 (in: Thomas, 1971)

Als ich während der Ausarbeitung der Komposition zunächst die Trommelstimmen ausprobierte, fiel mir auf, daß ich manchmal dabei sang, daß ich mit meiner Stimme die Trommelklänge imitierte. Dabei benutzte ich Silben wie „tak", „tok", „dak" usw. Und noch etwas fand ich heraus: wenn ich meine Stimme durch ein Mikrophon verstärkte, derart, daß sie so laut wie die Trommeln – aber nicht lauter – wurde, konnte ich manche der übergreifenden Melodiemodelle mitsingen – als ob meine Stimme ein weiteres Trommelensemble wäre, mit dem man die unterschwelligen Melodiemodelle eins nach dem andern hervorheben könnte.
(Reich 1974)

Die Instrumentation der *resulting patterns* für die vier Formteile von *Drumming* mit ihren charakteristischen Klangfarben geht aus der nebenstehenden Skizze hervor (S. 167 oben).

Es soll nicht unerwähnt bleiben, daß die Kompositionstechnik von Terry Riley und Steve Reich auf eine nicht ungefährliche Weise Schule gemacht hat. Die in Mode stehende Ideologisierung von unendlich gleichförmigen und unbeweglichen Klangkulissen als „meditative" oder „kontemplative" Musik in einer drogenorientierten Pop-Szene und einer bewußtseinsmüden, exotisch getönten Musik der „neuen Einfachheit" hat die differenzierte Technik der

I	II	III	IV
Bongos	Marimbas	Glockenspiele	Glockenspiele Marimbas Bongos
+ 1 Männerstimme	+ 2 Frauenstimmen	+ Piccolo-Flöte + Pfeifen	+ Piccolo/Pfeifen + 2 Frauenstimmen

periodischen Musik stark vergröbert und sie zum Vehikel der Bewußtseinsflucht gemacht. Reichs Musik unterscheidet sich davon, indem sie durch kompositorisch-rationale Kontrolle den Zuhörer sensibilisiert für die Wahrnehmung der Dinge in dieser Welt. Ihr zuzuhören ist, *als ob man den Minutenzeiger einer Armbanduhr beobachtet – man kann sehen, wie sie sich bewegt, wenn man eine Weile zugeschaut hat* (Reich 1974). Daß in solcher Musik auch die Suche nach einer anderen, alternativen, ,,besseren" Musik mitklingt, hat schon vor Jahrzehnten Cage formuliert:

> *Es ist interessant zu beobachten, daß die harmonische Struktur in dem Augenblick entstand, in dem auch der westliche Materialismus in Frage gestellt wird; und daß wir just zu dem Zeitpunkt auf die Lösung durch die für den Osten traditionellen rhythmischen Strukturformen stoßen, da wir tief innen spüren, wie groß unser Verlangen nach jener östlichen Tradition ist.*
> (Cage, in: Kostelanetz 1973, 114)

In unser gegenwärtiges musikalisches Bewußtsein aber hat die sogenannte periodische Musik eine wichtige Erfahrung mit der musikalischen Zeit eingebracht; sie hat eine Zeiterfahrung formuliert, die uns allen nicht fremd sein dürfte.

> *. . . Es ist das Erlebnis der Zeit – welches bei ununterbrochenem Gleichmaß abhanden zu kommen droht und mit dem Lebensgefühle selbst so nahe verwandt und verbunden ist, daß das eine nicht geschwächt werden kann, ohne daß auch das andere eine kümmerliche Beeinträchtigung erführe.*
> *. . . Was man Langeweile nennt, ist . . . eigentlich . . . eine krankhafte Kurzweiligkeit infolge von Monotonie:*
> *Große Zeiträume schrumpfen bei ununterbrochener Gleichförmigkeit auf eine das Herz zu Tode erschreckende Weise zusammen; wenn ein Tag wie alle ist, so sind sie alle wie einer; und bei vollkommener Einförmigkeit würde das längste Leben als ganz kurz erlebt werden und unversehens verflogen sein.*
> (Mann 1960, 96)

Literatur

Brecht, Bertolt: *Geschichten vom Herrn Keuner*, in: *Kalendergeschichten*, Berlin 1949
Cage, John: *Zur Geschichte der experimentellen Musik in den Vereinigten Staaten*, in: DB II, Mainz 1959, S.46–53; *Plädoyer für Satie*, in: Richard Kostelanetz, *John Cage*, Köln 1973, S. 108–114
Febel, Reinhard: *György Ligeti – Monument/Selbstportrait/Bewegung (3 Stücke für zwei Klaviere)*, in: zfmth 1/1978, S. 35–51
Gottwald, Clytus: *Signale zwischen Exotik und Industrie. Steve Reich auf der Suche nach einer neuen Identität von Klang und Struktur*, in: Mel/NZ 1/1975, S. 3–6
Liszt, Franz: *Gesammelte Schriften*, Leipzig 1880–83
Mann, Thomas: *Der Zauberberg*, 4. Auflage, Frankfurt/Main 1960; *Einführung in den Zauberberg*, ebd.
Nordwall, Ove: *György Ligeti*. Eine Monographie, Mainz 1971
Reich, Steve: Einführungstext in die Schallplattenkassette mit Werken von Steve Reich 1974 (DG 2563301)

Noten der Musikbeispiele:

Cage, John: *Sonatas and Interludes* (1944–48); *4'33''(Tacet) für variable Besetzung* (1952), New York 1960
Ravel, Maurice: *Bolero*, Paris 1929
Reich, Steve: *Piano Phase*, in: John Cage, *Notations*, West Glover 1969
Riley, Terry: *In C*, Partitur in: Columbia M 57 178
Satie, Erik: *Vexations*, Paris 1969
Schumann, Robert: *Kinderszenen* op. 15, Leipzig 1839

Text- und Bildbeispiele:

Pollock, Jackson: Zeichnung 1951, in: Karin Thomas, *Bis heute*. Stilgeschichte der bildenden Kunst des 20. Jahrhunderts, Köln 1971
Schwitters, Kurt: Das Literarische Werk, Bd. I, Köln 1973

Claus Raab

Musik der Allmählichkeit und des Präsens
Graduelle Verfahren in *Music for 18 Musicians* von Steve Reich

Ich habe den Eindruck, man versucht der Artikulation der Zeit dadurch zu entgehen, daß man sie totschlägt. Diese spontane Äußerung von Clytus Gottwald nach der Aufführung von *Drumming* in Bremen (1972) wurde den Skeptikern fast zum obligaten Accompagnement der Musik Steve Reichs in Deutschland. Nicht nur weil dieser Satz gleich millionenfach übers Fernsehen verbreitet und in der Presse gerne zitiert wurde, sondern auch weil er in seiner Zusammenstellung manches hat, was Slogans kennzeichnet: die spontane Frische im *ich habe den Eindruck*, das Vage in *der Artikulation der Zeit zu entgehen versuchen*, das Sprichwörtlich-Bildhafte im *Zeit totschlagen*, die vorsichtige, aber eindeutige Wertung.

Kaum weniger eingängig wurden einige Charakterisierungen aus Gottwalds späterem Aufsatz *Signale zwischen Exotik und Industrie – Steve Reich auf der Suche nach einer neuen Identität von Klang und Struktur* (Mel/NZ 1/1975), auf den Steve Reich wenige Monate danach antwortete (Mel/NZ 3/1975) und dem Gottwald (1978) einen zweiten Teil folgen ließ. Graduelle Prozesse wurden darin als industrielle Fließbandmontage gedeutet, das Instrumentalspiel wurde mit perfektionistischer, maschineller Industrieproduktion assoziiert. Auch Ligeti meinte (1975, 267), *daß in dieser Musik industrielle Verfahrensweisen zur Anwendung kommen . . . Die Bezeichnung Pattern ist bereits industriellen Ursprungs und ist Indiz für den tiefgreifenden Einfluß, den Industrielles auf Reichs Denken ausübt.*[1]

In seiner Antwort verwies Steve Reich auf die Merkwürdigkeit, *daß diese Besorgnis um die „maschinellen" Aspekte meiner Musik – das Fließband-Syndrom – typisch ist für die Kritik in Deutschland und ganz selten in anderen Ländern . . . Jede Art von Musik, die durch sorgfältige Kontrolle, Präzision und engmaschige Ensemblearbeit gekennzeichnet ist, setzt sofort Assoziationen mit totalitären politischen Kontrollen frei* (Reich 1975, 199). So hat es die eigene Auffassung des Komponisten (*Music as a Gradual Process*) schwer, sich gegen das durchzusetzen, wofür nach seiner Meinung in Deutschland ein offenes Ohr vorhanden ist. *I do not mean the process of composition, but rather pieces of music that are, literally, processes* (Reich 1974, 9).

Darüber hinaus ist Steve Reichs kompositorischer Weg selbst ein extrem gradueller Prozeß:

- Aus der Mitarbeit an Terry Rileys *In C* (1964) entstand nach vorherigen Versuchen mit Tonbandschleifen *Its Gonna Rain* (1965), worin ein Satz des schwarzen Predigers Brother Walter simultan auf zwei Tonbandschleifen im Unisono gestartet wird; durch asynchronen Lauf der beiden Tonbandgeräte verschieben sich die beiden Tonbandschleifen allmählich gegeneinander und kehren nach einem Maximum an Abweichung wieder ins Unisono zurück. Reich erinnert diese Prozedur an alte Zirkelkanons; ein Prozeß, unpersönlich und präzise, geht unabweichlich seinen Weg zu Ende.
- 1966 wird diesselbe maschinelle Phasenverschiebung in *Melodica* mit instrumentalem Material vorgenommen. Die rhythmische Struktur dieses Stückes ist im wesentlichen die gleiche wie in der Sprachkomposition *Come out* desselben Jahres.
- Ende 1966 versucht Reich am Klavier phasenverschoben gegen eine Tonbandschleife zu spielen, die ein melodisch-rhythmisches Klavier-Pattern gespeichert hat.

[1] „Pattern" ist seit den Arbeiten von A. M. Jones über afrikanische Musik, die Steve Reich kannte, zu einem festen Begriff in der Musikethnologie geworden.

- 1967 realisiert er Phasenverschiebungen ohne technische Hilfsmittel mit zwei Klavieren (*Piano Phase*) und mit vier Violinen (*Violin Phase*); im letzteren Stück erzeugen die ineinandergreifenden und sich überlagernden Modelle *resulting patterns*, die Steve Reich später *psycho-acoustic by-products* nennt (*there is more in my music than what I put there*, Reich 1974, 53).
- 1969, in dem Stück *Pulse Music*, bilden äußerst kurze Impulse die Grundlage für Phasenverschiebungen zwischen den Extremen: vielstimmiger Kanon – Akkord (=Kanon im Nullabstand); diese Impulse werden elektronisch erzeugt mit der Maschine *The Phase Shifting Pulse Gate*.
- Dieser „Phasenverschiebungs-Impulswandler" programmiert vier Spieler in *Four Log Drums* (1969).
- Das Gegenstück zur Phasenverschiebung auf der Grundlage äußerst kurzer Impulse, das heißt die extreme zeitliche Zerdehnung nimmt Reich 1967 in *Slow Motion Sound* mit dem vocorder an einem Sprachmaterial vor und überträgt sie 1970 auf Instrumente: In *Four Organs* werden die einzelnen Akkorde asynchron ganz allmählich immer länger.
- *Phase Patterns* für vier elektronische Orgeln greift zurück auf *Piano Phase* und *Violin Phase*; die Patterns werden auf den Manualen getrommelt.
- 1970/71 verbindet *Drumming* das Ende der Phasenverschiebungstechnik mit vier Neuerungen: in konstant in sich kreisenden Rhythmen werden einzelne Impulse durch Pausen, einzelne Pausen durch Impulse ersetzt; auch die Klangfarbe wird graduell verändert; Instrumente verschiedener Klangfarbe werden simultan kombiniert; die menschliche Stimme wird, mit Nonsens-Silben Instrumentalklänge imitierend, einbezogen.
- In *Six Pianos* (1972/73) kommt die Verschiebung der Patterns gegeneinander um zwei kleinste Einheiten hinzu.
- In *Music for Mallet Instruments, Voices and Organ* (1973) werden die Techniken von *Drumming* und *Four Organs* kombiniert; das heißt, die Modelle bleiben nicht alle in der Länge konstant, sondern die der Stimmen und der Orgel werden augmentiert.
- In *Music for 18 Musicians* wird die Harmonik in den graduellen Prozeß miteinbezogen und neben die in der Länge fixierten Patterns in raschen Impulsfolgen treten Rhythmen, die sich nach den Atemlängen von Sängern und Bläsern richten.

Für den Kompositionsweg von Steve Reich gilt, was er über Musik als graduellen Prozeß sagt: *Once the process is set up and loaded it runs by itself* (Reich 1974, 9). Eine Prognose müßte demnach möglich sein: ein noch größerer Vokal- und Instrumentalapparat (es sei denn, finanzielle und wirtschaftliche Erwägungen sprächen dagegen), harmonische Veränderungen auf engerem Raum, sukzessiv wie simultan sich überschneidend und überlagernd, Schichtung von mehreren Rhythmen, die keine kleinste gemeinsame Maßeinheit mehr haben, sondern sich nach verschiedenen bzw. nach relativ unbestimmten Meßwerten (Atem, Bogenstrich) richten. Das Ziel scheint mir das mit instrumentalen und elektronischen Mitteln realisierte, unübertroffene *In C* von Terry Riley zu sein, das am Anfang dieses Kompositionsprozesses von Steve Reich steht.

Dennoch gibt es auf diesem so konsequent beschrittenen Weg einige kritische Punkte, an denen unmerklich ein anderes Verständnis von graduellen Prozessen einsetzt. Für die Phasenverschiebung von Modellen, erzeugt durch den asynchronen Lauf zweier Tonbandgeräte, findet das musikalische Sensorium des Menschen keine konstante Maßeinheit; die angemessene Bezeichnung für diesen Vorgang ist allmählich. Anders gesagt erfolgt diese Verschiebung unterhalb eines Schwellenwertes, der noch als metrische oder rhythmische Qualität bzw. Quantität wahrgenommen werden könnte. Unter dieser Grenze liegen auch die Impulsdauern, mit denen Reichs *Phase Shifting Pulse Gate* operiert (Unterteilung eines sehr kurzen konstanten Zeitwertes in 120 gleiche Intervalle). Der Grad der Abweichung, den wir als Phasenverschiebung wahrnehmen, ist bereits eine Summe von mehreren solcher Kleinstwerte. Von derartigen Impuls-Summen mußte Steve Reich Gebrauch machen, als er in *Four Log Drums* dieses elektronisch erzeugte Impulsprogramm auf instrumentale Mittel übertrug. Denn Musik, die mit Kleinstwerten operiert, die sich menschlicher Wahrnehmung entziehen, ist mit konstanter Exaktheit vom Menschen auch nicht darstellbar, weder instrumental noch vokal; solche Musik und solche Phasenverschiebung braucht die Maschine. Sobald nun Reich dazu überging, Phasenverschiebung instrumental zu erzeugen, zeigte sich die Notwendigkeit, den Grad der Abweichung auf eine kleinste wahrnehmbare und darstellbare Zeiteinheit zu fixieren; die Phasenverschiebung berührt dabei den musikalischen Bereich des Metrischen und Rhythmischen. An dieser Stelle wird Phasenverschiebung auch traditionell notierbar.

Das kritische Jahr war 1967, das kritische Stück *Piano Phase*. Das Tempo in diesem erst nach praktischen Versuchen notierten Stück ist angegeben mit ♩.= 50–84 (= halbe Länge des Modells, in 16tel Werten ablaufend).

Bsp. 1

Der kleinste notierte Wert, das Sechzehntel, liegt demnach zwischen MM 300 und 504. Der zweite Pianist, der nach 20 bis 30 Sekunden unisono einsetzt, soll versuchen, sein (identisches) Modell so allmählich zu beschleunigen, daß die Verschiebung zum ersten Pianisten nach 20 bis 30 Sekunden ein Sechzehntel, das heißt eine 3/100 bis 5/100 Minute beträgt. Das bedeutet bei einem angenommenen Mittelwert ♩.= 60 (= 1 Sekunde), daß das Modell des Spielers II bei jeder Wiederholung um 0,017 bis 0,011 Sekunden kürzer sein muß, damit nach 20 bis 30 Sekunden die beiden Modelle um einen Wert von 0,17 Sekunden differieren. Womit Musiker dieses Stück realisieren können, nennt Reich *total involvement with the sound; total sensuous-intellectual involvement* (1974, 52). Damit scheint eine Fähigkeit angesprochen, die wir gemeinhin Asiaten zuschreiben. Jedoch dürfte selbst eine nur annähernd exakte 10tel- bis 15tel-Differenzierung und Beschleunigung eines Wertes von MM = 300–504 pro Wiederholung des Modells jegliche Interpretationskunst übersteigen, auch die außereuropäischer Musiker[2].

Das nächste Stück *Violin Phase* (1967) arbeitet bereits mit einer exakt realisierbaren kleinsten Zeiteinheit, notiert als Achtel. Im Vergleich zur bisherigen Erfahrung mit elektronisch realisierten Phasenverschiebungen scheint mit einer solchen Fixierung auf einen kleinsten wahrnehmbaren und exakt spielbaren Zeitwert der Grad der Abweichung für einen graduellen Prozeß bereits sehr groß (so etwa, als würden sich die Modelle in dem oben erwähnten Stück *Piano Phase* bei jeder Wiederholung um ein Sechzehntel verschieben und nicht erst nach 20- bis 30maliger Wiederholung). Dem ist nur zu begegnen, wenn man die Masse des-

[2] Eine Aufnahme dieses Stückes, an der man den Sachverhalt überprüfen könnte, stand mir nicht zur Verfügung, wiewohl es viele Aufführungen mit verschiedenen Musikern (auch auf Marimbaphonen) gegeben hat.

sen, was konstant bleibt, im Verhältnis zu dem, was sich ändert, gleichzeitig vergrößert. Die Zahl der Instrumente erhöht sich auf vier. Neben die Phasenverschiebung tritt als neue Technik das dichte Gewebe ineinandergreifender Modelle[3]. Die je verschiedenen Modelle von drei Violinen addieren sich zu einem „resulting pattern"[4], aus dem der vierte Geiger Impulsfolgen auswählen kann, so daß mit zunehmender und abnehmender Lautstärke immer andere, neue Muster aus einem gleichbleibenden Hintergrund herausgelöst werden und wieder darin verschwinden.

Im nächsten Schritt geht Reich von pausenlos durchlaufenden Modellen ab. Waren vorher die Modelle unangetastet geblieben und Veränderung nur durch Verschiebung zweier solcher Modelle gegeneinander möglich, so werden die Modelle nun in sich variabel – durch wechselnde Gruppierung der Töne, simultanes oder sukzessives Erklingen, Einfügen und Verlegen von Pausen; ihre Länge und ihr Tonvorrat jedoch ändert sich nicht. Die halbe Länge des Modells gilt als Hauptschlagzeit[5].

Diese Art der Konstruktion von Modellen resultiert aus den Erfahrungen, die Steve Reich bei der Übertragung eines elektronischen Programms aus dem „Phasenverschiebungs-Impulswandler" auf instrumentale Mittel gemacht hatte. Wahrnehmbare und instrumental darstellbare Größen erhält man aus solchen Folgen äußerst kurzer Impulse nur, wenn man sie mit entsprechend langen Pausen durchsetzt oder mehrere solcher Impulse zu einem größeren (noch immer sehr kurzen) Wert zusammenfaßt, wie es in *Four Log Drums* geschehen ist.

In *Four Organs* schließlich werden die zuerst simultan und kurz angeschlagenen Akkorde Ton für Ton, Achtel für Achtel in die trennenden Pausen hinein und darüber hinaus verlängert. Das erfolgt nicht in allen Instrumenten gleich, sondern aus der unterschiedlichen, asynchronen Verlängerung resultiert wieder Phasenverschiebung. Auch bei der Verlängerung von Dauern gibt es eine Grenze, an der sie jegliche rhythmische/metrische Bedeutung verlieren: etwa wenn extrem lange Dauern aufeinander folgen (𝅝‿|𝅝‿|𝅝‿|𝅗𝅥 𝅗𝅥‿|𝅝‿|𝅝‿|𝅝 |) oder wenn die Veränderung im Verhältnis zur Dauer des vorhergehenden Klanges minimal ist (𝅝‿|𝅝‿| 𝅝‿|𝅗𝅥 𝅗𝅥‿|𝅝‿|𝅝‿|𝅝‿|♪). Dauer und Verlängerung werden zu absoluten musikalischen Komponenten, abgelöst von der Beziehung auf ein wahrnehmbares Zeitmaß. So registriert der Hörer nur ein allmähliches Längerwerden, ohne daß ihm der strukturelle Augmentationswert, hier das Achtel, bewußt würde. In *Four Organs* stehen der anfänglichen Achteldauer der Akkorde am Ende Klänge mit einer Länge von 245 Achteln (= länger als eine Minute) gegenüber. Entgegen dem ästhetischen Postulat Steve Reichs, daß Struktur und Klang ein und dasselbe und Struktur daher mittels extrem gradueller Prozesse ganz hörbar sei, klaffen hier Struktur und Hören auseinander. Grund dafür ist gerade der extrem graduelle Prozeß des Augmentierens.

Die Arbeit mit extrem kurzen oder extrem langen Werten unterscheidet ganz allgemein die Musik Terry Rileys von der LaMonte Youngs: Im ersten Falle hört man rhythmisch vibrierende, im zweiten Fall akustisch schwingende Klänge. Steve Reich hat beides für sich genutzt, in *Four Organs* einen zwischen diesen beiden Extremen graduell ablaufenden Prozeß komponiert. In späteren Stücken werden sehr kurze und lange Dauern simultan kombiniert.

Das Studium afrikanischer Musik seit 1963, vor allem aus den zwei Bänden *Studies in African Music* von A. M. Jones (1969), ergänzte Steve Reich 1970 mit einem durch Krankheit auf fünf Wochen verkürzten Aufenthalt in Ghana. Nach seiner Äußerung brachte ihm dieses

[3] Man nennt das in der Literatur über afrikanische Musik *interlocking patterns*.

[4] Auch dieser Begriff stammt aus der Literatur über afrikanische Musik.

[5] Diese Art metrisches Regulativ in rhythmischer Gestalt findet sich auch in afrikanischer Musik und wird *time-line* genannt.

praxisbezogene Studium in Afrika eine Bestätigung dessen, was er bislang schon getan und erreicht hatte durch Übertragung maschineller Produktion auf Instrumente. „Exotik“ und „Technik“ hatten wohl von Anfang an in gleicher Weise Einfluß auf die Kompositionsverfahren Steve Reichs.

Afrikanische Musik verwendet rhythmisch-melodische Patterns, die in einem Stück meist von gleichbleibender Gestalt und gleichbleibender Länge (ausgenommen das Hauptinstrument) sind; diese bilden das grundlegende Bezugssystem der vielschichtigen rhythmischen Organisation und basieren ihrerseits auf einer kleinsten gemeinsamen, meist sehr kurzen Zeiteinheit. Es gibt die Technik, zwei Modelle so ineinandergreifend zu spielen („interlokking“, eine Art Hoquetus-Manier), daß ein „resulting pattern“ entsteht. Dieses Klangresultat ist in der Anlage der „interlocking patterns“ jedoch intendiert und darf keineswegs als nur *psychoakustisches Beiprodukt* mißverstanden werden, wie Reich die „resulting patterns“ in seiner Musik bezeichnet, und die vor allem jene *mysteries* seien, die vom Hörer herausgehört werden mögen. Eine Besonderheit afrikanischer Musik sind ferner Kreuzrhythmen, das heißt die Anfangsimpulse gleichzeitig gespielter Modelle fallen nie zusammen, die Modelle sind in einer Art rhythmischer Kanon gegeneinander „phasenverschoben“. Auffallenderweise jedoch gibt es in Steve Reichs Musik kein Pendant zum Hauptinstrument in einem afrikanischen Ensemble; Reichs *confirmation*, die er in afrikanischer Musik fand, beschränkt sich auf das Ensemblespiel ohne Hauptinstrument – mit gutem Grund, wie noch zu erläutern sein wird. Die Wahl der Instrumente seit *Four Log Drums* (Trommeln, Marimbaphone) und die perkussive Verwendung von Tasteninstrumenten, Streichinstrumenten, später auch Blasinstrumenten, sowie die Imitation von Instrumentalklängen durch Stimmen, all das erinnert ebenso an afrikanische Musikpraxis und verweist auf eine gemeinsame metrische Grundlage: eine neutrale Folge äußerst kurzer Impulse. Möglicherweise hat man sogar in *Pulse Music* mit dem „Phasenverschiebungs-Impulswandler“ eine Übertragung dieses afrikanischen Charakteristikums auf elektronische Mittel zu sehen.

Eine Zusammenfassung all dieser Erfahrungen brachte 1970/71 *Drumming*, das Werk, das in Europa Furore machte. Wichtigster Grund für die bisherigen Ensembles aus gleichen Instrumenten (4 Schlitztrommeln, 4 Orgeln, 4 Violinen, 2 Klaviere) war, eine Aufsplitterung in einzelne, distinkt wahrnehmbare melodisch-rhythmische Stimmen zu verhindern und die Entstehung von „resulting patterns“ zu garantieren, deren Veränderung im Ganzen man als graduellen Prozeß wahrnehmen sollte, und eben nicht, was im Detail diese Veränderung bewirkt. Das ist auch in *Drumming* nicht aufgegeben; es wird darüber hinaus versucht, den Wechsel von einer homogenen Instrumentalgruppe (Trommeln, Marimbaphone, Glockenspiele) und Sektion des Stückes zur jeweils nächsten bruchlos zu vollziehen, indem an den Nahtstellen die verschiedenen Instrumente die gleichen Modelle spielen und sich eine Zeit lang überlappen. Angestrebt wird der graduelle Prozeß im Klangfarbenwechsel.

Das jüngste Stück *Music for 18 Musicians* verwendet zum ersten Mal neben Klavieren, Marimbas, Xylophonen, Metallophon, Frauenstimmen und Streichinstrumenten auch Blasinstrumente (Klarinetten und Baßklarinetten). Das war schon in der *Music for Mallet Instruments, Voices and Organ* vorgesehen, scheiterte jedoch (nach Reich) an Intonationsschwierigkeiten bei sehr lang gehaltenen Tönen; die Blasinstrumente wurden deshalb von einer elektronischen Orgel ersetzt. In dem vorliegenden Stück gilt als äußerstes Maß langgezogener Bläserakkorde der Atem (*breath when comfortable*); meist jedoch sind die Akkorde und Repetitionsfolgen von bestimmter und von kürzerer Dauer (zwei oder vier 12/8-Takte).

Das Tempo ist mit ♩ = 204 angegeben; der kleinste Notenwert, das Achtel, ist in den pausenlos ineinandergreifenden Akkordrepetitionen (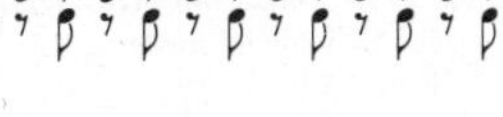) als Klanghintergrund ständig gegenwärtig, so daß bei dem sehr raschen Tempo der Eindruck eines langsamen Tremolos entsteht, das aber auf Grund seines exakten Gleichmaßes und der deutlich wahrnehmbaren Pulsation eine metrische, das heißt hier regulative Funktion besitzt. Die Pulsation bewegt sich so auf der Grenze von sehr langsamer akustischer Schwingung (als Impulsfolge dargestellt wie etwa in Stockhausens *Kontakte*) und sehr kleingliedrigem Metrum; sie erhält, von Sektion zu Sektion wechselnd, eine andere Harmonisierung und Instrumentalfarbe.

Nach der Einleitung in 2/8-Takten wird das ganze Stück, das aus 11 Sektionen besteht[6], im 12/8-Takt notiert. Dieses Taktmaß gebraucht man am häufigsten, wenn afrikanische Musik transkribiert werden soll. Steve Reich wählt es aus Gründen, die auch in den ihm bekannten Arbeiten von A. M. Jones deutlich werden (bereits *Drumming* hatte das 12/8-Maß). Der 12/8-Takt ist äußerst flexibel in den möglichen Zweier- und Dreier-Teilungen und in der Gruppierung der Noten; er benötigt keine Duolen- und Triolen-Notierung, und so verweist auch die Notation immer auf einen einheitlichen kleinsten Zeitwert. Wiewohl Reich für das vielschichtige rhythmische Geschehen ein einheitliches, gleichbleibendes taktmetrisches Bezugssystem wählt, ist dieser Takt nicht eindeutig bestimmt. Der 12/8-Takt ist wohl ein Maß, aber kein Metrum im traditionellen europäischen Sinne. Fest liegt lediglich die Länge: 12 Achtel; offen bleibt die Lage und Anzahl der Zähl- bzw. Schlagzeiten und deren metrische Gewichtung. Beides ist notwendig, um graduelle Prozesse auch in der Binnenstrukturierung der Modelle zu ermöglichen. Eine Differenzierung der Zählzeiten nach ihrem metrischen Gewicht stünde dem entgegen. So wird auch das Tempo durch die Zählzeiten nicht eindeutig bestimmt, oder anders gesagt, der mögliche Bezug auf verschiedene Zählzeiten impliziert verschiedene Tempi.

Der 12/8-Takt bietet folgende Möglichkeiten der Teilung und Gruppierung und der Zählzeitenwahl:

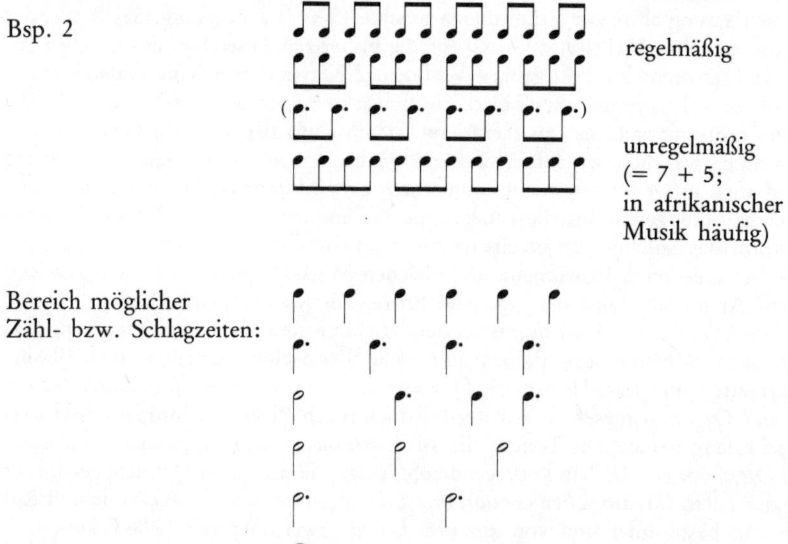

[6] Die Partitur von *Sektion I–VI* wurde mir freundlicherweise von der Steve-Reich-Foundation zur Verfügung gestellt; *Sektion VII* bis *XI* waren noch nicht notiert.

Steve Reich nutzt sie alle (bis auf die eingeklammerte), sukzessiv wie simultan, dazu sehr häufig synkopierte Figuren[7], die außerdem kreuzrhythmisch zueinander verschoben sein können. Die drei Schichten des Stückes – rasche Ton- bzw. Akkordrepetitionen im Wechsel der Instrumente( ),von Pausen durchsetzte und gegliederte Muster, langgezogene, über zwei oder vier 12/8-Takte reichende Akkordwechsel – durchdringen sich gegenseitig. Durch dynamische Schattierung, instrumentale und vokale Charakterisierung oder zu- bzw. abnehmende Dichte werden einzelne Schichten aus dem Gesamtkomplex hervorgehoben und wieder in ihn integriert.

Da Steve Reich den 12/8-Takt als vielfach verstrebbares Gerüst nimmt und ihn vieldeutig füllt, hat der Hörer die Freiheit, je nach gewählter, regelmäßiger oder unregelmäßiger Schlagzeitenfolge ( ) das Erklingende zu interpretieren. Die Wahl der Schlagzeit ist eine wichtige Voraussetzung für das Aufspüren und Entdecken jener *mysteries,* von denen Reich spricht. Durch das Gleiten von einer Schlagzeit zu einer anderen, von einem Tempo zu einem anderen, das beim Hören nur möglich ist, wenn sich beide eine Weile überlagern, bevor sich ein neues musikalisches Zeitgefühl durchsetzt, kann Hören selbst zum graduellen Prozeß werden. Damit aber wird wieder ein starker Zweifel an Steve Reichs wichtigstem Postulat ausgesprochen: der Identität von Struktur und Klang/Erklingendem. *I am interested in perceptible processes. I want to be able to hear the process happening throughout the sounding music . . . What I'm interested in is a compositional process and a sounding music that are one and the same thing . . . I don't know any secrets of structure that you can't hear. We all listen to the process together since it's quite audible, and one of the reason it's quite audible is, because it's happening extremely gradually* (Reich 1974, 9f.).

Steve Reich macht der Musik John Cages und Anton Weberns und der seriellen Musik den Vorwurf, daß die komponierte Struktur im Erklingenden nicht hörbar wird. Dadurch ist das Gehörte weniger als das Komponierte. Soll Struktur aber ganz hörbar, sollen Komponiertes und Gehörtes ein und dasselbe sein, wäre von diesem Weniger, wäre von den hörbaren Strukturen auszugehen, die der graduelle Prozeß bewirkt. Aber auch das Umgekehrte gilt: Graduelle Prozesse sind vor allem in den „resulting patterns" wahrzunehmen, ohne daß im einzelnen hörbar würde, was die Veränderungen bewirkt (dafür ist die Schichtung verantwortlich zu machen), ja selbst ohne daß diese „resulting patterns" komponierte Strukturen sind, zumal der Anteil des Spieltechnischen bei der Entstehung der Patterns kaum zu überschätzen ist (etwa die Verteilung der Töne auf linke und rechte Hand). Die Komposition geht Hand in Hand mit der praktischen Erprobung; zum Teil werden die Stücke erst nach Aufführungen in Partitur notiert. Das Hören wird so zu einem Mehr gegenüber dem Komponierten. Und weiter: Da die sich ändernde Binnenstruktur der Patterns nicht notwendig einen bestimmten Wechsel der Zähl- bzw. Schlagzeitenfolgen bewirkt, bleiben Metrum, Rhythmus und Tempo „secrets", die erst beim Hören zu entdecken sind. So erscheint die Kunst, extrem graduelle Prozesse zu komponieren, dem Vorwurf ausgesetzt, daß das zu Hörende nicht als Struktur komponiert ist. Das ästhetische Postulat der Identität von Klang und Struktur wird von Reich nicht erfüllt, da seine extrem graduellen musikalischen Prozesse nicht all das als komponierte Strukturen enthalten, was sich am Erklingenden entdecken läßt. Der Einwand, daß eben die Strukturen schon vieldeutig komponiert sind, trifft diesen Sachverhalt nicht. Denn zum einen steht dem die freimütige Äußerung Steve Reichs entgegen, daß nicht alles komponiert ist, was das Hören entdecken kann; zum anderen sind zwei

[7] Korrekt und konsequent darf man hier nicht von synkopierten Figuren sprechen, sondern von unregelmäßigen Gruppierungen der Dauernwerte, da die Synkope ein metrisch-rhythmisches Phänomen in melodisch-harmonischer Ausprägung ist; beides jedoch, gewichtsgestufte Metrik und melodisch-harmonische Gestaltung, fehlt hier.

Bedeutungen des Begriffes Struktur erkennbar: eine kompositionstechnische und eine physiologische. Die maßgebliche hier ist die physiologische; denn erst das Hören entdeckt am technischen Strukturbegriff das Merkmal der Ambivalenz. Die Vermittlung erfolgt nicht über eine Analyse des Notierten, sondern über das Hören. Damit auch tritt das Hören dieser Musik an Bedeutung vor die theoretisch-technische Analyse. Dementsprechend stützt sich dieser Kommentar auf eine sehr persönliche Hörerfahrung.

Das Metallophon hat in *Music for 18 Musicians* die Aufgabe, den Wechsel von einer Sektion zur nächsten anzukündigen, doch auch innerhalb der Sektionen einen Wechsel der Patterns in der mittleren und unteren Schicht zu markieren (wie der Trommler im indonesischen Gamelan und der Haupttrommler, Horn- bzw. Trompetenbläser oder Vorsänger im afrikanischen Ensemble)[8]. Diese Patterns werden langsam und leise eingeführt, allmählich aufgebaut, erweitert, verlängert und meist ebenso allmählich verkürzt, abgebaut und in den ständig klingenden Hintergrund integriert (Beispiele 3a und 3b)[9]. Meist erklingen diese Muster in parallelgeführten Intervallen und in Mischklangtechnik, das heißt in verschiedenen Instrumental- oder Vokalpaaren vervielfacht; gleichzeitig verdeutlichen die Farbkombinationen die Schichtung des Ganzen.

Bsp. 3

a) Takt 176ff.

2 Womens voices
2 Clarinets
Violin
Cello

b) Takt 312ff.

Womans voice 3
2 B♭ Clarinets
Violin
Cello

[8] In äußerlich-formaler Hinsicht ist dieser Einsatz des Metallophons irreführend; denn verläßt man sich beim Hören auf dessen auffallende Signale, glaubt man mehr als 11 Sektionen wahrzunehmen.

[9] Diese Technik gleicht dem Figur-Grund-Prinzip der ostasiatischen Malerei und Seidenweberei, wie es im Jugendstil aufgegriffen wurde.

Die Muster können auch kreuzrhythmisch gegeneinander verschoben sein:

c) Takt 535ff.

Entgegen diesem allmählichen Auf- und Abbau der Modelle wechselt die Harmonie von Sektion zu Sektion ohne Übergang in der Hintergrundschicht der raschen Akkordrepetitionen, jeweils nach dem Signal des Metallophons. Doch abrupt hört man nicht den Harmonie- bzw. Akkordwechsel – das hängt mit der großen Ähnlichkeit der 11 Akkorde zusammen –, sondern den immer damit verbundenen Klangfarbenwechsel.

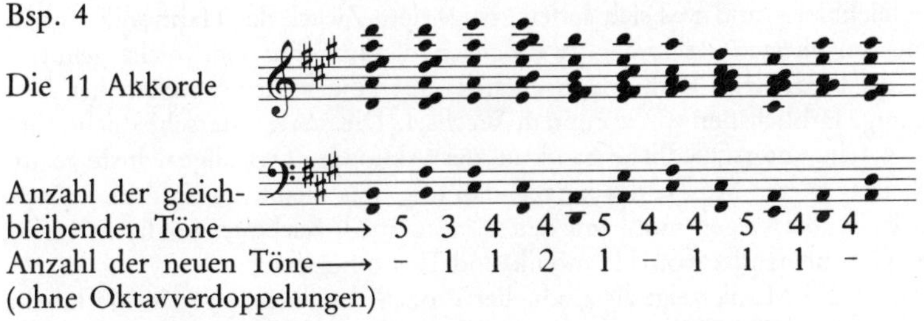

Doch wird die große klangliche Ähnlichkeit dieser 11 Akkorde nicht zu graduellen Prozessen genutzt. Damit fehlt der wesentliche Zweck für diese Ähnlichkeit; sie ist keine kompositionstechnische Notwendigkeit, sondern ein rein äußerliches Merkmal.

Die Harmonik wurde bisweilen tonal genannt, und Clytus Gottwald geht auf diesen Aspekt in seinem zweiten Aufsatz ein. Er rät davon ab, dafür den Begriff Tonalität (oder auch Modalität) zu bemühen, soll er nicht unbrauchbar und *bleichsüchtig . . . in den Orkus der Musiktheorie fahren*[10]. Steve Reichs Harmonik läßt sich *vielmehr höchst einfach als ein Zwischenprodukt, ein Mixtum compositum aus impressionistischer, modal ausgestufter Modulationsfreiheit und Schönbergschen Quartenakkorden erklären* (Gottwald 1978, 27f.). Über die Verwandtschaft der Akkorde schreibt Gottwald: *Wenn Steve Reich zur Bildung seines gesamten Akkordvorrats nur die A-Dur-Skala in Anspruch nimmt, stellt sich Zusammenhang unter den verwendeten Akkorden von selbst ein, ohne daß diese die Willkür der Akkordfolge*

[10] Ebensowenig kann man die Metrik und Rhythmik „tonal“ nennen, wiewohl es auf der Hand zu liegen scheint.

irgendwie aufheben könnte (1978, 28). Das ließe sich mit gutem Recht auch von der Zwölftonharmonik sagen, die ihre Akkorde aus der chromatischen Skala gewinnt. Es liegt nahe, die Harmonik und Akkordik in *Music for 18 Musicians* diatonisch oder heptatonisch zu nennen. Es kann ja gerade nicht die Absicht in diesem Stück sein, die Akkorde eindeutig tonal festzulegen, sei es durch ein Fundament, sei es durch einen Haupt- oder Zentralton. Ein gradueller Prozeß im harmonischen Bereich wäre gerade auf die vagen Beziehungen zwischen den Tönen eines Akkordes wie zwischen den Akkorden angewiesen; eine irgendwie geartete Hierarchie, vor allem eine tonale, wäre fehl am Platz. Wenn nun Steve Reich die Möglichkeit der Akkorde zu graduellem harmonischen Prozeß nicht nutzt, indem er die Wechsel durchs Metallophon ankündigen läßt und sie deutlich anderen Instrumentalfarben verbindet, muß man dies als weiteres Indiz dafür nehmen, daß Struktur, Erklingendes und Hörbares nicht ein und dasselbe sind. Man könnte die Akkorde als benachbarte Farben in einem Spektrum, als Interferenzfarben einer einzigen harmonischen Quelle betrachten, ohne daß dadurch die Charakterisierung *willkürlich*, von der Gottwald spricht, aufgehoben würde.

Da die Harmonik in rascher Pulsation immer nur Grund (analog der Begriffsbestimmung in der bildenden Kunst) ist, irisiert sie je nach den in den Vordergrund drängenden harmonisch-rhythmischen Ostinatofiguren. So spielt sich in der Harmonik nichts anderes ab als in der Metrik und Rhythmik: der Ambivalenz und Neutralität der Schlagzeiten entspricht die der Tonbeziehungen; was harmonisch wahrgenommen wird, ist wieder eine Interpretation des Hörers.

Zudem wird es durch die zeitliche Ausdehnung der Akkorde sinnlos, der Frage von Akkordfortschreitung und -zusammenhang nachzugehen: Jeder der in der Einleitung nacheinander, auf zwei Atemzüge der Baßklarinette exponierten elf Akkorde bildet die Basis für einen etwa fünfminütigen Abschnitt[11]. Eine rein statistische Erfassung dessen, was von Akkord zu Akkord an Tönen gleichbleibt und was sich ändert, trüge dem Zweck der Harmonik zu gradueller Veränderung am ehesten Rechnung, wenngleich dadurch nur eine nicht genutzte Möglichkeit aufgezeigt wird; denn harmonisch entsteht über die weiten Strecken der Eindruck von Gleichklang, farblich der von abruptem Wechsel. Die stark unterschiedliche Einfärbung verdeckt die fein unterschiedliche Struktur der Akkorde. Das allgemeinste, statistisch formulierte Gesetz dieser Musik, das besagt, daß das, was bleibt, an Zahl und Masse das sich Ändernde weit überwiegen muß, um den Grad der Abweichung möglichst gering zu halten, wird im Gegeneinander von Harmonik und Farbe negiert.

Instrumentale und vokale Musik zeigt als gradueller Prozeß demnach folgende Merkmale: Die kleinste zeitliche Maßeinheit, Gradmesser für die Veränderungen, ist ein Grenzwert. Er ist noch rhythmisch exakt spielbar und als distinkte Größe in rascher Pulsation noch metrisch wahrnehmbar. Dagegen wird die Grenze metrischer Wahrnehmbarkeit überschritten, wenn lange Dauern aufeinander folgen und wenn sie nur um diese kleinste zeitliche Maßeinheit augmentiert werden. Aus diesen beiden extremen Zeitwerten ergeben sich Wahl, Aufgabe und Teilung des Instrumentariums: für die rasche Pulsation Schlaginstrumente (Xylophone, Marimbaphone, Metallophone, Maracas, Klaviere), für die langgedehnten Dauern Orgeln, Stimmen, Blas- und Streichinstrumente, wenngleich sie auch in der Pulsierung eingesetzt werden.

[11] Ebenso müßig wäre die Frage nach der melodischen Qualität eines langgezogenen cantus firmus in einem Organum von Perotin, womit Steve Reich diese Praxis der Harmoniezerdehnung vergleicht. Ein analoges Beispiel aus dem außereuropäischen Bereich sind die langgezogenen Kernmelodien im indonesischen Gamelan, die die Länge der Perioden, deren Anzahl an Wiederholungen wiederum die Länge eines Stückes bestimmen.

Die einzelnen harmonisch-rhythmischen Muster haben keine ausgeprägte Gestaltqualität; ihr Entstehen und Vergehen unterliegt einzig dem Gesetz der Allmählichkeit. Erst als entindividualisierte Ostinatofiguren aus beliebig gruppier- und teilbaren, zerdehn- und verkürzbaren Einzeltönen (hörbar gemachten Zeitpunkten) sind sie miteinander widerstandslos kombinierbar und zeitlich gegeneinander verschiebbar, ohne daß eine deutlich in Stimmen aufgefächerte Polyrhythmik entsteht. Ihre Schichtung soll vielmehr das ganze Geschehen als graduellen Prozeß erscheinen lassen.

Wiederholung dient nicht einer musikalischen Architektonik, sondern sie ist in größerer zeitlicher Dimension nichts anderes als neutrale, gleichmäßige Pulsation. (So wäre etwa ein 12/8-Takt als Einzelimpuls zu verstehen.) Auch sie lenkt das Ohr vom Einzelnen ab aufs Ganze hin.

Takt und Rhythmus haben keine metrischen Qualitäten; der Takt ist auf die nur statistische Größe seiner Anzahl kleinster Impulse reduziert. Ein derart leerer Gerüsttakt gestattet in der musikalischen Auffüllung verschiedene Schlagzeiten, die metrische Betonung allenfalls durch zufällige Impulsmaximierung erhalten.

Ebenso legt die Harmonik und Akkordik, wiewohl diatonisch, keine Hierarchien oder Funktionen fest. Die Akkorde bieten einen begrenzten Tonvorrat zur rhythmischen Gestaltung; ihre Töne dienen dem Aufbau von Ostinatofiguren, die keine melodische Qualität bekommen.

Der Gesamtkomplex des Erklingenden verharrt in einem numerisch gleichbleibenden Impulsgeschehen mit sich ändernder Binnengliederung, oder er läuft allmählich von einem Geschehensminimum auf ein Geschehensmaximum hin und von ihm wieder zurück. Der Kontrast als musikalisches Gestaltungsmittel bleibt ausgeschlossen, da er der Idee extrem gradueller Fortschreitung widerspricht.

Die Musikstücke dauern naturgemäß lang, da allmähliche Veränderungen viel Zeit beanspruchen. Ihre Länge wird dadurch bestimmt, wieviel zur graduellen Veränderung ins Spiel gebracht wird. Aufgrund der nur minimalen Abweichungen werden die Stücke als unverhältnismäßig lang empfunden – gemessen an dem traditionellen Verhältnis von „Struktur und Erlebniszeit" –, zudem die Frage nach der höchsten Geschwindigkeit, in der sich Veränderungen noch graduell darstellen und wahrnehmen lassen, offenbar kein zeitlicher und musikalischer Gestaltungsfaktor ist. Dieser vielleicht heftigste Widerstand des Materials wird durch zeitliche Dehnung neutralisiert.

Ebensowenig ist die Frage, wieviel darf sich ändern und wieviel muß beibehalten werden, um noch graduelle Prozesse zu gewährleisten, ein Gestaltungsfaktor. Die kritische Grenze wird von Steve Reich immer respektiert; die Masse des Gleichbleibenden ist immer so groß, daß ein sich änderndes Detail unbemerkt darin verschwinden kann. Das erklärt die Vielschichtigkeit und hohe Dichte. Das Detail selbst erscheint wiederum nur als Masse, das heißt in den sich verändernden „resulting patterns". So kann Steve Reichs Musik als Versuch betrachtet werden, zwei Begriffe, die nicht zusammenpassen, zusammenzubringen: Masse als Individualgestalt zu begreifen und darzustellen.

Der Eindruck des Einfachen, den Reichs Musik macht, geht vor allem darauf zurück, daß sie sich gleichbleibender, perkussiver Spieltechniken bedient, ohne daß es dann freilich zu einer restlosen Identität mit dem Komponierten käme; denn die Idee des graduellen Prozesses in der Musik scheint mir eine kompositionstechnische Überlegung zu sein, die entgegen der Meinung Steve Reichs der Identität von Struktur, Erklingendem und Gehörtem eher hinderlich ist.

Zu einem wichtigen Merkmal der Musik Steve Reichs führt die Klärung der Frage, weshalb er, um Analoges zu seiner Musik der graduellen Prozesse aufzuzeigen, auf Naturhaftes

(Pendel, Schaukel, rinnender Sand im Stundenglas, Versinken der Füße im Schwemmsand), auf außereuropäische Musik (Afrika, Indonesien, Lateinamerika) und nur auf alte europäische Musik (Zirkelkanons, Organum, Perotin) verweist, nirgendwo jedoch auf die neuere und jüngste abendländische Musik, und wenn er von ihr spricht, dann nur um seine Musik gegen sie abzusetzen (Cage, Webern, serielle Musik), wiewohl er beispielsweise bei Ligeti Ähnliches finden könnte. Man tut sich in der Tat schwer, in der nicht mehr ganz neuen Musik etwas graduellen Prozessen Ähnliches zu finden: vielleicht Ravels *Bolero,* der 1. Satz von Bartóks *Musik für Saiteninstrumente, Schlagzeug und Celesta,* vielleicht die Nummern 134 und 135 des *Mikrokosmos,* vielleicht das Zwischenspiel auf dem Ton h zwischen der 2. und 3. Szene des dritten Aktes aus Bergs *Wozzeck.* Geht man davon aus, daß der Musik in der ersten Hälfte des 20. Jahrhunderts der Gedanke einer graduell sich verändernden Musik nicht fremd war, wenn er auch in andere Wörter gekleidet war[12], so dürfte der Grund für die Schwierigkeit, in ihr und in der Musik davor graduelle Prozesse zu finden, eine andersartige zeitliche Organisationsbasis sein. Alle musikalischen Komponenten waren auf einen mittleren Zeitwert als Zählzeit oder Schlagzeit bezogen, den sie über- und unterschreiten konnten. Dabei kam es zur Überlagerung mehrerer zeitlicher Ebenen: Die (Takt-)Metrik war geprägt durch diesen mittleren Wert, Melodik und Rhythmik verliefen in der Regel rascher, Harmonik, Dynamik und Klangfarbe langsamer. Ihr unterschiedliches Ereignistempo war bedingt durch ihre unterschiedliche musikalische Bedeutung, wie es umgekehrt Voraussetzung dafür war, daß diese Bedeutungen zur Wirkung kommen konnten. Eine Umkehrung dieser Ereignisverhältnisse hatte erhebliche Widerstände zu überwinden und führte dazu, daß die einen Komponenten andern ihre traditionelle Bedeutung nahmen: So etwa, als sich zu Beginn dieses Jahrhunderts das Melodisch-Rhythmische gegen das Harmonische und (Takt-)Metrische durchsetzte (das ist in Schönbergs *Rechtfertigung des Harmonischen durchs Melodische allein* mitgemeint); so etwa, als bei dem späteren Versuch, die Dauern wie die Tonhöhen seriell zu organisieren, das damit auftretende Problem einer dominierend langsamen Durchschnittsgeschwindigkeit zu bewältigen war[13].

Anders bei Steve Reich. In seiner Musik gibt es nur ein einziges Ereignistempo, bezogen auf die neutrale, gleichmäßige Folge eines kleinsten gemeinsamen Zeitwertes. Dieser Kleinstwert beherrscht das ganze Geschehen, sowohl die graduelle Progression im Auf- und Abbau der Modelle, ihre gegenseitige zeitliche Verschiebung, wie die proportionalen Augmentierungen, sogar die nach der Atemlänge der Bläser bemessenen Rhythmen.

Die einzelnen Tonpunkte der Patterns fallen immer auf einen Punkt der raschen Impulsfolge, nie werden rationale oder irrationale Unterteilungen benutzt. Die Modelle können auf einem beliebigen Punkt einsetzen und aufhören, sich gegeneinander beliebig kreuzrhythmisch verschieben, denn es gibt weder metrisch, noch melodisch, noch rhythmisch, noch harmonisch distinkte Bedeutungen der Töne, die dabei zu berücksichtigen wären. Das Tonmaterial ist in beziehungslose Tonpunkte zerlegt, die rein numerisch, quantitativ und stati-

[12] Etwa als Kontinuum, aus der Philosophie Bergsons auf die Musik Debussys übertragen, etwa als „kleinster Übergang“ bei Berg oder als Schönbergs „Klangfarbenmelodie“, auch der „entwickelnden Variation“ ist er nicht ganz fremd; in der Dynamik und im Tempo war er ohnehin vorhanden: poco a poco crescendo, diminuendo, accelerando, ritardando.

[13] Diese Widerstände lassen sich deutlich auch experimentell erfahren in dem Versuch, mit alter Musik graduelle Prozesse in Gang zu setzen; etwa wenn man das C-Dur-Präludium aus Bachs *Wohltemperiertem Klavier I* mit sich selbst um eine halbe oder ganze Zählzeit phasenverschoben darstellte oder mehrere Variationen aus Beethovens WoO 80 gleichzeitig und phasenverschoben spielte, wobei im Verlauf immer eine fallen zu lassen und eine neue hinzuzunehmen wäre. Die größten Widerstände dabei zeigt die nach schweren und leichten Zählzeiten differenzierte Metrik und die nach funktionalen Bedeutungen differenzierte Harmonik.

stisch zu organisieren und zu kombinieren sind. Die Vorstellung und Verwirklichung extrem gradueller Prozesse in der Musik bedeutet für Steve Reich die Notwendigkeit, alle Veränderungen an nur einen kleinsten Zeitwert zu binden[14]. Das erinnert an serielle Praktiken, ohne daß diese Musik seriell und chromatisch ist – so wie sie diatonisch ist, ohne tonal zu sein, wie sie Schlagzeiten hören läßt, ohne taktmetrisch zu sein[15].

Steve Reich hat das Ideal des „integralen Komponierens“ aufgegeben zugunsten eines anderen: Struktur und Klang sollen ein und dasselbe, die Strukturen ganz hörbar sein. Trotz der Schlichtheit des Materials und dessen Organisation geht dieses ästhetische Postulat, wie gezeigt worden ist, nicht restlos in Reichs Musik auf; graduelle Prozesse vor allem verhindern das eher, als sie es gewährleisten.

In der äußeren Einfachheit der Musik läßt sich eine Zeiterscheinung erkennen, die man Verweigerung genannt hat. Die fatale Dialektik von Verweigerung und Konformität, die in anderen kulturellen und gesellschaftlichen Bereichen konstatiert worden ist, trifft auch Steve Reichs Musik. Wiewohl er jegliche gesellschaftliche Deutung seiner Musik als Hirngespinst abtut, spricht für den angedeuteten Zusammenhang der Augenschein, daß seine Musik vor allem von Jugendlichen angenommen worden ist, die sich der Gesellschaft verweigern möchten. Eine gemeinsame Attitüde dieser Hörerschaft und dieser Musik ist, Zeit zu haben – wie es Clytus Gottwald der Musik Reichs negativ anlastet, da hier versucht werde, die Zeit totzuschlagen. Die Zeit als ökonomischer Faktor, im musikalischen wie im wirtschaftlichen Sinne, wird bedeutungslos.

Die Attitüde des „dem Augenblick leben“ hat ihr Äquivalent im musikalischen Material als Bedeutungslosigkeit der Zeichen, der musikalischen Bedeutungsträger. Wie sehr Bedeutungen einer Idee des graduellen Prozesses entgegenstehen, sei an einem anderen Material, an der Sprache ausgeführt. Steve Reich hat es selbst benutzt in *Its Gonna Rain,* in *Come out* und in *Slow Motion Sound.* Dabei waren ganz bestimmte Widerstände zu überwinden, denn der Sprache sind graduelle Prozesse wesensfremd. Die meisten ihrer Laute sind Phoneme, Bedeutungs- und Sinnträger. Daher ergibt sich, selbst wenn man nur einen oder zwei dieser kleinsten Bausteine (Laute, Phoneme) eines Sprachmusters verändert, ein deutlicher Sinnsprung oder Bedeutungsknacks:

Bsp. 5

In einem kühlen Grunde
Im eichenkühlen Grunde
In Teichen kühlen Hunde
In Leichen wühlen Hunde
Im Leiden kühlen Wunden
Im Leibe kühne Kunde
etc.

Das heißt, um in der Sprache graduelle Prozesse zu realisieren, müßte zuerst der enge Konnex zwischen Phonetik und Semantik unterbrochen, der semantische Bereich neutralisiert werden. Dazu verwendet Steve Reich unterschiedliche Verfahren. In *Its Gonna Rain* sind es die ununterbrochene Wiederholung und Phasenverschiebung eines unveränderten

[14] Denkbar sind jedoch auch graduelle Prozesse, die mehrere Bezugsmaße simultan oder auch sukzessiv verwenden.
[15] Das zeugt nicht gerade von einem musikalischen Ideal, das „integrales Komponieren“ genannt worden war, obwohl Reich betont, daß in seiner Musik alles ganz genau organisiert ist, Improvisation keinen Raum hat.

Satzmusters. Dadurch verliert es allmählich seine Bedeutung, wird zum reinen Klangmaterial. In *Slow Motion Sound* läßt der Satz *My shoes are new*, von einem afrikanischen Mädchen gesprochen, als sei das Englische eine Tonsprache, durch etwa 10fache Zerdehnung nur noch seine Mikroprozesse hörbar werden: . . . *It was still possible to hear how „My", instead of merely being a simple pitch, is in reality a complex glissando slowly rising from about c ♯' up to e', then dissolving into the noise band of „sh", to emerge gradually into the c ♯' of „oe", back into the noise of „s", and so on* (Reich 1974, 15 f.). Das Tempo, die Geschwindigkeit des Sprechens, die ja nicht nur gestische und expressive Bedeutung hat, sondern auch ein wichtiges Bindeglied zwischen phonetischem und semantischem Sprachbereich ist, geht durch die zeitliche Zerdehnung dieser Funktion verlustig. Doch auch bei unverändertem Lautbestand, bei nur veränderter Binnenstruktur (Interpunktion) würden sich die Bedeutung eines wiederholten Satzmusters, seine Expressivität und sein Gestus ändern.

Bsp. 6

Leute! Geht nicht an die Freiheit, die ich meine,
Leute? Geht nicht an die Freiheit, die ich meine!
Leute geht! Nicht an die Freiheit, die ich meine,
Leute, geht! Nicht an die Freiheit, die ich meine! –
Leute geht nicht! AN DIE FREIHEIT: DIE, ich meine,
Leute, geht nicht an. Die Freiheit, die ich meine,
läute, geht nicht! AN DIE FREIHEIT, DIE ICH MEINE.

Auch die Syntax wäre bei graduellen Prozessen demnach auszuschalten oder wenigstens zu neutralisieren, wie es durch pausenloses Abspielen eines Satzmusters auf einer Tonbandschleife geschieht.

Hier wird die Binnenstrukturierung der Modelle in Reichs Musik erneut von Interesse. Sie ist rein additiv und oft auch nicht eindeutig; so läßt sich etwa das Modell von Piano 2 und 4 aus Beispiel 3c ohne Gewalt ebenso als 3+2+2+3+2 (♪) wie als 3+3+2+3+1 (♪) oder als 3+2+3+2+2 (♪) auffassen; das „resulting pattern" aus beiden Klavierstimmen aber als 2+3+3+2+2 oder als 2+3+2+2+3 (♪). Sollte in diesen Strukturen noch ein Rest an musikalischer Syntax vorhanden sein, so wird er durch die Reihung und Wiederholung der Modelle vollständig aufgehoben. Anfang und Ende der Modelle werden völlig unbestimmt; wo man sie annimmt, wird belanglos.

Bsp. 7

(Takt 559ff.; hier ohne Taktstriche notiert, wie es dem Hören entspricht):

Marimba 1+2 Piano 1 Women's Voices 1+2

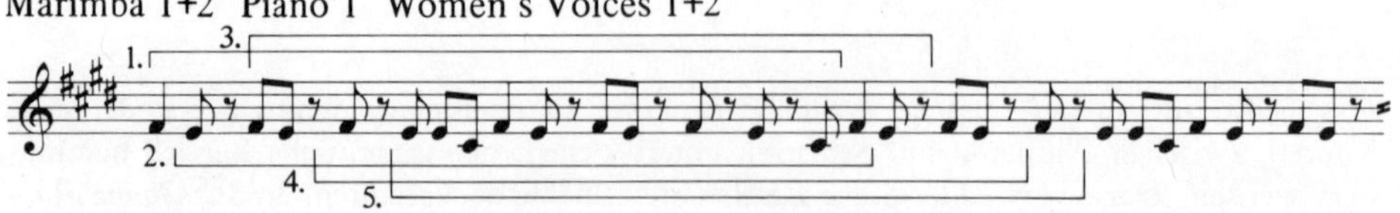

In den Beispielen 5 und 6 ließen sich die Bedeutungssprünge dadurch ausschalten, daß man die Muster chorisch-simultan synchron oder um weniges versetzt liest oder das Sprechtempo extrem erhöht oder verringert. Eben diese Verfahren: Wiederholung, Phasenverschiebung, Zerdehnung, rasches Tempo, Schichtung und Multiplikation, die in sprachlichem Material den semantischen Bereich neutralisieren und vom phonetischen ablösen, spielen in Steve Reichs Stücken von Anbeginn eine große Rolle, auch in denen, die kein Sprachmaterial verwenden. Daraus ist allgemein zu schließen, daß zum einen graduelle Prozesse phonetischen Wesens sind. Ihr Materialbereich ist der von Bedeutungen abgelöste Klangbereich. Das jeweils Erklingende tritt gleichsam beziehungslos und gedächtnislos auf, so daß von einer MUSIK DES PRÄSENS zu sprechen wäre. Zum anderen ist aus der Anwendung gleicher Mittel und Verfahren auf verschiedenes Material zum gleichen Zweck auf Gemeinsamkeiten dieser Materialien zu schließen. Darauf beruht die „Musik als Tonsprache".

Zu erinnern ist hier an eine auffallend unklare Stelle in dem Meinungsaustausch von Clytus Gottwald und Steve Reich. Gottwald gibt aus dem Gedächtnis ein Gespräch mit Reich wieder: *Würden Sie aber nicht zugeben, daß Musik eine Sprache ist, die Informationen vermittelt, die zu entschlüsseln unsere Aufgabe sein könnte?* Reich: *Eben weil ich der Ansicht bin, daß Musik eine Sprache ist, möchte ich jede weitergehende Informationsfähigkeit der Sprache bestreiten. Wittgenstein sagt, der Witz der Mitteilung liegt darin, daß ein anderer den Sinn meiner Worte auffaßt, sozusagen in seinem Geist aufnimmt. Wenn er dann auch noch etwas damit anfängt, so gehört das nicht mehr zum unmittelbaren Zweck der Sprache* (Reich, in: Gottwald 1975, 5)[16].

Bestreitet Steve Reich hier in Anlehnung an Wittgenstein die *weitergehende Informationsfähigkeit der Sprache*, so äußert er sich in seiner Briefantwort auf diesen Melos-Beitrag Gottwalds noch grundsätzlicher: *Um zu Ihrer Behauptung Stellung zu nehmen, ich glaubte nicht, Musik sei eine Sprache, pflichte ich Ihnen bei, daß es zutrifft, daß ich Sprache als Sprache und Musik als Musik ansehe. Wenn es mir darum geht, „Ideen ausdrücken zu wollen", dann tue ich das so eindeutig wie möglich in Worten . . . Sie scheinen der Ansicht zu sein, bei Musik handele es sich um eine Art von „Sprache, die entschlüsselt" werden müsse. Wirklich, ich finde das leicht komisch . . .* (Reich 1975, 199).

Steve Reich muß daran festhalten, daß seine Musik nicht eine Art Sprache ist, es nicht sein kann, da graduelle Prozesse dem Gesamtkomplex Sprache wesensfremd sind[17]. Fraglich aber, ob Steve Reich der Meinung ist, daß Musik generell keine Art Sprache sein kann. Denn damit wäre Reich gezwungen, wider besseres Wissen all seine Erfahrungen mit afrikanischer Musik preiszugeben. Selbst noch in den von der unmittelbaren Tradition (etwa der rituellen) abgelösten afrikanischen Musikformen finden sich deutliche Spuren ihres Sprachcharakters, ganz abgesehen davon, daß es ein erhaltener traditioneller Kontext erlaubt, bestimmte und häufige Formen von Instrumentalmusik als *Surrogate Languages* (J. H. Kwabena Nketia) zu bezeichnen. Hier nun wird erklärbar, daß bei sonstiger Ähnlichkeit mit afrikanischer Ensemblemusik der Part des Hauptinstruments (Trommel, Xylophon u.a.) in der Musik Steve Reichs fehlt: Die auf dem Hauptinstrument gespielten Patterns haben ausgeprägte Sprachqualität.

Dagegen sind die Patterns in Reichs Musik, wie schon mehrmals angesprochen, entindividualisiert. Und gerade das verlangt Steve Reich auch vom Spieler seiner Musik und vom Hörer als adäquate Rezeptionshaltung: *While performing and listening to gradual musical processes one can participate in a particular liberating and impersonal kind of ritual. Focusing in on the musical process makes possible that shift of attention away from he and she and you and me outwards towards it* (Reich 1974, 11).

[16] Diese Auffassung erscheint nachgerade ungeheuerlich, wenn man an die Äußerungen der Naziführer vor der „Reichskristallnacht" denkt, die den Pogrom nicht aussprachen und befahlen, aber in dem Publizierten meinten und wollten.

[17] Die zu graduellen Prozessen tauglichen Gemeinsamkeiten von sprachlichem und musikalischem Material sind demnach rein phonetischer Art.

Musik wird zur vorsprachlichen Form von Vermittlung, wird zum Ritual und erfüllt keine Mitteilungsfunktion mehr. Man begibt sich in sie hinein, spielend, singend, hörend, tanzend, ekstatisch. Das erklärt möglicherweise ihren Erfolg bei den Jugendlichen, auch (vielleicht vor allem?) musikalisch nicht gebildeten. Während aber zum Beispiel in Afrika solches Ritual wesentliche gesellschaftliche Funktionen erfüllt beziehungsweise erfüllte und zum Bestand der traditionellen Gesellschaften notwendig ist beziehungsweise war, bedeutet es in der abendländischen Kultur die absolute Abkehr von gesellschaftlichen Funktionen. *Ich muß solcher* (gesellschaftlicher) *Deutung* (meiner Musik) *energisch widersprechen. Ich selbst habe von meiner Musik in dem Sinne gesprochen, daß sie eine ganze Reihe von Überraschungen, von Unvorhersehbarem gebiert. Sie in sozialem Sinne deuten zu wollen, hieße etwas hineingeheimnissen, was in der Musik nicht angelegt ist* (Reich, in: Gottwald 1975, 5). Ohne Zweifel aber ist solche Ritualisierung von Kunst und Kultur, solch soziale Enthaltsamkeit und Verweigerung in höchstem Maße eine soziale und gruppenbildende Erscheinung der jüngeren Zeit und keineswegs auf die Musik als Transmission beschränkt. Da Musik zudem ihre Sprachfähigkeit verloren hat, ist sie besonders anfällig für Technik. Diese ist dabei, gerade in Kunst ritualisiert zu werden.

Literatur

Brinkmann, Reinhold (Hrsg.): *Avantgarde Jazz Pop – Tendenzen zwischen Tonalität und Atonalität,* Mainz 1978 (Veröffentlichungen des Instituts für neue Musik und Musikerziehung Darmstadt, Bd. 18)

Gligo, Nikša: *Ich sprach mit LaMonte Young und Marian Zazeela,* in: Mel 4/1973, S. 338–344

Gottwald, Clytus: *Signale zwischen Exotik und Industrie – Steve Reich auf der Suche nach einer neuen Identität von Klang und Struktur (I),* in: Mel/NZ 1/1975, S. 3–6

ders.: *Signale zwischen Exotik und Industrie (II),* in: Reinhold Brinkmann (Hrsg.), *Avantgarde Jazz Pop,* Mainz 1978, S. 24–30 (Veröffentlichungen des Instituts für neue Musik und Musikerziehung Darmstadt, Bd. 18)

Jones, A. M.: *Studies in African Music I/II,* 3. Auflage, London 1969

Ligeti, György (im Gespräch mit Clytus Gottwald): *Tendenzen der Neuen Musik in den USA,* in: Mel/NZ 4/1975, S. 266–272

Reich, Steve: *Writings about Music,* Halifax/New York 1974

ders.: *Steve Reich schreibt an Clytus Gottwald,* in: Mel/NZ 3/1975, S. 198–200

Ruhrberg, Karl (Hrsg.): Metamusik-Festival 1 und 2 Berlin 1974 und 1976, Berliner Künstlerprogramm des DAAD 1977

Wilfried Gruhn

„Neue Einfachheit"?
Zu Karlheinz Stockhausens Melodien des *Tierkreis*

Der Name Stockhausen stand in den 50er Jahren fast synonym für Konstruktivismus und rationale Durchorganisation der Ordnungsverhältnisse des musikalischen Materials. Das kompositorische Denken der seriellen Phase richtete sich vorwiegend auf die theoretischen Postulaten folgende Vor- und Durchstrukturierung der materialen Bedingungen musikalischer Konstruktion und verlagerte so das Denken vom Ergebnis auf das Verfahren. Die frühen Werke wie *Kontrapunkte* (1952–53), die Klavierstücke (1952–56), *Zeitmaße* (1955–56), *Gruppen* (1955–57), *Gesang der Jünglinge* (1955–56) oder *Carré* (1959–60) repräsentieren dieses Stadium spekulativer Materialbehandlung. Seit Ende der 60er und Anfang der 70er Jahre ist im kompositorischen Bewußtsein eine extreme Wende zu bemerken. Die übertriebene Wissenschaftsgläubigkeit kompositorischer Theoreme, die auch ästhetische Entscheidungen wissenschaftlich fundieren wollte und von der Überzeugung ausging, daß die rationale Organisation der Mikrostrukturen auch die Evidenz der Makrostrukturen garantiere, schlug um in eine totale Abkehr von strukturalistischen Prinzipien zugunsten einer stärkeren Betonung des Individuellen, Spontanen und Intuitiven mit einer erneuten Verlagerung von der Methode auf den Prozeß, die Ausdruck eines gesamtgesellschaftlichen Ausbruchs aus einer durchrationalisierten und weitgehend fremdbestimmten Lebenswelt sind, der sich sozio-ökonomisch in der Zivilisationsflucht der Hippiekulturen, pädagogisch in Modellen antiautoritärer Erziehung und musikalisch-künstlerisch in einer reduzierten „minimal art", freier Prozeßplanung, improvisatorischer und intuitiver Musik und am stärksten vielleicht in der multimedialen Ausweitung der Pop-Kultur und den ekstatischen Ausdrucksformen des Free Jazz niederschlägt. Die Abkehr von dem Glauben an das vorrangige Prinzip der Wissenschaftsorientierung führte zu einer Öffnung gegenüber allen Versuchen erweiterter Bewußtseinsfindung und begünstigte einen Synkretismus östlicher und westlicher Philosophien meditativer Prägung. Der in einer wissenschaftsverwalteten Welt vernachlässigte emotional-affektive und sozial-kommunikative Bereich wird in einer Bewußtseinserweiterung kompensiert, die – wo sie nicht von innen meditativ gewonnen wird – auch über Drogen gesucht wird. Psychedelische Musik hat einen wesentlichen Anteil am Ausstieg aus den Zwängen der Realität. Im Horizont dieser gesamtkulturellen Entwicklung ist auch Stockhausens Wandlung vom bedeutenden Theoretiker der Neuen Musik der 50er Jahre (vgl. Texte Bd. 1 und 2; Die Reihe) zum selbstbewußten Mittler kosmischen Bewußtseins (vgl. Texte Bd. 3, besonders auch die photographische Selbstdarstellung S. 377) zu sehen, der sich in seinen theoretischen Schriften und mit Werken wie *Stimmung* (1968), *Aus den sieben Tagen* (1968), dem Projekt *Hinab-Hinauf* (1968) oder den Orchesterwerken *Trans* (1971) und *Inori* (1973–74) ganz einer „überrationalen", intuitiven Dimension musikalischen Schaffens zuwendet. So nimmt es nicht Wunder, daß in der amerikanischen Underground-Szene der 60er und frühen 70er Jahre gerade auch Stockhausens Musik eine starke Verbreitung fand. *In Amerika werden in den „Psychedelic shops", in den Pop-music-shops, gerade auch da, wo die ärmeren der jungen Generation leben, da werden – wie ich selbst feststellte – meine Platten in großer Zahl verkauft, und nicht nur meine Platten, sondern alles, was – wie sie sagen – „high" klingt, oder was ihnen wie Nachrichten aus einem neuen Raum kommt, der ihnen magisch anziehend erscheint und der befreiend für sie ist* (Interview 1968, in: Stockhausen 1971, 318/19).

Die Abwendung von strukturalistischen Verfahren führte zu einer Reduktion der kompositorischen Mittel. Bereitgestellt werden nun Stimuli zur Freisetzung individueller, „intuitiver" Musik, *um das Hervorbringen jedes Tones mit einer geistigen Intention und damit maximale Tonqualität zu erreichen. Ich muß deshalb auch andere qualitative Vorschriften suchen. Und darum die Reduktion meiner Partituren auf zum Beispiel nur wenige Wortsätze . . .* (Interview 1969, in: Stockhausen 1971, 320/21). In diesem gedanklichen Zusammenhang hat auch eine verstehende Annäherung an die „Neue Einfachheit" und reduzierte Einstimmigkeit der Tierkreis-Melodien anzusetzen.

Zum Werk

Die Melodien des *Tierkreis* sind 1975 entstanden und liegen in verschiedenen Fassungen vor. Zur Entstehung schreibt Stockhausen in einem Programmtext: *1975 habe ich MUSIK IM BAUCH für 6 Schlagzeuger komponiert, eine szenische Musik, die ich 1974 eines Morgens beim Aufwachen hörte und sah. Gegen Ende des Stückes werden aus dem Bauch eines Vogelmenschen, der über der Bühne schwebt, 3 Spieluhren herausgenommen. Es gibt insgesamt 12 Spieluhren, von denen man 3 für eine Aufführung auswählt. Die 12 Melodien habe ich nach den Eigenschaften der Tierkreiszeichen komponiert und benannt.* Sie erschienen danach auch als selbständige Komposition unter dem Titel *Tierkreis. 12 Melodien der Sternzeichen* (Werk $41^{1}/_{2}$) für ein beliebiges Melodie- oder Akkordinstrument oder deren Kombination. *Auf den linken Seiten stehen die 12 einstimmigen Melodien; sie können mit beliebigen Instrumenten gespielt werden. . . . Auf den rechten Seiten stehen die gleichen Melodien in akkordischem Satz, wie sie ursprünglich für Spieluhren komponiert wurden; diese können mit beliebigen Akkord- (Tasten-)instrumenten gespielt werden* (Vorwort der Partitur). Ferner gibt es Ausgaben für Sopran, Alt, Tenor, Bariton und Baß mit Akkordinstrument (Werk $41^{2}/_{3}$–$^{6}/_{7}$, die jeweils eigene Texte[1] des Komponisten verwenden, in denen die chakteristischen Wesenszüge eines jeden Tierkreiszeichens beschrieben werden. 1977 entstand im Auftrag des Oktetts der Berliner Philharmoniker zudem eine Version für Kammerorchester (Klar, Hr, Fag und Streichquintett, Werk $41^{7}/_{8}$), die auf die Quartett-Version für Trp, Sopran, BKlar und Baß der Komposition *Sirius* (Werk 43) zurückgreift, die *ebenfalls mit den 12 Melodien des Tierkreis komponiert wurde* (Programmtext).

Auffallendes gemeinsames Kennzeichen ist die konzeptionelle Einfachheit der Melodien und deren reduzierte akkordische Begleitung. Allein die Tatsache, daß hier wieder Melodien und nichts als Melodien komponiert sind, die ausschließlich auf einfachen, zum Teil wieder metrisch gebundenen Tonhöhenbewegungen ohne jegliches klangliche oder spieltechnische Raffinement beruhen und ohne akrobatische Virtuosität und subtile rhythmische Verästelungen auskommen, ist bemerkenswert. Die kurzen, kreisförmig geschlossenen und auf Wiederholung hin angelegten Melodien stehen jenseits des eingeschliffenen Idioms dodekaphoner, serieller oder punktueller wie auch der Klangtypen aleatorischer und experimenteller Musik, meiden deren gespreizte Intervallik ebenso wie liedhafte Stufenmelodik, strukturelle Indetermination ebenso wie symmetrische Korrespondenzen; sie lassen den Hörer in einer ihnen eigentümlichen Schwebe zwischen leichter Faßlichkeit und Eingängigkeit und gleichzeitiger Unbestimmtheit; sie sind weder tonal gebunden noch atonal, dennoch von unverwechselbarer Charakteristik. Dies sei zunächst anhand der einstimmigen Melodien auf der Grundlage des hörenden Zugriffs näher beschrieben.

[1] Veröffentlicht in: Stockhausen, Texte Bd. 4, Köln 1978, S. 306–309. Darin enthalten sind auch analytische Skizzen, Bilder und Kommentare zum Werkkomplex *Tierkreis – Sirius*.

Höreindruck

1. *Aquarius*

In gleichmäßig wiegender Bewegung hebt und senkt sich der Melodiebogen. Der erste Aufschwung über Sekunde, Terz und Quarte führt zum Gipfelpunkt, der nach längerem Verweilen in eine chromatische Abwärtsbewegung mündet, in die der „Grundton“ als verdeckter Orgelpunkt eingefügt ist. Das einfache Strukturmodell

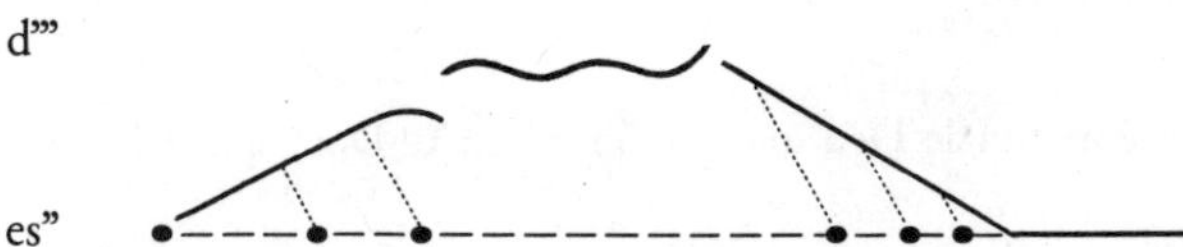

resultiert allein aus der Tonhöhenfolge und weist keine motivischen Bildungen auf. Die Struktur des Melodiegerüsts wird durch die längeren Werte unterstützt, die durch kurze Werte oder rasche Bewegungen kurz unterbrochen werden:

Die mehrfache Wiederholung der formal und „harmonisch“ (es''-d'''-es'') geschlossenen Melodie ruft den Eindruck des Kreisens um ein Zentrum (es'') hervor, auf das die Melodie immer bezogen ist.

2. *Taurus*

Abrupte Unterbrechungen durch kurze Notenwerte und schnelle Bewegungen bestimmen auch den Duktus dieser metrisch freien Melodie. Das ständige Schwanken zwischen latenten Achtel- und Viertel-Grundwerten verhindert ein einheitliches Zeitempfinden. In der Kammerorchester-Version, in der auch die freien Melodien aus Gründen der rhythmischen Koordination durch „Taktstriche“gegliedert sind, ist hier eine Einteilung in $\frac{3}{8}$ $\frac{6}{8}$ $\frac{3}{8}$ $\frac{2}{4}$ $\frac{5}{8}$ $\frac{2}{4}$ $\frac{5}{4}$ $\frac{3}{4}$ $\frac{7}{8}$ $\frac{9}{8}$ $\frac{6}{8}$ $\frac{7}{8}$ $\frac{7}{8}$ $\frac{7}{8}$ vorgenommen. Die Melodiekontur beschreibt wiederum einen Bogen über einem Zentralton (fis''):

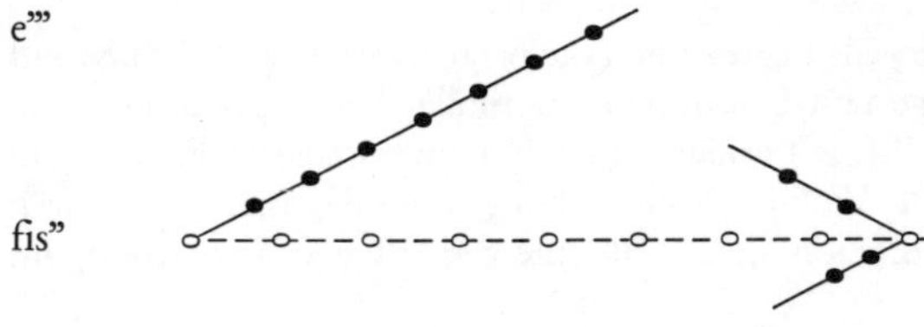

3. *Gemini*

In ihrer Bewegung steht diese Melodie ganz im Gegensatz zu der vorangehenden durch die Wiederholung metrisch gleicher Werte und eine auskomponierte Beschleunigung in der zweiten Hälfte. Gegliedert wird sie durch drei rhythmische Signalmarken, die die Melodie einleiten, nach einer Zäsur den zweiten Abschnitt mit der Beschleunigung beginnen und diese am Ende wieder auffangen und abschließen:

Harmonisch drängt sich anfänglich eine tonale Deutung im Sinne von C-Dur, später im Bereich D-Dur/g-Moll auf.

4. *Sagittarius*

In überwiegend chromatischer Triolenbewegung fällt die Melodie zur Mitte hin, von wo aus sie mit staccato-Achteln zu einem neuen Aufstieg noch über den Anfangston hinaus anhebt, so daß bei nachfolgender Wiederholung der Gipfelpunkt zugleich in den Beginn der Abwärtsbewegung umschlägt. Während die ersten Melodien auf einen zentralen Grundton als Basis bezogen sind, bildet der Zentralton (des''') hier die melodische Obergrenze.

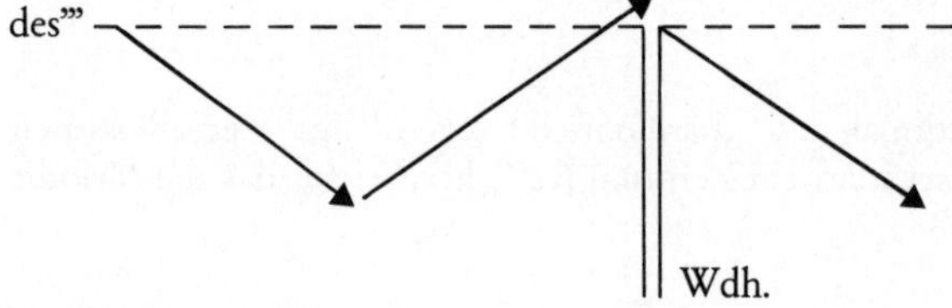

Die bisherigen Beobachtungen lassen bereits einige gemeinsame Merkmale erkennen:
- metrische Ambivalenz;
- rhythmische Wechsel von gehaltenen Werten mit kurzen Bewegungsimpulsen als Unterbrechung;
- funktionale Bezogenheit auf einen jeweils anderen Zentralton, der die ganze Melodie als Basis, Obergrenze oder Achse durchzieht;
- formbildende Funktion der Bewegungsrichtung und Bewegungsdichte;
- keine melodische Entfaltung oder Entwicklung auf motivischer Grundlage.

Melodiestrukturen

Allen Melodien des *Tierkreis* liegt ein jeweils begrenzter Tonvorrat von 12 bis 19 Tönen mit einem Umfang zwischen großer Septime und Duodezime zugrunde. Die Melodie mit dem weitesten Umfang zwischen gis' und e''' (*Leo*) erfährt in der Kammerorchester-Fassung am Schluß im Horn (7a und 7c) und in der 1. Violine (7b) beziehungsweise Klarinette (7c) durch Oktavierung der Schlußfloskel eine Modifizierung, so daß eine geringfügige Abweichung im Umfang entsteht (Bsp. 1).

Bsp. 1 Nr. 7 *Leo*

Jeder Tonvorrat enthält alle 12 chromatischen Töne, ohne daß aber von Reihenbildung zu sprechen wäre. Jede Melodie besitzt einen eigenen zentralen Grund- oder Hauptton (Zentralton), der im Tierkreis von Melodie zu Melodie um einen Halbton steigt (Tafel 1). Seine dominierende Funktion innerhalb der Melodie ist als strukturbildendes Element auch ästhetisch evident und statistisch nachweisbar; so entfallen in Nr. 1 (*Aquarius*) von insgesamt 40 Melodietönen 12 auf den Zentralton „es“, der mit 43 von insgesamt 138 Sechzehntelwerten ein Drittel der Gesamtdauer beansprucht.

Ebenso liegt der rhythmischen Struktur der Melodien ein je verschiedener Dauernvorrat einer kontinuierlichen Multiplikationsreihe (1♪, 2♪, 3♪, 4♪ etc.) zugrunde, die auf Duolen- oder Triolen-Sechzehntel (♪3) bezogen ist; auch werden beide Werteinheiten kombiniert verwendet (Tafel 2). Das der seriellen Technik entlehnte Prinzip der Bildung von Multiplikationsfolgen und deren gleichberechtigte Verwendung ohne seriellen Reihenzwang bestimmt den Charakter der Melodien ebenso wie die freie Handhabung des totalen chromatischen Tonvorrats. Die strukturelle Bedeutung der Ton- und Dauernvorräte sei nur an wenigen exemplarischen Beispielen angedeutet.

Die 1. Melodie (*Aquarius*) ist, wie die Höranalyse ergibt, durch die Bewegungsrichtung gegliedert. Das melodische Gerüst der drei Abschnitte besteht aus den jeweils neu hinzutretenden Tönen, die sich sukzessiv zum Gesamtvorrat der 12 chromatischen Töne summieren, das heißt die Ordnung des Tonvorrats bildet zugleich die melodische Substanz (Bsp. 2).

Häufigkeit	12	2	1	2	2	5	4		2	4	1	3	2
Dauer in ♪	43	3	4	10	6	18	6		6	12	5	12	11

Bsp. 2 Melodiegerüst von *Aquarius*

Die Melodien 4 (*Taurus*) und 7 (*Leo*) sind deutlich um den Zentralton als Horizontalachse gruppiert (Tafel 3), der die gesamte Melodie in unterschiedlicher Rhythmisierung durchzieht (Bsp. 3, S. 192).

Tafel 1: Tonvorräte mit ihren Zentraltönen

	Tonvorrat *)	Umfang	Zentral-Ton	Dauern-vorrat**)	Metrum
1. Aquarius	12	es''–d'''	es	10 𝅘𝅥𝅯	3/8
2. Pisces	14	cis''–es'''	e	17 [12 𝅘𝅥𝅯 / 5 𝅘𝅥𝅯^{3}	4/4 (3/4 6/4)
3. Aries	19	cis''–g'''	f	13 [9 𝅘𝅥𝅯 / 4 𝅘𝅥𝅯^{3}	4/4
4. Taurus	13	c''–e'''	fis	12 𝅘𝅥𝅯	frei
5. Gemini	12	dis''–d'''	g	13 [9 𝅘𝅥𝅯 / 4 𝅘𝅥𝅯^{3}	unregel-mäßig
6. Cancer	16	(as') d''–f'''	gis	5 𝅘𝅥𝅯^{3}	frei
7. Leo	15	gis''–e'''	a	18 [10 𝅘𝅥𝅯 / 8 𝅘𝅥𝅯^{3}	frei
8. Virgo	13	dis''–f'''	b	7 𝅘𝅥𝅯	3/4 4/4 5/4 6/4
9. Libra	15	dis''–fis'''	h	9 𝅘𝅥𝅯^{3}	unregel-mäßig
10. Scorpio	12	dis''–ges'''	c	4 𝅘𝅥𝅯	unregel-mäßig
11. Sagittarius	15	des''–es'''	des	8 [5 𝅘𝅥𝅯 / 3 𝅘𝅥𝅯^{3}	unregel-mäßig
12. Capricorn	12	es''–d'''	d	14 [10 𝅘𝅥𝅯 / 4 𝅘𝅥𝅯^{3}	frei

*) Anzahl der verschiedenen Tonhöhen
**) Anzahl der verschiedenen 𝅘𝅥𝅯-Werte

Tafel 2: Übersicht

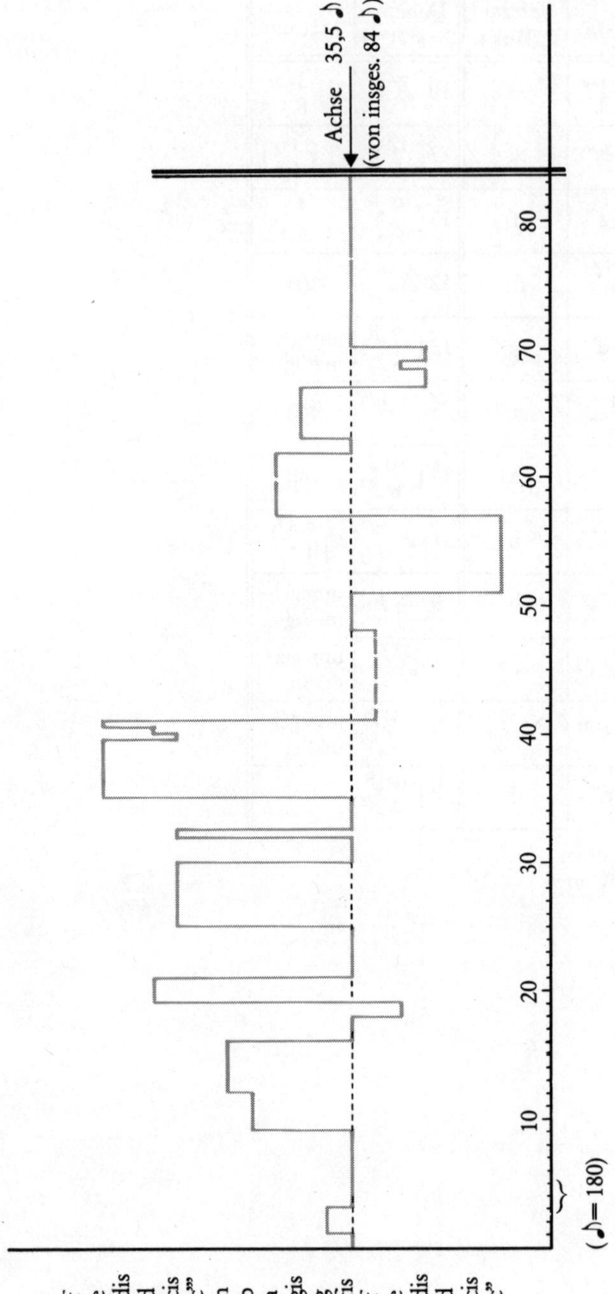

Tafel 3: Nr. 4 *Taurus*

Bsp. 3 Rhythmisierung des Zentraltons in Nr. 7 *Leo*

Der Charakter dieser Melodie ist durch eine – wenn auch nicht notierte – so doch hörbar wirksame Auftaktigkeit geprägt, die als durchgehendes Prinzip meist auf dem Zentralton „a“ eine starke, Zusammenhang stiftende Funktion erhält. Der Arbeit mit einem bestimmten, prinzipiell gleichberechtigten Tonhöhen- und Dauernvorrat innerhalb einer kontinuierlichen Wertskala von chromatischen Tönen bzw. Multiplikationsfolgen liegt ein anderes Denken zugrunde als das, das eine auf motivischer Entfaltung und melodischen und rhythmischen Korrespondenzen beruhende Melodik hervorbringt. So ist in diesem Beispiel substantiell nicht von motivischen Varianten zu sprechen, sondern von rhythmisch variierten Auftakten, die – verbunden mit dem Zentralton „a“ – dessen Achsenstellung begründen und zugleich strukturelle und formbildende Funktion erhalten (Bsp. 4).

Bsp. 4 Rhythmische Auftakt-Varianten in Nr. 7 *Leo*

Die 4. Melodie (*Taurus*), auf deren rhythmisch-metrische Instabilität bereits hingewiesen wurde, besteht aus insgesamt 36 Dauern eines Vorrats von 12 verschiedenen Werten, von denen allein 6 auf das zentrale „fis" entfallen (Tafel 4).

Werte in 𝅘𝅥𝅯	Häufigkeit	„fis"
𝅘𝅥𝅯 = 1	6	
𝅘𝅥𝅮 = 2	8	3
𝅘𝅥𝅮. = 3	2	
𝅘𝅥 = 4	7	2
𝅘𝅥‿𝅘𝅥𝅯 = 5	1	1
𝅘𝅥. = 6	4	2
𝅘𝅥.. = 7	1	
𝅗𝅥 = 8	1	
𝅗𝅥‿𝅘𝅥𝅯 = 9	1	
𝅗𝅥‿𝅘𝅥𝅮 = 10	2	
𝅗𝅥. = 12	1	1
𝅗𝅥.. = 14	2	2
	zus. = 36	

Tafel 4: Dauernvorrat in Nr. 4 *Taurus*

Die wenigen Beobachtungen verdeutlichen bereits die analysierbaren Strukturprinzipien, lassen jedoch noch keinen Rückschluß auf die Evidenz der musikalischen Gestalten zu. Die Einfachheit der Melodiestrukturen kongruiert mit einer Materialdisposition ohne strukturelle Verbindlichkeit. Dennoch prägen die einzelnen Melodien spezifische musikalische Charaktere aus. Neben eher ausgeglichenen, ruhig fließenden (*Aquarius, Cancer, Virgo, Libra*) stehen kraftvoll bestimmte (*Aries, Leo*) und mehr indifferent schwankende, zerrissene (*Pisces, Taurus, Scorpio*). Diese subjektiven Empfindungsqualitäten haben ihre Ursache vornehmlich in semantisch besetzten musikalischen Topoi wie dem wiegenden 6/8 Takt, marschartigem Metrum, drängendem Auftakt, chromatisch fallender Bewegung etc.

Harmonisierung – Begleitung

Die Begleitung der Fassung für Akkordinstrumente folgt generell den gleichen Strukturprinzipien wie die Melodien, verfügt aber meist nur über einen ganz begrenzten, sparsamen Tonvorrat, der durch Permutation und Kombination verschiedene Akkordbildungen ermöglicht.

In *Aquarius* ist die gesamte Begleitung aus dem Bestand von zwei 3-tönigen Akkorden (A, B) gebildet, deren Einzeltöne (1, 2, 3) verschiedenen Kombinationsmöglichkeiten unterzogen werden (Bsp. 5).

Bsp. 5 Akkorde der Begleitung zu Nr. 1 *Aquarius*

Die 6 Töne der Begleitung zu *Gemini* treten zunächst als Akkord auf, der sukzessiv abgebaut wird und sich schließlich in melodischer Brechung auflöst (Tafel 5). Auch die Kontrapunktstimme zu Nr. 2 (*Pisces*) basiert auf einem 6-tönigen Modell, das zunächst melodisch entfaltet, dann additiv zu Akkorden gebündelt wird und schließlich zu verschiedenen Akkordformen führt (Bsp. 6).

Bsp. 6 Begleitung zu Nr. 2 *Pisces*

Schließlich gibt es Akkordbildungen auf der Grundlage von 3-Ton-Clustern (*Scorpio*):

fis-g-as | a- h-c | d-dis-e
f-fis-g | a-ais-h | cis-d-es

Die Funktion der Begleitungen reicht von kontrapunktierender Zweistimmigkeit (*Pisces*) und akkordischer Auffüllung (*Aquarius*) bis zur Strukturverdeutlichung. Die Architektonik der 7. Melodie (*Leo*) weist neben der erwähnten Auftaktigkeit und zentralen Achsenfunktion des „a“ eine Bewegungsverdichtung genau in der Mitte (Häufung der kürzesten ♪^{3}-Werte) auf. Die pendelnde Abfolge der Zweiklänge (Quinte und Quarte) wird an markanten Strukturmarken in ihrem regelmäßigen Wechsel verschoben: die erste rhythmische Verschiebung erfolgt zusammen mit dem ersten Auftreten der Triolenbewegung der Melodie, zwei weitere kontrapunktieren die Stabilisierung des Zentraltons „a“ am Ende der Melodie. Während der größten Bewegungsdichte der Melodie fallen die beiden Intervalle in einem 4-stimmigen Akkord zusammen, erscheinen ineinandergeschoben (Tafel 6).

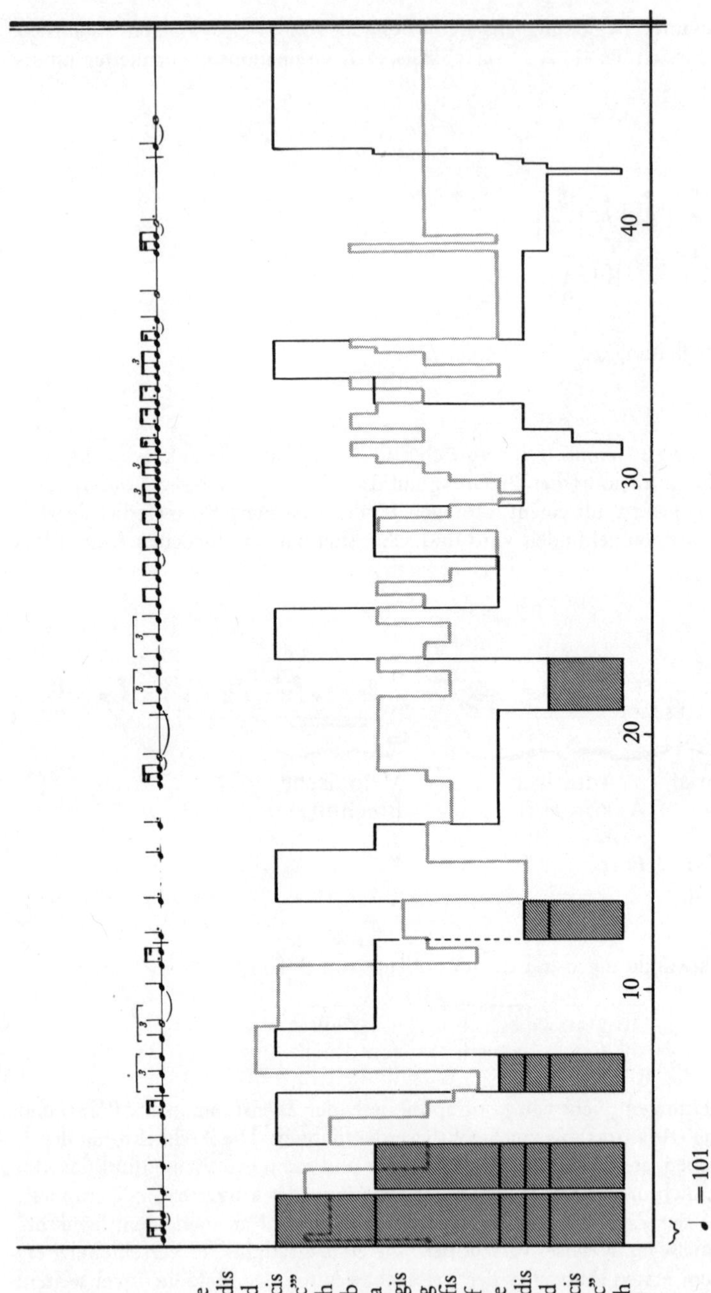

Tafel 5: Nr. 5 *Gemini*

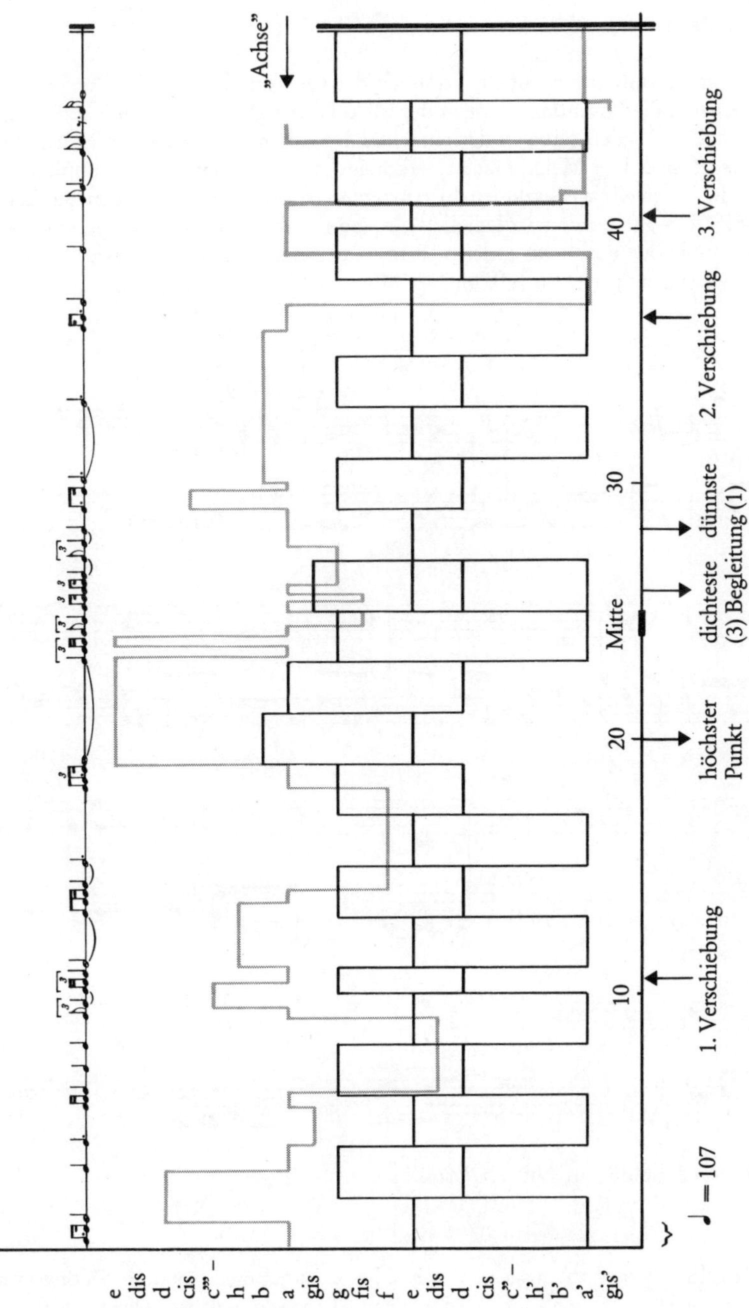

Tafel 6: Nr. 7 *Leo*

Kammerorchester-Fassung

Die Kammerorchester-Fassung greift auf die Stimmen der Quartett-Version des *Tierkreis* in *Sirius* zurück. Dabei sind die Harmonisierungen der Melodie-Ausgabe im wesentlichen lediglich stimmig gesetzt. Die Wiederholungen der einzelnen Melodien sind nun in unterschiedlicher Besetzung ausgeführt. Die Melodie selbst erscheint dabei vielfach in Verdopplungen oder Oktav-Koppeln in jeweils wechselnden Instrumenten und je einmal in jedem der acht Instrumente als Solo. Erwähnenswert ist lediglich eine punktuelle Verdopplungstechnik, bei der nur einzelne Melodietöne durch ein anderes Instrument verdoppelt werden (Bsp. 7), wodurch der bloßen Verstärkung ein klangfarbliches Moment hinzugefügt wird.

Bsp. 7 Punktuelle Verdopplung in Nr. 2b *Pisces*

Hier bilden die einzelnen Verdopplungstöne der Klarinette zusammen genau den Tonvorrat der Melodie (mit Ausnahme des fehlenden „es"), das heißt verdoppelt ist jeweils ein neuer Ton des Tonvorrats. So exponiert die Klarinette allein den Tonvorrat, aus dem die Melodie der Violine gebildet ist.

Spiel- und Aufführungstechnik

Die einzelnen Melodien stellen Elemente eines beliebig kombinierbaren Zyklus dar: es kann eine Auswahl aus der Gesamtzahl zusammengestellt werden, oder *man kann – je nach Jahreszeit oder Gelegenheit – mit einem beliebigen Sternzeichen beginnen und spielt dann alle im Kreis herum* (Programmtext). Dabei soll jede Melodie mehrmals gespielt werden (*zum Beispiel drei- oder viermal in unregelmäßiger Folge*, Vorwort der Partitur). In der Kammerorchester-Fassung sind Anzahl und Abfolge der Wiederholung exakt vorgegeben.

Aquarius	*Pisces*	*Aries*	*Taurus*	*Gemini*	*Cancer*	*Leo*	*Virgo*	*Libra*	*Scorpio*	*Sagittarius*	*Capricorn*
3×	4×	3×	4×	4×	4×	3×	3×	4×	3×	4×	3×

Freiheit besteht hinsichtlich der Phrasierung, die nur Vorschlagscharakter hat und – *vor allem von Streichern – geändert werden* kann (Vorwort der Partitur). Ebenso ist die Lage variabel. *Die Melodien kann man transponieren. Werden mehrere oder alle nacheinander gespielt, so müssen alle um das gleiche Intervall transponiert werden* (Vorwort der Partitur). Dies ist erforderlich, um das Intervallverhältnis der Zentraltöne untereinander aufrecht zu erhalten. Ist die ausgearbeitete Kammerorchester-Fassung zwangsläufig in formaler Hinsicht festgelegt, bieten die einstimmigen Melodien vielfältige zusätzliche interpretatorische Möglichkeiten einer variablen Behandlung der verschiedenen Wiederholungen. Die von Christel Stockhausen (1978, 283–84) mitgeteilten Anregungen und *Hinweise zur praktischen Aufführung* sind:

a) Abstufung in der Dynamik, sei es innerhalb einer Melodie, oder von einer Wiederholung zur anderen;

b) Veränderung der Artikulation (staccato, portato, legato);

c) Gebrauch von verschiedenen Oktavlagen, entweder auf dem gleichen Instrument, oder durch Wechsel von Instrumenten (zum Beispiel Flöte, Piccolo, Altflöte);

d) Duo-Interpretation, indem ein Akkordinstrument ein Melodieinstrument oder einen Sänger begleitet (eine Variationsmöglichkeit besteht darin, daß sich die Spieler im Duett- und Solospiel ablösen);

e) Melodievariation durch Weglassen bestimmter Töne aus einer Melodie, wobei die kompositorische Struktur in Hinsicht auf Rhythmus, Intervallfolge, neu hinzukommende Töne, wiederholte Töne (Prinzip der 12-Ton-Musik) deutlich gemacht wird. Rhythmische Variationen könnten darin bestehen, daß man das ganze Stück nur rhythmisch auf seinem Zentralton deklamiert oder nur den Zentralton in seiner rhythmischen Abfolge spielt, mit exakten Pausen an den Stellen, wo andere Tonhöhen stehen. Letzteres würde sich zum Beispiel bei der Melodie „Löwe" anbieten;

f) Als Verdeutlichung der Intervallfolge könnte man bei einer Melodie die erneuerten Intervalle besonders hervorheben (in einigen Melodien stecken derartige Gesetzmäßigkeiten, daß man zum Beispiel alle verschiedenen Intervalle – vom Zentralton aus – sowohl auf- als auch abwärts antrifft, wie in der Melodie „Löwe")[2]*, oder nur die neu auftretenden Intervalle spielen und die wiederkehrenden auslassen, diese jedoch durch genaue Pausen ersetzen (das alles natürlich im gegebenen Rhythmus);*

2 Dieser Hinweis ist interessant und könnte die Oktavversetzung des Melodieschlusses in der Kammerorchester-Version (vgl. NB 1) in Hr und Klar/Vl erklären, die die gleichen Intervallverhältnisse einmal aufwärts und einmal abwärts ergäbe, jedoch ist die Beobachtung nicht ganz zutreffend: die Melodie enthält nur die kleine und große Sekunde und die kleine und große Terz, sowohl auf- wie auch abwärts.

g) Zerlegung einer Melodie in verschiedene Abschnitte, als Hervorhebung bestimmter Teile durch Weglassen anderer Teile (die dadurch entstehenden Pausen müssen exakt und ohne Bewegung des Spielers oder mit lang gehaltenem letzten Ton der vorher gespielten Phrase überbrückt werden).

. . .

Bei der Auswahl von Variationsmöglichkeiten ist dem Interpreten zwar Freiheit gelassen, jedoch sollte er sie nur benutzen, um die inneren Strukturen der Melodien deutlich zu machen und ihre besonderen Charakteristika hervorzuheben.

Symbolgehalt und Bedeutung

Die Melodien sind nach Stockhausens Angaben (vgl. Programmtext) inspiriert durch die Wesenszüge *von Kindern, Freunden, Bekannten, die im betreffenden Sternzeichen geboren sind* und deren Namen der Partitur als Widmung vorangestellt sind. . . . *ich studierte die Menschentypen der Sternzeichen gründlicher. Jede Melodie ist jetzt in allen Maßen und Proportionen im Einklang mit den Charakterzügen ihres Sternzeichens komponiert, und man wird viele geheime Gesetzmäßigkeiten entdecken, wenn man eine Melodie oft hört und ihre Konstruktion genau betrachtet* (Programmtext). Dieser Hinweis auf die Identität aller Maße und Proportionen der Melodie mit den Charakterzügen der Sternzeichen ist einigermaßen verblüffend, zumal es bei dieser vagen Andeutung bleibt ohne einen näheren Hinweis, auf welche Weise nun diese Verbindung von Intervall- und Dauernproportionen mit den menschlichen Wesensmerkmalen kompositorisch realisiert wurde. Verwirrend ist allemal der Rückzug auf „geheime Gesetzmäßigkeiten", die sich in Maß und Zahl der Melodien offenbaren. So scheint dem „Einklang" der Maße und Proportionen mit den Charakterzügen eher metaphorische Bedeutung zuzukommen, der mehr intuitiv als analytisch zu erfassen ist. Jeder Versuch, konkrete Analogien aufzudecken, die über vordergründig formale Entsprechungen hinausweisen wie bei der Begleitung zu *Cancer,* die wörtlich den „Krebs" der Melodie darstellt, setzt sich der Gefahr der Banalität aus. Dies gilt besonders, wenn man die jeweils um einen Halbton aufwärts wandernden 12 Zentraltöne der Melodien mit der in die 12 Sektoren des Tierkreises geteilten Sonnenbahn in Beziehung setzen oder die Zentralton-Achsen mit Himmelsachsen vergleichen wollte. Stockhausens Anmerkung zur Kammerorchester-Fassung, *man möge bei dieser Version besonders darauf achten, wenn die Melodie im Baß, in der Mittellage oder im Diskant liegt und die Harmoniestimmen entsprechend darüber und/oder darunter verteilt sind. Diese Verteilung ist von der Zuordnung der Jahreszeiten, Tageszeiten, Geschlechter, Elemente und Wachstumsstadien zu den Sternzeichen beeinflußt* (Programmtext), schließt aber eine derartige Deutung grundsätzlich nicht aus. Der Überblick über die Lagenverteilung der Melodien samt ihren Wiederholungen ergibt eine Kurve, die man als Abbildung des Wendekreises der Sonne ansehen könnte, wollte man die von Stockhausen angesprochene Zuordnung konkretisieren:

Jan./Feb. Juni/Juli Dez./Jan.

Bsp. 8 Lagenverteilung der Melodien in den 12 Tierkreiszeichen (Kammerorchester-Version)

Solch triviale Analogien, die zudem für das klangliche Ergebnis völlig irrelevant sind, ergeben sich, wenn damit mehr gemeint sein soll als die Tatsache, daß musikalische Charaktere dargestellt sind, die bestimmte Charakterzüge der Sternbilder repräsentieren und deren Entsprechung subjektiv nachempfunden und mit bestimmten Charakteren in Beziehung gesetzt werden kann. Der Einklang aller Maße und Proportionen mit den Charakterzügen bleibt aber eine vage Metapher. In der Kammerorchester-Fassung wird die musikalische Typologie noch durch eine spezifische Zuordnung von Melodien und ihren charakteristischen Merkmalen zu Instrumenten klangsymbolisch unterstützt. *Die Wahl eines Solo-Instrumentes für eine bestimmte Tierkreismelodie (Cello für Wassermann, 1. Violine für Fische, Kontrabaß für Stier, usw.) sowie die Kombinationen und Häufigkeiten bestimmter Instrumente sind ganz vom Charakter der Tierkreiszeichen bestimmt;* wichtig ist zudem, *wie in der Großform die Soli, Oktette und andere Kombinationen verteilt sind* (Programmtext). Wie aber verhält es sich mit einer Symbolik, die sich auf Zahlen und Verhältnisse stützt, denen die Partitur nicht entspricht, wenn z. B. nicht 13, sondern 14 Quintette, nicht 6, sondern 8 Sextette und nicht 2 Septette, sondern überhaupt keines vorkommen oder wenn der ausdrücklich angegebene Abstand zwischen den Oktetten nicht durch die (symbolträchtigen) Primzahlen 13, 11, 11, 7 ausgedrückt werden kann, weil ein Oktett weniger komponiert ist, als es das Formschema angibt[3]. Hier werden die Grenzen solch kosmischer Verbindung in ihrer ganzen Schärfe greifbar. Oder wird hier jene Überrationalität angesprochen, die sich erst intuitiver Versenkung erschließt, *die wohl nur spirituell erfahren, nicht aber erdacht werden kann* (Einführungstext *Aus den sieben Tagen,* Stockhausen 1971, 124)? Denn erst in dem Maße, wie sich der Musiker als *Mundstück des universalen kosmischen Geistes* (ebd., 125) versteht, vermag er auch den Spieler und Hörer an die kosmischen *Ströme anzuschließen, die durch mich fließen, an die ich angeschlossen bin* (*Aus den sieben Tagen,* ebd., 365). Hier setzen rationale, analytische Methoden vergeblich an, Sinn zu erhellen. Solch mystisch transrationale Verbindung des kosmischen Geistes mit musikalischen Strukturen greift über die mathematischen Analogien der mittelalterlichen „musica theorica" als einer spekulativen Musiktheorie weit hinaus. So richtig und wichtig es war, nach der Phase starrer Rationalisierung (Verwissenschaftlichung) musikalischer Kompositionsverfahren und blinder Hörigkeit gegenüber Adornos Postulat der Materialtendenz auch wieder andere Dimensionen, vornehmlich autonom ästhetische Qualitäten kompositorisch in den Griff zu bekommen, wie sie heute z. B. im nostalgischen Erwachen einer neuen Tonalität gesucht werden, so peinlich und irreführend ist das Pathos einer Mystik intuitiver Musik. Die jüngst proklamierte *multiformale Musik,* die auf der Arbeit mit *Formeln* und *Formelkomplexen* beruht, welche *Matrix und Plan von Mikro- und Makroform, zugleich aber auch psychische Gestalt und Schwingungsbild einer supramentalen Manifestation* bilden (Stockhausen, in: Programm der Donaueschinger Musiktage 1978, 16), führt diese Tendenz weiter. Ob nun jene *unerhört aufregende Erfahrung der letzten zwei, drei Jahre im Bereich der neuen Melodienkomposition* (Stockhausen 1978, 17) und die strukturelle und ästhetische Idee einer *multiformalen Musik* sich als Ausweg aus dem postseriellen Stilpluralismus bewähren können, wird erst die Zukunft erweisen.

[3] Nach Fertigstellung dieses Beitrags bestätigte Stockhausen in seinem Schreiben vom 13.11.1978 die Irrtümer der gedruckten Partitur, betonte aber zugleich die grundsätzliche Gültigkeit des der Partitur vorangestellten Strukturschemas und kündigte eine Korrektur der Kammerorchester-Fassung im Sinne des Struktur-Schemas an. Die Tatsache aber, daß nun in Nr. 4 *(Taurus)* noch Klarinette und Horn, in Nr. 11 *(Sagittarius)* das Horn und in Nr. 12 *(Capricorn)* Klarinette und Fagott hinzugefügt werden sollen, hebt nicht die grundsätzliche Problematik der die Struktur tragenden Symbolik auf, sondern verschärft sie eher noch; denn eine Symbolik, die auch nachträglich stimmig gemacht werden kann, ohne daß sich substantiell Wesentliches ändert, steht auf schwankenden Füßen.

Literatur

Stockhausen, Christel: *Stockhausens „Tierkreis". Einführung und Hinweise zur praktischen Aufführung,* in: Mel/NZ 1978, 283–287
Stockhausen, Karlheinz: *Texte zur Musik 1963–1970,* Bd. 3, Köln 1971
Texte zur Musik 1970–1977, Bd. 4, Köln 1978, S. 248–289, 301–329
Vorwort zur Partitur der Fassung für ein beliebiges Melodie- und/oder Akkordinstrument (1976)
Programmtext, in: Partitur der Kammerorchester-Fassung (1978)

Musik für Stimmen

Wolfgang Hufschmidt

Sprachkomposition als musikalischer Prozeß

(in memoriam Ernst Bloch)

I Anmerkungen zur Sprachbehandlung in der seriellen Kompositionspraxis

Bevor am Beispiel von Schnebels *Madrasha II* allgemeine Prinzipien für die kompositorische Gestaltung musikalischer Prozesse beschrieben werden, soll zunächst der kompositionsgeschichtliche Kontext, in dem ein solch explizites Beispiel von Sprachkomposition entstehen konnte, skizziert werden. Der musiktheoretische Terminus „Sprachkomposition"[1] ist insofern mißverständlich, als er unberücksichtigt läßt, daß eine Sprachbehandlung, die das sprachliche Material zum musikalischen macht, historisch hervorgegangen ist aus der Tradition der kompositorischen Textvertonung. Musikalische Termini basieren – methodologisch gesprochen – auf der synchronen Betrachtungsweise eines Phänomens, das in einem diachronen historischen Prozeß entstanden ist. Die synchrone Betrachtungsweise gleicht der Betrachtung eines angehaltenen Filmbildes als Stand-Bild. Übersehen wird dabei, daß der zu betrachtende Gegenstand nicht ist, sondern aus einer Bewegung heraus entsteht und wieder vergeht. Eine diachrone Betrachtungsweise würde dagegen zu dem Ergebnis gelangen, daß das Verhältnis von Sprache und Musik in der Geschichte der Musik ein fließendes ist. So enthält alle Musik, die sich mit Sprache kompositorisch auseinandersetzt, in mehr oder weniger ausgeprägter Form auch Elemente von Sprachkomposition. Textvertonung schließt immer auch Momente der klanglichen Verselbständigung des Sprachklanges ein. (Darin ist eine Parallele zum Begriff der Klangfarbenkomposition zu sehen: ist der Begriff einmal kompositorisch definiert – etwa durch die Musik Ligetis –, so wird auch die Betrachtung früherer Musik unter dem Aspekt der Klangfarbenkomposition möglich, etwa die des *Rheingold*-Vorspiels von Wagner.)

Sprachkomposition ist historisch entstanden aus dem bewußteren Gebrauch der Sprache als Teilmaterial innerhalb der seriellen Kompositionspraxis. Im folgenden geht es um den Versuch einer diachronen Rückverbindung zwischen einem so exemplarischen Werk emanzipatorischer Sprachbehandlung wie Schnebels *Madrasha II* und der integrierenden Sprachverwendung bei seriell vertonter Sprache, beispielhaft in Nonos Kantate *Il canto sospeso* (1956).

Vorangestellt sei jedoch zunächst eine grobe Systematisierung des Gebrauchs von Sprachmaterial innerhalb des Bereichs der sogenannten Sprachkomposition:

1. In Ligetis *Lux aeterna* etwa wird ausschließlich der Klanggehalt des zugrundeliegenden Text-Corpus, der phonetische Aspekt der Sprache komponiert. In solcher Verwendung der Sprache wird der Gestus des Sprechenden eliminiert; die grammatikalische Struktur und die kommunikative Funktion von Sprache bleiben weitgehend unberücksichtigt. Was bleibt, sind die klangfarblichen Qualitäten des sprachlichen Vokal-Materials; das semantische Potential der Sprache wird gleichsam neutralisiert und auf die Ebene der musikalisch-klanglichen Assoziation „transponiert". Eine solche Sprachbehandlung hat ihr Vorbild in zahlreichen Beispielen der älteren Chor- bzw. Kirchenmusik, in der durch die melismatische Dehnung der klangtragenden Vokale der Sinn des zugrundeliegenden Textes musikalisch gleichsam versteinert wird bzw. in dem musikimmanenten klanglichen Assoziationsfeld aufgehoben erscheint.

[1] Im musiktheoretischen Sprachgebrauch wird dieser Begriff heute im allgemeinen für einen Typus von Sprachbehandlung verwendet, der Sprache insgesamt als musikalisches Material behandelt im Gegensatz zur Textvertonung.

Es handelt sich in beiden Fällen um eine maximale Musikalisierung des sprachlichen Materials. Eine solche Haltung der Sprache gegenüber bedeutet immer auch eine Emanzipation der Musik von der Sprache zugunsten einer Stärkung ihrer rein musikimmanenten Wirkungsweise und ist einerseits nicht allzu weit entfernt vom sprachlosen Gesang, mit dem Schönbergs *Moses und Aron* beginnt, und andererseits der Musikalisierung einer sinnlos konzipierten Sprache, wie sie in Schwitters *Ur-Sonate* intendiert ist.

2. Derlei künstliche Sprachbildung liegt auch Ligetis *Aventures* zugrunde; bei solchen Sprachaktionen jedoch wird primär das Sprechen und nicht die Sprache zum musikalischen Gegenstand gemacht; intendiert ist eine komponierte Sprach-Handlung, in der der Gestus des miteinander oder gegeneinander Sprechens zum Material der musikalischen Komposition wird[2].

3. Von dieser Art der Sprachbehandlung wäre zu unterscheiden eine, die bewußt die Bedeutung der Sprache, ihre Semantik, als kompositorischen Parameter in die Musik einbringt. Als eines der frühesten Beispiele soll Kagels *Anagrama*[3] genannt werden, in dem aus dem zugrundeliegenden lateinischen Palindrom Sprachbildungen abgeleitet werden, die mit dem Sinn oder Unsinn von Sprache kompositorisch „spielen".

In diesem Sinne intendiert das kurze Beispiel aus meinem *Psalm 1* kritisches Unbehagen an der inhaltlichen Aussage des gegebenen Textes; diese wird durch eine spielerisch-permutatorische Behandlung verändert; die textkritische Sprachbehandlung hat das Chorstück mit Kagels *Rezitativarie* gemeinsam[4]:

UND WAS ER MACHT, DAS GERÄT WOHL
wohl gerät das, was er macht
macht er was, gerät das
gerät das, was er macht
er macht das, was
macht das was?
das macht das

Die stark vereinfachte Aufzählung zeigt, daß innerhalb des Bereiches der Sprachkomposition die verschiedenen Parameter eines sprachlichen Komplexes emanzipatorisch isoliert werden können:

a) die rein klanglichen Qualitäten (unabhängig von Struktur und Inhalt der Sprache),

b) die gestisch-sprechenden Qualitäten (unabhängig vom Sinn dessen, was gesprochen wird, geht es darum, wie gesprochen wird),

c) die semantischen Qualitäten (der vorgegebene Sinn eines Textes wird durch kompositorische Maßnahmen verändert und ermöglicht den Verweis auf die Manipulierbarkeit sprachlich-inhaltlicher Aussagen).

Die Sprachbehandlung in Nonos *Il canto sospeso* – beispielhaft für den Gebrauch der Sprache innerhalb einer seriell durchorganisierten Musik – könnte hingegen beschrieben werden als eine, die die Vermittlung von Sinn und Klang der Sprache durch die musikalische Komposition intendiert[5].

[2] Vgl. dazu die Ausführungen von Klüppelholz 1976.
[3] Vgl. dazu die Ausführungen von Schnebel 1970, S. 25–26.
[4] Vgl. dazu die Ausführungen von Klüppelholz 1977.
[5] Vgl. dazu die Ausführungen von M. Mila und A. Gentilucci, in: Stenzl 1975.

Dem 7. Satz der Kantate liegt folgender Text zugrunde: . . . *addio mamma, tua figlia Liubka se ne va nell'umida terra . . . (. . . leb wohl, Mutter, deine Tochter Ljubka geht fort in die feuchte Erde . . .).* Der sprachliche Sinn des Textes wird klanglich vermittelt:

a) durch das Öffnen des Mundes beim bocca chiusa-Singen (d. h. mit geschlossenem Mund) entsteht aus dem sprachlich-neutralen [m] das sprachlich ebenso neutrale [a];

b) die sprachlich sinn-neutralen Laute (Phoneme) werden zum klanglichen Sinnträger (Morphem) des Wortes *mamma*;

c) dieses Wort wird kompositorisch so eingeführt, wie es als erste sprachliche Äußerung menschlicher Kommunikation im Sinne der Zuwendung des Kindes an seine Bezugsperson erklärt werden kann: aus den noch nicht vom sprachlichen Bewußtsein kontrollierten Mundbewegungen des Kindes zwischen Schließen und Öffnen des Mundes entsteht das Wort *m-a-m-a*.

Das Sprachmaterial wird von Nono so ausgewählt und behandelt, daß der Vokal a gleichsam thematisch wird: er ist das kleinste Gemeinsame des gleichzeitig vertonten und verklanglichten Textes[6].

Das Beispiel steht in einer charakteristischen Tradition von Textvertonung. Diese basiert auf den Vokalen der Sprache als den Trägern der Tonhöhen. In aller Vokalmusik sind die Tonhöhen vokalisch gefärbt, die Vertonung eines Textes stellt sich musikalisch-klanglich als Vokal-Melodik bzw. als klangfarbliche Modulation dar.

Als man sich innerhalb der Entwicklung der seriellen Technik der Klangfarbe als eines kompositorisch zu gestaltenden Parameters bewußt wurde, ergab sich die Notwendigkeit, bei sprachgebundener Musik auch den klanglichen Gehalt der Sprache in das serielle Verfahren zu integrieren. Nicht komponierbar aber blieb der semantische Aspekt der Sprache, was einen Typus von Sprachbehandlung zur Folge hatte, der die sprachlichen Klangpartikel aus ihrem Sinnzusammenhang löste und als isolierte zum musikalischen Material machte. Auch wenn der zugrundeliegende Text durchaus seine sprachliche Bedeutung hatte, das kompositorische Verfahren machte ihn unverständlich. Das Argument gegen solche Art, einen Text zu vertonen, lautet vielfach: Wenn der Text in seiner inhaltlichen Aussage nicht verstanden werden kann, warum nimmt der Komponist dann überhaupt einen, der einen Sinn hat, statt sich ein „Sprach"-Material nach klangfarblichen Gesichtspunkten selbst zusammenzustellen?

Die serielle Musik impliziert aber eine ästhetische Position, die davon ausgeht, daß in einem als musikalische Ganzheit kompositorisch kontrollierten Werk ein Text, der in seiner immanent sprachlichen Semantik verständlich bleibt, ein Fremdkörper bleiben muß.

Die Sprachbehandlung Nonos in *Il canto sospeso* kann als der Versuch angesehen werden, den hier skizzierten Widerspruch dialektisch aufzuheben. Sie vereinigt die intendierte inhaltliche Aussage des Textes als eine engagiert humanistische mit der ästhetischen Forderung der seriellen Musik nach kompositorisch kontrollierter Integration aller sprachlichen und musikalischen Parameter.

In dem bereits erwähnten 7. Satz der Kantate ist der material-thematische Vokal [a] in jedem Wort enthalten und wird durch große Dauern gedehnt:

[6] Vgl. dazu die Vokalstruktur des o. a. Textes.

A ddio
m A–
m A
tu A
figli A
Liubk A
se ne v A
nell'umid A
terr A

Der klangcharakteristische Vokal wird in seinem Klanggehalt gleichsam vergrößernd angehoben, der Gesamtklang sozusagen [a]-formantisiert. Dieser Anhebung dient außerdem die „Pedalisierung" des [a]-Klanges: die „sprachlos" singenden Stimmen (mit geschlossenem Mund [m]; mit halb geschlossenem Mund [ẽ]; mit geöffnetem Mund [a]) verlängern den Sprachklang zum Klang-Echo oder „Vor-Echo":

Das sprachlos-neutrale Phonem wird durch den sinntragenden Vokal des Wortes *(LiubkA)* gleichsam semantisch infiziert und trägt den Sinn weiter in den „rein" musikalischen Klang hinein. Auf diese Weise entsteht eine musikalische „Vereinigungsmenge" von bedeutungsloser und bedeutungstragender Funktion des Vokals [a]. Der musikalisierte Sprachklang wird gleichzeitig inhaltlich emotional gefärbt; die Musik hat die Sprache gleichsam in sich aufgesogen.

In diesem Sinne wirken die Vokalverläufe – das Wandern des charakteristischen Vokalmaterials durch die Stimmen – wie Klangschienen; sie verbinden sprachlosen mit sprachtragendem Gesang und Vokalklang mit instrumentalem:

Gleichzeitig aber verbinden sich die partikulierten Silben in einer Art von durchbrochener Sprachmelodik zum sprachlichen Ganzen:

Sopran:	NON		HO				-LA		
Alt:				PAU-					
Tenor:		NON	HO			DEL-			-TE
Baß:					RA			MOR-	

(Text des Anfangs von Nr. 9: *Ich habe keine Angst vor dem Tode)*

Es entsteht ein nahtloser Übergang von einer Silbe zur andern, von einem Wort zum andern und – wie bei der Betrachtung der Textbehandlung in Nr. 3 noch zu sehen sein wird – von einem Text zum andern.

Durch die Aufteilung des sprachlichen Zusammenhangs auf die verschiedenen Chorstimmen entsteht der für die Komposition durch den Titel thematisierte „durchbrochene" Gesang, dessen Eigenart im folgenden erklärt werden soll.

Zu sprechen wäre von der Bedeutung der musikalischen Satzstruktur für die Sprachbehandlung. Das Thema „Musik für Stimmen" bekommt auf diese Weise noch einen zweiten Sinn: Musik für Stimmen meint nämlich nicht nur die musikalische Vermittlung von Sprache durch das Instrument der menschlichen Stimme, sondern auch die Darstellung musikalischer Strukturen durch einen realen oder fiktiven Satz von „Stimmen", wie sie über die Tradition der Vokalmusik hinaus das musikalische Denken in der europäischen Musik bestimmt hat.

In der klassischen Vokaltechnik waren die menschlichen Stimmen als Produzenten des Klanges identisch mit dem musikalisch-strukturellen Produkt solchen Singens, mit der melodischen Linie, die als Einzel-„Stimme" eines mehrstimmigen Satzes fungierte. Der musikalische Satz ist somit definiert als eine komplexe Einheit, die aus der obligatorischen Präsenz mehrerer „Stimmen" resultiert.

Die Instrumentalmusik übernahm zunächst dieses kompositorische Handeln in „Stimmen"; in ihr handeln die Instrumente, als ob sie singend handelnde Menschen wären. Erst durch die Entdeckung der sogenannten „durchbrochenen Technik" wurde die Einheit von produzierender Stimme und dem musikalischen Produkt „Stimme" aufgelöst. Bereits in der Orchestermusik Beethovens wandert die „Stimme" motivweise gegliedert durch die Instrumentalstimmen.

Webern atomisierte solche Durchbrechung des melodischen Verlaufs zu kleinsten musikalischen Gruppen (man vergleiche dazu seine Instrumentation des Bachschen *Ricercar,* die diese Differenzierung der durchbrochenen Technik exemplarisch verdeutlicht.)

Der musikalische Terminus „Stimme" als ein realer oder intentionaler Zusammenhang von Tonhöhenverläufen bekam auf diese Weise eine neue Identität. Bei Webern wurde der Reihenablauf zum kompositorisch definierten Band, an dem entlang komponiert wurde, ohne daß das klangliche Resultat unmittelbar als aus solchen „Stimmen" zusammengesetzt erkennbar wurde. Die kompositorische Arbeitsweise als ein „Handeln" in Stimmen und das klangliche Resultat solcher kompositorischen Arbeit fielen auseinander.

In diesem Sinne ist die Bedeutung der Nonoschen Vokalmusik eine der dialektisch vermittelten Synthese. Die menschlichen Stimmen werden in eine Musik eingebracht, die sich historisch längst von ihrer Bindung an die Sprache emanzipierte. Klingen noch die späten Instrumentalwerke Beethovens, „als ob" in ihnen gesprochen würde (man vergleiche dazu die Ausführungen über Beethovens op. 111 in Thomas Manns *Dr. Faustus*), so prägt umgekehrt in Nonos *Il canto sospeso* die vom Sprach-Gestus emanzipierte Musik die zu vertonende Sprache. In seiner Musik „spricht" die Sprache gleichsam die „Sprache" der Musik, lernt zu sprechen, wie das musikalische Material im Laufe seiner Emanzipation von der Sprache zu „sprechen" gelernt hat.

Die musikalische Sprache ist eine der allgegenwärtigen Beziehungen zwischen den individualisierten Elementen des musikalischen Satzes, die eine neue Ganzheit begründen; sie erstellt kompositorisch ein Kollektiv, das die Individualisierung aufhebt, nachdem sie eine solche zuvor ermöglichte.

Genauso aber verhalten sich auch die Textfragmente der zehn verschiedenen Autoren zueinander, die der Komposition als Sprachmaterial zugrundeliegen. Die kompositorische Sprachbehandlung ermöglicht eine „Polyphonie" von Texten, weil sie eine „Homophonie" der inhaltlichen Aussagen intendiert. Vokale, Silben und Wörter sind zwar unterschiedlichen Texten entnommen, meinen aber das Gleiche; eine semantische Homophonie wird polyphon definiert.

Als Beispiel diene die Textdisposition des 3. Satzes. Die der Kantate zugrundeliegenden Texte sind bekanntlich einem Dokumentarwerk mit letzten Worten zum Tode verurteilter Widerstandskämpfer entnommen. Diese Briefe sind – wie Thomas Mann (1955) im Vorwort der italienischen Buchausgabe schrieb – Dokumente des *international-einmütigen „Widerstandes" . . . einer europäischen Jugend, die den hohen Namen „résistance" trug . . . gegen die Entehrung ihrer Länder, gegen die Schmach eines Hitler-Europa, den Greuel einer Hitler-Welt, die aber mehr wollte als nur widerstehen, die sich als Vorkämpfer einer besseren menschlichen Gesellschaft fühlte.*

Nonos Musik spiegelt die „Einmütigkeit" des Kampfes und der Hoffnung, wenn er im 3. Satz die individuell unterschiedlichen Aussagen von drei Widerstandskämpfern zu einem Text-Kollektiv zusammen-komponiert: die „privaten" Briefe eines 14jährigen Schülers, eines 19jährigen Studenten und eines 22jährigen Friseurs werden in ihrer Individualität aufgehoben in die höhere Identität des Kollektivs *einer besseren menschlichen Gesellschaft.* Die Technik der Dehnung und Verdoppelung von Vokalen bewirkt über die erwähnte Verklanglichung der Sprache hinaus die Verschweißung der drei individuellen Äußerungen zu einer einzigen (s. S. 210 oben).

An dieser Stelle berührt sich die auf den ersten Blick so unterschiedlich erscheinende kompositorische Konzeption Nonos mit der Schnebels. Beide komponieren die antizipierende Aufhebung der vielen individuellen sprachlichen Äußerungen in der Kollektivität einer von allen Menschen gemeinsam zu sprechenden Sprache. Die menschliche Stimme wird zum Medium, durch die der Gegensatz der Sprachen aufgehoben ist in einer zur Sprache gewordenen Musik, die die Musik der Sprache in sich aufgenommen hat.

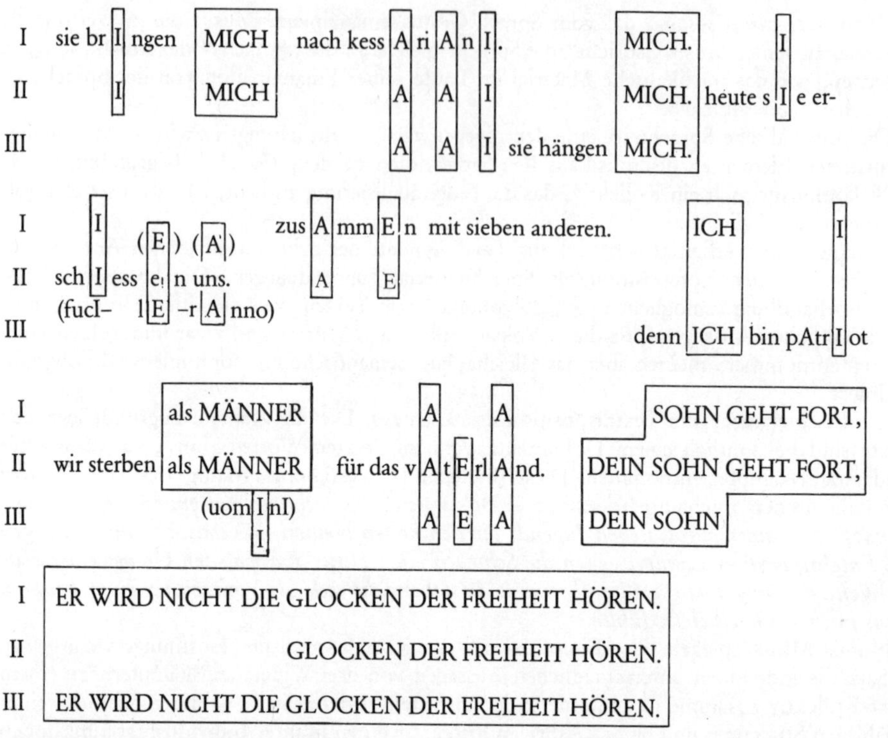

(Die Darstellung der Textdisposition geht von der deutschen Übersetzung aus, die – naturgemäß – die in italienischer Sprache vorgenommenen sprachlichen Maßnahmen nicht ganz korrekt wiedergeben kann.)

II Sprachbehandlung in Schnebels *: ! (Madrasha II)*

Musik und Sprache

> *Musik ist sprachähnlich. Sprachähnlich ist sie als zeitliche Folge artikulierter Laute, die mehr sind als bloßer Laut.*
> *Ihre Idee ist die Gestalt des göttlichen Namens.*
> *Sie ist entmythologisiertes Gebet . . .,*
> *der wie immer auch vergebliche Versuch, den Namen selber zu nennen, nicht Bedeutung mitzuteilen . . .* (Adorno 1963, 9).

Adornos Bemerkungen basieren auf einer charakteristischen Voraussetzung jüdisch-theologischen Denkens: *Du sollst Dir kein Bildnis noch irgend ein Gleichnis machen . . .* (2. Moses 20, 4) und *Du sollst den Namen des Herrn, Deines Gottes nicht mißbrauchen, denn der Herr wird den nicht ungestraft lassen, der seinen Namen mißbraucht* (2. Moses 20, 7). Man vergleiche dazu den Schluß von Schönbergs Oper *Moses und Aron*, die eine Dramatisierung dieses theologischen und sprachlichen und ästhetischen Problems ist: . . . *Und kann und darf nicht gesagt werden. O Wort, Du Wort, das mir fehlt!*

Die Sprachbehandlung Schnebels basiert in *: ! (Madrasha II)* auf der Praxis der hebräischen Sprache. Das hebräische Wort für Gott existiert als eindeutiges nicht. Da die hebräische Schriftsprache nur Konsonanten kennt, können die vier Konsonanten JHVH (die für den Namen Gottes stehen) unterschiedlich vokalisiert („punktiert") werden; es kann sowohl JeHoVaH wie JacHWe wie JeHoschuaH u. ä. ausgesprochen werden.

Das sprachliche System ist in seiner schriftlichen Form mehrdeutig, und es ist konsonantenorientiert. Hierin ist die hebräische Sprachpraxis gleichsam die Umkehrung der europäischen Gesangspraxis. Diese basiert auf dem Vokal als dem Träger des Klanges (der Tonhöhen), während die Konsonanten lediglich artikulatorische Funktion haben.

Der Gebrauch der Sprache ist in Schnebels *: !* nicht logisch, sondern theo-logisch: intendiert ist eine Sprache, die nicht meint, nicht bedeutet, sondern anruft, preist, indem gesprochen wird. Darin erinnert sie an die „Sprache" der Halleluja-Melismatik der klassischen Kirchenmusik.

In das Total des sprachlichen Materials ist eine Schicht aus theologischen Begriffen gleichsam eingewoben, die diese Intentionen benennt und nach außen kehrt. Diese kaum verständlichen Begriffe entstehen wie zufällig aus dem sprachlichen Total (werden aus dem Sprach-"Rauschen" gleichsam herausgefiltert) und fungieren als „ajoutés" im Sinne eines dirigentischen „Leitsystems". Der Dirigent synchronisiert das musikalische Geschehen nicht nur mit den üblichen Dirigierbewegungen, sondern er dirigiert auch mit Worten (vgl. Darstellung I, S. 212).

Insgesamt besteht die Komposition aus drei Materialschichten:
- Laut-Schicht aus vokalischen und konsonantischen Verläufen,
- Schicht aus theologischen Namen und Begriffen,
- Schicht aus Tiergeräuschen (Tonband) (vgl. Darstellung II S. 213).

Letztere ist nicht eine vom Gesamtklang abgehobene illustrative Geräuschschicht, sondern wird dem Total des (Universal-)Sprachklangs integriert: *Alles, was Odem hat, lobe den Herrn!* Komponiert wird jedoch von Schnebel nicht diese Material-Schichtigkeit, sondern deren Aufhebung (im dialektisch doppelten Sinn des Wortes). An dieser Stelle ist aufmerksam zu machen auf einen bei der analytischen Betrachtung neuerer Musik zu beobachtenden Widerspruch zwischen den bei der Rekonstruktion des Kompositionsaktes benennbaren und abgrenzbaren Materialschichten, -katalogen und -skalen einerseits und der kompositorischen Intention andererseits, die eben diese Strukturierung negiert. Es ist eine der Eigentümlichkeiten der neueren Musik seit Schönberg und Webern, daß das kompositionstechnische Verfahren in Gegensatz gerät zur kompositorischen Idee, zur Intention der Komposition[7]. Dieses Problem spiegelt sich in der analytischen Beschreibung der Komposition wieder; die Analyse wird (in der Abwandlung eines Wortes von Walter Benjamin) *zur Totenmaske* der Komposition.

Vor allem aber ist Skepsis gegenüber der Leistungsfähigkeit von Analyse geboten, wenn – wie im folgenden – eine Musik mit Worten erklärt werden soll, deren kompositorische Intention eine Sprache ist, die im Sinne einer eindeutig meinenden Sprache eben nicht sprechen will (oder kann oder soll)[8].

[7] Was Adorno bereits im Werk Wagners festzustellen glaubt, wenn er schreibt: *Die Verdeckung der Produktion durch das Produkt ist das Formgesetz Richard Wagners.*

[8] Man vergleiche dazu die wortreichen Kommentare zu der erwähnten Schluß-Stelle aus Schönbergs *Moses und Aron: O Wort, du Wort, das mir fehlt!* bei Karl H. Wörner: *Gotteswort und Magie* (1959).

Darstellung I Schicht aus theologischen Namen und Begriffen

I

	Theologische Umschreibungen des Namens Gottes	Formen von Lobpreisung	Credo und dogmatische Begriffe
hebräisch	Je Ho Va H JaCH We(H) Je Ho SCHUAH Je SuS Messias (der Gesalbte) Kadosch (heilig) Tschadik (der Gerechte) Melech (König) Eluhim (Gott) Ben David (Sohn Gottes)	Hallelu-(ja)	
griechisch	Kyrios (der Herr) Christos (der Gesalbte) Hyos (der Sohn)	Eulogia (Preis, Lob)	Apokatastasis Panton (Wiederkunft, Wiederherstellung) Eiränä (Friede) Pneuma Hagion (heiliger Geist)
lateinisch	Christus Pantokrator (Allherrscher)	Gloria Sanctus Magnificat	Crucifixus („gekreuzigt") Resurrexit („auferstanden") Assumptio carnis („Auferstehung des Fleisches")
andere	gelegentliche „ajoutés" wie „Lamm" und „Hotschiminh" (1968!)		

Darstellung II Materialschichten

II

<table>
<tr><td colspan="10">A
vom Tonband</td><td colspan="9">Tier-Laute
(24 verschiedene / von Fliege bis Elefant)
„Sprache der Tiere"</td></tr>
<tr><td colspan="10">B
Chor</td><td colspan="9">Laut-Material
„Sprache des Menschen"
(aufgeteilt in:)</td></tr>
<tr><td colspan="10">aufgeteilt in drei Gruppen
(in Stimmen:)</td><td colspan="4">vokalische Verläufe</td><td colspan="2">Sprechverläufe</td><td colspan="3">konsonantische Verläufe</td></tr>
<tr><td colspan="3">6</td><td colspan="4">6</td><td colspan="3">6</td><td colspan="4">viermal 4 Teile</td><td colspan="2">zweimal 8 Teile</td><td colspan="3">8 Teile</td></tr>
<tr><td>S
2</td><td>A
2</td><td>B
2</td><td>S
1</td><td>A
2</td><td>T
2</td><td>B
1</td><td>S
2</td><td>T
2</td><td>B
2</td><td>4</td><td>4</td><td>4</td><td>4</td><td>8
(v. Chor)</td><td>8
(mit Dir.)</td><td>3</td><td>3</td><td>2</td></tr>
<tr><td colspan="10">C</td><td colspan="9">Namen (und Begriffe)
„Sprache der Theologie"</td></tr>
<tr><td colspan="10" rowspan="4">aus B
und als dirigentisches
„Leitsystem"</td><td colspan="9">(in drei Sprachen:)</td></tr>
<tr><td colspan="4">hebräisch</td><td colspan="2">griechisch</td><td colspan="3">lateinisch</td></tr>
<tr><td colspan="9">(aufgeteilt in:)</td></tr>
<tr><td colspan="4">Namen
(und Adjektive)</td><td colspan="2">„Hymnisches"</td><td colspan="3">Credo</td></tr>
</table>

Sprache und Sprechen

In Schnebels *: ! (Madrasha II)* werden die sprachlichen Prozesse in Lautschrift (IPA) notiert. Diese Notation wird dadurch notwendig, daß das phonetische Material nicht aus Sprache abgeleitet wird, sich nicht eindeutig aus einer solchen ableiten läßt. Es handelt sich also nicht um eines der zahlreichen Beispiele neuerer Sprachkompositionen, in denen ein konkreter Sprachcorpus phonetisch dekomponiert wird. Die Komposition geht nicht von Sprache, sondern vom Sprechen aus. Sie basiert damit auf der Erkenntnis der neueren Sprachwissenschaft, *. . . daß die gesprochene Sprache primär ist und daß Schreiben im wesentlichen ein Mittel ist, Rede in einem anderen Medium darzustellen* (Lyons 1971, 39).

Unser Sprechen wird durch die Sprache kontrolliert. Wenn wir sprechen, formulieren wir die intendierte Äußerung, ohne uns des Sprechvorgangs bewußt zu sein. Sprechvorgänge, die sich nicht auf eine bestimmte Sprache (langue)[9] beziehen, entziehen sich der Kontrolle durch diese. Dies genau bezeichnet das Problem der Notation in *: !*. Sie kann kein sprachliches Resultat festhalten, sondern nur dessen Erzeugung. Die Produktion von Sprache und nicht die Sprache selbst wird zum musikalischen Material von *Madrasha II . Das Stück ist eine Komposition von Lauterzeugungsvorgängen, es geht nicht von vorgegebenen Lauten aus, sondern von den Prozessen ihrer Hervorbringung* (Schnebel, Vorwort zur Partitur).

Die Komposition meint die Emanzipation des Sprechens von der Sprache, des Produktionsvorganges vom Produkt.

Damit findet aber gleichzeitig eine Emanzipation des Singens vom Gesang statt. Wie im alltäglichen Gebrauch die Sprache unser Sprechen steuert, bestimmt ein bestimmtes tradiertes Ideal von Gesang unser Singen. Wir benutzen unsere Stimmwerkzeuge (Resonanzräume, Lippen, Zunge), um einen uns als Ideal vorgegebenen Klang zu reproduzieren. Sieht man die menschliche Stimme als das elementare Medium des menschlichen Ausdrucks an, so entsteht ein Total von musikalischen Äußerungsmöglichkeiten, innerhalb dessen das traditionelle Singen eine ästhetisch normierte Selektion ist.

Die Möglichkeiten der stimmlichen Emanzipation werden in der neueren Musik seit jeher im Sinne einer Erweiterung der traditionellen Gesangtechnik verwendet (vergleichbar den sogenannten experimentellen Spielweisen der Instrumente, die deren traditionelle Spielpraxis gleichsam „aufstocken"). In *Madrasha II* geht es nicht um eine solche Erweiterung der „Spielmöglichkeiten" der menschlichen Stimme, sondern um die Formulierung einer globalen, universalen, totalen Sprache schlechthin.

Auf einer anderen („höheren") Sprachebene sind aufgehoben die Sprache von Menschen und Tieren, die Sprache der Fremdsprachen und der Theologie, die „Sprache" des Sprechens und des Singens, die „Sprache" der Sprache und die „Sprache" der Musik. Denn die Emanzipation des Sprechens von der Sprache und/oder des Singens vom Gesang meint nicht Aphasie, Auflösung oder Zerstörung der Sprache, Sprachlosigkeit (die wohlfeile interpretatorische Formel für alle neuere Vokalmusik, die nicht mit traditionellen Sprachzusammenhängen arbeitet), sondern eine Sprache, in der alle Sprachen enthalten sind und die in allen Sprachen enthalten ist, somit in Abwandlung des berühmten Bloch-Zitats eine Sprache, in der noch niemand gesprochen hat: *Heimat*-Sprache[10].

[9] Die Sprachwissenschaft unterscheidet seit de Saussure zwischen *langue* als dem Sprachsystem und *parole* als der konkreten sprachlichen Äußerung einer bestimmten Person.

[10] *Die wirkliche Genesis ist nicht am Anfang, sondern am Ende, und sie beginnt erst anzufangen, wenn Gesellschaft und Dasein radikal werden, das heißt sich an der Wurzel fassen. Die Wurzel der Geschichte aber ist der arbeitende, schaffende, die Gegebenheiten umbildende und überholende Mensch. Hat er sich erfaßt und das Seine ohne Entäußerung und Entfremdung in realer Demokratie begründet, so entsteht in der Welt etwas, das allen in die Kindheit scheint und worin noch niemand war: Heimat* (E. Bloch: *Das Prinzip Hoffnung*, Frankfurt 1959, S. 1628).

Einer der zentralen theologischen Begriffe der Komposition (Part. S. 19, T. 90) heißt *apokatastasis panton* und meint die Wiederherstellung der Welt in ihrem vollkommenen Zustand (unter Einschluß der Kreatur: *Denn das ängstliche Harren der Kreatur wartet auf die Offenbarung der Kinder Gottes).* Für diese *apokatastasis panton* steht *Madrasha II;* die Sprache der Komposition meint die Aufhebung von Sprache und Musik, meint die Vorwegnahme einer Sprache, die in unseren Sprachen verborgen ist: Musik wird zum Medium, in dem alle Äußerungen des Menschen enthalten sind.

> *Musik ohne alles Meinen, der bloße phänomenale Zusammenhang der Klänge, gliche akustisch dem Kaleidoskop. Als absolutes Meinen dagegen hörte sie auf, Musik zu sein und ginge falsch in Sprache über . . . Sie verweist auf die wahre Sprache als auf eine, in der der Gehalt selber offenbar wird . . . Und als wollte sie, die beredteste aller Sprachen, über den Fluch des Mehrdeutigen . . . getröstet werden, strömen Intentionen in sie ein . . . Nur ist die Intention immer zugleich verhüllt* (Adorno 1963, 11/12).

Behandlung des Sprachmaterials

Die Schwierigkeit der analytischen Beschreibung der Schnebelschen Komposition liegt in ihrem Prozeßcharakter. Er ist angelegt – und wird formbildend für das Ganze – in der Tatsache, daß nicht das Material, sondern seine Hervorbringung das kompositorische Objekt ist. So geht es auf der elementaren Materialebene (der Ebene der Lauterzeugung) nicht um distinkte Phoneme, sondern um den (ideell) stufenlosen Übergang zwischen diesen:

a → u → i → a → i
(au) (ü) (ja) (ai)

Beim Übergang von einem Vokal zum anderen durch Veränderung von Mund- und/oder Zungenstellung entstehen gleichsam in Zeitlupe Zwischenklänge (in diesem Fall Diphthonge) als Klänge zwischen den Vokal-„Stufen“, eine Art von Vokal-Glissando. Das Material wird zwar in Stufen gedacht, komponiert aber deren stufenlose Vermittlung.

Derartige Material-Glissandi lassen sich nur als Folge synchroner Momentaufnahmen beschreiben; diese verhalten sich zum konkreten Klang wie das angehaltene Einzelbild des Films zur filmischen Bewegung. Die analytische Darstellung ist eine von solchen synchronen Schnitten; festzuhalten ist aber, daß nicht diese, sondern deren diachrone Vermittlung kompositorisch intendiert ist.

Die Komposition geht von dem Total eines Klangkontinuums aus, das sich zwar in Stufen gliedern läßt, diese aber nicht auskomponiert. *: !* gleicht darin einer Schöpfungsgeschichte des Sprachklangs, in der aus dem „Rauschen“ alles Klingenden Strukturierung erst entsteht.

Die Materialbehandlung unterscheidet zwischen dem, was in der Terminologie der elektronischen Musik die Trägerfrequenz einerseits und die Steuerfrequenz andererseits genannt wird:

Sch __________________
[u] → [a] → [e] → [i]

Die eingeklammerten Phoneme meinen eine sich ändernde Vokalstellung des Mundes, wodurch der klingende Geräuschklang „moduliert“ wird. Ein Sprachelement wird dem anderen aufmoduliert, die Vokal(vor)stellungen fungieren als eine Art Filter, der Geräuschklang wird zum gefilterten Geräusch.

Darstellung III Gesamtübersicht

Bereich	Kategorie	Teilaspekt				
Material	Lautmaterial	„Stabilität" des Materials	unverändert	leicht verändert	stark verändert	sehr stark verändert
		vokalische Verläufe	a_1 - a_4	b_4 - b_1	c_4 - c_1	d_1 - d_4
		konsonantische Verläufe	a_1 - a_3	b_1 - b_4	c_1 - $c_{2(3)}$	
		Sprechverläufe	„anonym" → 1 2 3 4 5 6 7 8		Sprachzentren I II III IV	
	Tonhöhen		stabile „saubere" Tongebung (in a_1 und b_4) →	Trübungen durch Glissandi o. ä. (z. B. in a_4) →	labile Tonhöhenbehandlung (z. B. in d_4)	
	Rhythmus		koordinierte, differenz. Rhythmus-Komposition (in c_1/S. 15-17) →	„verwackelte" rhythmische Strukturen (d_3/S. 15) →	individuell ausgeführte periodische/aperiodische Verläufe (a_2/S. 4)	
Struktur	Gliederung des formalen Ablaufs		deutlich gegliederte Strukturierung des Formteils (z. B. d_4/S. 2) →	Überlappungen („Ausfransungen") (z. B. Ka_2/S. 4-6) →	ungegliederte Formfläche (z. B. d_1/S. 17)	
	Satzstruktur	melodisch	„punktuell" (b_4/S. 12) →	„durchbrochene" Melodik (z. B. d_1/S. 17)		
		akkordisch	homophoner, blockartiger Satz (a_1/S. 21) →	polyphoner Satz (Ka_1/S. 12-14)		
		flächig	homogen (Ka_1/S. 14) →	heterogen (d_1/S. 17)		
	Mehrstimmigkeit		1 stg. (z. B. c_4/S. 24) →	18 stg. (S. 22/Schluß)		
Ausführung	Variable Notation		(mit Vorzeichen) →	(ohne Vorzeichen) →	(z. B. S. 6–7/b_3) →	(Bsp.: S. 4/b_1)
	Variable Interpretation		exakte Reproduktion (bis „übergenau") →	etwas frei →	verlängern erweitern ergänzen →	improvisatorische (modellhafte) Wiedergabe
	Variabilität des Klanges im Raum	Klangquelle (Position im Raum)	individuell →	in Gruppen →	alle	
		Klangrichtung	starr, unbeweglich →	langsam, koordinierte Bewegungen →	rasch heftig hektisch	
Kompositionsprozeß (Entstehungsgeschichte des Werkes)	Projekt (Entwurf) →	Modelle (Erprobung) →	Version (Realisation)			

Prozeßhafte Behandlung der musikalischen Parameter

Klangglissando und Klangmodulation werden „thematisch" für die Behandlung aller kompositorischen Parameter; dem Klangglissando entspricht ein Tonhöhenglissando (labiler Tonhöhenverlauf):

eine ständige dynamische Modulation (stufenlose dynamische Veränderung des Klangs), entweder synchron (quasi parameter-homophon) zu den Tonhöhenverläufen:

oder unabhängig von diesen (quasi parameter-polyphon):

So wie Diphthonge „auf dem Weg" zwischen zwei Vokalen entstehen, können sich innerhalb eines sprachlichen Klangprozesses „wie zufällig" Silben bilden, die mehr oder weniger deutlich bzw. eindeutig semantisch identifizierbar sind:

KR TS F X_S
[u] [i] [i] [u]
CRU-CI - FI-X-US

Materialtypen (vgl. Darstellung III)

Schnebel selbst unterscheidet im Vorwort zu seiner Komposition vier verschiedene Strukturtypen in der Behandlung des sprachlichen Materials. Damit wird der Prozeßcharakter des Materials zu übergeordneten Prozessen zusammengefaßt, dieser wird zur formbildenden Tendenz. Da eine abgrenzende Typologie dem Prozeßcharakter widerspricht, sind die Struktur-„Stufen" zu verstehen als gedacht, um einen stufenlosen, ständig sich verändernden Struktur-Prozeß zu organisieren.

Schnebel selbst unterscheidet zwischen vokalischen und konsonantischen Verläufen, die mit
a) unveränderten,
b) leicht veränderten,
c) stark veränderten,
d) sehr stark veränderten
Lautprozessen arbeiten. Einige Beispiele:

vokalisch	konsonantisch
Zu a) S. 21, T. 2: stabile (traditionelle) Vokalisierung	S. 22, T. 51–53: tsch______ (ohne Veränderung des Klanges durch Vokalfiltrierung)
Zu b) S. 5, T. 21: Leichter Farbwechsel des Vokals [a] zwischen (deutsch ausgesprochen) „stAdt“ und (amerikanisch ausgesprochen) „h O t“	S. 21, T. 97–99: 𝄆 psch tsch 𝄇 binäre Modifizierung des sch-Lautes
Zu c) S. 25, T. 126–130 (Baß): kontinuierlicher Übergang von einem Vokal zum anderen: o – a – e – u – i – j	S. 23, T. 115–116: sch ______ [i – u – i – u – ô – ö] ständige Vokalfiltrierung
Zu d) S. 17, T. 82 (Baß 2): beliebiger Wechsel zwischen JA JI JU WA WI WU	

Ein charakteristischer Gebrauch, Veränderungsprozesse zu komponieren (und das heißt nach der Definition Wittgensteins: deren Bedeutung[11]), wird für die gesamte Komposition thematisch.

Prozeß bedeutet nicht den grundsätzlich „flüssigen“ (labilen, prozeßhaften) Gebrauch des Materials (das gleichsam ziellos „auf dem Wege“ sein), sondern den Übergang und die Dialektik zwischen flüssigen Materialzuständen und festen (stabilen, statischen). Die Komposition bewegt sich in einem Kontinuum zwischen fest und flüssig. Das wird deutlich an „Typen“ der Tonhöhenkomposition; diese reicht

von traditioneller „stabiler“ Tonhöhenfixierung (S. 21: traditionell notierte Akkordstellung des Tonhöhenmaterials)

über „Trübungen“ der traditionell notierten Tonhöhen durch Tonhöhenglissandi und Vokalmodulation (S. 17, va3)

zu nicht lokalisierbaren Tonhöhenverläufen (z. B. S. 2 Chor III, Tenor 1)

und unterscheidet zwischen abgestuften Genauigkeitsgraden der Tonhöhen-Notation:

a) Notation auf 5 Notenlinien mit Vorzeichen: traditionelle, absolut genaue Fixierung der Tonhöhen (vgl. S. 21),

b) Notation auf fünf Notenlinien ohne Vorzeichen: annähernd genaue Fixierung der Tonhöhen (vgl. S. 22, Schlußakkord),

c) Tonhöhenplacierung innerhalb eines relativ eng begrenzten Tonraums (vgl. S. 16, Dirigent),

[11] *Die Bedeutung eines Wortes ist sein Gebrauch in der Sprache* (L. Wittgenstein: Philosophische Untersuchungen, § 43, Frankfurt 1971).

d) relative Notation mit unterschiedlicher Genauigkeit auf 2–4 Notenlinien (vgl. S. 4, v^{b1}; S. 2, Tenor II; S. 6, v^{b3}, T. 2; S. 23, Baß II).

Dabei bleibt die genaue Tonhöhenfixierung den vokalischen Strukturen vorbehalten und die „Stabilität" der Tonhöhenbehandlung an die der Behandlung des Lautmaterials gebunden.

Ähnlich prozeßhaft ist die Strukturierung der Rhythmuskomposition angelegt, sie unterscheidet einerseits global notierte und individuell, also nicht synchronisiert auszuführende periodische und aperiodische Verläufe

von differenzierteren rhythmischen Verläufen, die exakt notiert, aber individuell auszuführen sind

(S. 15, T. 65/66)

und andererseits die synchrone (exakte, „stabile") Wiedergabe eines differenzierten Rhythmus von der nicht synchronisierten („verwackelten", labilen) Wiedergabe, wobei sich die Synchronisation auf einzelne Chorgruppen oder den Gesamtchor bezieht.

Strukturtypen

Verfolgt man die formbildende Tendenz des Prozeßcharakters weiter bis in die Gestaltung der einzelnen Formteile, so wird man unterscheiden müssen zwischen der Gliederung eines Formteils in seinem sukzessiven Verlauf und der vertikalen Strukturierung eines Formteiles im Sinne einer quasi skalenmäßigen Differenzierung in der Behandlung der Mehrstimmigkeit.

Die vokalischen Verläufe a1–a4 sind durch traditionelle Tonhöhennotation gekennzeichnet, der Prozeßverlauf zeigt folgende Entwicklung:

S. 21/22:		S. 23/24:
strukturierte Akkordik	⟶	Cluster
chromatisches Tonhöhentotal	⟶	vierteltöniger Quartraum
14stg.	⟶	4stg.
mehrteilig	⟶	einteilig (als Klangfarbenprozeß)

Die vokalischen Verläufe b4–b1 bilden insgesamt einen Prozeß von punktueller Melodik bis hin zum Vokalakkord:

S. 12–14:		S. 4–5:
punktuelle Struktur	⟶	homophone Vokalakkorde
zunehmend melodisch		
(Tonhöhenmaterial analog a1)		
nur punktuell gegliederte Struktur	⟶	vier Blöcke
16 Stimmen	⟶	zweichörig, 8–11 Stimmen

Die vokalischen Verläufe c4–c1 sind gekennzeichnet durch den Weg von der melodischen Einstimmigkeit (drei sich ablösende Soli, S. 24–25) über sich überlappende 2- bis 3stg. Flächen (S. 21–22) bis zu solchen, die deutlich voneinander abgehoben sind (viermal 2- bis 3stg., S. 16–17).

Die vokalischen Verläufe d4–d1 beschreiten einen Struktur-„Weg" von sechs deutlich voneinander abgehobenen 1- bis 4stg. Ereignissen (S. 2–3) bis zur ungegliederten 12stg. Fläche (S. 17).

Strukturprozesse innerhalb der konsonantischen Verläufe (vgl. Darstellung III)

k^{a1} (S. 12–14): Auflösung eines 5stg. Geräuschakkordes bis hin zur quasi-punktuellen Strukturierung, zunehmende Verdichtung zur rhythmisch gegliederten Fläche (mit Sprachzentrum „kyrios" u. a.)

k^{a3} (S. 18–20): Verdünnung einer Fläche aus sich überlappenden Aktionen bis zur Einstimmigkeit

k^{b2} (S. 20–22) – K^{b1} (S. 9–11): fünffach gegliederte Fläche (3- bis 4stg.), bis zu sich verdichtender rhythmisch-punktueller Struktur

k^{c2} (S. 23–25): 1stg. beginnend und sich verdichtend zum 5stg. Geräuschakkord

k^{c1} (S. 15–17): exakte (stabile) Satzstruktur aus sich ablösenden homophonen Akkorden

Einzelbeispiele

1. Melodische Strukturierung (v^{b4}, S. 12–14; Darstellung IV)

Die Struktur besteht aus 48 verschiedenen Tonhöhen, die innerhalb von 4 Oktaven placiert sind. Komponiert ist ein Prozeß von isolierten Ton-„Punkten" zu melodischen und klanglichen (vertikalen) Verknüpfungen. Diese Verknüpfung erfolgt

a) durch gemeinsame Töne (Tonhöhenwiederholungen werden sonst strikt vermieden):
sukzessiv: a (Ton 21)
simultan: h'' (Ton 22) und h + h' (Ton 29)
(im ersten Falle als Unisono-Verdopplung; im zweiten als Oktavierung zwischen Frauen- und Männerstimme);

b) durch melodische (sukzessive) Gruppenbildung:
insgesamt 8 Gruppen von 2, 3 und 4 Tönen;

c) durch klangliche (vertikale) Intervallbildung, 4 Intervalle aus zusammen 8 Tönen:
kleine und große Sekunde, große Terz (bzw. kleine Sext) und Quarte (Darstellung IV, Nr. 31, 30, 21, 32).

Das Zentrum der Verknüpfung liegt auf der ersten Hälfte von S. 14; ab Ton Nr. 21 löst die vertikal-klangliche Verknüpfung die sukzessiv-melodische ab. Der Übergang zum „reinen" Vertikalklang erfolgt durch sich überlappende Ton-„Punkte" in T. 62.

2. Akkordische Strukturierung (v^{a1}, S. 21–22; Darstellung V, S. 222)

Das Tonhöhentotal entspricht dem von v^{b4}, verschiebt sich demgegenüber allerdings um einen Halbton: die unterste Begrenzung (Cis) wird zu D, die oberste (es''') wird zu e'''. Die Strukturierung erfolgt akkordisch-homophon, die Mehrstimmigkeit der Akkorde ist skalenmäßig differenziert:

Darstellung IV Melodische Strukturierung

M = melodische Gruppenbildung
K = klangliche Gruppenbildung
= Überlappung mit einem benachbarten Ereignis
= Verknüpfung durch gemeinsamen Ton

gemeinsamer Einsatz
(„zufällige" klangliche Gruppenbildung)

Darstellung V Akkordische Strukturierung

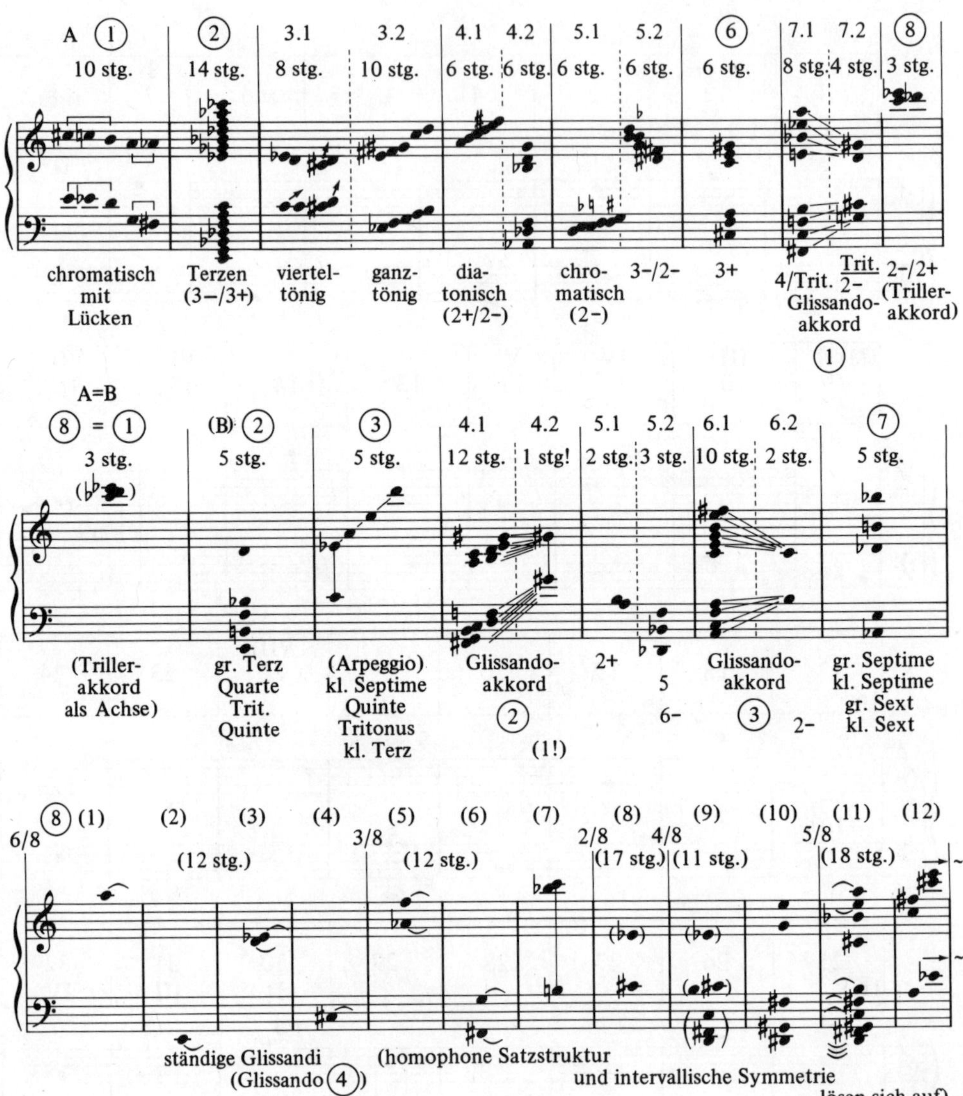

a) 1- bis 14-Stimmigkeit bzw. 18stg. im Schlußakkord),

b) symmetrische Akkordstellung zwischen Frauen- und Männerstimmen, wodurch die Gesamtstimmigkeit jeweils halbiert wird,

c) die Akkordkonstruktion erfolgt durch gleiche bzw. asymmetrisch gesetzte Intervalle, von der Vierteltönigkeit gespreizt bis zu Tritonus/Quart-Klängen.

In einer prozeßhaften Entwicklung werden die „eindeutigen" homophonen Akkorde zunehmend aufgelöst

a) durch rhythmische „Verwacklung" (z. B. Akkorde 3/4, quasi Akkord-Arpeggio),

b) durch Verbindung von zwei Akkorden mittels Glissando (zunehmende Auflösung der Tonhöhen-Stabilität),

c) durch Trübung der Tonhöhen (Triller in höchster Lage, Vokalglissandi, Geräuschanteil durch sprechende Artikulation).

Die Zersetzung der blockhaft-homophonen Struktur und der Intervall-Symmetrie beginnt mit dem Übergang zwischen S. 21 und 22. Zählt man „Akkord-Arpeggien" und Glissandi als einen Vorgang, so ergibt sich folgende formale Gliederung:

Abschnitt A (Akkorde 1–8, Trillerstelle): „stabile" Struktur,

Abschnitt B (Akkorde 1–8, 6taktiger Schlußkomplex: Auflösung der stabilen Struktur.

Dieser Schlußkomplex ist das Ergebnis des Zersetzungs-Prozesses; er besteht aus 12 rhythmischen Anschlägen (wenn man die Repetition des *Hotschiminh*-Rufes nicht mitzählt). Für beide beschriebenen Strukturen gilt:

a) Ein Total wird melodisch oder klanglich strukturiert, der Tonraum durch Tonhöhen gequantelt.

b) Musikalischer Zusammenhang (die musikalische „Wort"-Bildung) erfolgt durch Horizontale (melodische) oder vertikale (klanglich-akkordische) Gruppenbildung.

c) Derart komponierte Zusammenhänge („Wörter") bilden sich und vergehen; die musikalische Strukturierung ist ständig unterwegs.

3. Rhythmische Strukturierung (k^{c1}, S. 15–17; Darstellung VI, S. 224/225)

Die Struktur besteht aus einer Folge von 24 homophon (akkordisch) und rhythmisch differenziert behandelten Sprachklängen (vgl. die entsprechende Behandlung der Tonhöhenklänge in v^{a1}), die sich in unterschiedlicher Mehrstimmigkeit im Sinne einer „durchbrochenen Technik" ablösen (vgl. die Verknüpfung von „Tonpunkten" zu „durchbrochener" Melodik in v^{b4}).

Die mehrstimmigen Akkorde stehen entweder

a) gleichsam rein in ihrer Homophonie (z. B. Nr. 1),

b) gleichsam getrübt in ihrer Homophonie (polyphon verwackelte Einsätze und/oder Schlüsse der Akkorde, z. B. Nr. 17),

c) schichtig gemischt (z. B. Nr. 10.1 und 10.2).

Insgesamt ergibt sich eine Differenzierung der Mehrstimmigkeit von 1–6 Stimmen. Die rhythmische Strukturierung erfolgt

a) durch die 4 theologischen Begriffe, die der Dirigent singt („Sprachzentrum" II); diese markieren die durch Pausen voneinander getrennten und durch unterschiedliche Behandlung des Materials gekennzeichneten Teile (I–IV),

b) durch eine Taktgliederung von 1/4 bis 6/4,

Darstellung VI Rhythmische Strukturierung

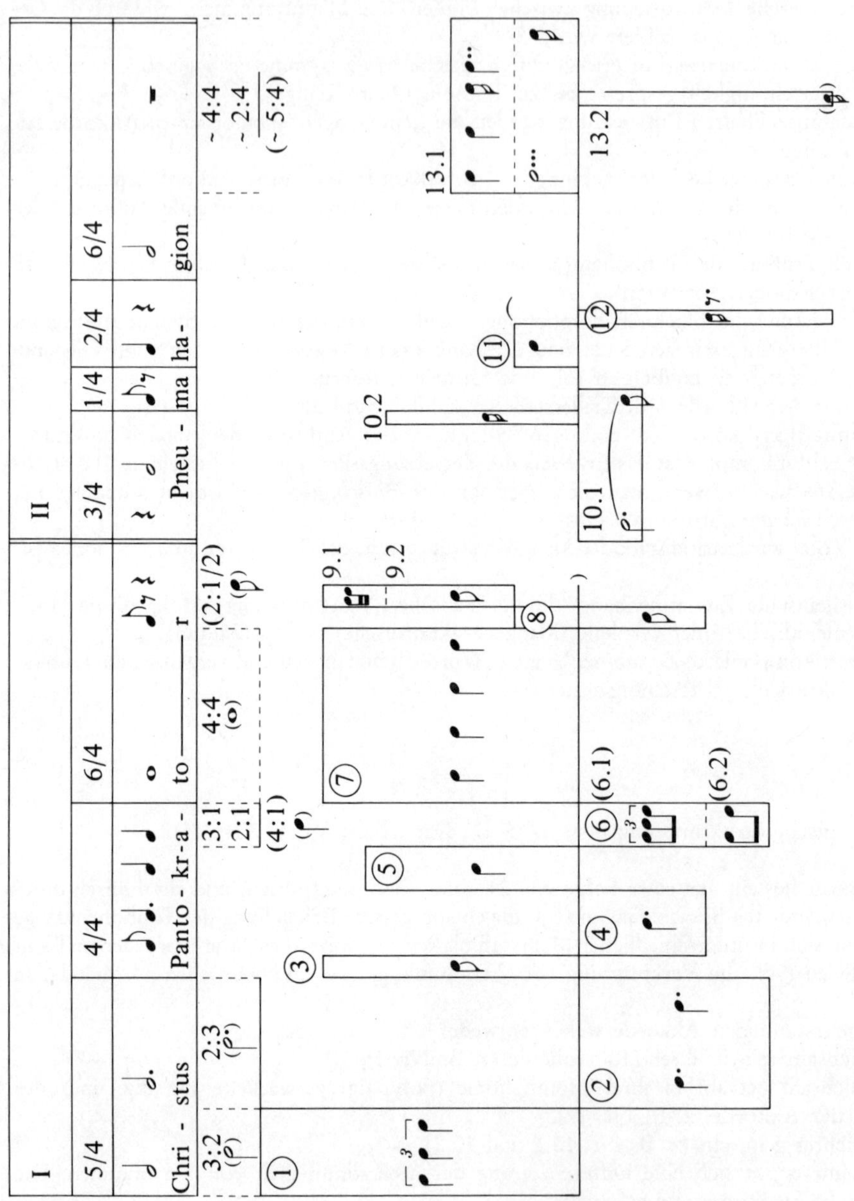

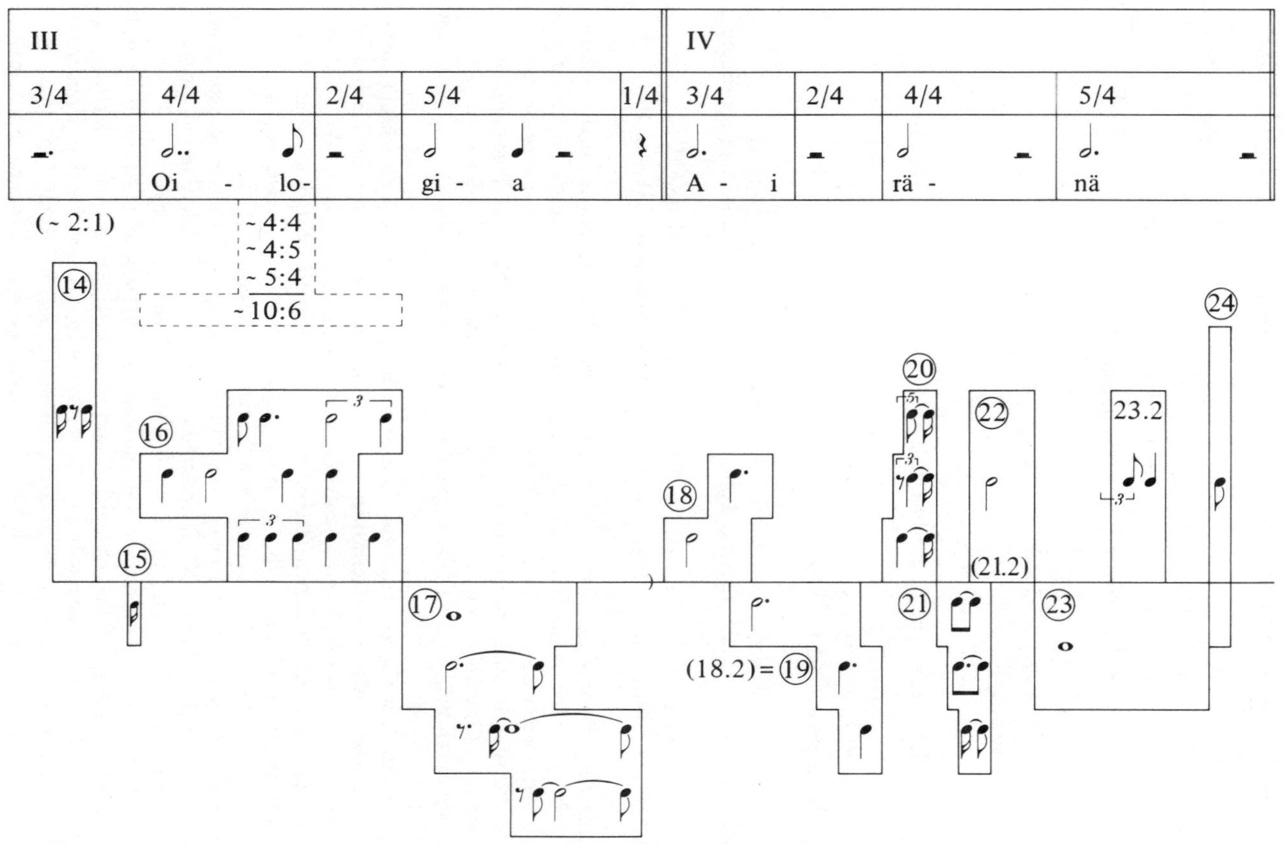
III
IV
3/4
4/4
2/4
5/4
1/4
3/4
2/4
4/4
5/4
Oi - lo-
gi - a
A - i
rä - nä
(~ 2:1)
~ 4:4
~ 4:5
~ 5:4
~ 10:6
14
15
16
17
18
(18.2) = 19
20
21
(21.2)
22
23
23.2
24

c) durch isorhythmische, periodische Quantelung von übergeordneten Dauern, z. B.:

Nr. 1	2	6	7	9
3:2	2:3	3:1	4:4	2:1/2
		2:1		1:1/2

und die aperiodische Gliederung von übergeordneten Dauern, z. B.:

Nr. 13	14	16
4:4	2:1	4:4
2:4		4:5
		5:4

Nimmt man beides zusammen, so ergeben sich folgende übergeordnete Dauern:

(♩♪) | ♩ | 𝅗𝅥 | 𝅗𝅥. | 𝅝 | 𝅝‿♩ | (𝅝.)
(aus 𝅝‿♩ und 𝅝 verschoben)

Es gibt eine genau organisierte und traditionell notierte prozeßhafte Dialektik
a) zwischen exakten („reinen") Homophonien (Nr. 1–15) und verwackelten („getrübten") (Nr. 16–24),
b) zwischen ungemischten (I und III) und schichtig gemischten (II und IV),
c) zwischen periodisch gegliederten (I) und aperiodisch gegliederten (II und III).

Zusammengefaßt: Die Strukturkomplexe (Schnebel nennt sie die vokalischen und konsonantischen Verläufe) werden behandelt wie das ihnen zugrundeliegende Material. Sie sind ständig unterwegs, verflüssigen oder verfestigen sich. Dabei verbinden sich zwei entgegengesetzt erscheinende Richtungen: Einzelnes verbindet sich zu einem Ganzen; aus Ton-Punkten entsteht melodischer Zusammenhang (v^{a1}/S. 12–14), aus sich ablösenden einstimmigen Vorgängen entstehen durch zunehmende Überlappung und Verdichtung Flächen (v^{c4}/S. 24–25 und v^{c3}/S. 21–22).

Umgekehrt löst sich Ganzes (und Geschlossenes) auf in Einzelnes (bzw. Strukturiertes oder Differenziertes). Akkorde fasern oder fransen gleichsam aus, werden zu Flächen und diese verdünnen sich zur polyphonen, motivischen oder punktuellen Struktur (k^{a1}/S. 12–14); aus vielstimmigen und ungegliederten Flächen werden differenziert mehrstimmige und mehrteilige Strukturen (v^{d1}/S. 17 und v^{d3}/S. 15). Anders ausgedrückt: Die „Bewegung"der Struktur geht vom Einzelnen zur Gestalt oder vom Total zur Gestalt.

Das kompositorische Verfahren erinnert an die beiden bekannten Verfahrensweisen bei der Produktion elektronischer Musik: Klangstrukturen entstehen durch Addition von einzelnen Sinustönen oder durch Filtrierung aus dem Total des weißen Rauschens.

In Schnebels *: !* entsteht sprachlicher wie musikalischer Zusammenhang sowohl im Aufbauen aus den kleinsten sprachlich-klanglichen und musikalisch-klanglichen Elementen (den nicht weiter reduzierbaren Einzelphonemen und Einzeltönen) als auch durch differenzierende Strukturierung und auswählende Filtrierung aus dem amorphen Total.

Sprache und Musik werden analog behandelt, genauer gesagt, sie entstehen auf analoge Weise: melodisch durch sukzessive Verknüpfung und klanglich durch Artikulation. Dabei ist die Vorstellung der Prozeßrichtung offensichtlich eine zyklische: Total und Einzelnes bzw. Einzelnes und Gestalt stehen nicht an einem „endlichen" Ende oder Anfang, sondern können sowohl als Ende wie als Anfang einer Entwicklung gesehen werden. Dies ist die Voraussetzung für die Offenheit der Form des Ganzen; der Prozeß kann theoretisch an jeder Stelle beginnen und enden; er setzt kein Ideal, von dem man sich wegbewegt, noch eines, auf das man sich zubewegt.

Da das sprachliche Material und seine Strukturierung (in den „Verläufen") gebraucht wird wie das musikalische Material und seine Strukturierung, entsteht die dialektisch doppelte Bedeutung: Sprache ist Musik und Musik ist Sprache.

Sprache aber ist Kommunikation; man kann daraus folgern, daß auch die musikalische Satzstruktur (die vertikal-mehrstimmigen Satz-Typen) nicht „für sich" stehen, sondern stets ein anderes mit-meinen: sie ist nicht nur Organisations-,„Gefäß" des Materials, sondern steht gleichzeitig für die Sozietät der Ausführenden als sprechende und sprachlich handelnde Menschen. Sie reden miteinander „wie aus einem Mund" (homophon), reden „ohne voneinander zu wissen" oder „wissen zu wollen" (heterophon) oder gegeneinander an (S. 4–5, vb1: *feindlich dagegen singen*).

Satzstruktur

Dem entsprechen die verschiedenen Synchronisations-Typen der Komposition. Die Sänger agieren unabhängig voneinander mit individuell zu gestaltenden Zeitabläufen, gruppenweise koordiniert oder als Gesamtheit aller gemeinsam, wobei dieser Synchronisationstyp den „stabilen" Material- und Strukturtypen vorbehalten bleibt (vgl. Part. S. 25).

Der Organisator dieser Synchronisation, der Dirigent, wird in das Geschehen miteinbezogen; er ist nicht Dirigent, sondern spielt einen solchen. Er dirigiert mit Gesten und Worten und beides ist ihm in einer eigens komponierten „Stimme" (im doppelten Sinn des Wortes) vorgeschrieben; er koordiniert das musikalische Geschehen und theatralisiert diese seine Funktion (*sachliches Dirigieren, nun emotionaleres Dirigieren, ekstatisches bis wütendes Dirigieren* usw.); er kommandiert das Geschehen durch akustische Signale und wird in das Geschehen (als Gleicher unter Gleichen) mit einbezogen (S. 12: *hie und da Vokale mitsingen*). Er ist maßgeblich beteiligt an der Gestaltung der sog. Sprechverläufe (Darstellung VII S. 228).

Verfolgt man diese, die in der Partitur nicht numeriert und auch sonst im Vorwort als von den anderen Verläufen abgehoben genannt sind, so entdeckt man eine zahlenmäßige Korrespondenz zu den Vokal- und Konsonantverläufen.

1. Vom Chor ausgeführt:

a) 8 Sprechverläufe, die als selbständige Strukturen von den andern Verläufen abgegrenzt sind,

b) 4 Sprechverläufe, die durchlässig „offen" gegenüber solchen sind bzw. aus diesen hervorgehen. Diese bilden gleichzeitig *Sprachzentren,* die über die ganze Komposition in regelmäßigen Abständen auftreten und Kristallisationspunkte semantisch identifizierbarer sprachlicher Äußerungen („Theologische Schicht") darstellen. Sie sind gleichzeitig die Stellen, an denen Dirigent und Chor gemeinsam agieren.

2. Vom Dirigenten ausgeführt:

a) 4 Sprechverläufe, die als selbständige „Solo"-Partien von den Aktionen des Chores isoliert sind (und weitere *Sprachzentren* bilden),

b) wie oben unter 1b (zusammen mit dem Chor). Hinzu treten gelegentliche, quasi nichtobligate Sprach-Partien, die – nicht immer in der Partitur als s-Verläufe gekennzeichnet – die Grenzen zwischen „zufälliger" sprachlicher Äußerung (wie sie wohl auch beim traditionellen

Darstellung VII Sprechverläufe

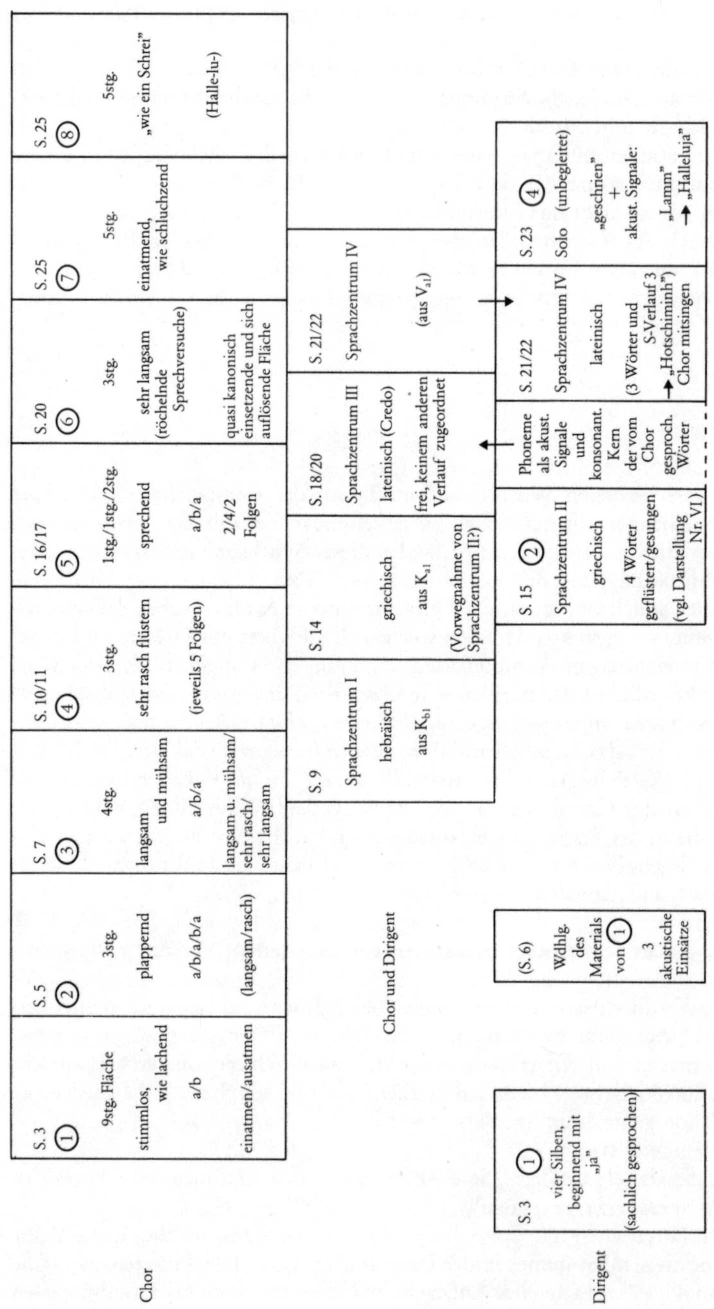

Dirigat ab und an auftreten mag) und „obligatem", „komponiertem" Sprechverlauf fließend machen. Die Zahlen sprechen für sich:

Chor:	24	konsonantische und vokalische Verläufe
	12	Sprechverläufe insgesamt (die nur chorisch ausgeführten und die von Chor und Dirigent)
	16	vokalische Verläufe (aus 4 mal 4)
	8	Sprechverläufe (die nur vom Chor ausgeführten)
Dirigent:	8	Sprechverläufe insgesamt (die 4 nur vom Dirigenten ausgeführten und die 4 von Chor und Dirigent)
Chor und Dirigent:	16	Sprechverläufe insgesamt

Klangbewegung im Raum

So wie das musikalische und sprachliche Material und seine Strukturierung gleichsam ständig unterwegs ist, so bewegt sich in *: !* der Klang bei der Aufführung im Raum. Komponiert ist eine Bewegungsregie des wandernden Klangs:

1. Die Position der Sänger im Raum ist variabel; der Klang wandert mit den Ausführenden, diese werden zu beweglichen Klangquellen.
2. Das Ziel des Klanges ist variabel; er wird in verschiedene Richtungen „gesendet".
3. Durch „Homophonie", „Polyphonie" und „Heterophonie" der Klangrichtungen aller beteiligten Klangquellen erhält der musikalische Klang über seine mehrstimmige Strukturierung hinaus eine zusätzliche Dimension, er wird in der wörtlichsten Bedeutung des Wortes „konsonant" oder „dissonant".

Der architektonische Raum wird zum mehrdimensional musikalisierten „Raum", Raumklang und Klangraum werden identisch. Der Klang (die Sprache, die Musik) wandert darin wie in einem Kosmos, der tönt, und erhält dadurch etwas Missionarisches, Verkündigendes, will über Himmel („Schall nach oben") und Erde („nach vier Himmelsrichtungen") hinwegtragen.

Prozeßcharakter und offene Form

Die analytisch nachweisbaren Entwicklungsprozesse in den verschiedenen Verläufen dürfen nicht zu dem Mißverständnis führen, als sei diese „Chronologie" der Entwicklung identisch mit dem zeitlichen Verlauf der Komposition. Ihr entwicklungs-„geschichtlicher" Zusammenhang wird im zeitlichen Ablauf der Komposition aufgelöst: aus dem „gerichteten" Kompositionsverfahren wird eine nicht-gerichtete offene Form; Produktion und Produkt widersprechen einander.

Genaugenommen ist die Komposition die De-Komposition des Kompositionsvorganges:

1. Der Entwicklungsprozeß der Verläufe wird „nicht-chronologisch" auf den Ablauf der Komposition verteilt (vgl. die Seitenzahl der Partitur mit den Nummern der Verläufe in Darstellung VIII, S. 231).
2. Die Seiten der Partitur sind zwar durchlaufend numeriert, aber nicht geheftet; intendiert ist eine beliebige Reihenfolge.
3. Die Ausführung der einzelnen Verläufe selbst ist nur zum Teil als durch die Notation genau festgelegte gemeint, diese wird selbst als solche „flüssig". Der Prozeßcharakter macht die Komposition als aufgeführte (als konkret klingende) „labil".

Nach den Angaben im Vorwort muß (zusammengefaßt und vereinfacht) unterschieden werden zwischen:
1. exakter Reproduktion des Notierten
(*gestochen genau* bis *übergenau*),
2. freier oder ziemlich freier Wiedergabe des Notierten
(*braucht nicht genau ausgeführt zu werden*),
3. sinngemäßer Verlängerung, Erweiterung oder Ergänzung des Notierten,
4. improvisatorischer Wiedergabe des Notierten
(bis hin zu: *das Notierte als Beispiel oder Modell für Improvisation*).

Insgesamt gilt für Klangprozesse, daß sie sich kaum eindeutig abgrenzen und definieren lassen. Prozeß-Komposition bedeutet, dem Material Raum und Zeit zu lassen, sich zu entfalten.

Die Komposition geht nicht vom Klangergebnis (vom Klangprodukt) aus, sondern von der Klangproduktion; meint nicht das Resultat, sondern die Aktion, die zu diesem führt.

Folgerichtig gibt es für die Aufführung von Prozeß-Kompositionen primär kein Interpretationsideal bezogen auf das Klangergebnis, sondern nur bezogen auf dessen Hervorbringung. Diese selbst ist Prozeß, musikalische „Handlung" (vgl. den entsprechenden Begriff der Sprachhandlung in der neueren Sprachwissenschaft).

Damit liegt die Authentizität einer Aufführung nicht im Aufführungsergebnis, sondern (im Extremfalle sogar ausschließlich) in der Arbeit daran.

Prozeß-Komposition hebt in der Konsequenz den kompositorischen Vorgang als einen einmaligen und zeitlich abgrenzbaren schöpferischen Akt selbst auf; es handelt sich um Prozesse, *die sich selbst gestalten und ihrerseits die Gestaltung anderer Prozesse hervorrufen . . . Das Kunstwerk, das keins mehr ist, führt Befreiung vor, um ebensolche zu übertragen* (Schnebel 1972, 457).

Komponieren als Prozeß

In der Tat wird man Schnebels *: !* kaum gerecht, wenn man es als in sich geschlossenes und abgeschlossenes Werk betrachtet. Die Komposition ist Teil- und Zwischenergebnis der langjährigen Beschäftigung mit dem Projekt *Für Stimmen*. Diese Beschäftigung verläuft wie ein Forschungsprojekt in mehreren Stadien, die mit der ersten planenden Projektierung beginnen, diese in die verschiedensten Modellstellungen bringen und deren Erprobung im Sinne eines Protokolls des gemachten Lernprozesses in einer oder mehreren Versionen festhalten.

Jede dieser Kompositionen wird damit zum Lehr-Stück: Der Komponist gibt an andere weiter, was er bei der Beschäftigung mit einem bestimmten Problem gelernt hat.

Schnebel hat dem dreiteiligen *missa*-Zyklus *Für Stimmen* das instrumentale Komplement *Choralvorspiele I und II* hinzugefügt und damit eine inhaltliche Seite des Projektes abgeschlossen (*missa est*); die andere Seite (*Für Stimmen*) hat ihre prozeßhafte Fortsetzung gefunden in den *Atemzügen*, deren skizzierende Beschreibung die konsequente Fortsetzung der Prozeß-Komposition *Für Stimmen* veranschaulichen mag.

Die Materialkomposition geht gleichsam einen Schritt tiefer als in *: !*. Sie geht nicht vom Lautmaterial aus, sondern vom Atem; es heißt nicht mehr *Musik für Stimmen,* sondern für *Artikulationsorgane und Reproduktionsgeräte.*

Darstellung VIII

Seitenzahl (tatsächliche)	(Pag.)	1	2 1	3 2	4 3	5 4	6 5	7 6	8 7	9 8	10 9	11 10	12 11	13 12	14 13	15 14	16 15	17 16	18 17	19 18	20 19	21 20	22 21	23 22	24 23	25 24
vokalische Verläufe	a																3		2			1		4		
	b				1		3				2			4												
	c																1		2			3			4	
	d		4						2							3		1								
kons. Verläufe	a					2								1						3						
	b										1											2				
	c																1								2	
Sprech-verläufe	Chor			1		2		3			4						5				6					7 8
	Sprach-zentren (I-IV)	(Chor): (Dir.)		①			(1)			I					II ②				III ③			IV			④	

Das Material kennt vier (zweimal zwei) Bestimmungen: Atemrhythmus, Atemtiefe und deren Modulation durch Artikulationsbewegungen und Tonhöhenvorstellungen (*was sich physiologisch, zerebral und psychologisch ereignet, wenn Musik gemacht wird,* Schnebel 1972, 457).

Die kompositorische Form ist nur noch als Prozeß festgehalten; das Resultat ist nicht mehr ein abgeschlossenes Werk, sondern ein Kompositionsprozeß in vier Phasen:

EXERCITIEN
(individuelle Einübungen der Ausführenden in das Material und seine Gestaltung)
PRODUKTION
(Ausarbeitung einer individuellen Version)
KOMMUNIZIEREN
(Definition von Satzstruktur als Verhalten der drei Ausführenden zueinander)
OPERA
(Finden einer Darstellungsform durch die Ausführenden, um einem Publikum die gemachten Erfahrungen weiterzuvermitteln)

Die Komposition wird zum Lernprozeß; im Vordergrund steht nicht mehr das kompositorische („klingende") Ergebnis, sondern der Weg, der zu einem solchen geführt hat. Musik wird zum Lehr-Stück, die Komposition zum Protokoll ihrer Entstehung.

Literatur

Adorno, Theodor W.: *Fragment über Musik und Sprache*, in: *Quasi una Fantasia,* Musikalische Schriften II, Frankfurt a. M. 1963, S. 9–16
Bloch, Ernst: *Das Prinzip Hoffnung*, Frankfurt a. M. 1959
Gentilucci, Armando: *Die Chortechnik Luigi Nonos*, in: J. Stenzl (Hrsg.), *Luigi Nono. Texte. Studien zu seiner Musik,* Zürich–Freiburg 1975, S. 394–408
Klüppelholz, Werner: *Aufhebung der Sprache. Zu György Ligetis Aventures*, in: Mel/NZ 1976, S. 11–15
Musik als Theologie. Zu Kagels „Rezitativarie", in: Mel/NZ 1977, S. 483–489
Lyons, John: *Einführung in die moderne Linguistik*, München 1971
Mann, Thomas: Vorwort zu *Und die Flamme soll euch nicht versengen,* Zürich 1955 (orig.: *Lettere di condannati a morte della resistenza europea,* Turin 1954)
Mila, Massimo: *Nonos Weg zum Canto sospeso* (1960), in: J. Stenzl (Hrsg.), *Luigi Nono. Texte. Studien zu seiner Musik,* Zürich–Freiburg 1975, S. 380–393
Schnebel, Dieter: *Anagrama*, in: *Mauricio Kagel. Musik Theater Film,* Köln 1970, S. 15–26
Denkbare Musik. Schriften 1952–1972, Köln 1972
Vorwort zur Partitur *: ! (Madrasha II),* Mainz 1973
Wörner, Karl H.: *Gotteswort und Magie,* Heidelberg 1959

Noten der Musikbeispiele

Nono, Luigi: *Il canto sospeso* (1956), Mainz 1957
Schnebel, Dieter: *: ! (Madrasha II),* Mainz 1973
Atemzüge, Mainz 1971

Claus Raab

Sprachkomposition in Dieter Schnebels *: ! (Madrasha II)*

Das Singen geht dem Artikulieren voraus; Metaphern abstrakten Begriffen
(Beckett 1929, 15)

Lobpreis

Die Konzilsväter von Trient handelten besonnen und im Interesse der Texte, als sie auf eine Maßregelung und Gängelung der Musik verzichteten, sie vielmehr ihren eigenen Tendenzen überließen. Anrührend und menschlich wurden die alten Texte durch ihre Geschichte; und das war ihre jeweils zeitgemäße Vertonung, wie umgekehrt die Wortkargheit eben dieser Texte und ihr Reichtum an Wiederholungen offen war für zeitgemäße musikalische Expressivität und Formung. Über die Probleme der Vertonung liturgischer Texte wurde in der Kirche nach dem Konzil auffallend wenig namhaft.

Dieser alte Bund erneuerte sich, so scheint es, vierhundert Jahre später in der jüngsten Musik. Kein anderer Sprachbereich liegt so erhaben-gleichgültig über Semantik und Logik wie der religiöse, kultische, rituelle – und wie der kreatürliche. Schrei und Stoßseufzer, Beschwörungsformel und Hymnus, Archaisches und Animalisches zeigen sich seit langem schon der Sorge um subjektiv sprachliche Formulierung enthoben. Das macht sie für die neue geistliche Musik wieder attraktiv, wo es um die Sonorität der Sprache geht oder darum, *durch die Auswahl einzelner Stufen aus einem Laut-Wort-Kontinuum „Sprache" aus der Komposition hervorgehen zu lassen* (Stockhausen 1960, 53).

Stockhausen wählte einen Teil vom *Lobgesang der drei Jünglinge im Feuerofen* für seine Komposition aus solchen Erwägungen, da der Klang des Daniel-Textes Verständlichkeit trotz Vertauschbarkeit der Wörter gewährleistet. *Primär handelt es sich im Text um 3 Worte (preiset den Herrn), die ständig wiederholt und in deren Zusammenhang allerlei Dinge aufgezählt werden. Es ist klar, daß man diese Aufzählung beliebig fortsetzen oder auch nach der ersten Zeile abbrechen sowie Zeilen und Worte permutieren kann, ohne den eigentlichen Sinn zu ändern: „alle Werke". Der Text kann also besonders gut in rein musikalische Strukturordnungen integriert werden (vor allem in die permutatorisch-serielle) ohne Rücksicht auf die literarische Form, auf deren Mitteilung oder anderes. Es wird mit den „Jünglingen" an ein kollektives Gedankengut erinnert: taucht irgendwann das Wort „preist" auf und ein andermal „Herrn" – oder umgekehrt –, so erinnert man sich eines schon immer gekannten sprachlichen Zusammenhangs: die Worte werden memoriert, und dabei geht es vor allem darum, daß sie überhaupt und w i e sie memoriert werden, und sekundär um den Inhalt im einzelnen; die Konzentration richtet sich auf das Geistliche, Sprache wird rituell* (Stockhausen 1960, 53).

Das Rekurrieren auf solch geistliches Gedankengut ist erstaunlich vieler Vokalmusik seitdem eigen. Selbst noch so weltlich Scheinendes wie der Text Markus Kutters für die *„Sequenza III"* von Berio ist offen für eine Deutung von Minne und Minnesang, christlich Gleichnishaftem vom Hausbauen, bevor die Nacht kommt.

Daß keineswegs nur Text, sondern auch Musik an solch „kollektives Gedankengut" rühren kann, zeigen Beobachtungen an Ligetis *Lux aeterna*: *Viele Schüler erinnert das Werk sofort an Kirchenmusik . . .* (Neumann 1975, 9).

Wie weit kann sich geistliche Komposition von solchem Ton, der kollektives Gedankengut anspricht, entfernen? Schnebels *Madrasha II* experimentiert damit, indem es gleichsam im umgekehrten Parodieverfahren Bekenntnisformeln in eine sehr geräuschhaft-natürlich klingende Umgebung stellt[1]. Im Christentum zumal durfte sich der Mensch als Kreatur fühlen. Erbärmlichkeit und Stolz lassen es an der Zeit erscheinen, daß er sich auch wieder kreatürlich ausdrücken darf. Eine Art neuer Mystik? *Er mag manchem immer noch als ein Mystiker erscheinen: wenn dem so ist, dann als ein Mystiker, der das Transzendentale in jeder Gestalt und Form als einen Faktor in der menschlichen Entwicklung ablehnt, und dessen Vorsehung nicht göttlich genug ist, um ohne Mithilfe der Menschheit auszukommen* (Beckett 1929, 19; über Vico).

Dieser bitteren Erfahrung und stolzen Haltung entsprechend scheint Schnebels „Doppelpunkt-Ausrufezeichen" komponiert. Sein *Alles, was Odem hat, lobe den Herrn!* (Ps. 150_6) ist nicht Mimesis der feudalen Haltung „Lobpreisung", sondern wird zum Einwand, zur Opposition an der Grenze zur Apostasie.

Ebenfalls mit dem Psalmwort *Alles, was Odem hat, lobe den Herrn* beginnt der Vokalteil von Mendelssohns *Lobgesang – Eine Symphonie-Cantate nach Worten der Heiligen Schrift* op. 52. Wenn man Hans Mayer (1975) folgt, brauchte der getaufte Jude Mendelssohn emphatisch Christliches in seiner Musik für und wider die judenfeindliche Umwelt des 19. Jahrhunderts. (Fraglich, ob das 1840, dem Höhepunkt seiner Anerkennung noch gilt.) Der göttliche Lobgesang hätte dann den Unterton von konformistischer Lobhudelei und Schmeichelei und stimmte nicht mehr.

Auch Dieter Schnebel ist „Außenseiter" und doppelten Anfechtungen ausgesetzt: Theologe unter Komponisten, Komponist unter Theologen, beide Male avant garde.

Die Verwicklung scheint noch gründlicher. Mendelssohn wählt als Motto für sein Werk von Dr. Martin Luther: *Sondern ich wöllt alle Künste, sonderlich die Musica, gern sehen im dienst des der sie geben und geschaffen hat,* und vertont die Psalmworte *Alles, was Odem hat . . .* Schnebel vertont zeitgemäß dies Lutherwort, und da das Werk schon etliche Titel hat – *Für Stimmen (. . . missa est),* den unaussprechlichen *: !* , der für Unaussprechliches steht, und den geheimnisvollen *Madrasha II,* der trotz dem Hinweis auf syrische Herkunft und Hymnisches mehr verbirgt als erklärt, durchaus getreu christlicher Überlieferung, die Geheimnisse mit Gleichnissen deckt – so bleibt für die hehren Psalmworte *Lobe den Herrn* nur die Funktion einer Vortragsbezeichnung: . . . *Ebenso ist für eine stets höchst intensive, gewissermaßen extatische Interpretation Sorge zu tragen* (Vorwort der Partitur). Mendelssohn hat das ekstatisch komponiert. Die Aufforderung *Lobe den Herrn* und deren gleichzeitiger Vollzug, Hymnisches als die Möglichkeit, dem Unnahbaren auf solche Art nahe zu kommen – eine derart unproblematisch scheinende Autosuggestion im Verhältnis Mensch–Welt–Gott erscheint in Schnebels Stück gestört und gebrochen. Lobpreis geht nicht mehr über die Lippen, sondern wird herausgepreßt, wie es die permanente Intensität und Anstrengung in *: !* verlangt. Den Verdacht, der aus dem Psalmwort als Vortragsbezeichnung zu schöpfen war, bestätigt die Aufführung der Version Schnebels durch die Stuttgarter Schola cantorum: daß Lobpreis heute erpreßtes Geständnis sei, ein Martyrium. Daher keinesfalls mehr wohltönend-enthusiastisch wie bei Mendelssohn, keineswegs mehr wie eine formale Gleichung mit dem Textmaterial aufgehend wie bei Stockhausen.

[1] Von einem mitlaufenden Tonband erklingen Tierstimmen.

Material

Seit der Musik der 50er Jahre wurde der Begriff Kontinuum in der musikalischen Vorstellung (wieder) wichtig. Stockhausen übertrug ihn auf den sprachlichen Bereich als „Laut–Wort–Kontinuum". Dies aber ist an sich kein Phänomen der Sprache; deren begriffliches Wesen steht dem entgegen. Daß dieser Widerstand im *Lobgesang der drei Jünglinge* auffallend gering ist, vermerkt Stockhausen als syntaktische und semantische Besonderheit. Sie läßt den Psalm besonders geeignet erscheinen für Verfahren, die notwendig sind, um ein Laut–Wort-Kontinuum zu erzeugen, ohne die Begrifflichkeit ganz preisgeben zu müssen: Das begriffliche Detail geht in ein „kollektives Gedankengut" auf und über.

> *In der Komposition sollten nun gesungene Töne zusammen mit elektronisch erzeugten in ein gemeinsames Klangkontinuum eingeschmolzen werden: . . . Die angestrebte Verschmelzung wäre mit diskontinuierlichen Klangerzeugern (vor allem eben in Hinsicht auf die „Klangfarben"), also zum Beispiel mit Instrumenten*[2]*, nicht realisierbar*[3]*; um nämlich die äußerst komplexe phonetische Struktur der Sprache im Sinne serieller Komposition zu verwenden, bedarf es zwischen den einzelnen Exemplaren eines gegebenen phonetischen Systems (wie hier des deutschen) verschieden vieler Zwischenstufen, um regelmäßige Klangfarbenskalen aus einem Kontinuum auswählen zu können (beispielsweise Zwischenstufen von einem Vokal zum anderen, von Vokalen zu Halbkonsonanten, zu Konsonanten u. a.); und das ist – wenn überhaupt – nur mit elektronischer Klangerzeugung möglich.* (Stockhausen 1960, 52f.)

Diese Behauptung mag seitdem provokant weitergewirkt und zu *:!* und den *Maulwerken* geführt haben. Ebenso können beide Kompositionen eine Skepsis am früheren Konzept bedeuten, am Glauben an die Ausdruckskraft neubabylonischer Sprachverwirrung in *Glossolalie*. Jedenfalls sind die Teile I und III von *Für Stimmen* (*. . . missa est*), *dt 316* und *:!*, hermetischer gegen das Eindringen von semantischer und logischer Realität als *Glossolalie* und *amn* (das zweite Stück aus *Für Stimmen*). Dieses Merkmal verbindet erstere mit dem *Gesang der Jünglinge*.

Stockhausen sah das Haupthindernis einer Verschmelzung von gesungenen Tönen mit diskontinuierlichen Klangerzeugern zu einem Klangkontinuum im Sinne serieller Komposition in der äußerst komplexen phonetischen Struktur der Sprache. Die Lösung des Problems, die phonetische Bestimmtheit einzelner Laute eines Sprachsystems aufzulösen und gleichsam kontinuierliche Lautskalen herzustellen, schien ihm nur mit elektronischer Klangerzeugung möglich. Diese Vorstellung, ein Lautkontinuum, verfolgt auch Schnebel im Lobgesang *:!*, doch schafft er andere Voraussetzungen und geht einen anderen Weg: Er verzichtet auf ein bestimmtes vorstrukturiertes phonetisches System, auf eine bestimmte Sprache als Ausgangsmaterial und benutzt zur Erzeugung eines Kontinuums im Sinne eines modifizierten seriellen Denkens die Bewegungsmöglichkeiten der Stimmorgane. Sie schaffen jene *verschieden viele Zwischenstufen* von Laut zu Laut und *regelmäßige Klangfarbenskalen,* von denen Stockhausen spricht. *Das Stück ist eine Komposition von Lauterzeugungsvorgängen: nicht wird von vorgegebenen Lauten ausgegangen, sondern von Prozessen ihrer Hervorbringung* (Vorwort der Partitur). – Ebensowenig ist das Stück Lobpreis, sondern die „Entstehung von Lob-

[2] Auch die herkömmliche Verwendung von Stimmen wäre dazuzurechnen.

[3] Dadurch wird die Möglichkeit nicht ausgeschlossen, gesungene Töne und elektronisch manipulierte Klänge von diskontinuierlichen Klangerzeugern (Instrumenten) in ein gemeinsames Klangkontinuum einzuschmelzen.

preis". Schnebel betont die inhaltliche und materiale Übereinstimmung: den Prozeßcharakter des Stückes. Dementsprechend wird die Begrifflichkeit der Sprache des Lobgesanges noch mehr absorbiert: „kollektives Gedankengut" geht auf in dem kollektiven, höchst intensiven Tonfall und Sprachgestus des Lobpreisens, eines Lobpreisens freilich „De Profundis".

Der Versuch einer Systematisierung des Lautmaterials darf nicht verstanden werden, als sei dieses schon und ganz das Material des Stückes selbst, sondern nur als Hilfsmittel der Darstellung. Sie kann nur Markierungen („reine Laute") und Andeutungen von Übergängen geben – ebenso wie die Notation nur die Intention wiedergibt, daß es nicht um ein „bel-canto" reinen Lautierens geht, sondern um Fluktuieren, wie es die Erzeugung von Lauten impliziert, das dieses reine Lautieren nur als Sonderfall enthält. Kurz: die Vorstellung von Lautglissando oder -kontinuum enthält auch mögliche Skalen disjunktiver Qualitäten (ein ähnliches Verhältnis wie in der Klaviermusik die melodische Intention zum realen Klang).

Die räumliche Darstellung der Vokalskalen (nach Wendt 1977, 226) hat 13 normale beziehungsweise gespreizte Vokale und 12 gerundete Vokale. Wesentlicher als diese Skalen sind für Schnebels Komposition die möglichen kontinuierlichen Prozesse, indem man die Zunge gemäß den Außenlinien oder den Diagonalen bewegt, jeweils mit normaler bis leicht gespreizter oder gerundeter Lippenstellung.

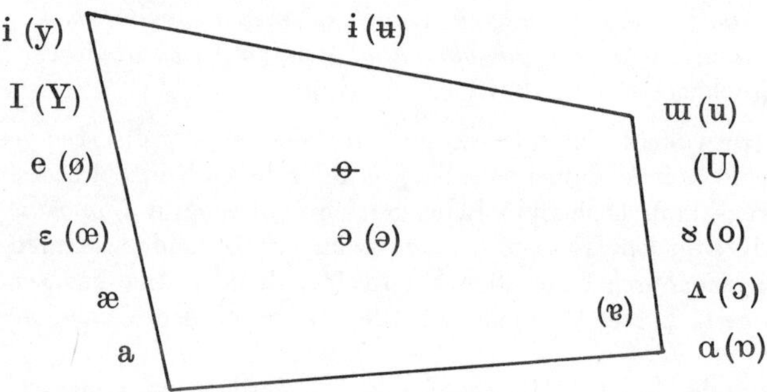

Durch Koartikulation und Assimilation (Wendt 1977, 288) können Vokale eine Färbung der Konsonanten bewirken.

Aus den 11 Möglichkeiten der Konsonantenerzeugung in Wendts Tabelle (223 f.) macht Schnebel 12, indem er die Nummer 3 in dental und alveolar aufteilt (siehe Vorwort der Partitur, S. 7). Die Nasale, Laterale, Schwing- und Reibelaute (Vibranten) haben die phonetisch-musikalische Funktion, zwischen Vokalen und Konsonanten Verbindungen und Übergänge zu schaffen, wie auch manche Frikative zur Aspiration von Vokalen dienen. Diese Vermittlungskategorie enthält noch weitere Möglichkeiten, transformierend auf das Vokal- und Konsonantrepertoire einzuwirken.

Die Disposition des gesamten Klangbereichs in schematischer Darstellung:

A) Vokale; stimmhafte Prozesse

4 Grundstellungen: u, ɑ, i, a.
3 Zonen in der Mundhöhle: vorn, Mitte, hinten
Insgesamt im Kontinuum:
13 Markierungen
(bei normaler/gespreizter Mundstellung)
12 Markierungen
(bei gerundeter Mundstellung)

B) Konsonanten; stimmlose Prozesse

Als Markierungen insgesamt:
12 Artikulationsarten

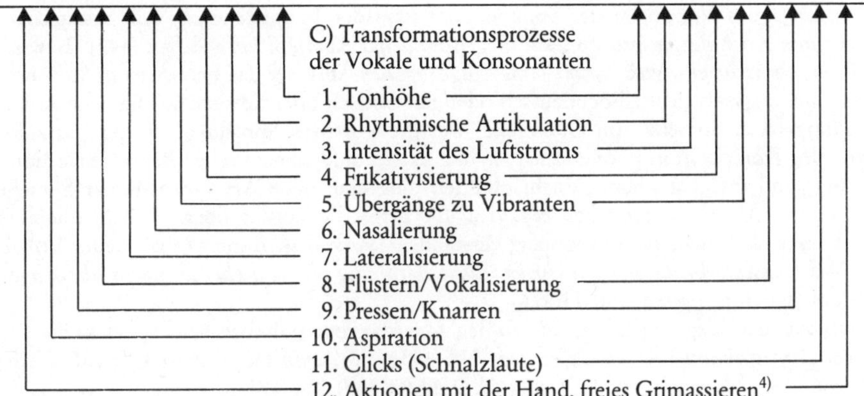

Die dreimalige Zahl 12 mag in der Sache liegen, mag zufällig, Reduzierung oder auch Referenz sein; zu einer Berücksichtigung in der Analyse fordert sie nicht auf, da sie für die Komposition nicht konstitutiv ist.

Die rhythmische und zeitliche Organisation ist durch übergeordnete Merkmale gekennzeichnet:
a) periodisch und aperiodisch;
b) accelerando und ritardando.
Sie können sich auf einfache (einzelne Stimmen) oder komplexe Zeitverläufe beziehen.
Und schließlich die räumliche Gestaltung:
a) Bewegung des Klanges von einer Person (Gruppe) zur anderen bei starrer Position;
b) Bewegung der Person(en) um sich herum;
c) Bewegung der Personen im Raum.

Die Aufstellung beziehungsweise Bewegung der Interpreten im Raum ist den kompositorischen Prozessen nachgebildet: unbewegt (≈ unveränderbare Verläufe) = frontal zueinander auf Linie, im Kreis, spiegelsymmetrisch zur Diagonale, spiegelsymmetrisch zur Längsachse; oder sich bewegend (≈ variable Verläufe) = um sich kreisend, durch den Raum wandernd, konfus durcheinander, u. a.

[4] Zum Beispiel auf den Mund schlagen, dämpfen, ein Megaphon bilden; andere, gewaltsame sind denkbar: etwa am Mund, an der Wange zerren, Kehle drücken oder schlagen, Nase zuhalten.

Entfernung von Sprache

Das Lautvermögen der menschlichen Stimmorgane, nicht gebunden an linguistische Gesetze, sondern den uneingeschränkt eigenen Fähigkeiten überlassen, ist das Material für den Komponisten. In seiner Abhandlung *Sprech- und Gesangschule (Neue Vokalpraktiken)* vom Sommer 1970 beschreibt Schnebel den Weg der Vokalmusik dahin (Schnebel 1972, 444ff.):

Die Entbindung neuartiger Vokalprozesse, in denen die Stimmen frei sind von den Konventionen des Kunstgesanges, führte zu stärkerer Expressivität. Um sie komponieren zu können und um *Relikte von Herkömmlichem* auszuschalten, bedurfte die neue vokale Klangvorstellung einer neuen, vor allem differenzierteren und präziseren Notierung. Nicht mehr der Lautvorrat eines Sprachsystems war als gegebenes Material *akustischer Symbole* hinzunehmen, sondern vom Vermögen der Stimmorgane, von der Lauterzeugung war auszugehen. *Das heißt den Artikulationsprozeß zum Gegenstand der Komposition machen* (449). Bewußt zu erfahren als *richtige Artikulation ohne eingezogenen Sinn* sei das bereits beim Reden in fremden Zungen (z. B. Mittelhochdeutsch oder gar Gotisch oder „exotische“ Sprachen). Die Verwendung vieler Sprachen (in *Glossolalie*) war die Vorstufe, Sprache als System aufzulösen. Aus der Komposition phonetischer, syntaktischer und semantischer Bestandteile unter akustischen und musikalischen Gesichtspunkten ging eine neue Art synthetischer Sprache hervor, *auf die Musik immer schon hinaus wollte* (456): Bedeutung über die Begrifflichkeit hinaus. Dieser als Emanzipationsvorgang verstandene Prozeß wird zum Inhalt neuer Vokalmusik. *Das Kunstwerk, das keins mehr ist, führt Befreiung vor, um ebensolche zu übertragen* (457) – auf den Interpreten und Hörer.

Das etwa ist der Weg von *Glossolalie* zu den *Maulwerken*; zwischen beiden stehen die vier Teile von *Für Stimmen (. . . missa est)*: *dt 31₆* (1956–58), *amn* (1958/66–67), *:! (Madrasha II)* (1958/67–68), *Choralvorspiele I und II* (1966/68–69).

Sprache als Lautmusik

Dadurch daß die Vokalwerke Schnebels die Dichotomie von Text und Musik aufheben und auf Logik im sprachlichen, begrifflichen Sinne verzichten, wird Sprache musikähnlich, wie vordem Instrumentalmusik durch *den Schein einer* [begrifflichen und syntaktischen] *Logik* sprachähnlich war[5]. Was sie an Sprache drangeben, gewinnen sie an Musik. Vielleicht äußert sich so auch einmal mehr die Hoffnung, von der Paul Celan in seinem Gedicht *Fadensonnen* spricht: *es sind noch Lieder zu singen jenseits der Menschen.*

[5] Ligeti (1958, 15) sieht die Sprachähnlichkeit der Musik vor allem in der *geschichtlich innervierten „kadenziellen“ Sukzessivanordnung der Harmonien* und in ihrer *gleichmäßig dahinpulsierenden Metrik. Diese Art von Sukzessivität umgab die tonalen Formen mit dem Schein einer Logik: daher ihre Sprachähnlichkeit.* Nicolaus Ruwet (1960, 60ff.) hat der seriellen Komposition den Verlust solcher Sprachähnlichkeit vorgeworfen.

Eduard Hanslick (1854, 49ff.) warnte davor, den *oft verlockenden* Analogien zu große Bedeutung beizumessen; das Spezifische einer Kunst zeige sich nicht in den Ähnlichkeiten, sondern in den Unterschieden von verwandten Gebieten. *Der wesentliche Grundunterschied* [zwischen Sprache und Musik] *besteht aber darin, daß in der Sprache der Ton nur Mittel zum Zweck eines diesem Mittel ganz fremden Auszudrückenden ist, während in der Musik der Ton als Selbstzweck auftritt. Die selbständige Schönheit der Tonformen hier und die absolute Herrschaft des Gedankens über den Ton als bloßes Ausdrucksmittel dort, stehen sich so ausschließend gegenüber, daß eine Vermischung der beiden Principe eine logische Unmöglichkeit ist . . . Alle specifisch musikalischen Gesetze werden sich um die selbständige Bedeutung und Schönheit der Töne drehen, alle sprachlichen Gesetze um die correcte Verwendung des Lautes zum Zweck des Ausdruckes.*

Auch Literatur bewegt sich aus anderer Richtung kommend auf diesen Punkt hin. In den Anmerkungen zu Samuel Becketts *Comment c'est (Wie es ist)* schreibt der Übersetzer Elmar Tophoven: *Zugegeben: Wie es ist kann man sicher nicht so behaglich konsumieren wie einen gewöhnlichen Roman; und es erfordert Mut und einige Selbstüberwindung, das Werk laut zu lesen – denn nur dabei kommt man richtig hinein*[6]. *Aber leider sind wir noch nicht so weit, ein Werk wie dieses, von dem die gedruckte Textgestalt auf Buchseiten nur gewissermaßen das inhaltliche Gerüst bieten kann, so zu veröffentlichen, wie es ihm gemäß wäre, nämlich als Textbuch mit Tonband* (Beckett 1976, 720). Vielleicht aber ist dem Beckettschen Text die fixierende Tonbandaufzeichnung gar nicht zu wünschen und viel eher, was Hans Rudolf Zeller für den *Livre* Mallarmés festgestellt hat: *Die Lektüren sind der Prozeß seiner Identifikation* (Zeller 1960, 14). Das sind in gleicher Weise die Interpretations-Versionen für Schnebels *:!*. Die Laute, Lauterzeugung und komplexen Lautverläufe darin, nicht mehr Systemzwängen einer Sprache unterworfen, werden permeabel für den musikalischen Klang und frei verfügbar und austauschbar. Damit aber stellt sich auch die Notwendigkeit, sie ihrem Klang entsprechend musikalisch zu formen. Schnebel wird dem gerecht durch Isolierung und Skalierung ihrer Erzeugungsorte und durch kleinste Übergänge. Die wichtigsten Kategorien dabei sind Kontinuum und Serie.

Als Material zur Herstellung anderer Versionen und für die Interpreten jedoch gibt Schnebel komplexe Verläufe, nicht einzelne Skalen, Lautketten oder isolierte Laute.

Es entsteht nun die Frage, ob die gewonnene Musikähnlichkeit der Sprache ebenfalls den „Schein einer Logik" hat – wenn schon keiner diskursiven, so doch irgendeiner anderen, poetischen vielleicht oder phonetischen.

Wörter oder gar Sätze kommen dafür nicht in Betracht; sie sind, selbst als Zufälle und Kristallisationskerne der Lauterzeugung in *:!* dem Wesen des Materials fremd, würden darin isoliert dastehen und herausplatzen wie tonale Harmonien in einem dodekaphonisch oder seriell komponierten Stück.

Da das Klangrepertoire für *:!* dem gesamten sprachlichen Artikulations- und Ausdruckvermögen der menschlichen Stimme entstammt, liegt es nahe, die komplexen Formverläufe nach grundlegenden linguistischen Gesetzmäßigkeiten zu bilden, wie sie Phonetik, Phonologie und Morphematik zur Verfügung stellen[7], ohne in das System einer einzelnen, konkreten Sprache zu geraten. Solches Analogie-Verfahren aber ist problematisch, da zum Beispiel der linguistische Begriff Phonem nur in Bezug auf eine Sprache konkret zu definieren ist. *Der Laut als solcher ist ohne Bezug auf ein Sprachsystem nur eine akustische Größe. Denkt man aber einen Laut, dessen optisches Zeichen o sei, als Bestandteil einer Sprache, z. B. des Französischen, so wird er Träger einer Bedeutung: Er kann die Vorstellung von „Wasser" (eau) oder „hoch" (haut) wecken. Durch das o werden also mit Bezug auf das Französische mehrere Wörter akustisch wiedergegeben. Der Laut o ist mit Bezug auf das System des Französischen ein Phonem, das in diesem besonderen Fall den Stoff für mehrere Wörter abgibt* (Wendt 1977, 219). Was dann, im analogen Sinne, in *:!* nur akustischer Laut ist, was dagegen auch Phonem und Morphem sein könnte, läßt sich nur erkennen, wenn man davon ausgeht, daß *Madrasha II* in einer Art sprachlichem Übergeschlecht, in einem „Supersprachsystem" geschrieben ist.

6 Bislang galt das eher nur für Lyrik.

7 Eine kurze Erklärung der Begriffe bzw. linguistischen Fragestellungen gibt Wendt auf den Seiten 219ff. (Phonetik), 233ff. (Phonologie oder Phonematik), 69ff. (Morphematik).

Hinweis auf ein solches Verfahren ist die Zweiteilung der komplexen Prozesse in Vokal-(v) und Konsonant(k)-Verläufe nach der musikalisch-sprachlichen Qualität Klangfarbe-Lautfärbung: tonhaft und geräuschhaft.

Ein weiterer Hinweis: *Im übrigen lassen sich alle Formverläufe mischen* (Vorwort der Partitur, 12/4), wie sich nach sprachlichen Möglichkeiten und Gesetzen Laute und Silben, Phoneme und Morpheme zu semantischen und syntaktischen Einheiten verbinden.

Und ein dritter, noch deutlicherer Hinweis: *Im allgemeinen sollten Vokal- und Geräuschverläufe kombiniert werden* (Vorwort der Partitur, 12/4), wie sich in der Sprache Vokale und Konsonanten zu größeren Einheiten fügen: zu Silben und Wörtern. Freilich verlieren phonetische und phonologische Merkmale im Analogieverfahren an Deutlichkeit. Das zeigt sich bei weiterer Differenzierung der beiden gegebenen Verlauf-Gruppen v und k. Die ihnen beigegebenen Ordnungsbuchstaben a, b, c, d zeigen an, ob es sich um Verläufe mit unveränderten Lauten (a), leicht veränderten Lauten (b), stark (c) oder sehr stark veränderten komplexen Lautprozessen (d) handelt. Das kann nun im Sinne der Phonetik eine Diphthongierung, Triphthongierung oder im Sinne der Phonologie eine Progression einphonemisch → mehrphonemisch (vgl. Wendt 1977, 236) sein.

Die Möglichkeit oder Aufforderung, weitere Verläufe nach Art der gegebenen Beispiele (Modelle) hinzuzuerfinden oder sie analog fortzuführen und auszudehnen, entspräche demnach *kombinatorischen phonetischen Varianten oder Allophonen* beziehungsweise bei freier Erfindung den *fakultativen phonetischen Varianten* (Wendt 1977, 235). Diese Variabilität und Dehnbarkeit und freie Erfindung von Formverläufen nach Gegebenem spricht für die Deutung der Ordnungsbuchstaben a–d im phonetischen Sinne. Denn *während sich Phoneme durch bedeutungsdifferenzierende Merkmale voneinander unterscheiden . . ., sind die Merkmale der phonetischen Varianten für die Bedeutung belanglos. Sie sind nur ein Bestandteil des allgemeinen Klangcharakters der Sprache* (Wendt 1977, 235f.). Eine solche phonetische Bestimmung der Ordnungsbuchstaben a–d impliziert, daß auch die Klangfarbe-Lautfärbung komplexer, heterogener wird, das heißt mehr „phonetisches“ Material verbraucht.

Phonemische Bedeutung hat demnach nur die Differenzierung in v- und k-Verläufe, und haben außerdem die nicht variablen Verläufe v^{a1}, v^{b3}, v^{b4}, v^{c4}, v^{d1}, k^{a1}, k^{b1}, k^{c1}, die Schnebel mit zusätzlichen Adjektiven versieht: stark oder streng geschlossen. Die Bestimmung dieser Verläufe als überdimensionierte Phoneme beinhaltet, daß ihnen eine besondere, unveräußerliche Bedeutung zukommt; von welcher Art, wird noch zu untersuchen sein. Dagegen wären alle anderen Verläufe mehrdeutig, undeutlich, vagierend, im linguistischen Sinne bedeutungsirrelevant.

In der Komposition Schnebels sind die Formverläufe das Inventar aus phonetischen und phonemischen Einheiten seiner Sprache – einer sehr tönenden Sprache, denn sie hat 16 Vokal- und nur 8 Konsonantverläufe:

Vokalverläufe	Ordnungsbuchstaben	Konsonantverläufe
4	a (unveränderte Laute)	3
4	b (leicht veränderte Laute)	2
4	c (stark veränderte Laute)	3
4	d (sehr stark veränderte Laute, komplex)	

Da das Stück eine Komposition von Lauterzeugungsvorgängen ist, spielt (im Bereich der Vokale) eine Diphthongierung eine größere Rolle als der einzelne, skalierte Vokal mit scharf umrissener Klangfarbe. Wenn *in diesen Verbindungen das erste Element eine größere Schallfülle aufweist, spricht man von fallenden Diphthongen. Steigende Diphthonge entstehen, wenn das zweite Element mit stärkerer Schallfülle als das erste gesprochen wird* (Wendt 1977, 228).

Analoges ist unter den v- und k-Verläufen auszumachen: Je nach Verdünnung oder Verdichtung, zunehmender oder abnehmender Schallfülle innerhalb einzelner Verläufe wäre von fallenden oder steigenden Diphthongen zu sprechen (fallend: v^{a2}, v^{d3}, k^{a2}; steigend: k^{b2}, k^{c2}; fallend und steigend: k^{a3}, k^{b1}).

Die Kennzeichnung der Verläufe „geschlossen, halb offen, offen" ist nicht so zu verstehen, wie man von offenen oder geschlossenen Vokalen spricht, sondern sie bezieht sich vorwiegend auf Variabilität und Dehnbarkeit: Die Abstufungen von streng geschlossen, nicht veränderbar bis gänzlich offen bestimmen das Verhältnis von Phonetik und Phonologie: ob sie eine Änderung, Dehnung, Zerstückelung zulassen oder nicht, ob Raum ist für *aphonematische Unterscheidungsmittel* (Wendt, 1977, 237), ob „Dialekt" gesprochen werden darf oder „Hochsprache" gefordert ist, ob ein Verlauf nur als „akustische Größe" oder als Phonem zu betrachten ist.

Dadurch erhalten sich einige Verläufe einen Rest von dem, was früher einmal musikalische und formale Funktion hieß. Denn nicht alle Verläufe sind in gleicher Weise funktionabel und permeabel, wenn auch von Schnebel im Vorwort der Partitur ihre beliebige Austauschbarkeit und Mischbarkeit behauptet wird. Weniger permeabel sind vorwiegend jene Verläufe, die er als geschlossen charakterisiert; und das sind die auffallend musikalisch strukturierten. Geschlossen bezieht sich sowohl auf ihre Nicht-Dehnbarkeit – dieses Merkmal haben sie im phonetischen Bereich mit den Plosiv-Lauten gemeinsam – wie auf ihre Struktur:

- v^{a1} ist ein vielstimmig homophoner Chorsatz[8];
- die beiden ersten Gruppen von v^{a2} haben eine dodekaphonische Struktur, die in der dritten und vierten Gruppe aufgeweicht wird;
- v^{b3} ist dem Scat-Gesang im Jazz nachgebildet;
- v^{b4}, von Schnebel als *quasi instrumental* gekennzeichnet, prägt eine punktuelle Raummelodie (*die räumlich isolierten Tonpunkte* [mögen] *zu einer strömenden Melodie verbunden werden*)[9];
- v^{c4} hat die Form *dreier aneinander anschließender Soli*;
- v^{d1} ist vertikal exakt spiegelsymmetrisch komponiert;
- k^{a1} bildet eine Raummelodik (*intensive Schallweitergabe*), jedoch nicht aus isolierten Tonpunkten wie v^{b4}, mit dem er in Schnebels ausgearbeiteter Version kombiniert ist, sondern aus mehrstimmigen Komplexen auf Chor I und III verteilt (Doppelchörigkeit);
- k^{b1} ist das konsonantische Gegenstück zum vokalischen v^{b4}: die einzelnen Schallereignisse sollen sich nicht zur Raummelodie verbinden, sondern punktuell bleiben (*kaum Schallweitergabe*);
- k^{c1} ist wieder ein komplexer homophoner Chorsatz (ähnlich v^{a1});

[8] Schnebel: *wie ein Blasinstrument* T. 97, *wie Instrumente mit Dämpfern* T. 108, *r-Laute wie Flatterzungen* T. 110.

[9] Bei den Verläufen v^{c2} und v^{c3} scheint einiges an der Beschreibung im Vorwort der Partitur nicht zu stimmen: v^{c2} steht nicht auf S. 21/22, sondern S. 18–20 der Partitur, und hat nicht 3 bis 5 stark voneinander separierte Verläufe, sondern 3 unmittelbar aufeinanderfolgende. Unklar blieb mir, weshalb v^{c2} als *stark offene Form*, v^{c3} als *stark geschlossene Form* bezeichnet wird. (Nach Fertigstellung des Manuskripts teilte der Komponist auf Anfrage des Verlages mit, daß es unter v^{c2} heißen muß: Seite 18 bis 22 ziemlich offene Form aus in Ziffern 3 bis 5 voneinander separierten Verläufen.)

– homophon strukturiert und klanglich ziemlich homogen ist v^{b1}; er wird aber infolge der zulässigen interpretatorischen Freiheit und seiner Zerstückelbarkeit als *gänzlich offene Form* bezeichnet.

Von den mit geschlossen gekennzeichneten Verläufen werden in der Version Schnebels, die die insgesamt gegebenen alle und nur einmal verwendet, lediglich v^{b4} und k^{a1} simultan kombiniert. Sie bilden den Höhepunkt am Ende des ersten Drittels[10]; für den Höhepunkt am Ende des zweiten Drittels nimmt Schnebel v^{a1} [11]. Der Schluß seiner Version ist gesetzt aus k^{c2} (ein Verlauf, der aus Improvisatorischem in exakte Wiedergabe des Notierten mündet, sich also schließt), v^{c4} (strenge geschlossene Form aus drei Soli) und dem Sprechverlauf (S) *wie ein Schrei: hallelu!* Die musikalisch charakterisierte Geschlossenheit dieser Verläufe prädestiniert sie für exponierte Placierung: an Höhepunkten. Nicht daß bestimmte Verläufe, zumal die gewichtigen geschlossenen, auf einen bestimmten Ort im Prozeß einer Version festzulegen wären; aber sie tragen in sich eine Bestimmung, die entscheidend auf die Umgebung ihres Erklingens ausstrahlt. Daß sie auch isoliert stehen können (Schnebel im Vorwort der Partitur: *Geschlossene Formen können für sich gespielt – und durch ziemliche Zäsuren vom Umgebenden abgehoben werden*), beweist ihre herausragende Bedeutung. Durch ihre geringe Neigung zu sukzessiver Kombinierbarkeit, durch ihren ausgeprägten, häufig homogenen Klang und ihre fixierte Dauer erhalten geschlossene Verläufe den Charakter und die Funktion von *Wurzelmorphemen* (vgl. Wendt 1977, 70), das sie Umgebende den Charakter und die Funktion von Affixen.

Es wäre einzuwenden, daß auch die strukturell und klanglich geschlossenen Gebilde von ernsthaften und vertrauten Interpreten spontan fortgesetzt oder neu erfunden werden können. Ist die Kennzeichnung *geschlossen, nicht veränderbar* deshalb Willkür oder Mißtrauen des Komponisten gegen das Material des Stückes beziehungsweise gegen die Interpreten? Eher ist anzunehmen, daß ihre Dehnbarkeit oder freie Erfindbarkeit nicht gestattet wird, weil sie ohnehin durch ihre starke musikalische Strukturierung und ihren ausgeprägten Klang viel Aufmerksamkeit in sich saugen. Von längerer Dauer oder größerer Häufigkeit setzten sie etwas in Gang, was die Intention des Stückes zu verhindern sucht: ständige Disjunktion und Hierarchie; sie erschwerten oder verhinderten gar, *daß ständig formale crescendi und decrescendi passieren, damit das Stück sein dynamisches Wesen behält* (Vorwort der Partitur).

Diese Dynamik im Großen wird durch eine Skalierung (als Intention vielleicht auch ein Kontinuum) der Verläufe gewährleistet. Das entspricht in größerer Dimension dem Verfahren auf der Ebene des Lautierens, wie es im Abschnitt „Material“ beschrieben worden war:

geschlossen:	v^{a1}, k^{a1}, k^{c1}, v^{b3}, k^{b1}, v^{b4}, (v^{c3}), v^{c4}, v^{d1}
geschlossen, aber anpassungsfähig sich öffnend sich schließend halb offen	k^{c2}, k^{b2}, v^{a2}, v^{a3}, v^{d2}, k^{a2}, v^{d3}
ziemlich frei offen stark offen gänzlich offen	k^{a3}, v^{a4}, v^{d4}, v^{b2}, v^{c2}, v^{b1}, v^{c1}, k^{c3}

[10] Die Version auf der Wergo-Platte beginnt mit v^{b4}.
[11] Mit diesem Verlauf v^{a1} endet die Version der Wergo-Platte.

Die durch besondere musikalische, klangliche und sprachliche Strukturierungen bedingten Unterschiede der Verläufe beinhalten Differenzierungen in der Funktion: Vorbereitung, Überleitung, Störung, Begleitung, Steigerung, Höhepunkt, Ausklang – formale crescendi und decrescendi. Das dynamische Wesen des Stückes, sein Inhalt, bedingt seine Form(verläufe): die Entstehung von Lobpreis.

Die Skalierung der Formverläufe, auf deren Struktur und Variabilität beruhend, greift auf eine Erfahrung zurück, die Ligeti bereits 1958 (S. 14) anhand der *Gruppen für 3 Orchester* von Stockhausen formulierte: *Besonders füreinander permeabel sind die zwei extremen Typen: ein gallertartig weiches und sensibles Material läßt sich vom zugespitzt-zerhackten nach Belieben durchbohren . . . Weniger permeabel sind weiche Materialien, wenn sie miteinander kombiniert werden.* Dasselbe gilt wohl auch für die festgefügten. Diese damals musikalische Erfahrung findet in „Doppelpunkt-Ausrufezeichen" ihre phonetische Entsprechung: in weichen, in festgefügten und in zugespitzt-zerhackten Lauten und Lautkomplexen.

Die von Stockhausen im *Lobgesang der Jünglinge* bemerkte und kompositorisch genutzte Austauschbarkeit sprachlicher Einheiten (Wörter und Wortgruppen) ohne Sinnverlust erscheint in Schnebels komponiertem Lobpreis als Austauschbarkeit musikalischer Einheiten (Verläufe). Und es ist sicher kein Zufall, daß sich religiös Hymnisches besonders dafür eignet (man könnte das auch an Mendelssohns Lobgesang *nach Worten der heiligen Schrift* feststellen). Die sprachliche Form Lobpreis scheint musikalisch hervorragend nutzbar, weil sie ungesungen kaum vorstellbar ist, weil sie wenig textlichen (semantischen und syntaktischen) Widerstand leistet, und weil sie schließlich die Loslösung des Klangmaterials von einem Sprachsystem fördert und die Möglichkeit zu sprachanaloger Konstruktion der Musik bietet.

Die Anlehnung an linguistische Terminologie (Ruwet verwendete sie, um der seriellen Kompositionsweise den Verlust von Sprachähnlichkeit nachzuweisen) kann keineswegs eine neue musikalische (die es noch nicht gibt) ersetzen oder einführen. Die Möglichkeit ihres Gebrauchs in diesem Kommentar zu *:!* aber verweist unmittelbar auf das Kompositionsverfahren: Sieht es doch so aus, als habe Schnebel, leger ausgedrückt, mit einem Sachbuch der Sprachwissenschaft in der Hand komponiert, unter besonderer Berücksichtigung der Kapitel Phonetik und Phonologie. Die Sprachähnlichkeit von *:!* beruht nicht wie früher auf *einem Schein von* [harmonischer] *Logik* und *gleichmäßig dahinpulsierender Metrik,* sondern auf dem Klangmaterial und noch mehr auf sprachanaloger Konstruktion und Kombination der Verläufe. Das Resultat ist nicht Musik als Tonsprache, sondern Sprache als Lautmusik.

Fremdsprache

Dadurch, daß nicht alle Verläufe simultan und sukzessiv gleich kombinierbar und gleich variabel und dehnbar sind, zeigen sie eine unterschiedliche Funktionalität, woraus schließlich eine Syntax und Semantik von Lobpreis wird, die das Material vom einzelnen Laut bis zu komplexen Lautprozessen durchzieht: eine wellenförmig-dynamische Steigerungsform, typisch für Lobpreis, dessen Entstehung aus dem Material kommen soll. Zweifelhaft, ob das allein zur Charakterisierung dieses Tonfalles hinreichen würde.

In einer Komposition, die nur Material für Stimmen, genauer noch aus Stimmen verwendet, aber ohne sprachliche Grammatik und Syntax, Semantik und Logik auskommt, fallen sprachliche Sinneinheiten um so mehr auf. Sie stören, weil sie dem Material fremd sind, werden zum fremden Idiom. Das einzige, was *Madrasha II* eindeutig im Umkreis sakraler Musik hält, ist ein verbaler cantus firmus oder cantus prius factus, sind die Sprechverläufe (S), *wie ein Netz* über das Stück gebreitet: einzelne Wörter als sprachliche, musikalische, religiöse und assoziative Knoten. Durch ihre Isolation vom übrigen aber sind sie gleichzeitig opak, geheimnisvoll, beschwörend und ausdruckslos wie Schlagzeilen. Auch mit ihrer Archaik stehen sie fremd im gesamten expressiven Kontext. Sie sind ihrer Umgebung, die doch Lobpreis sein will, so konträr wie das alte Ritual, dem sie entstammen, der neuen Theologie.

Die Sprechverläufe sind deutlich vor allem an eine Person gebunden, die Schnebel im Titel *für 3 Chorgruppen* unterschlägt: den Dirigenten (D). Im Gegensatz zu den Wort-Knoten in den Chorgruppen, die sich dem Lautmaterial oft ungenau artikuliert integrieren, sind die Exklamationen des Dirigenten in den für das Christentum wichtigen Sprachen Hebräisch, Griechisch, Lateinisch unüberhörbar. Sie sprechen auch aus, wem das Lob gilt, und sie nennen die alten christlichen Topoi: Sanctus, Gloria, Magnificat.

Die Bedeutung des musikalischen Leiters erschöpft sich nicht mit der im Vorwort genannten Funktion eines *Dirigenten/Regisseur.* Aus den ihm anvertrauten Sprechverläufen und seinem Gestikulieren wird seine zwiespältige Rolle deutlich. Mit dem sachlich gesprochenen ersten *ja* in Takt 8 greift er in die vagierende Choreinleitung hierarchisch ein, zur Sache zu kommen. Und wie sein *ja* über halb-gesprochen und halb-gesungen zum undeutlichen *Jachwe* wird, wird er weiter knapp und sachlich dirigierend zum hieratischen Leiter. Diese hierarchische und hieratische Doppelrolle – der Dirigent als säkularisierter Priester, der Priester als Maestro des Kults – wiederholt sich im Folgenden: Nach seinen akustischen hoch- und tief-Signalen *i,u,u-i* und einer Generalpause beginnt mit Takt 26 ein *intensives, aber strenges Dirigieren* für den Chor, dessen Scat-Gesang blasphemisch und entstellt die letzte Silbe des Namens verwendet, den der Dirigent dreisilbig stottert und wiederholt: *ja-hø-wε.* Er scheitert als Vermittler, steht isoliert als Bekenner, als Dirigent und Priester – das Verhalten des Chores, der ihm nicht folgt, macht es deutlich.

Unmißverständlich auch der Höhepunkt Takt 94 bis 113 mit den Trompetenstößen eines Elefanten vom Tonband der Tierstimmen: Den eindeutigen Exklamationen des Dirigenten *gloria, magnificat, sanctus* folgt nicht ein Name Gottes oder Marias, sondern *Geschrei: Silben ad.lib. z.B. ho-tsi-minh* – dieser 1968, zur Entstehungszeit von *Madrasha II,* ein Ersatzgott, selbst wieder beliebig ersetzbar[12].

Ähnlich mißglückt dem Dirigenten-Priester der Schluß: Schreiend zerhackt er *hal-e:l, schal-o-lam, ʔaʔo.* Die Deutung mag sein: Solange der Priester eine hierarchische Funktion einnimmt, die der musikalischen eines Dirigenten entspricht, solange der Dirigent eine hieratische Funktion einnimmt, die der eines Priesters entspricht, werden sie Isolation und Fremdsein erfahren: Lobpreis, Frieden, das α und ω verhallen ungehört und folgenlos.

Der letzte chorisch geschrieene Sprechverlauf *hallelu,* dem das *ja* im Halse stecken bleibt, wirft Licht auf den ganzen von Schnebel intendierten Lobpreis: der *Schall nach oben* (Anweisung der Partitur) ist weniger Andeutung einer naiv-religiösen Richtung als einer Frage ohne bisherige Antwort. Dem *hallelu* fehlt als letzte Silbe das *ja* des Dirigenten am Beginn; sie gehört dem Namen des Unaussprechlichen, der daraus hervorwuchs: *Ja(chwe).* Am Anfang des Stückes war dies Wort; selbst tabu tabuiert es durch die gemeinsame Silbe *ja* auch den Lobpreis, das große Halleluja.

12 Aus der Ersetzbarkeit des Wortes *Gott,* des Unaussprechlichen, und den damit verbundenen sprachlichen Komplikationen zieht Heinrich Bölls Satire *Doktor Murkes gesammeltes Schweigen* ihre Pointe.

Literatur

Beckett, Samuel: *Dante . . . Bruno . . . Vico . . . Joyce* (1929), in: Stücke, kleine Prosa, Auswahl in einem Band, Frankfurt a.M. 1967

ders.: Werkausgabe Bd. 9, Frankfurt a.M. 1976

Hanslick, Eduard: *Vom Musikalisch-Schönen* (Leipzig 1854), unveränderter reprographischer Nachdruck der 1. Auflage, Darmstadt 1973

Ligeti, György: *Wandlungen der musikalischen Form* (1958), in: *die Reihe 7,* Wien 1960, S. 5–7

Mayer, Hans: *Außenseiter,* Frankfurt a.M. 1975

Neumann, Eberhard: Didaktischer Kommentar zu der Schallplattenkassette Opus Musicum *Die neue Musik und ihre neuesten Entwicklungen,* Köln 1975 (OM 16/18)

Ruwet, Nicolas: *Von den Widersprüchen der seriellen Sprache,* in: *die Reihe 6,* Wien 1960, S. 59–70

Schnebel, Dieter: *Für Stimmen (. . . missa est) :! (Madrasha II)* für 3 Chorgruppen, Vorwort zur Partitur, Mainz 1973 (Edition Schott 6457)

Stockhausen, Karlheinz: *Musik und Sprache,* in: *die Reihe 6,* Wien 1960, S. 36–58

Wendt, Heinz F. (Hrsg.): Das Fischer Lexikon, Sprachen, Frankfurt a.M. 1977 (Neuausgabe)

Zeller, Hans Rudolf: *Mallarmé und das serielle Denken,* in: *die Reihe 6,* Wien 1960, D. 5–29

ders. (Hrsg.): *Dieter Schnebel: Denkbare Musik,* Köln 1972

Wilfried Gruhn

Ästhetik und Semantik emanzipierter Stimmen

Anmerkungen zu Dieter Schnebels *: ! (Madrasha II)*

Die Verbindungslinien zwischen musikalischen und sprachlichen Phänomenen sind so vielfältig und vielschichtig miteinander verwoben, daß sie nur unter einer so allgemeinen Floskel wie „Musik und Sprache" zu fassen sind. Eine für Stimmen konzipierte Musik muß nicht notwendig unter diesen Aspekt fallen; doch stimmliche Artikulationsprozesse tendieren zur Sprache, auch wenn sie nicht zu konkreten Wörtern und Begriffen eines Textes führen oder Lautfolgen aus ihm ableiten. Aufgrund ihrer prosodischen Qualitäten greift Sprache im Akt des Sprechens in den Bereich der Musik über, soweit sie Klangfolgen mit ästhetisch intendiertem Sinn organisiert. Andererseits hat auch Musik infolge ihrer diskursiven Zeichenverknüpfung partiellen Sprachcharakter, das heißt sie kann als Zeichensystem gelten, das musikalisch-klanglich codiert wird, wobei die Elemente dieses musikalischen Code aber substantiell etwas anderes sind als die des sprachlichen Code (die strukturellen Analogien, auf die sich die musikalische Rhetorik im 16. und 17. Jahrhundert stützt, gründen allein auf syntaktischen Verhältnissen). Die Wortsprache erfüllt primär eine kommunikative Funktion. Konstitutiv für das Funktionieren dieser Mitteilungs- und Ausdrucksfähigkeit ist eine relativ eindeutige und beständige Verbindung des Begriffs mit seiner Bedeutung. Im aktiven Sprachvollzug, im konkreten Akt des Sprechens werden Lautfolgen artikuliert, die die Identifizierung des Begriffs gewährleisten. Fakultative Varianten der musikalischen Parameter (Tempo, Dynamik, Intonation, Timbre, Vokalfarbe etc.) sind für die Relation Zeichen – Bedeutung irrelevant; die Bedeutung des Begriffs besteht unabhängig von der phonisch artikulatorischen Realisation durch die Stimme. Darüber hinaus ist die Artikulationsweise aber auch selbt wieder semantisch besetzt: die Art des respiratorischen Drucks, der faukalen Distanzen, des Einsatzes der Resonanzräume und Register u. ä. signalisiert affektive Zustände und psychische Befindlichkeiten des Senders (Sprechers). So stellt sich die stimmlich artikulierte Zeichen-Bedeutung-Relation als mehrdimensionales Gefüge mit unterschiedlichen Dimensionen dar. Die feste Zuordnung von Wort und Bedeutung erst konstituiert die kommunikative Funktion der Sprache, die Verbindung von Wortklang (Lautkörper des Wortes) und Bedeutung bleibt dagegen weitgehend arbiträr. Die artikulierten Phoneme haben im kommunikativen Vermittlungsprozeß lediglich mediale Funktion. Träger der Zeichenvermittlung ist die Stimme, die die Klanggestalt der Wörter artikuliert. Sie besitzt als Produzent des Lautkörpers der Wörter selbst wiederum semantische Valenzen, aber nicht in bezug auf das Wort, sondern in bezug auf den Sender (Sprecher). Hat das Wort als bedeutungstragender Begriff Symbolfunktion, so kommt der Artikulation der Wörter die Ausdrucksfunktion eines Symptoms zu *kraft seiner Abhängigkeit vom Sender, dessen Innerlichkeit es ausdrückt* (Bühler 1934, ND 1965, 28).

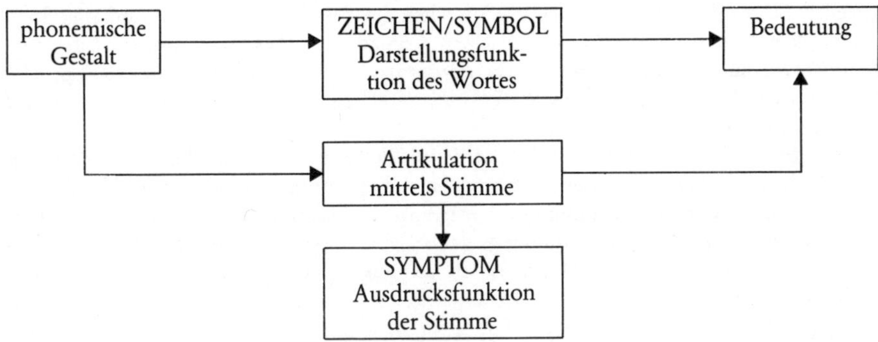

Außerhalb der kommunikativen Funktion der Wortsprache, also in ästhetisch intendiertem Zusammenhang (z. B. in der Poesie) kann die phonetische Dimension des Wortzeichens dominieren und die semantische Ebene schließlich tilgen. In diesem Fall wäre von einer Ästhetisierung des aus der Wortsprache gewonnenen Lautmaterials zu sprechen. *Was das Wort an semantischer Substanz verliert, das gewinnt es an ästhetischer Wirksamkeit und umgekehrt* (Faltin 1978, 289). Andererseits kann aber auch die Lautpantomime (Hofstätter), das heißt die durch Artikulation, Gestik, Mimik geprägte Sprechaktion, die die semantische Codierung immer begleitet, verselbständigt werden und ihre Ausdrucksfähigkeit an die Stelle der aufgehobenen Semantik in entsemantisierter Sprache treten. Ästhetisierung der Sprache und Semantisierung des Sprechens bilden die beiden Pole, zwischen denen sich eine Musik für Stimmen als Sprachkomposition bewegt.

* * *

Die Zuordnung von Schnebels *Madrasha II* zum Typus der Sprachkomposition scheint unbestritten. Bildet Sprache auch nicht in Form eines Textes die Grundlage der Komposition, so stellen doch die genuin an Sprache gebundenen Lauterzeugungsvorgänge das kompositorische Material, das durch die Artikulationsprozesse definiert wird. Doch besagt Musik „für Stimmen" auch mehr – und anderes – als Sprachkomposition. Zum einen ist damit auf die tragende Rolle der Stimme als instrumentum verwiesen, die nicht mehr Wörter einer Sprache aussagt und deren Bedeutungen mitteilt, sondern als eine von Sprache und Text emanzipierte Stimme Klänge hervorbringt, auch solche, die wieder in verständlichen Wörtern kulminieren. Stimmen führen hier nicht vorgegebene Laute aus, sondern führen *Prozesse ihrer Hervorbringung* (Vorwort zur Partitur) vor. Zum anderen verweist Musik für Stimmen immer zugleich auf Sprachliches: der menschlichen Stimme eignet vornehmlich die Fähigkeit, Denken und Fühlen in einer differenzierten Begriffssprache zu artikulieren und nicht nur reflektorisch Signale zu senden, wozu auch Tiere fähig sind. Die Stimme (vox) in einer Musik für Stimmen ist zugleich und ineins instrumentum und Sprachkondition; als instrumentum zur Erzeugung von Klang schließt sie alle Stimmen ein, auch die von Tieren; aber erst die vox humana ist fähig, durch Lippen-, Zungen und Zäpfchenbewegungen differenzierte Lautkonstellationen zu artikulieren und sie zu sinntragenden Begriffen und Sätzen zu verbinden und im Gesang zu melodisieren. Musik für Stimmen erschließt darüber hinaus eine Vielzahl weiterer, in einer Sprache ungenutzter Artikulationsmöglichkeiten und macht diese als klangliches Potential kompositorisch verfügbar. Sie greift somit über Sprachkomposition noch hinaus und befreit das Singen von der Konvention des Kunstgesangs, das Sprechen von der strukturellen Norm der Sprache. Auch das Sprechen einer natürlichen oder imaginären Sprache ist als reiner Klangverlauf unter ästhetischem Aspekt einer Musik für Stimmen integriert. Mit dem Ansatz an dem *materiellen Produktionsprozeß der Stimme* (Schnebel 1970 b, 457) gerät solcherart sich emanzipierendes Singen und Sprechen in einen neuen ästhetischen und semantischen Problemzusammenhang.

Daß *Madrasha II* Lobpreis intendiert, wird von Schnebel nachdrücklich betont, jedoch nicht im Sinne kultischer Entrückung, ästhetischer Überhöhung oder sinnlicher Verklärung, sondern im Zustand der Erniedrigung und Verzweiflung. Das mit Bezug auf Holligers *Psalm* geprägte Bild vom *Lobgesang . . ., allerdings gesungen mit durchschnittener Kehle* (Cl. Gottwald) drängt sich auf und bezeichnet präzise die ästhetische Haltung der sich jeglicher Affirmation widersetzenden Komposition. Der intendierte Lobpreis beruht auf Vorgängen *des Ausdrückens, des Aus-sich-heraussetzens von Lauten,* meint *wortlosen Ausbruch, Exklamation* (Schnebel 1970 a, 418). *Er bricht aus den Lauterzeugungsvorgängen des Stücks hervor, welche die Komposition freizusetzen versucht. Sprachliche Elemente sind hier gänzlich rudimentär, manifestieren sich in Anrufungen und Preisungsformeln* (Schnebel 1970 b, 455). Die gänzlich säkularisierten, depravierten Artikulationsformen und Klangaktionen der „entfesselten" Stimmen stoßen jedoch notwendig an eine Toleranzschwelle ästhetischer Normen und Wertvorstellungen, geraten im Bereich sakraler Musik in den Verdacht der Blasphemie.

> *Als vor Jahren Mauricio Kagels Orgelmusik „Improvisation ajoutée" erschien, erregte eben die zugegebene Improvisation, nämlich das Heulen, Lachen, Husten, Pfeifen, beträchtlichen Ärger. Solches Treiben angesichts der regina instrumentorum, überdies in sakralen Räumen, kam nicht nur geschmacklos vor, sondern ward gar als Blasphemie angesehen – dies selbst von Gegnern der Religion, wiewohl ihnen der Begriff gegenstandslos sein müßte. Als Gerd Zacher letztes Jahr das Werk wieder spielte, predigte ein Kirchenmann so wacker dagegen, als ob ihn der Leibhaftige selbst daraus angeschrieen hätte; und wurde noch der große Bach zum Zeugen angerufen, dessen Diktum vom „teuflischen Geplärr und Geleier" allzu gelegen kam* (Schnebel 1967 b, 431).

Und mit Bezug auf sein *Madrasha II* fährt er fort:

> *So wäre es denn höchst unpassend, wenn in geistlicher Chormusik Vokalisten Zischlaute kultivierten oder den Kunstgesang um depravierte Abarten wie Grölen, Brummen, Kreischen bereicherten; wenn in Fortsetzung solcher Vokalität auch noch Tierstimmen laut würden* (ebd. 431).

Wenn es schon zu den Grundtatsachen der Bestimmung des ästhetischen Wertes eines Kunstwerks gehört, daß es *immer eine inadäquate Anwendung der ästhetischen Norm* darstellt und diese unablässig aus innerer Notwendigkeit absichtsvoll durchbricht (Mukařovský 1970, 45), so gilt dies erst recht für *das Kunstwerk, das keins mehr ist* (Schnebel 1970 b, 457). In verschiedenen Aufsätzen aus der Entstehungszeit des Zyklus *Für Stimmen* liefert Schnebel eine scharfsinnige Analyse der Möglichkeiten einer musica sacra heute, wobei er apologetisch den Tendenzen der Säkularisierung und Entmythologisierung nachspürt.

> *Indem sich das Geistliche mit der wortlosen Musik verbindet, um die hemmende sprachliche Fixierung aufzuweichen, setzt es den Keim seiner Auflösung. Denn wächst es sich in Musik richtig aus, verliert es womöglich sein eigenes Wesen, geht in ihr unter. Allerdings scheint dem Geist Entäußerung nicht fremd, da er ohnehin immer neue –*

und durchaus weltliche Hypostasen bildet, weshalb es ihn offenbar zur Überschreitung von Grenzen drängt. Schon in der frühchristlichen Gemeinde beargwöhnte man allzu geistliche Phänomene, wie etwa die Glossolalie, weil sie sich gerne verselbständigten oder zu weit hinauswagten. In der Liaison des Geistlichen mit Musik, da diese sich schließlich all seiner Formen bemächtigte, aber wird es weltlich getauft – weil die in Musik angelegte Entmythologisierung auch die geistliche Komponente befällt –: Lobpreis gerät zum Jubilus, Gebet zur Klage oder zum Ruf, Verkündigung zum Drama. In dermaßen doppeldeutiger Gestalt kann der säkulare Aspekt leicht den geistlichen Inhalt verdecken; die Musik, die ihm entwuchs, wuchert ihn zu . . . Indem Theologie also die Säkularisierung, die sie schlägt, auf sich nimmt, wird Befreiung von der kirchlichen Sprache zur eigentlichen Aufgabe (Schnebel 1967 a, 423/425).

Eine Musik, die auf Befreiung zielt, indem sie Befreiung vorführt, und sei es nur im Bereich von Stimmen, muß ästhetische Tabus durchbrechen. Die Deformation der Sprache unserer Zeit, wie sie die Sprachkrise zu Beginn dieses Jahrhunderts hervorkehrte, führt zur Destruktion ästhetischer Normen und zeugt eine Kunst am Rande des Verstummens. Dekomposition und Deformation als ästhetisches Prinzip sprachgebundener Musik *trifft geistliche Musik, deren Medium das verbum dei, in besonderem Maß. Als säkularisierte eh schon fast unkenntlich, schwindet ihr nun noch das bezeichnende Reden* (Schnebel 1967 a, 422). Die schwarze Ästhetik solch *negativer geistlicher Musik* faßt in den Lobpreis auch eben die *höllischen Verhältnisse . . ., denen er sich entringt* (Schnebel 1967 b, 435). Die ästhetische Herausforderung dieses *Lobgesangs . . . mit durchschnittener Kehle* liegt in dem Moment der Verweigerung, des Widerstands gegen jegliche affirmative Identifikationsmöglichkeit. Vollends der Einbezug der auf Tonband eingespielten Tierstimmen bewahrt den ins musikalische Material getriebenen Gegenstand der Aussage vor ästhetischer Isolation. Das ästhetische Problem der Perzeption eines Lobgesangs befreiter Stimmen entstammt aber einem theologischen: dem der Verbindung des Sakralen mit dem Profanen. Nicht Ästhetisierung der Sprache, sondern Versprachlichung ästhetischer Tabus kennzeichnet die kompositorische Konstruktion in *Madrasha II*.

* * *

Indem Musik für Stimmen mit Prozessen des Sprechens und Artikulierens operiert, wird sie sprachähnlich. Sprachliche Vermittlung funktioniert durch das Zusammenwirken phonetischer, grammatischer und syntaktischer Codierung in Wörter, die durch den Akt der Bezeichnung zu bedeutungstragenden Zeichen werden. Je differenzierter und elaborierter ein sprachlicher Code ausgeprägt ist, desto mehr treten lautsymbolische und onomatopoetische Qualitäten der bezeichnenden Wörter hinter den bezeichneten Sinn zurück. Das Lautbild ist nur Träger der Wortbedeutung und bedeutet in der Regel selbst nicht. Erst in ästhetisch intendierter Sprache, in der die ästhetische vor der kommunikativen Funktion überwiegt, erhält auch die Klanggestalt der Wörter verstärktes Gewicht, indem sie den intendierten Sinn bereits in der sinnlichen Erscheinung der Sprache darstellt. Ästhetische Zeichen generieren ihren Sinn somit aus sich heraus ohne Bezug auf ein bezeichnetes Anderes. In dem Moment, in dem das sinntragende Wort aber in seine phonemischen Elemente aufgelöst wird, gibt es seine Bedeutung – und zugleich seine kommunikative Funktion – preis und erhält als strukturierter Klang, als artikulierter Laut seinen eigenen ästhetischen Wert. Der Prozeß dieser Ästhetisierung der Sprache, den Faltin (1978, 287–294) mit Bezug auf Schnebels *Madrasha II* beschrieben hat, ist somit bestimmt durch eine *qualitative Transformation, durch die sich das Phonetische vom Semantischen befreit* (289). Ästhetisierung der Sprache bedeutet Entsemantisierung intakter Sprache, Loslösung, Befreiung eines Textes von der Bindung an seine referentielle Bedeutung. Aber *Madrasha II* meint nicht Auflösung von Sprache in Klang wie in einem dadaistischen Gedicht oder in konkreter Poesie[1], sondern ist die elementare Komposition des Materials einer Sprache, deren Glossolalie alle Stufen expressiver Lauterzeugung durchläuft und bis zu rudimentärer Begrifflichkeit vordringt, an die *sich sogleich Wucherungen an*[schließen], *in denen sowohl das vokalische wie das konsonantische Material des Namens weitertreibt* (Schnebel 1970 b, 456). So verbindet sich zu Beginn[2] das sachlich gesprochene *ja* (Partitur S. 3 und 6) mit dem nachfolgenden *wæ-wɔ-wø-wɛ-wa* . . . (S. 6/7; Chor III T2; Chor I A2 S1; Chor II T1 T2) zum alttestamentarischen Gottesnamen *Jahwe*, dessen gesamter kulturhistorischer Bedeutungskontext als intendierte Vermittlungsqualität in den musikalischen Prozeß eingebracht wird und diesen semantisiert. Die zutreffende Feststellung, daß kompositionstechnisch diese Lautfolgen vielmehr umgekehrt aus dem Wort *Jahwe* abgeleitet seien, ändert an dem Prozeß der Semantisierung nichts und ist rezeptionspsychologisch irrelevant. *Derartige Sprachreste mögen immer noch vorgegeben erscheinen, da sie von gewohnter Sprache ausgehen oder zu ihr zurückfinden, obschon sie nicht mehr sind als Kristallisationskerne, an die sich emanzipierende Lauterzeugung ansetzt* (Schnebel 1970 b, 456).

Wenn es in *Madrasha II* um *wortlosen Ausbruch, Exklamation* geht, so haftet diese an den phonisch artikulatorischen Prozessen. Die Lautbilder der Sprache (Trojan) kehren innere Befindlichkeiten des Senders hervor. Die unterschiedlichen Bedeutungsebenen begrifflicher Symbole und ausdrucksgestischer Symptome, die sich im Sprechakt immer überlagern, sind aber deutlich zu trennen. Die Erregung, in der man spricht, und die erregende Begebenheit, von der man spricht, repräsentieren verschiedene Seinsbereiche (die unscharfe Verwendung des Begriffs „Bedeutung" in der Feststellung, das Flattern der Stimme bedeute Erregung und der Begriff /Erregung/ bedeute <Erregung>, ist irreführend). Der Stimmklang signalisiert, aber bedeutet nicht Erregung. Der durch die Artikulationsprozesse komponierte Lobpreis ist von dieser Art: die stimmlichen Aktionen führen säkularisierten, pervertierten Lobpreis vor, veranstalten ihn im Moment der Lautbildung. Über *Maulwerke* schreibt Schnebel:

> *Hier äußert sich Inhalt überhaupt nicht mehr vermittelt, durchs Vehikel eines noch so rudimentären Textes, sondern direkt. Sprache wie Inhalt entstehen in der Artikulation. Wenn beispielsweise in einer Phase der Mund verschlossen bleibt, also die Lauterzeugung sich im Innern abspielt, so spricht die Sprache des zurückgezogenen Ichs, in deren Lauten sich womöglich verborgenste Regungen kundtun. Ist aber wie in einer anderen Phase ständig mit weit aufgerissenem Mund und aus vollem Hals zu agieren, mögen Aggressionen einen Ausgang finden und Protest, erlittene Qual oder auch Begeisterung nicht nur aus-, sondern geradezu herausgedrückt werden. In solcher Körpersprache haben nicht nur die Laute, die aus dem Mund herauskommen, ihre Bedeutung, sondern auch die erzeugenden Organe selbst* . . . (Schnebel 1970 b, 456).

In dieser Form befreiten, emanzipierten oder sich emanzipierenden Artikulierens erhalten die lautgestischen Signale ihre dominierende ästhetische und kommunikative Funktion. Dennoch ist in *Madrasha II* eine rudimentäre Textschicht vorhanden, deren einzelne Wörter als „Kri-

[1] Zu Recht exemplifiziert Faltin das Prinzip der Ästhetisierung von Sprache an Lautgedichten von Ernst Jandl.

[2] Die DG-Aufnahme entspricht der ausgearbeiteten Partitur. Die Neufassung des Werkes (WER) *ist dessen Dekomposition* (Schnebel); sie beginnt mit S. 12, Ziff. 53 und endet mit S. 22, Ziff. 113; die einzelnen Strukturabschnitte stehen in veränderter Anordnung.

stallisationskerne" Ziel- und Fixpunkte der Artikulationsprozesse bilden. Zunächst erscheinen alttestamentarische Namen und Umschreibungen für den unnennbaren Gott in hebräischer Sprache; ihnen folgen griechische Namen und Bezeichnungen aus dem Bereich des Neuen Testaments; schließlich werden zentrale Aspekte christlichen Glaubens in der Sprache der römischen, griechisch- und russisch-orthodoxen Kirche genannt. Die meist vom Dirigenten deklamierten oder unterstützten Nennungen gleichen dabei Schrifttafeln, die vorgezeigt werden.

„Textschicht" in *: ! (Madrasha II)*

–ja Jahwe Jehova / Jehoschua kadosch[3] zaddik[4] mäläch[5] barsi[6] naphschi[7] maschiach[8] ben David[9]	hebräisch (Altes Testament) Namen Gottes
Jesus Christos kyrios[10] hyios[11] Christus pantokrator[12] pneuma hagion[13] eulogia[14] eiränä[15]	griechisch (Neues Testament) Jesus Christus

[3] kadosch = heilig.
[4] zaddik = gerecht.
[5] mäläch = König.
[6] barsi, von gara = erschaffen (ausschließlich für die Schöpfung Gottes)
[7] naphschi = meine Seele, Odem, Leben.
[8] maschiach = Gesalbter.
[9] ben David = Sohn Davids.
[10] kyrios = Herr.
[11] hyios = Sohn.
[12] pantokrator = Allmächtiger.
[13] pneuma hagion = Heiliger Geist.
[14] eulogia = Lobpreisung.
[15] eiränä = Friede

crucifixus resurrexit assumptio carnis[16] apokatastasis panton[17] kristus woskresje[18] gloria magnificat sanctus Hallelu–	lateinisch und andere Sprachen der Kirchen

Dieser textliche Zusammenhang vom alttestamentarischen Gott der Väter bis zum endzeitlichen *Hallelu–*, das noch im Ruf auf den Lippen erstarrt (*dem das „ja" im Halse stecken bleibt* [Raab]) und das erst zusammen mit dem anfänglichen *–ja* (Jahwe) ans Ziel gelangt und so das telos christlichen Lobgesangs visiert, wird aber nicht vertont, sondern zum Ausgangspunkt der Lautbildungsvorgänge genommen und aus dem Artikulationsprozeß als Erkennungsmarken herausgetrieben.

* * *

Schnebels Komposition *Für Stimmen,* die der Sprache fast vollständig enträt und nur durch die Verwendung von Stimmen sprachbezogen bleibt, stellt durch die Überführung der Aussage ins Material ein Paradigma musikalischen Meinens ästhetischer Zeichen dar. Der intendierte Ausbruch von Lobpreis wird nicht musikalisch versinnlicht oder besungen, sondern im Stadium vorsprachlicher Exklamation veranstaltet. Die Artikulationsvorgänge bedeuten nicht Lobpreis, die verwendeten Namen und Bezeichnungen sagen ihn nicht aus, die musikalischen Strukturen verkünden ihn nicht, sondern der intendierte Sinn der Komposition liegt im Vorweisen des Artikulationsprozesses selbst. Diese Art der Sinngebung von Zeichen, die nichts vertreten und auf nichts verweisen als auf die Vorstellung ihrer Erscheinung, ist in der Semiotik als Ostension (Russel) bezeichnet worden. *Wenn es sinnvoll sein sollte, auf der Ebene der Ostension noch von Sprache zu sprechen, dann ist Kunst, als Paradigma der Ostension, nicht eine Sprache der Wörter, sondern die Sprache des Materials* (Faltin 1978, 293). Daß in einer Musik für Stimmen die Sprache des Materials und das Material eben Sprache sind, macht sie zur Sprachkomposition im emphatischen Sinn.

Literatur

Bühler, Karl: *Sprachtheorie* (1934), ND Stuttgart 1965
Faltin, Peter: *Ästhetisierung der Sprache. Dargestellt an Dieter Schnebels Madrasha II,* in: Mel/NZ 1978, S. 287–294
Mukařowský, Jan: *Kapitel aus der Ästhetik*, Frankfurt 1970
Schnebel, Dieter: *Sprache – hin und zurück. Neue Chormusik* (1966), in: *Denkbare Musik,* Köln 1972, S. 402–415
Geistliche Musik heute (1967a), ebd., S. 420–430
Musica sacra (1967 b), ebd., S. 431–436
: ! (Madrasha II) (1970 a), ebd., S. 418
Sprech- und Gesangsschule (Neue Vokalpraktiken) (1970 b), ebd., S. 444–457

16 assumptio carnis = Auferstehung des Fleisches.
17 apokatastasis panton = Wiederherstellung aller in den Zustand der Vollkommenheit (Apostelgeschichte 3, 21). Spezifisch theologisch-dogmatischer Begriff.
18 kristus woskresje = österlicher Ruf: „Christus ist auferstanden!".

Musik über Musik

Wolfgang Hufschmidt

Musik über Musik

> *Denn das weiß das Publikum nicht und mag es nicht wissen, daß, um ein Kunstwerk zu empfangen, die halbe Arbeit an demselben vom Empfänger selbst verrichtet werden muß.*
> (Busoni 1954, 26)

Dem Gedanken Busonis liegt das Kommunikationsmodell von Sender und Empfänger zugrunde. Was von der sprachlichen Äußerung gilt, gilt auch für die künstlerische: *die halbe Arbeit,* die verrichtet werden muß, ist das Verstehen dessen, was das Kunstwerk meint. Bezogen auf das musikalische Werk bedeutet das: die musikalische Komposition arbeitet nicht nur mit Tönen, Klängen, Rhythmen und Strukturen, sondern auch mit deren unterschiedlichen Kontexten, die für den Eingeweihten, den Sprachkompetenten, etwas „bedeuten". Das Verständnis von Musik vermittelt sich einerseits durch die Summe dessen, was durch die kompositorische Arbeit an musikalischem *Gebrauch* (um Wittgenstein zu zitieren) in das konkrete Stück Musik eingegangen ist, und andererseits durch den Fundus an musikalischem Sprachvermögen, das der Empfänger besitzt. In diesem Sinne arbeitet jede Komposition mit dem, was vor ihr komponiert wurde, Musik ist immer auch Musik über Musik.

Die Rezeption einer neuen Musik (das *Empfangen* eines neuen *Kunstwerks*) wird bestimmt durch das Vorverständnis, das der Empfänger (*das Publikum*) durch die ihr vorausgegangene ältere hat. Da die Neue Musik – aufs ganze gesehen – in einem kommunikativ weitgehend isolierten Ghetto lebt, keinen allgemein gewordenen Sprachgebrauch entwickelt hat, wird sie bei ihren mehr als spärlichen Kontakten mit einem größeren – soziologisch überhaupt relevanten – Publikum gemessen an der traditionellen Musik. Ihre Wirkung ist in diesem Sinne immer eine gleichsam „trugschlüssige". Das Unverständnis Neuer Musik gegenüber resultiert aus dem Mangel der zu ihrem Verständnis erforderlichen speziellen Sprachkompetenz des Publikums, ihr Mißverständnis aus dem Wörtlich-Nehmen dessen, was so nicht gemeint ist. Das Nicht-Einlösen einer bestimmten Hörerwartung wirkt solange trugschlüssig, bis sich eine neue gebildet hat.

Es ist sicherlich kein Zufall, wenn in dieser desolaten Situation (der Entfremdung zwischen dem Kunstwerk und seinem Empfänger) die Neue Musik den ohnehin ständig mehr oder weniger latent vorhandenen Kontext der Alten Musik im Sinne der Zitatkomposition konkret mit einbezieht. Zitatkomposition ist vor allem eine Komposition mit Bedeutung. Natürlich bedeutet jede kompositorische Kontextierung eines musikalischen Materials „an sich" schon etwas. Musik, die andere zitiert oder sich unmittelbar auf eine andere bezieht, bringt den Kontext der zitierten Musik als Bedeutung in den neuen Zusammenhang ein. Das zitierte Material hat eine Rezeptionsgeschichte hinter sich, ist Musik, die *ein musizierendes, komponierendes Ich hinter sich hat* (Bloch 1959, 117) und zum kollektiven sprachlichen Besitz geworden ist.

Zitierte Musik bedeutet das, was der Hörer mit ihr zu verbinden gelernt hat. Diese Bedeutung ist nicht eindeutig festlegbar, sondern in einem assoziativen Bedeutungsfeld angesiedelt, in dem sich dieser bewegt. Dabei steht in der Regel ein zitiertes Detail für ein Ganzes; der Werkausschnitt steht für das ganze Werk, dieses für das Gesamtwerk eines Komponisten und damit gleichzeitig für Zeit und Ort seiner Entstehung.

Drei solcher Beziehungsfelder werden beim Zitieren von Musik im Wesentlichen angesprochen. Herbeizitiert wird mit einem musikalischen Zitat

a) die Musik „anderer“ Menschen und Kulturen (als eine „exotische“ kulturelle Alternative),

b) die eigene Vergangenheit (als eine „gute alte“ Zeit),

c) die Musik gesellschaftlicher Gruppen und Institutionen (Volkslieder, Kirchenlieder, Nationalhymnen u. ä., die in dem zitierenden Werk die Rolle des gesellschaftlichen „Wir“ gegenüber dem komponierenden „Ich“ übernehmen)[1].

Mit der Auswahl eines bestimmten Zitatmaterials wählt der Komponist solcherlei Bedeutungs- bzw. Assoziationsfelder aus. Das, was normalerweise Gegenstand musikpsychologischer und/oder musiksoziologischer Untersuchungen, hermeneutischer Interpretationen oder Analysen von Musik ist, wird zum kompositorischen Parameter. Mit dem zitierten Material wird auch dessen Konnotat in die Komposition einbezogen. Damit wird Zitat-Komposition zur Kontext-Komposition, in der die Materialien für die Kontexte stehen und sie bedeuten.

Die vorliegenden Untersuchungen über die Zitat-Komposition beschränken sich in der Regel darauf festzustellen, daß zitiert und was zitiert wird, während die Frage, wie zitiert wird, bislang weitgehend vernachlässigt worden ist. Nur so ist die Tatsache zu erklären, daß Zitat-Komposition grundsätzlich in den Zusammenhang mit Collage-Komposition gebracht wurde. Die Collage-Technik ist aber nur ein kompositionstechnisches Verfahren, mit Zitaten umzugehen.

In den letzten Jahren sind zunehmend Kompositionen entstanden, die (um mich bewußt vorsichtig auszudrücken) auf die unterschiedlichste Weise bereits existierende Musik in die Eigenkomposition einbeziehen, ohne daß sie als Collage-Komposition im engeren Sinne bezeichnet werden könnten.

Ich unterscheide zwischen Kompositionen, die

a) das Zitat als eindeutig von der Eigenkomposition abgegrenzten Fremdkörper behandeln (dies gilt für die meisten Ives-Kompositionen und z. B. die *Monologe* von B. A. Zimmermann),

b) das Zitatmaterial ohne die Verwendung eigenen Materials „komponieren“ (dies gilt beispielsweise für die *Ludwig van*-Kammermusik Kagels und meine *Exercitien III: Das Prinzip Hoffnung* [nach Bloch]),

c) das zitierte Material auf die vielfältigste Weise in die Eigenkomposition integrieren (dies gilt für die später genauer zu untersuchende Komposition *Gespenster* von N. A. Huber und in einem Aspekt auch für *Accanto* von Lachenmann).

Dem letzten Typus gilt in diesem Beitrag die besondere Aufmerksamkeit, denn er scheint mir exemplarisch zu sein für bestimmte Tendenzen innerhalb der Entwicklung der Musik der 70er Jahre. Zunehmend sind die Grenzen zwischen Zitat-Komposition und „autonomer“ Komposition fließend geworden. Die Technik des Komponierens von Musik über Musik reicht von der kompositorischen Bearbeitung einer historischen Vorlage, bei der diese zur Komposition über eine Komposition wird (dies schon in der beispielhaften Bach-Bearbeitung Weberns und neuerlich in Gerd Zachers *Kunst einer Fuge*) über die verschiedensten Formen des Typus *Variationen über* (z. B. die Kagelschen Brahms/Händel-Variationen) und der Kontrafaktur (z. B. Krölls *Parodia ad Perotinum* und meine *Kontrafraktur I* über die *missa cuiusquis toni*

[1] Es erübrigt sich wohl zu sagen, daß dies eine recht grobe Einteilung ist; in der Praxis der Zitatkomposition überschneiden und durchdringen sich derlei Bedeutungs-Felder und die räumlich-geographischen, zeitlich-historischen und sozio-kulturellen Topoi werden auf die verschiedenste Weise übertragen und sublimiert.

von Ockeghem) bis hin zu den zahlreichen Kompositionen, die ausschließlich die Besetzung, die Form oder den Stil einer anderen Musik bzw. einer musikgeschichtlichen Epoche „zitieren".

So wird bereits in Bergs *Wozzeck* die Besetzung der Schönbergschen 1. Kammersinfonie zitiert und die seines *Pierrot Lunaire* in Eislers *14 Arten, den Regen zu beschreiben* (als Hommage) und in Henzes *Der langwierige Weg in die Wohnung der Natascha Ungeheuer* (als Persiflage).

In meinem *Stephanus* wird im 1. Satz die Form des Schönbergschen Klavierstückes op. 19/6, im 3. Satz die der Bergschen Klaviersonate op. 1 und im 6. Satz die des *Trauermarsches* aus den Webernschen Orchesterstücken op. 6 zitiert.

Henze „zitiert" in seinen *Voices* verschiedene Stile des politischen Liedes, was in diesem Falle nicht mit einer eklektizistischen Stil-Adaption verwechselt werden darf: der Stil einer Musik wird in einer Zeit, die über deren viele „pluralistisch" verfügt, zum musikalischen Parameter, worauf im Zusammenhang mit der Analyse von Hubers *Gespenstern* noch eingegangen wird.

Dies alles müßte in eine Betrachtung der Thematik „Musik über Musik" eingebracht werden (was diese Arbeit nicht leisten kann), wenn diese nicht auf den Aspekt „Zitat-Collage-Montage" verkürzt werden soll.

Noch auf ein letztes, in seiner Art einmaliges Beispiel von Zitat-Komposition sei in dieser Einführung hingewiesen: Gerd Zacher interpretiert in seiner *Kunst einer Fuge* den 1. Contrapunctus aus Bachs *Kunst der Fuge* 10mal auf die verschiedenste Weise. Jede Interpretation zitiert die spezielle Kompositionsmethode eines anderen Komponisten bzw. einen bestimmten Aspekt einer anderen Komposition. Zacher interpretiert Bach, „als ob" Messiaen, Ligeti, Kagel u. a. diesen „bearbeitet" hätten. Die Grenze zwischen Interpretation und Komposition wird dadurch fließend; die Interpretation Bachs durch den Organisten Zacher wird zur Komposition des Komponisten Zacher, in der das zitierte Material (Bach) und die zitierten Methoden seiner kompositorischen Bearbeitung zum „doppelten Kontrapunkt" aus Material und Materialbehandlung werden.

Im folgenden geht es um den Versuch, an drei Werken der jüngeren Vergangenheit exemplarisch das Spektrum des Themas „Musik über Musik" aufzuzeigen. Die kompositorische Beantwortung der Frage, was und wie zitiert wird, weist über die strukturell-technischen Belange hinaus und läßt die jeweils unterschiedliche ideologische Position der drei Komponisten erkennen.

I Luciano Berio *Sinfonia* (3. Satz)[2]

1. Der Fluß

> *Gleichnisse des Weltlaufs sind bei ihm durchweg die ziellos in sich kreisenden, unaufhaltsamen Sätze, das perpetuum mobile. Das leere Getriebe ohne Selbstbestimmung ist das Immergleiche.*
> (Adorno über das Scherzo der 2. Sinfonie von Mahler)

> *Daß aber das dahinrasende Presto nirgendwo hinführt, ist seine Formidee. Der Satz kennt . . . keine Geschichte, kein Wohin . . . Seine Geschichtslosigkeit verweist ihn auf die Reminiszenz; die vorwärtstreibende Energie wird gestaut und strömt gleichsam zurück. Von dort jedoch kommt die Musik ihr entgegen.*
> (Adorno über den 2. Satz der 5. Sinfonie in: Adorno 1960, 14)

Berio komponiert, was Adorno einst über die Musik schrieb, die im 3. Satz der *Sinfonia* zitiert wird. Der *Weltlauf* wird zum Lauf durch die Musikgeschichte, das *perpetuum mobile* zur Metapher für den Fluß der Zeit. Deren einzelne Stationen sind kaum als solche voneinander abgegrenzt. Fließend sind die Grenzen zwischen den musikalischen Zitaten, die als „pars pro toto" den historischen Ort ihrer Entstehung repräsentieren, und fließend sind die von Berio komponierten Übergänge von einem zum anderen; die Musik Berios ist auch in ihrem äußeren klanglichen Erscheinungsbild gleichsam ohne Konturen und verschwommen. Die Musikgeschichte wird kompositorisch entgrenzt, die zitierten Komponisten entindividualisiert.

Musik wird (tendenziell) definiert als das Kollektiv aller Musiken, die jemals komponiert wurden. Kompositionstechnisch geschieht dies sozusagen durch das Weg-Komponieren der beim Zitieren üblichen Anführungszeichen; die kompositorischen Eigentumsverhältnisse werden verschleiert; schwer zu sagen, wem diese Musik gehört. Die musikgeschichtliche Synopse ist die Leistung Berios, ohne den ständig präsenten Fluß der Musik Mahlers wäre sie wohl kaum möglich, ihre faszinierende Buntheit aber verdankt dieses ungewöhnliche Beispiel einer pluralistischen Musik all denen, die ihren Beitrag dazu leisteten, dem Kollektiv der „Großen" unserer Musikgeschichte, deren kaum einer fehlt.

Berio kommentiert in dem die Musik begleitenden Text: *This represents at least a thousand words, three thousand notes – I was not counting on.*

2. „Modulation"

Technisch wird derlei ermöglicht durch die Umdeutung des Begriffs Modulation von seiner bekannten Bedeutung als eines Überganges von einer Tonart zur anderen in den eines ebensolchen von einer zitierten Musik zu einer anderen.

[2] Elmar Budde hat unter dem Titel *Zum 3. Satz der Sinfonia von Luciano Berio* (Budde 1972) eine Analyse veröffentlicht, deren Ergebnisse im folgenden mit berücksichtigt werden. Es geht mir jedoch in diesem Zusammenhang um die exemplarische Darstellung des kompositionstechnischen Gesamtproblems „Musik über Musik" unter einem bestimmten Aspekt, für den die Position Berios in seiner Komposition *Sinfonia* eine gewisse Rolle spielt. Die Lektüre der Analyse von Budde sei dem Leser nachdrücklich empfohlen, zum Verständnis der folgenden Ausführungen ist sie jedoch nicht unbedingt erforderlich.

Bsp. 1

Einen Takt vor Ziffer 49 wird in der Partitur Mahlers eine sequenzierende Modulation nach Es-Dur eingeleitet; anstelle der erwarteten Zieltonika folgt (im „Schnitt"-Verfahren) C-Dur.

Berio verlängert den Es-Dur-Takt (M/T. 440)[3] auf sieben Takte, indem er den Mahlerschen „Fluß" in einen Beethovenschen „Bach" münden läßt (Beethoven, 6. Sinfonie, 2. Satz *Szene am Bach,* T. 69–70, 2. Violine), der übrigens an dieser Stelle auch nach Es-Dur moduliert. Die Modulation von einer Tonart zur anderen wird zur „Modulation" von Mahler zu Beethoven.

Dieser Übergang (in der musikgeschichtlichen Zeitrechnung liegen zwischen den beiden Musiken etwa 100 Jahre) erfolgt nahtlos und wird zur trugschlüssigen akustischen Täuschung. Vergleicht man die Parallelstelle (M/T. 137–143), so wird deutlich, was gemeint ist. Der Trugschluß (anstelle der erwarteten Tonika tritt die Tonikaparallele ein) wird zum „Trugschluß": anstelle der erwarteten Fortsetzung des Bewegungsflusses durch Mahler tritt die Beethovensche Bewegung ein, Beethoven klingt wie Mahler.

Rhythmische Modulation

Ab B/H „moduliert" Berio von Mahler zu Strawinsky (*Le Sacre du Printemps,* Ziffer 76). Dazu muß zunächst das Tempo von Mahler (von Berio als ♩.= 116 angegeben) in das von Strawinsky (♩ = 168) überführt, die „Fluß"-Geschwindigkeit beschleunigt werden. Berio wählt dazu die Strawinsky nähere Staccato-Form der Mahlerschen Bewegung mit der Repetitionsbegleitung aus (M/Ziffer 34) und benutzt den durch die „Schleifen"-Stellung der Mahlerschen Bewegung intendierten Bewegungsstau des Flusses (M/T. 167–170), um das Tempo zu „modulieren".

[3] Im folgenden werden die Belegstellen der Einfachheit halber wie folgt angegeben:
B / A-X = Partiturstellen bei Berio
M / 28–55 = Ziffern bzw. Takte bei Mahler.

Bsp. 2

Die Diminuierung erfolgt in zwei Anläufen; das technische Verfahren der Tempo-Modulation ist aus dem Ziel-Zitat abgeleitet (vgl. Strawinsky, 3. T. vor Ziffer 78, 1. Violine).

Die „Modulation" in die Melodik des Ziel-Zitats erfolgt durch die 2. Violine:

Bsp. 3

Berio verlängert die Strawinsky-beschleunigte chromatische Bewegung (M/T. 170; B/13 T. nach H) und überführt damit die „gestaute" Mahler-Bewegung in einen neuen melodischen Fluß.

Die „modulatorische" Rückführung von Strawinsky zu Mahler beginnt bei B/4 T. vor J. Durch die Perforierung der Strawinskyschen Motorik schafft Berio Einlaß-Stellen, in denen das beiden Musiken an dieser Stelle „wie zufällig" gemeinsame motivisch-intervallische Material (vgl. a- und b-Motiv im folgenden Beispiel) nahtlos verknüpft wird.

Bsp. 4

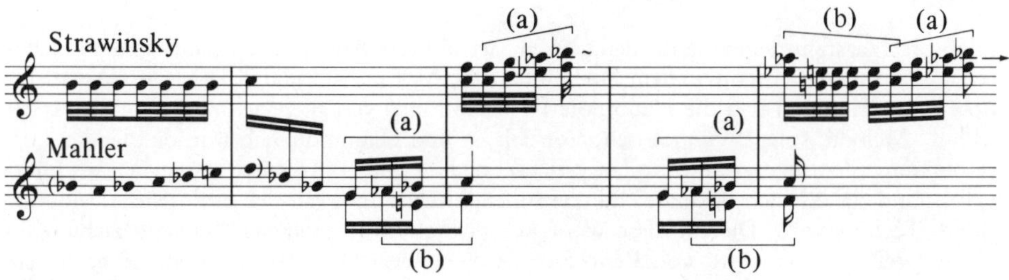

Der Übergang von einer Musik zur anderen erfolgt – wie im Modell der harmonisch-tonalen Modulation – über ein Modulationsmittel, d. h. ein beiden gemeinsames Material.

3. . . . *while nothing has happened but the obsession with the chromatic* (Berio, *Sinfonia*)

Nimmt man den musiktheoretischen Begriff Modulationsmittel in dem hier eingeführten Sinne, so wird er zur Metapher für das in Berios Komposition auskomponierte Gemeinsame zwischen den von ihm zitierten Musikbeispielen. Berio komponiert, indem er eine materielle Gemeinsamkeit findet, die (tendenziell) alle Musik als latent aufeinander bezogen definiert.

Für diese seine These kann er sich auf den von ihm zitierten Mahler als Kronzeugen berufen. Es ist immer wieder auf die *unterirdischen* Beziehungen im Gesamtwerk Mahlers hingewiesen worden. *Alle Werke Mahlers kommunizieren unterirdisch miteinander wie die Kafkas durch Gänge des von ihm gebildeten Baus* (Adorno 1960, 77).

Berio komponiert diesen Tatbestand gleichsam als Motto aus, wenn er dem den 3. Satz der 2. Sinfonie einleitenden Vorschlags-Motiv das des 1. Satzes der 4. Sinfonie voranstellt.

Bsp. 5

Die Vorschlagsfigur leitet die für den ganzen Satz obligate Bewegung ein und wird im weiteren Verlauf zu deren motivischem Drehpunkt (vgl. M/T. 13–14 und T. 98). Die Vorschlagsnote as (2. Sinfonie) und die Hauptnote fis (4. Sinfonie) verhalten sich zum zentralen g der „Fluß"-Melodik spiegelsymmetrisch; Vorschlags- und Hauptnote haben in den beiden korrespondierenden Figuren ihre Rollen vertauscht, die Quinten h-fis und c-g stehen im Intervallabstand der kleinen Sekunde, die zum thematischen Intervall der Berioschen „Modulations"-Technik wird. Die auf diese Weise kompositorisch „bewiesene" Binnenbeziehung im Gesamtwerk Mahlers wird von Berio zur „Außen"-Beziehung erklärt, wenn er nach dem Wiederaufgreifen der Vorschlagsfigur in der Mahlerschen Komposition (M/T. 163 ff.) mit ihrem Einpendeln in die Ausgangsstellung (M/T. 167) deren Beziehung zu dem oben bereits angeführten Strawinsky-Zitat kompositorisch nachweist; die nur geringfügige Korrektur (vgl. B/J und Strawinsky, Ziffer 78) präzisiert den behaupteten Sachverhalt.

Die Assimilation des heterogenen Zitat-Materials erfolgt durch die auf der kleinen Sekunde basierende Chromatik; die chromatische Tonhöhenbewegung entspricht damit der den gemeinsamen rhythmischen Fluß garantierenden ♪-Bewegung.

Insgesamt lassen sich – vereinfacht dargestellt – drei verschiedene Methoden, Chromatik zu benutzen, bei Berio unterscheiden:

a) die zu zitierenden Beispiele werden so ausgewählt und kontextiert, daß deren latente Verwandtschaft durch chromatische „Brücken" aufgedeckt werden kann (vgl. dazu etwa Beispiel 5);

b) die Chromatik-Stellen des Mahlerschen Scherzos werden einschließlich deren von Mahler intendierten Bedeutung durch die Komposition Berios „beantwortet";

c) die Chromatik dient der Eintrübung diatonisch-tonaler Strukturen, sie verschmutzt diese gleichsam bis zur Unkenntlichkeit und überführt damit konkret identifizierbare Zitate in die Anonymität eines allgemein neutralen chromatischen Materialzustandes, aus dem ein neues herausgefiltert werden kann.

„Beantwortung" der Mahlerschen Chromatik

Die Chromatik spielt, wie in anderen Werken Mahlers so auch in dem von Berio hier zitierten Scherzo, eine zentrale metaphorische Rolle. Gemeint sind jene vergleichsweise chaotisch anmutenden chromatischen Auf- und Abwärtsbewegungen, die den (Welt-)Lauf der perpetuum mobile-Bewegung durchbrechen und von denen Adorno sagt, dies seien *die Augenblicke . . . zugleich des Einspruchs, der Aufschrei des Verzweifelten* (Adorno 1960, 15).

Berio hat den Katastrophencharakter dieser Stellen in Mahlers Musik durch ein Zitat thematisiert. Gleich zu Beginn erklingt der Anfang des 4. Satzes *Peripetie* aus den Orchesterstücken op. 16 von Schönberg. Dieser Titel ist identisch mit der Adornoschen Interpretation der Chromatik-Stellen innerhalb der Musik Mahlers.

Bsp. 6

Berio unterstreicht die „thematische" Bedeutung dieses Zitats,

a) indem er den Zielakkord der chromatischen Gegenbewegung mit dem Wort *Peripetie* textiert und

b) indem er dieses Zitat als einziges mehrfach an formal entscheidenden Stellen wiederholt:

1. am Anfang als Motto des Ganzen,
2. bei B/AA mit deutlicher Reprisenwirkung,
3. unmittelbar vor der einzigen chromatischen Aufwärts-Bewegung (Auftakt zur *fff*-Akkordfläche M/T. 464).

Das Mahlersche Scherzo hat fünf solcher chromatischer Stellen, die jeweils durch chromatische Zitate beantwortet werden:

MAHLER:	BERIO:
1. T. 98 Überleitung zum 1. Trio	E Kontrapunktierung durch Auf- und Abwärtsbewegung
2. T. 347 Überleitung zu Tempo 1	S fortsetzende Bewegung in der Umkehrung durch chromatische Aufwärtsbewegung eines 6tönigen Akkords über 4 Oktaven = *Berg: Wozzeck* III, 4 *Invention über einen Akkord*
3. T. 401 Überleitung zur Reprise des Trios (identisch mit 1)	V Verlängerung der chromatischen Abwärtsbewegung durch die Fagott-Terzen
4. T. 464 „Auftakt" zur *ff*-Fläche, einzige Aufwärtsbewegung („instrumentaler Aufschrei")	2 T. vor BB Vorwegnahme der chromatischen Aufwärtsbewegung durch das dritte *Peripetie*-Zitat. Dabei werden die Außenstimmen chromatisch an den Baßton „des" und den Anfangston „h" der Mahlerschen Bewegung angeschlossen und die Chromatik Mahlers von Berio in ein Glissando umgedeutet.
5. T. 544 Überleitung zur Coda	vor FF Dies ist die einzige Stelle, die von Berio nicht aufgenommen (und also auch nicht beantwortet) wird. Das ist immerhin auffallend und läßt den Schluß zu, daß Berio der einzigen chromatischen Aufwärtsbewegung (siehe 4.) keine neutralisierende Abwärtsbewegung folgen lassen will. Die Textkommentierung in der Partitur lautet bei Nr. 4: *that all this can't stop the wars, can't make the young older or lower the price of bread* (zweimal unterbrochen durch: *say it again, louder!*); bei Nr. 5: *But now it's done, it's over, we've had our chance, there was even, for a second, hope of resurrection.*

Eintrübung der Tonalität durch Chromatik und rhythmische Verwischung der 𝅘𝅥𝅯-Bewegung

Die Allgegenwärtigkeit des chromatischen Materials schafft nicht nur die „unterirdischen" Verbindungen zwischen den einzelnen Zitatstellen bzw. zwischen diesen und dem zitierten „Haupt"-Fluß des Mahlerschen Scherzos, sondern dient gleichzeitig der neutralisierenden Eintrübung von diatonisch-tonalen Strukturen. Darin gleicht ihr Gebrauch den skalenmäßig auskomponierten Abweichungen vom stereotypen 𝅘𝅥𝅯-Fluß der „thematischen" rhythmischen Bewegung.

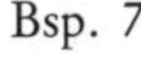

Bsp. 7

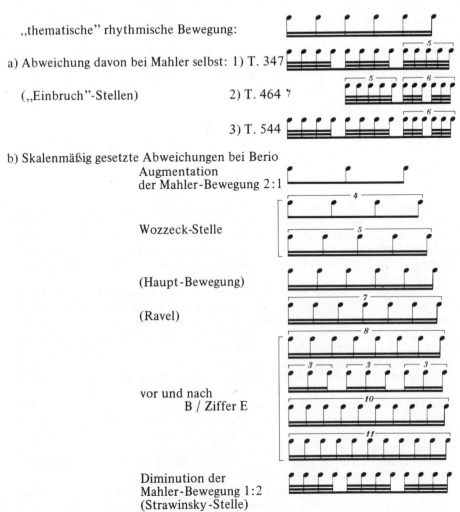

„thematische" rhythmische Bewegung:

a) Abweichung davon bei Mahler selbst: 1) T. 347

(„Einbruch"-Stellen) 2) T. 464

3) T. 544

b) Skalenmäßig gesetzte Abweichungen bei Berio

Augmentation der Mahler-Bewegung 2:1

Wozzeck-Stelle

(Haupt-Bewegung)

(Ravel)

vor und nach B / Ziffer E

Diminution der Mahler-Bewegung 1:2 (Strawinsky-Stelle)

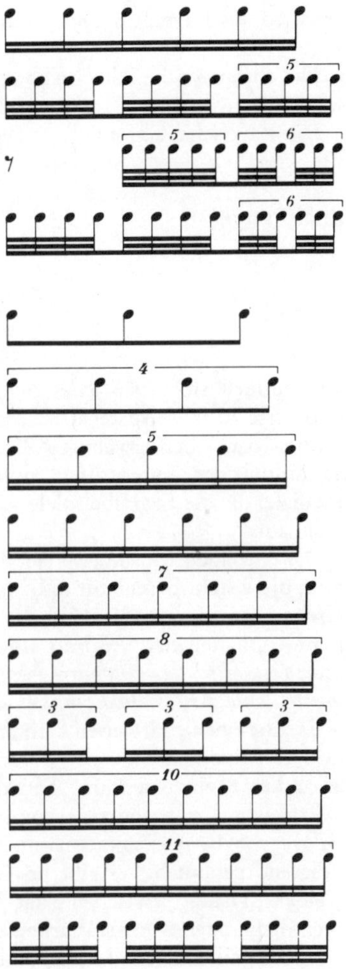

So wie diese Abweichungen von der rhythmischen Haupt-Bewegung diese gleichsam verschmutzen, trübt die Tonhöhenchromatik die tonale Diatonik des melodischen „Flusses" ein. Herausgegriffen seien drei Beispiele:

a) 12 T. nach B/D beginnend
b) bei B/E (4 T. lang)
c) 9 T. vor B/F

Dabei verschränken sich zitierte und von Berio eigenkompositorisch „verlängerte" Chromatik:

a) Eintrübung der Mahlerschen Melodik durch chromatische Auf- und Abwärtsbewegung (man beachte die Analogie zur gegenläufigen Chromatik in der thematischen *Peripetie*-Stelle); zitiert wird aus Ravel: *La Valse,* Ziffer 32; nach vier Takten kontrapunktiert Berio chromatisch.

b) Die chromatische Abwärtsbewegung Mahlers wird durch die thematische chromatische Abwärts-/Aufwärtsbewegung „verschmutzt".

c) Die Ravelsche Chromatik (Ravel, Ziffer 39) wird von Berio gleichsam vorimitiert.

4. Zitat-Paare

> ... *daß es zurzeit nicht ein bekanntes Motiv gibt, auf das nicht ein anderes bekanntes Motiv paßte, so daß es zur gleichen Zeit mit dem ersten gespielt werden könnte*
> (Busoni 1954, 43)

Busoni enthielt sich 1906 *jedes Beispiels,* um sich nicht *in Spielereien zu verlieren*; Berio komponierte 70 Jahre später derlei, um nachzuweisen, daß für die Musik insgesamt gilt, was Adorno in dem oben erwähnten Zitat über das Gesamtwerk Mahlers formulierte: alle Musik kommuniziert „unterirdisch" miteinander. Berio komponiert gleichsam die Kommunikationskanäle, die die Einzelbeispiele von Musik zu einem „Gesamtkunstwerk" verbinden. Dabei fällt auf:

a) Die einzelnen Musikbeispiele werden aus dem „Haupt"-Strom der Musik Mahlers abgeleitet; diese steht bereits für das, was Berio in seiner Musik nach-komponiert: eine Art musikalischen Gesamtkunstwerkes, das die Musik anderer Komponisten, Zeiten und Stile in sich aufgenommen hat. Adorno sagt über Mahler, was wortwörtlich auch für Berio gelten könnte: *Ihm wird das Potpourri Form durch unterirdische Kommunikation seiner zerstreuten Elemente, eine Art triebhaft ungebundener Logik* (Adorno 1960, 53).

b) Es gibt einen paarweisen Gebrauch der Zitate, der jeweils ein ausgewähltes Beispiel dialogisch korrespondierend oder kontrapunktisch an ein anderes bindet.

Bevor dies im einzelnen am 3. Satz der *Sinfonia* nachgewiesen werden soll, sei an dieser Stelle der Verweis auf eine andere exemplarische Zitat-Komposition der 60er Jahre gestattet, die *Monologe* von B. A. Zimmermann. Hier werden die Zitate ausschließlich dialogisch korrespondierend gebraucht; es gibt im Gegensatz zu Berio

a) einen „Dialog" zwischen Zitat- und Eigenkomposition mit einer auskomponierten Skala ihrer mehr oder weniger starken gegenseitigen Abgrenzung und

b) ständig miteinander korrespondierende Zitat-Paare, die ihrerseits in einem auskomponierten Kontextierungs-Verhältnis von Assimilierung und Dissimilierung stehen.

Es ist demnach zu unterscheiden zwischen der Ebene der Beziehung Zitat – Eigenkomposition (im wesentlichen als sukzessive gesetzt) und der Ebene der Beziehung der Zitate untereinander (im wesentlichen als klanglich simultane komponiert).

Die folgende Aufzählung mag den Sachverhalt in aller Kürze skizzieren:

1. Satz II, S. 5–11 Bach (1)[4] – Messiaen (1) ♩ = 76 ♩ = 60	jeweils drei Ausschnitte, durch Eigenkomposition unterbrochen, Tempo und Tonhöhen unverknüpft

[4] Die Ziffern beziehen sich auf die jeweiligen Zitatpaare in der Partitur der *Monologe.*

2. Satz III, S. 17
Bach (2) – Messiaen (2)
♩ = 40

gemeinsames Tempo bei deutlich voneinander unterscheidbaren (also als solche aufeinander beziehbaren) Satztypen:
3stg. rhythmisch differenzierte Polyphonie gegen homophon-gleichmäßige Akkordik

3. Satz IV, S. 19–20
Beethoven – Debussy (1)
♩ = 120 ♩ = 80

Temporelation 3:2, weitgehend chromatische Stimmführung gegen bewegte Akkordfläche; die Beziehung zum Eigenanteil (Eigenkomposition) nimmt deutlich zu (siehe Forts. der Bewegung auf S. 20/2. System: Tempo und Bewegung angenähert)

4. Satz V, S. 28
a) Mozart (1.1) – Debussy (2.1)

als sukzessiv verbundene Vorwegnahme zu

b) Debussy (2.2) – Debussy (2.3)

Kombination zweier Stellen aus dem gleichen Stück (Material-Homophonie) mit entsprechend gleicher Bewegungsform und gleichem Satztyp, deutlich bitonal mit rhythmischen und intervallischen „Reibungen“

c) (S. 33/34)
Debussy (2.2) – Choral
♩ = 72

bei gleichem Tempo auskomponierte heterogene Zeitschichten; Integration von Eigenkomposition und Choral

d) (S. 34)
Debussy (2.3) – Mozart (2)
♩ = 72

durch gemeinsames Tempo, rhythmische Bewegung und Tonhöhenmaterial verknüpft, so daß die Identität des zitierten Materials weitgehend aufgehoben erscheint

e) (S. 35)
Mozart – Mozart – Choral
𝅗𝅥 = 72

Synthese der verschiedenen Zitate durch Tempo, Bewegung und Satzstruktur; der Choral wird harmonisiert wie bei Messiaen (vgl. Nr. 2) und verbunden mit dem Mozart-Zitat wie in einer Choralbearbeitung von Bach (1. Klavier)

f) (S. 36)
Debussy (2.4) – Debussy (2.5)
♩. = 72

Kombination wie 4b

In krassem Schnitt folgt
g) (S. 36)
Messiaen (2.2) – *in modo di Jazz*
𝅗𝅥 = 60 𝅗𝅥 = 76

zeitlich nicht mehr synchronisiert; das Boogie-Woogie-Zitat ist ein Quasi-Zitat: im Jazzstil werden Elemente des vorausgegangenen Mozartzitats aufgegriffen:

Bsp. 8

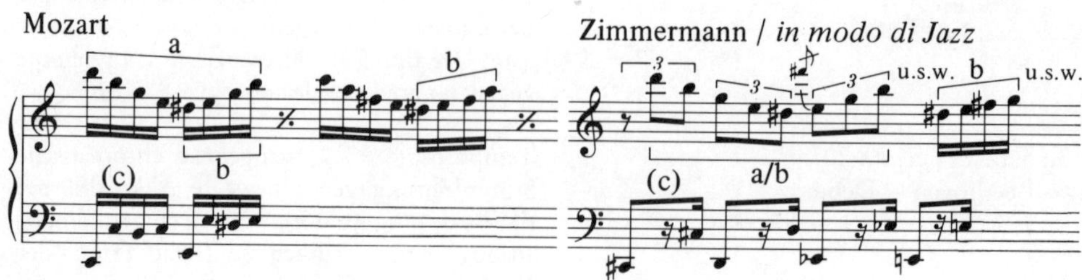

Ähnlich wie Zimmermann kontextiert Berio Zitat-Paare, anders als bei ihm ist ihre Auswahl jedoch von vornherein durch assimilierende Tendenz bestimmt. Dazu einige Beispiele:

a) die Korrespondenz zwischen der Vorschlagsfigur zu Beginn des 3. Satzes der 2. Sinfonie mit der des Anfangs des 1. Satzes der 4. Sinfonie wurde bereits dargestellt (vgl. Bsp. 5);

b) mit der Abwärtsbewegung des Zitats aus dem Violinkonzert von Berg korrespondiert die Aufwärtsbewegung des Zitats aus dem Violinkonzert von Brahms (B/ab T. 14 nach D);

c) dem Strawinsky-Zitat aus der Ballettmusik *Sacre* folgt das Strawinsky-Zitat aus der Ballettmusik *Agon*;

d) ab Buchstabe O (B) alternieren die Walzer-Zitate aus Ravels *La Valse* und R. Strauss' *Rosenkavalier*.

Es ist ganz offensichtlich, daß die Kontextierung nach dem Gesichtspunkt erfolgt, durch gemeinsame „Voraus"-Bestimmungen eine spezielle Beziehung zwischen jeweils zwei Zitaten herzustellen. Vor den auskomponierten „unterirdischen" strukturellen Beziehungen gibt es solche, die durch den gleichen Komponisten, die gleiche Gattung, Besetzung, Form und Tonart vorgegeben sind.

Im folgenden sollen drei Beispiele des quasi 2stg. kontrapunktischen Komponierens mit Zitat-Paaren ein wenig näher untersucht werden.

Richard Strauss/Ravel

Die Technik der Zitat-„Modulation“ wird an diesem Beispiel besonders deutlich. Beide Beispiele sind nach Tonart und Gestus bereits als nahezu identisch vorausbestimmt, klingen, als ob sie beide von Johann Strauß wären bzw. diesen zitierten. Im 11. Takt nach B/O erklingen Ravel- und Strauss-Zitat gleichzeitig, die beiden Zitaten an dieser Stelle gemeinsamen Töne werden von Berio zusammengefaßt. Der beiden gemeinsame Akkord wird zum „Modulationsmittel“ von der einen Musik zur anderen.

Bsp. 9

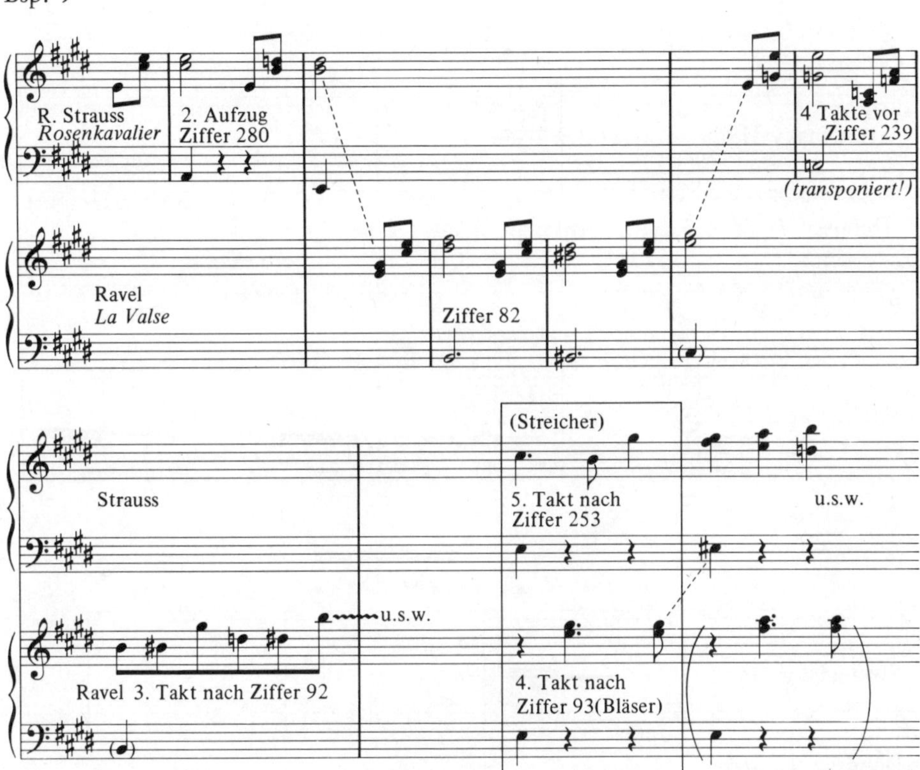

Strawinsky/Debussy (und Mahler)

Ab B/6 T. nach I komponiert Berio einen motivisch korrespondierenden Zusammenhang zwischen einem Strawinsky-Zitat und einem von Debussy einerseits und zwischen diesen beiden und der Mahlerschen Baß-Bewegung andererseits. Diese wird durch Pausen unterbrochen, und an deren Stelle treten Segmente aus Strawinskys *Agon* und Debussys *La Mer,* die die Mahlersche Motivik dialogisch antwortend fortsetzen.

Die intervallischen und rhythmischen Analogien verdeutlicht das folgende Beispiel:

Bsp. 10

Bach/Schönberg (einschließlich Berg und Mahler)

Die sicherlich dichteste kontrapunktische Kontextierung von Zitat-Paaren findet sich ab B/R. An dieser Stelle versickert die ♪-Bewegung des Mahlerschen „Flusses"; die hier zitierten Musikstücke sind – im Gegensatz zu allen bisher besprochenen – ohne Bewegung. Es handelt sich um die Schluß-Takte aus dem 2. Satz des 1. Brandenburgischen Konzertes von Bach (T. 36–39) und um den Anfang des berühmten Schönbergschen Orchesterstückes *Farben* (op. 16, Nr. 3); der Flußlauf der Komposition mündet gleichsam in einen See (*Sommermorgen an einem See* ist bekanntlich der 2. Titel des Schönbergschen Stückes).

Es gibt eine gleichsam dialektische Zitat-Paarbildung zwischen den beiden in der Berioschen Komposition verwendeten Schönberg-Zitaten einerseits und der hier komponierten zwischen Schönberg und Bach andererseits: zwischen den Schönberg-Zitaten (aus dem gleichen Werk) besteht ein denkbar krasser Gegensatz, nämlich der zwischen *Peripetie*-Bewegung und *Sommermorgen an einem See*-Ruhe, während die beiden Komponisten Bach und Schönberg eine bemerkenswerte Symbiose eingehen:

a) Der fünftönige Schönberg-Akkord wird durch die Pedalisierung von Tönen der Bach-Kadenz eingeführt. Auf diese Weise wird er durch die ihn vorwegnehmenden Töne des Bachzitats durch Berio tonal interpretiert: er ist Doppelklang aus t und D; und wohl nur aus diesem Grund korrigiert Berio den Bachschen Schlußakkord vom originalen A-Dur zum a-Moll.

Bsp. 11

b) Die neapolitanische Oberstimmenführung bei Bach ist in ihrer Permutation identisch mit dem Transpositionsmodell des Schönberg-Akkordes sowie mit der Oberstimme der Mahlerschen „Anschluß"-Akkorde (M/T. 342–347).

c) Mit der vollzogenen Einführung des Schönberg-Akkordes setzt die ♪-Bewegung des Mahlerschen Scherzos wieder ein (M/43 bei gleichzeitiger Rückmodulation nach C-Dur). Berio korrigiert die originale Mahlerstimme, um sie tonal dem Schönberg-Akkord anzupassen. Sie wird auf diese Weise gleichzeitig auf den Baßton c des Schönberg-Akkordes bezogen und gleichzeitig a-Moll-eingefärbt.

d) Die Rückführung von Schönberg zu Mahler erfolgt über die gemeinsame Baßführung von Schönberg und Mahler an dieser Stelle (B/4 T. vor S; M/T. 342–347) und die „modulatorische" Überführung der Schönbergschen Akkordik in die Mahlersche sowie deren Fortsetzung in den Akkord von Berg (Wozzeck-Stelle).

II Helmut Lachenmann *Accanto* (1975/76) für einen Klarinettisten mit Orchester und Tonband

Auf gewissen Stufen des Kunstbewußtseins und der Darstellung ist das Verlassen und Verzerren der Naturgebilde nicht unabsichtliche technische Übungslosigkeit und Ungeschicklichkeit, sondern absichtliches Verändern, welches vom Inhalt ausgeht und von demselben gefordert wird (Hegel 1927, 133).

Auch in Lachenmanns *Accanto* läuft – wie im 3. Satz der *Sinfonia* von Berio – eine andere Musik mit, doch geschieht dies „insgeheim" (und vom Tonband). Berio komponiert mit Hilfe anderer Musik und fast ausschließlich mit dieser, seine kompositorische Identität besteht im „Komponieren" von komponierten Kontexten. Anders bei Lachenmann: eine individuell ausgeprägte, eigene kompositorische und ästhetische Position wird einer fremden, ganz anderen, ebenso in sich geschlossenen musikalischen Welt kontrapunktiert. Beide „Welten" bleiben hermetisch gegeneinander abgegrenzt; es gibt keine gegenseitige Durchdringung, sondern lediglich „wie zufällig" Berührungen an der Peripherie.

Die Musik Mozarts bleibt für die Lachenmanns ein Fremdes, unendlich weit Entferntes; sie wird behandelt als etwas außerhalb des eigenen Einflußbereich Liegendes, als gleichsam exotisch und exterritorial. Eine Musik aus der eigenen musikalischen Vergangenheit wird von Lachenmann behandelt, als ob sie aus einem fremden Land, einer fernen Kultur stammte; der zeitlich historische Abstand wird zur räumlich-geographischen Entfernung. Der „Fluß" der Geschichte ist nicht aufzuhalten oder gar umzukehren, der Weg zurück tabuisiert. Es gibt in der Tat bei Lachenmann – ganz im Gegensatz zu Berio – eine Art von musikalischem Orpheus-Komplex: der Blick zurück bedeutet den Verlust des kompositorischen Eigenlebens.

Von dieser „Berührungsangst" lebt *Accanto* kompositorisch, hierin liegt die zuweilen puritanisch anmutende strenge Ehrlichkeit der Komposition und ihr konsequenter Verzicht auf das nun immer modischer werdende, unverbindlich-angenehme (und einträgliche) Kokettieren mit der angeblich „heilen" Welt der Vergangenheit.

Aus all dem darf nicht gefolgert werden, daß die Musik Lachenmanns ohne historisches Bewußtsein sei, daß der Komponist kein Verhältnis zu der Musik Mozarts habe (oder ein aggressives), aber dieses Verhältnis ist gestört. Es ist quasi neurotisiert dadurch, daß die Musik

Mozarts, nach Lachenmanns eigenen Worten[5] für ihn der Inbegriff von *Schönheit, Reinheit und Humanität*, durch *eine falsche Art der Pflege* verletzt erscheint, da sie durch *ihre gesellschaftliche Fetischisierung zum Warenobjekt* gemacht wurde. Nicht das mangelnde Verhältnis des Komponisten Lachenmann zu der Musik Mozarts ist das Problem, das in *Accanto* kompositorisch abgehandelt wird, sondern seine durch die Praxis unseres Musiklebens gestörte Beziehung zu dieser Musik.

Wenn man die Beziehung der Musik Lachenmanns zum zitierten musikalischen Objekt verstehen will, muß man zunächst – ganz im Gegensatz zu Berio – Lachenmanns Musik insgesamt analytisch untersuchen.

Zieht man dazu zum Vergleich Kompositionen wie *Gran Torso, Pression, Kontrakadenz* und *Schwankungen am Rand* heran, so gewinnt man den Eindruck, daß auch in diesen Werken (also in der Musik Lachenmanns insgesamt) eine andere Musik „insgeheim" mitläuft. Es gibt in dieser Musik eine Art von Negativ-Kontext, zu dem sich die konkret klingende Musik gleichsam trugschlüssig verhält. Bezogen auf eine traditionelle Hörerwartung verweigert die Musik deren Erfüllung. Dies geschieht im wesentlichen durch drei Wesensmerkmale:

1. Lachenmanns Musik arbeitet mit dem Prinzip der konsequenten klanglichen „Verfremdung"; sie ist die Negation des tradierten „ordinario"-Klanges.

2. Lachenmanns Musik arbeitet mit dem Prinzip der konsequenten „Atonalität": sie vermeidet alles das, was die Tradition der tonalen Musik hervorgebracht hat. Sie geht dabei von der Prämisse aus, daß an der traditionellen Musik nicht nur die Tonalität tonal ist; die Tonalität hat vielmehr alle Parameter der Musik gleichsam infiltriert: „tonal" ist auch ein Rhythmus, wenn er metrisch oder periodisch ist, „tonal" ist auch eine Satzstruktur, wenn sie auf dem Prinzip der strukturellen Hierarchie beruht, und „tonal" ist auch eine Form, wenn sie auf dem Prinzip der formalen Analogiebildung durch Wiederholung basiert. Konsequent läuft das Komponieren von Musik damit auf das Problem hinaus, wie Musik möglich ist, wenn sie sich der durch sie selbst geschaffenen Konditionen entschlägt.

3. Lachenmanns Musik arbeitet primär mit dem Prinzip der Klangerzeugung und nicht mit dem der Klangorganisation; sie ist nicht in erster Linie an dem Klangresultat interessiert als vielmehr an den *mechanischen und energetischen Bedingungen* seiner Hervorbringung[6]. Sie besteht aus einem Mikrokosmos von maximal differenzierten, intensiven, aber unterdrückten Klangaktionen. Dies macht die Expressivität der Lachenmannschen Musik aus: die *fff*-Intensität der Aktion steht in Anführungszeichen (vgl. die dynamischen Bezeichnungen in der Partitur), denn sie ist durch die Bedingungen ihrer Hervorbringung „unterdrückt" oder „erstickt". Die Klänge der Lachenmannschen Musik sind solche, die wollen, aber nicht können. Ihre Expressivität ist die von Sprachgestörten, bei denen der Widerspruch zwischen sprechen wollen und nicht können zu einer gleichsam übertemperierten Steigerung der Intensität des sprachlichen Gestus führt.

Neben der so in Kürze beschriebenen Musik Lachenmanns läuft in *Accanto* die Musik Mozarts her, verläuft an deren Rand, und diesen Sachverhalt meint der Titel der Komposition. Sie wird dabei auf eine spezifisch Lachenmannsche Weise „unterdrückt". Mit Hilfe einer Technik der extrem kurzen Einspielung der zitierten Musik wird deren Fluß auf den akustischen Reflex des Impulses oder (elektronisch gesprochen) „Knack"-Lautes reduziert. Wenn der Hörer über weite Strecken die zitierte Musik überhaupt nicht bewußt wahrnimmt, liegt das nicht daran, daß sie dynamisch an der Grenze des Hörbaren liegt, sondern an dem gehörspsychologischen Phänomen, daß das menschliche Ohr akustische Signale unterhalb ei-

[5] Die Zitate Lachenmanns sind im folgenden dem Interview *Distanz wegen Nähe* (*Musica* 1976) und dem Programmheft des Saarländischen Rundfunks *Musik im 20. Jahrhundert*, Saarbrücken 1976, entnommen.

[6] Darin gleicht sie der Musik in *Madrasha II* von Schnebel, vgl. Kapitel „Musik für Stimmen".

ner bestimmten Dauer nicht identifizieren kann. Das erinnert an die Technik gewisser in Amerika erprobter Praktiken der Werbeindustrie. Die Werbung für die zu verkaufenden Produkte wird unterschwellig betrieben. Dadurch, daß der Zuschauer die in einen beliebigen filmisch-optischen Kontext eingeblendeten Informationen wegen ihrer reflexhaften Kürze nicht bewußt wahrnimmt, üben sie ihre absatzfördernde Wirkung im Nachhinein um so nachhaltiger aus, da sie vom Bewußtsein nicht kontrolliert werden können. An diese Technik der an der Grenze des Wahrnehmbaren liegenden musikalischen Information erinnert übrigens auch das in *Accanto* über weite Strecken angewandte (und in dem Klarinettenstück *Dal niente* wohl zum erstenmal erprobte) „Flüster-Spiel" des Soloinstrumentes[7].

Wahrnehmbar übt in *Accanto* die Mozartsche Musik denn auch erst im Nachhinein ihre Wirkung auf die Lachenmannsche aus. Die Form der Komposition ist deutlich zweiteilig. Erst ab Takt 194 reagiert die bis dahin hermetisch von der musikalischen Außenwelt abgegrenzte Musik Lachenmanns. Die Musik Mozarts färbt das musikalische Material ein, sie hat dieses gleichsam in einem bislang „insgeheim" ablaufenden Einwirkungsprozeß infiziert. Dies kommt zum Ausdruck in einer Fülle von „direkten" und „indirekten" Materialableitungen aus der zitierten Musik.

In den Takten 192/193 erklingt – das einzige Mal im Gesamtablauf der Komposition – ein größerer Ausschnitt der Mozartschen Musik. Es sind dies die Takte 25 ff. aus dem zweiten Satz. Diese werden somit zur Wendemarke der Form und zum „Hauptzitat". Im Nachhinein (T. 248 ff.) nimmt die Komposition Lachenmanns explizit Bezug darauf. Diese Tonbandeinblendung hat ein Moment von Auslösung. Es ist, als ob die bislang insgeheim und unterdrückt gehaltene Musik Mozarts die tabuisierten Grenzen der hermetisch voneinander getrennten Welten durchbrechen würde: eine Musik von „unwirklicher" Schönheit, in einer fernen Zeit und wie auf einem fremden Stern entstanden, erscheint auf dem Boden unserer musikalischen Gegenwart[7a].

Wenn auch im 1. Teil der Komposition eine konkrete Auswirkung der extrem kurz eingeblendeten Mozart-Zitate nicht erkennbar ist, so wird doch in ihm eine für die ganze Komposition charakteristische Eigenart vorweggenommen.

a) Der 1. Teil ist in sich zweiteilig:
Aa T. 1–79 (♩ = 60)
Ab T. 80–193 (♪=80).
Die formale Zäsur erfolgt durch die subito in Takt 80 eintretende Repetitionsrhythmik, die sich im weiteren Verlauf zunehmend wieder auflöst.

b) Innerhalb von Aa zeigt sich die Tendenz, die stark von *tonlos*-geräuschhaften, *erstickt* und *unterdrückt* klingenden Klangaktionen bestimmte Struktur zunehmend mit Tonhöhen „aufzufüllen" (siehe dazu die Pizzicato-Anschläge der Streicher in den Takten 11/18/24/35/36/37 bis 58 = chromatisches Total). Parallel zu dieser Entwicklung erfolgt eine zunehmende Verdichtung der klanglichen Struktur insgesamt. Die genannten Tonhöhen-Einsätze verhalten sich auffallend reaktiv zu den kurzen Zitat-„Impulsen", beantworten diese, als bliebe mit jedem tonalen Segment etwas davon in der Lachenmannschen Struktur „hängen".

[7] Diesem Solo hört man ähnlich angestrengt zu wie einem rasch und erregt flüsternden Menschen, ständig besorgt, *wenigstens das Wichtigste* (in T. 233–234 wird dieser Text vom Solisten gesprochen) nicht zu verpassen.

[7a] Kurz nach Fertigstellung dieses Aufsatzes sah ich den Film „Padre Padrone", in dem jene Mozart-Takte eine Rolle spielen, welche diese Interpretation auf verblüffende Weise bestätigt: Der Film erzählt die Geschichte der Befreiung eines sardischen Hirtenjungen aus der brutalen physischen und psychischen Unterdrückung durch den ebenso primitiven wie „allmächtigen" Vater. Zum Höhe- und Wendepunkt dieser Entwicklung wird dabei eine Szene, in der der Sohn sich ohne und gegen den Willen des Vaters ein kleines Transistorgerät besorgt hat, aus dem die (genau hier von Lachenmann zitierten!) Mozart-Takte erklingen. Der Vater zerstört in einem ungewöhnlich brutalen Aggressionsakt das Radiogerät des Jungen und löst damit dessen offene Rebellion aus: er schlägt zurück.

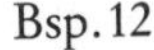

Von dieser Art der Reaktion sind die zahlreichen direkten und indirekten Zitate, wie sie Lachenmann selbst unterscheidet, die den 2. Teil der Komposition (ab T. 194) ausmachen. Dabei ist festzuhalten, daß außer auf dem Zuspielband kein wörtliches Zitat vorkommt. Die Unterscheidung direktes und indirektes Zitat bedeutet, daß die Mozartsche Musik die Lachenmannsche unterschiedlich prägnant beeinflußt:

a) Die „Anzapfungen" der Mozart-Zitate sind so allgemeiner Art, daß sie auch von jedem anderen Beispiel tonaler Musik abgeleitet werden könnten. Der „pars" Mozart steht „pro toto", für Tonalität überhaupt (indirekte Zitate).

b) Die Materialableitungen der Musik Mozarts sind so speziell, daß deren Physiognomie sich wie in einem blind und brüchig gewordenen Spiegel in der Musik Lachenmanns wiederfindet (direktes Zitat).

Übrigens findet sich – wie beiläufig – noch eine dritte Art von Zitat-Anwendung in *Accanto*. So erscheint in Takt 206, vom Solisten gespielt und durch das gleichzeitige Sprechen bis zur Unkenntlichkeit verzerrt, ein Themensegment aus dem 1. Satz der Klaviersonate KV 545 (T. 14).

Dabei sind die Übergänge zwischen den direkten und indirekten Zitaten naturgemäß fließend, was die nun folgende Aufzählung einiger mir wesentlich erscheinender Beispiele auch verdeutlichen soll.

Indirekte Zitate

1. Pulsschlag

a) Lachenmanns Musik beantwortet die oben erwähnte „Wendestelle" (T. 192/193) – das von mir „Haupt"-Zitat genannte Beispiel – indem sie deren Pulsschlag aufnimmt (Klavier). Dieser Pulsschlag und seine Verwischung durch die metrisch freien Repetitionen der Holzbläser erinnern an die im 1. Formteil (Aa) „thematische" Repetitionsrhythmik, die man – in Anlehnung an die *Invention über einen Rhythmus* in Bergs *Wozzeck* – „Invention über ein Metrum" nennen möchte. In der Musik Lachenmanns wird das vorgegebene metrische Grundprinzip aller tonalen Musik zu einem spezifischen Element, das in seinen auskomponierten „Rubato"-Abweichungen und klangfarblichen Modifizierungen thematisiert wird. In diesem Sinne wirkt der erstmalig auftretende offensichtliche Reflex auf die Musik Mozarts gleichzeitig wie eine Reprise der autonom Lachenmannschen Struktur.

b) Das „Pulsschlag"-Thema erscheint in seiner augmentierten Form ab T. 294. Seine Behandlung verläuft nunmehr umgekehrt: es pendelt sich in seine Regelmäßigkeit ein (vgl. T. 281–294) und bricht in dieser Form ab (T. 298).

2. Triller und Tremoli

a) Ab T. 329 bis Schluß verbindet sich der Pulsschlag mit einer charakteristischen Tonhöhenbehandlung der traditionellen Musik: die Pendelfigur e-gis, wiewohl abgeleitet aus der Begleitfigur der 1. Violine (T. 1 ff. des 2. Satzes) könnte genauso gut aus jedem anderen Werk der tonalen Musik abgeleitet sein. Lachenmann selbst spricht von den *entleerten Momenten des tonalen Denkens.*

Gemeint ist das ihrer kompositorischen Vermittlung beraubte, entfremdete, „oberflächliche“ Formel- und Floskelwerk, auf das eine regressive Aufführungspraxis das Erbe der tonalen Musik reduziert hat. Aus dem Inventar solcher Formeln und Floskeln re-komponiert Lachenmann eine „neue“ Musik, indem er sie seinem kompositorischen Kontext anbindet.

b) Die Takte 222 bis 238 werden durch einen auf diese Weise kompositorisch restaurierten Triller bestimmt (Klavier).

3. Orgelpunkt/Horn-Pedal

Ein ebenso allgemeines wie elementares „Versatzstück“ tonaler Musik sind die Liegetöne. Entstanden aus dem liegenbleibenden gemeinsamen Ton zwischen zwei oder mehreren Akkorden, kultivierte die klassische Instrumentationstechnik daraus das „Horn-Pedal“. Dieses besorgt jedem klassischen Orchestersatz seine charakteristische Ruhe, so auch bei Mozart (vgl. 2. Satz, T. 45–48).

Aus diesen (und vielen ähnlichen) Takten erscheint eine Schicht von Liege-Klängen bei Lachenmann abgeleitet; alle werden durch die Klarinetten ausgeführt, die am ehesten dem Ideal des extrem leisen und unauffällig neutralen Instrumentalklanges entsprechen:

a) T. 137–159

hier, im 1. Teil der Komposition, als Flageolett-Cluster-Klang quasi vorweggenommen

b) T. 228–234

nun, im 2. Teil der Komposition, als Tonhöhe identifizierbar (a'' mit später hinzutretendem b'')

c) T. 240–243

als tonal dem vorausgegangenen a korrespondierendes e

d) an dieses e schließt unmittelbar das von der Solo-Klarinette gespielte es an (T. 244–247).

4. Tonleiter-Figuren

Die Komposition arbeitet auffallend stark mit der Allgemeinstellung des tonalen melodischen Materials, mit Tonleitern (vgl. T. 288).

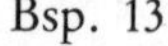
Bsp. 13

a) Solche und ähnliche Stellen erscheinen im 1. Satz im erwähnten „Flüster"-Spiel der Soloklarinette vorweggenommen (z. B. T. 53 ff.).

b) Im Anschluß an die oben erwähnte „Fremdzitat"-Stelle (T. 205) spielt der Solist eine E-Dur-Tonleiter aufwärts, an die sich wiederum ein chromatischer Tonleiter-Ausschnitt anfügt. Von solchen und ähnlichen Stellen wimmelt es in tonaler Musik, so auch bei Mozart. Verwiesen sei u. a. auf den T. 52 im 2. Satz.

Diese Tonleiterstellen sind von Lachenmann nicht als „direkte" Zitate gesetzt, schaffen aber eine wichtige konstruktive Verbindung zu diesen. Es fällt nämlich auf, daß alle im folgenden noch genauer zu untersuchenden „direkten" Zitat-Stellen auf Tonleiter-Ausschnitten basieren. In ihnen wird der fließende Übergang von der „Allgemeinstellung" des musikalischen Materials als quasi-Zitat zum direkten Zitat Mozartscher Musik auskomponiert. Eine ähnliche Dialektik von allgemein und speziell scheint Lachenmanns auch bewogen zu haben, auf dem Zuspielband neben dem Klarinettenkonzert von Mozart auch noch andere Klarinettenmusik – intentional wohl ein Total aller (Klarinetten)-Musik – zu verwenden.

Direkte Zitate

Allen im folgenden aufgezählten Beispielen von „direkten" Zitaten ist gemeinsam, daß ihre Identität entstellt bis verzerrt erscheint. Sie sind gegenüber dem Original auffallend vergröbert und stark trivialisiert:

a) die Dynamik ist in allen Fällen zum *fff* übersteigert;

b) die stark vom Original abweichende Instrumentation gibt den Zitaten eine vergleichsweise grelle Klangfarbe;

c) ihr klangliches Erscheinungsbild wird durch Fremdmaterial-Zusätze gleichsam verschmutzt.

Insgesamt sind dies Indizien für eine stark aggressive Haltung gegenüber dem zitierten Objekt. Damit stehen die von Lachenmann als „direkte" Zitate bezeichneten Stellen in starkem Kontrast zu

a) den klanglich unmanipulierten Zitat-Stellen des Tonbandes (insbesondere den in den Takten 192/193), aber auch zu

b) dem dynamisch „unterdrückten" Klang der Lachenmannschen Musik.

Dies läßt darauf schließen, daß das „moderne" Medium Tonband den eigentlich abzuhandelnden Gegenstand gleichsam konserviert hat, während die Konfliktstellung zwischen der unendlich weit entfernten Musik Mozarts und der Lachenmanns durch die Reibung im komponierten Material zum Ausdruck kommt. Diese Reibung ist wohl jene „Spitze eines Eisberges", der die *tiefergehenden Widersprüche* hörbar macht, die zwischen *der Schönheit, Humanität und Reinheit einer Kunst und ihrer gesellschaftlichen Fetischisierung zum Waren-Objekt* bestehen.

T. 216 entspricht der Klarinettenstimme in T. 6/7 des dritten Satzes des Mozart-Konzertes. Die melodische Linie Mozarts wird durch die „Pedalisierung" ihrer Töne in den Streichern und chromatische Mixturen in den Holzbläsern zum Cluster „verbreitert".

Mit dieser Stelle korrespondiert T. 222 (vgl. Mozart, 3. Satz, T. 19): die melodische Abwärtsbewegung wird durch die Aufwärtsbewegung beantwortet (vgl. Bsp. 14, S. 276).

Bsp. 14

T. 209 entspricht dem ersten Zweitakter des dritten Satzes bei Mozart (T. 1/2). In diesem Falle werden Elemente des ganzen Mozartschen Satzes verwendet, allerdings in einer extrem entstellten Form. Die Tonhöhen der Melodie werden zu korrespondierenden kleinen Sekundpaaren korrigiert und die rhythmische Placierung erscheint „verwackelt" (Bsp. 15).

Bsp. 15

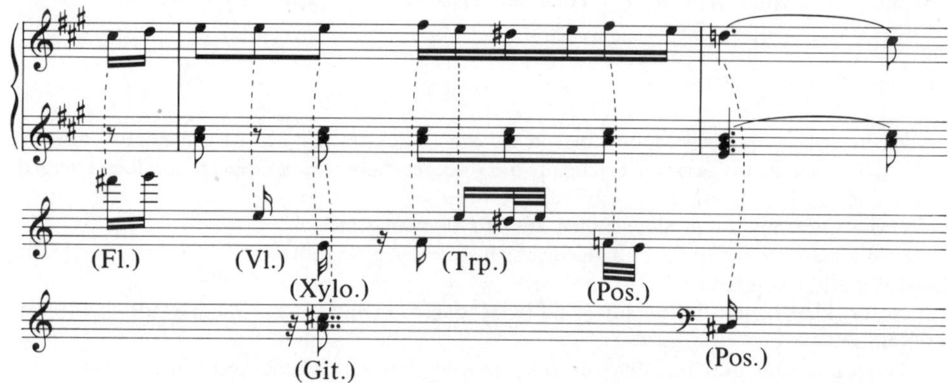

Ab T. 248 wird im Nachhinein das Hauptzitat aufgegriffen und von allen Zitatbeispielen am entschiedensten kompositorisch behandelt. Diese kompositorische Manipulation bezieht sich

a) auf eine intervallische Entstellung des Originals (Stauchung der großen zur kleinen Sekunde),

b) auf eine Verwacklung der rhythmischen Struktur (auskomponierte „agogische" Unregelmäßigkeit),

c) auf eine Verklanglichung (Vertikalisierung) der zitierten Melodie (Pedalisierungstechnik) und

d) auf eine Art klanglicher „Fleckenbildung" durch die zeitliche „Pressung" zweier zeitlich benachbarter Töne zum Zusammenklang.

Es fällt auf, daß die Beispiele in ihrer Chronologie im Verhältnis zum Original zunehmend ungenauer werden. Der Grad der Genauigkeit nimmt dabei vergleichsweise so ab, wie für das menschliche Auge die Erkennbarkeit eines Gegenstandes mit zunehmender Entfernung abnimmt (s. Bsp. 16, S. 277).

Dieser Prozeß setzt sich im folgenden fort, bis das Zitat gleichsam bis zur Unkenntlichkeit entstellt ist. Die Unkenntlichkeit beruht nicht auf einer dynamischen Entfernung (einem Ausblendeffekt), sondern auf der zunehmenden Verwandlung des konkreten Zitats in seine Allgemein-Stellung; übrig bleibt eine Abwärtsbewegung, wie sie so oder ähnlich in allen tonalen Kompositionen vorkommen könnte:

Bsp. 16

a) Mozart / 2. Satz / T. 28 / Flöte

b) Lachenmann/ T. 248 / Klavier

Anfangston vorweggenommen durch Trpt. und Posaune

Pedalisierung und auskomponierte „agogische" Unregelmäßigkeit; außerdem: „pedalisierende" Verklanglichung in den Bratschen und „unscharfe" instrumentatorische Abfärbung durch die Gitarre

c) T. 248 / Vc. + Kb.

Kontrapunktierung durch intervallisch gestauchte und rhythmisch diminuierte Form des Motivs

d) T. 247 / Flöten

vorweggenommene intervallische Stauchung und klangliche „Flecken"-Bildung durch „Pressung"

e) T. 247 / Tuba und Violinen

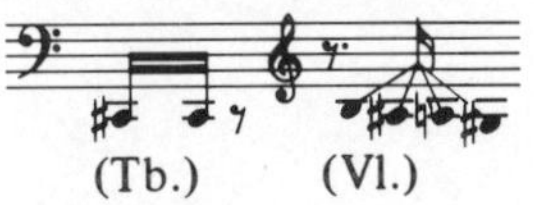

(Tb.) (Vl.)

„Vorimitation" von ⓓ durch Tuba und pizz.-Akkord

f) T. 248/49 / Kl.-Fl.

(Klar. 1/2)

(Klar. 3)

(fast tonlos)

(Flöten)

(fast tonlos → tonlos)

zunehmende verzerrende Ungenauigkeit der Figur

T. 251/252 Xylorimba und Soloklarinette
T. 257–259 Kontrafagott, Posaunen und Soloklarinette.
Und in seiner verklanglichten Form:
T. 251 Kontrabaß
T. 254 Blechbläser und Streicher
T. 256 Flöten und Xylorimba und andere.
Das konkrete Zitat versickert gleichsam in den „allgemeinen" Materialzustand, aus dem es aufgetaucht ist. Dies aber gilt für die Behandlung des zitierten Materials in Lachenmanns *Accanto* insgesamt. Die mitlaufende Musik Mozarts infiziert das Material der Musik Lachenmanns „insgeheim", wird diesem gleichsam aufgeprägt und verblaßt wieder. Mozarts Musik hinterläßt Spuren, die zunehmend verweht werden.

Lachenmann selbst hat gesagt, daß seine Musik kompositorisch *den paranoischen Bogen der Verehrung und der angstvollen Liebe* um die Musik Mozarts schlägt.

Es gibt eine Komposition von John Cage aus dem Jahr 1942, *Credo in US,* die eine auffallende äußerliche Ähnlichkeit mit *Accanto* hat. Vom Tonband erklingt – nicht „insgeheim", sondern unverstellt offen – anstelle von Mozarts Klarinettenkonzert (und anderer Klarinettenmusik) Dvořáks Sinfonie *Aus der Neuen Welt* (oder ad lib. auch anderes). In der Komposition von Cage fallen in einem unbekümmert vitalen musikalischen Aggressionsakt Klavier, primitives Schlag- und anderes krachschlagendes Instrumentarium über die zitierte Musik her. Heinz-Klaus Metzger hat in diesem Zusammenhang *von der größten Schmach* gesprochen, *die eine Musik einer anderen antun kann* (Metzger 1972).

Die kompositorische Wut Lachenmanns richtet sich nicht gegen die Vater-Figur Mozart, sondern gegen die Schmach, die ihm *die falsche Art der Pflege* angetan hat. In *Accanto* verteidigt der Komponist Lachenmann (um einen Essay-Titel Adornos abzuwandeln) Mozart *gegen seine Liebhaber.*

III Nicolaus A. Huber *Gespenster* (1976) für großes Orchester, Sänger/Sprecher und Tonband

> *... ein großer Teil unserer Schwierigkeiten entsteht aus dem doppelten Sinn des Begriffs „fortschrittliches Bewußtsein" ... Läßt sich das sozial fortgeschrittenste Bewußtsein heute bereits mit dem ästhetisch fortgeschrittensten verbinden und umgekehrt? ... in einer künftigen Gesellschaft wird der Unterschied zwischen den beiden Sphären stark zurückgehen, vielleicht verschwinden ... Aber ein abstrakt-utopisches Überspringen des heute bestehenden Zustandes schafft noch keine Wirklichkeit, sondern zerstört und verflacht nur die Formenwelt.*
> (Bloch/Eisler, in: Eisler 1973, 400)

In denkbar schärfstem Kontrast prallen in Hubers Komposition „die beiden Sphären"aufeinander. Ihre politische Provokation äußert sich in einer radikal ästhetischen. In den stilistischen Kontext einer Avantgarde-Komposition (uraufgeführt bei einem IGNM-Fest) dringt Fremdes und Befremdendes ein. Man denkt unwillkürlich an die Äußerung Adornos ... *jakobinisch dringt die untere Musik in die obere ein* (Adorno 1960, 53), wenn unverstellt-offen und ohne erkennbaren musikalischen Zusammenhang etwa in der Mitte des Stückes Melodien zitiert werden, die nicht nur dem Besucher von Avantgarde-Konzerten unbekannt sein dürften. Es handelt sich um:

a) das *Dachau-Lied* (1. Teil in Ziff. 12 der Part.)

b) das Lied *Mein Vater wird gesucht* (Ziff. 13 der Part.), 2. Teil des *Dachau-Liedes* (ab Ziff. 14)

c) das Lied *Wir schützen die Sowjetunion*[8] (Ziff. 21 der Part.).

Dies sind Melodien von sog. „politischen" Liedern, die alle in der gleichen historischen Situation entstanden sind: in der Zeit des politischen Kampfes der Arbeiterbewegung gegen den Nazi-Faschismus. In den gleichen politischen Zusammenhang gehören, wenn auch aus der „Sphäre" der Kunstmusik stammend, zwei weitere Werke, die zwar nicht wörtlich zitiert werden, auf die aber gleichsam unter der Oberfläche des als direktes Zitat Erkennbaren zitierend verwiesen wird, wie im folgenden noch darzustellen sein wird.

Es handelt sich um:

a) Nono *Il canto sospeso* und

b) Schostakowitsch *Sinfonie Nr. 7*.

Nonos Kantate ist nach Texten aus letzten Briefen zum Tode verurteilter europäischer Widerstandskämpfer[9] und Schostakowitschs Sinfonie 1941 in dem von den deutschen Truppen belagerten Leningrad komponiert worden.

Die Auswahl des zitierten Materials erstellt einen politischen Zusammenhang, den des Kampfes gegen den Faschismus, und exponiert gleichzeitig einen ästhetisch-stilistischen Widerspruch. Dieser liegt in dem von Bloch/Eisler angesprochenen *doppelten Sinn des Begriffs „fortschrittliches Bewußtsein"*. Wie ist kompositorisch der Bruch aufzuheben zwischen der anspruchslosen „Volkstümlichkeit" des politischen Liedes und dem ästhetischen Anspruch des musikalisch *fortschrittlichen Bewußtseins*? Die Komposition Hubers steht gleichsam auf zwei Beinen, dem politischen „Standbein" des für die fortschrittliche Sache der Arbeiterbewegung Partei Ergreifenden und dem kompositorischen „Spielbein" des *fortschrittlichen* Avantgarde-Komponisten. In diesem Konflikt steht er nicht allein, sondern kann sich berufen auf die Tradition seiner Vorgänger Schostakowitsch und Nono (und anderer wie des hier ungenannten, aber „insgeheim" präsenten Eisler).

1. *Vorspruch*

Der *Vorspruch* genannte erste Satz ist die Exposition von stilistischen Kontraststellungen; die Aufeinanderfolge von sechs aneinandergereihten Blöcken läßt sich ebenso lakonisch aufzählen wie sie komponiert erscheint:

A: Glissando-Fläche von subtil differenzierter Labilität. Die Komposition verweist damit (gleichsam deiktisch) auf den „Ort der Handlung": ein Typus von Musik wird „zitiert", der von jedermann als Musik der Avantgarde identifiziert wird.

B: Harmonie-Modell (T–D in B-Dur) von unsensibler Stabilität, banal und holprigstampfend. So etwas kann man nicht komponieren, sondern nur herbei-zitieren aus tausenden von Beispielen „volkstümlicher" Musik. Komponiert ist der kontrastierende Kontext zwischen A und B: in einem Avantgarde-Konzert wirkt B ebenso peinlich unangebracht wie A auf dem Rummelplatz.

C: Rhythmus-Modell, ebenso trivial wie B und von lärmend turbulenter Aufmüpfigkeit. Unschwer ist der Rhythmus des banalsten aller Musikbeispiele herauszuhören, des *Flohwalzers* (Bsp. 17, S. 280).

[8] Texte und Melodien in *Das Arbeiterlied* (Roderberg-Verlag) und *Lieder gegen den Tritt* (Asso-Verlag), Oberhausen 1976.

[9] Vgl. dazu die Ausführungen in dem Kapitel „Sprachkomposition als musikalischer Prozeß" S. 205ff.

Bsp. 17

D: Kombination von B und C mit einer bitonal kakophonen Montage aus B-Dur und Fis-Dur (der „Schwarze-Tasten-Tonart“ des „*Flohwalzers*“) und der asynchron gesetzten Wiederholung des 2. Teils von C.

E: Sägegeräusch vom Tonband, brutal und aggressiv. Wie vorher Avantgarde- und Trivialmusik kontrastierten, prallen nun Arbeitsalltag und Musik insgesamt kontrastierend aufeinander. Damit wird neben Avantgarde-Konzert und Rummelplatz ein dritter „Ort der Handlung“ exponiert. In diesem Sinne hat das Arbeitsgeräusch verweisende Funktion auf

F: Text (lakonisch vom Sprecher gesprochen): *Dem Arbeiter B wurde berichtet: In dem Land X sei die Lage hoffnungslos. B fragte: Leben dort keine Arbeiter?*

Diese Aufzählung entspricht genau dem, was die Komposition Hubers im ersten Satz leistet. Es wird nicht mit musikalischem Material komponiert, sondern stilistisch topographische Versatzstücke werden kon-textiert. Die kompositorische Individualität erscheint aufgehoben, eine Art kultureller Enteignung hat die Musik ent-subjektiviert. Was übrigbleibt, sind gleichsam die (Toten)-Masken von Musik oder (wie Adorno in einem anderen Zusammenhang einmal schrieb): *Manier ist die Narbe, welche der Ausdruck in einer Sprache hinterläßt, die eigentlich zum Ausdruck schon nicht mehr zureicht* (Adorno 1960, 34).

Die Musik Hubers ist kein *abstrakt-utopisches Überspringen des heute bestehenden Zustandes,* sondern nimmt diese Wirklichkeit stellvertretend an. Indem sie sich die *hoffnungslose Lage* zu eigen macht, protestiert sie zugleich dagegen:

a) Die Glissando-Fläche (A) mündet „wie zufällig“ in Schlußtöne, die identisch sind mit einem Eigenzitat. Es handelt sich dabei um die Schluß-Zeile aus dem *Finale, in dem gegen die Resignation gesungen wird* mit dem Text *und wird nicht so bleiben.*

b) Mit diesem Material wird gleichsam eine Brücke errichtet, über die die heterogenen stilistischen Elemente kommunizieren; das Melodiezitat ist zugleich inhaltliches und formales Motto der Komposition.

Die in der Melodie „versteckte“ Knick-Figur ist identisch mit dem Beginn der Nonoschen „Fächer“-Reihe, auf deren Konstruktionsprinzip (in einer individuellen Adaption) die gesamte kompositorische Entwicklung beruht. Diese konstruktive materiale Klammer bindet den Kontrast der heterogenen Stil-„Zitate“ über den „Graben“ zwischen den beiden „Orgelpunkten“ (a'''-gis') hinweg und besorgt (um noch einmal Adorno zu zitieren), . . . *daß Einheit sei nicht trotz der Brüche, sondern allein durch den Bruch hindurch* (Adorno 1960, 49).

Bsp. 18

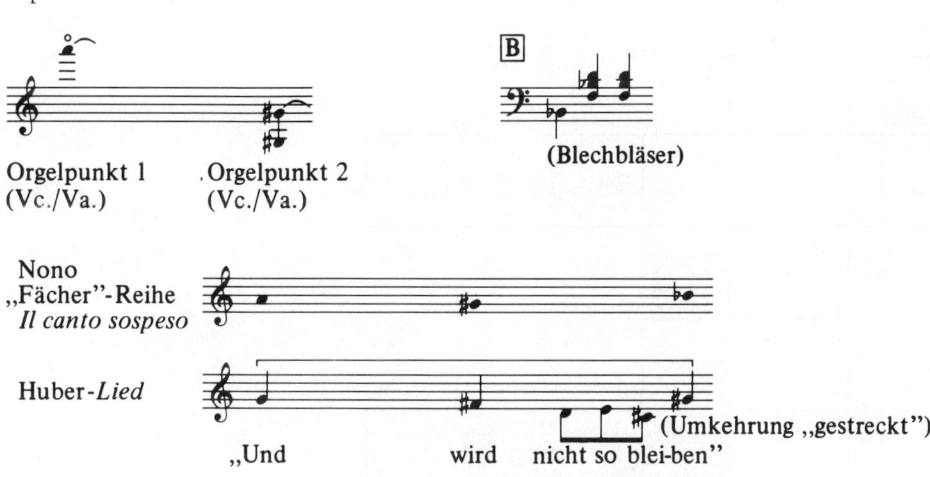

2. *Tutti*

Das neue Material muß sich heute an den neuen Inhalten bewähren und für die sozialen Aufgaben brauchbar sein.
(Bloch/Eisler, in Eisler 1973, 402)

Tonhöhen und Form

Der Titel des zweiten Satzes *Tutti* weist über seine rein formale Bestimmung hinaus. Gemeint ist eine chromatische Skala von allen 88 Tönen vom Subkontra-a im Klavier (S. 18 der Partitur) bis zum c''''' der Piccoloflöte (S. 10 der Partitur), die von 88 verschiedenen Instrumenten bzw. Spielern in potentiell allen verschiedenen Spielweisen (Klangfarbe, Dynamik, Tonform) gespielt werden. *Tutti* steht demnach für eine musikalische Sozietät von 88 Soli bzw. Solisten und ein klangliches Total aus 88 differenziert behandelten, „individualisierten" Einzeltönen. Im Kontext der Gesamtkomposition bedeutet dies eine Gesellschaft von Menschen, die – jeder für sich agierend – einen nur losen gesellschaftlichen Verband bilden, dem die strukturell „kollektivierten" Einschübe der „anderen Sphäre" scharf kontrastieren. Dieser eindeutige analytische Befund wird durch eine Anzahl von vierteltönig getrübten „Neben"-Tönen relativiert und gründlich mißverstanden, wenn man ihn für einen quasi-seriellen Katalog nimmt. Vielmehr findet ein ständiger Material-„Fortschritt" statt, der aus dem Tutti-Prozeß im Laufe seiner Entwicklung akkordische und rhythmische Strukturen ableitet, die letztendlich, nämlich in dem *Lied* genannten dritten Teil der Komposition, zu einer quasi dialektischen Aufhebung der einen Sphäre in die andere führt.

Der folgende Formaufriß mag den „Gang der Handlung" verdeutlichen:

Bsp. 19 Schematische Darstellung der Gesamtform

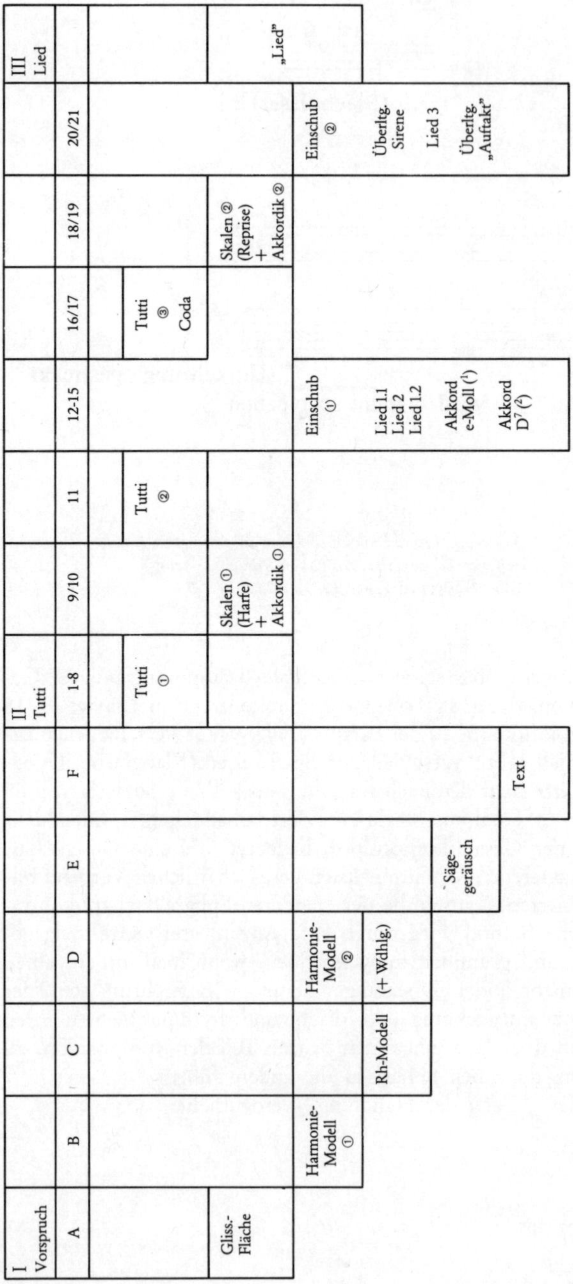

I Vorspruch						II Tutti							III Lied
A	B	C	D	E	F	1-8	9/10	11	12-15	16/17	18/19	20/21	
						Tutti ①		Tutti ②		Tutti ③ Coda			
Gliss.-Fläche							Skalen ① (Harfe) + Akkordik ①				Skalen ② (Reprise) + Akkordik ②		„Lied"
	Harmonie-Modell ①		Harmonie-Modell ②						Einschub ①			Einschub ②	
		Rh-Modell	(+ Wdhlg.)						Lied 1.1 Lied 2 Lied 1.2 Akkord e-Moll (^{1}) Akkord D^7 (^{2})			Überltg. Sirene Lied 3 Überltg. „Auftakt"	
				Säge-geräusch									
					Text								

Fächer-Prinzip[10]

Der Beginn des *Tutti* bezieht sich in mehrfacher Hinsicht auf die erwähnte Komposition Nonos.

Huber zitiert die charakteristische Besetzung der Nr. 7 der Kantate:

Nono:	Glockenspiel	(Kontrabaß)	Celesta ↖ ↗ Flöte
Huber:	Glockenspiel	(Viola)	Flöte ↙ ↘ Celesta (Klavier)

und die Tonhöhen von Nr. 5:

Nono: es e
Huber: es e (Viertelton tiefer)

Darüber hinaus aber wird das charakteristische Tonhöhenprinzip der Nonoschen Komposition (chromatisches Fächerprinzip) in einer differenzierenden Abwandlung zum Tonhöhenkompositionsprinzip der Huberschen Komposition. Dies mag in Kürze aus der folgenden Gegenüberstellung deutlich werden:

Bsp. 20

Skalenbildung

Im Verlauf der Gesamtkomposition findet eine Veränderung in der Behandlung des Tonhöhenmaterials statt. Der Material-Prozeß führt von der stufenlosen Glissando-Strukturierung des Tonraums in I/A (Beginn des 1. Satzes) über die vierteltönig getrübte Chromatik der Tutti-Teile und die Bildung von 15 verschiedenen diatonischen bzw. quasi-diatonischen Skalen durch die Harfe (Ziff. 9) zu den chromatisch durchsetzten diatonischen Skalen der zitierten Lieder.

[10] Vgl. dazu die Ausführungen in dem Kapitel „Musik aus Zahlen".

Die folgende Darstellung macht deutlich, daß das Tonhöhen-Total dieser Lieder eine komplette Chromatik ergibt; dies allerdings mit zwei bemerkenswerten Einschränkungen:

a) dem chromatischen Total fehlt der Ton des; dieser wird zum einzigen (!) Begleit-Ton der zitierten Melodien (Ziff. 12–14);

b) nimmt man die Tonhöhen des als *Lied* bezeichneten dritten Satzes hinzu, so vervollständigt erst das modulatorisch entscheidende as (S. 27, T. 12) das chromatische Total.

Dieser Ton steht an der entscheidenden Doppelpunktstelle des Liedtextes: *DENN es wird kämpfen für die Sache des Feindes, wer für seine eigene Sache nicht gekämpft hat.*

Bsp. 21

Rhythmus

Es ist zu bemerken, daß die getrennte analytische Behandlung der drei Komplexe Tonhöhen, Rhythmus und Akkordik der Intention der Huberschen Komposition entspricht. Alle drei werden als selbständige, d. h. voneinander unabhängige Schichten exponiert (zu Beginn des 1. Satzes in der Reihenfolge Tonhöhen/Akkordik/Rhythmus) und haben im Gesamtprozeß ihre eigene Entwicklung. Der kompositorische Verlauf wird so zur Geschichte der Entwicklung einer „integralen" Musik aus isolierten Strukturschichten und heterogenen Stilelementen. Es sei darauf verwiesen, daß z. B. die zitierten Lieder (noch) keine akkordische Begleitung haben. Dieser entscheidende Schritt bleibt ausgespart für die Eigenkomposition *Lied,* die – wie nachzuweisen sein wird – in vielfacher Hinsicht Ziel und Ende des kompositorischen Prozesses im Sinne der Integration von Parameter-Schichten und der Synthese von kontrastierenden Stilelementen ist.

Die „Geschichte" der Rhythmus-Schicht gleicht der der Tonhöhen-Schicht: In den Tutti-Teilen findet sich der Rhythmus zunächst als einer der Einsatzabstände der „Solo"-Tonhöhen. Er hat als solcher noch keine unmittelbar rhythmisch-sinnliche Präsenz und erinnert an die serielle Behandlung des Rhythmus in Nonos 7. Satz der Kantate *Il canto sospeso.*

		in Skalenstellung gebracht:
Huber:	*Tutti* 1 (S. 5)	1 2 3 5 7 11
Nono:	Nr. 7	1 2 3 5 8 12
Huber:	*Tutti* 2 (S. 9/10)	2 3 5 7 11 13

Die zugrundeliegenden Rhythmus-Modelle sondern gleichzeitig eine Schicht von unmittelbar als solche wahrnehmbaren Repetitionsrhythmen ab. Die „Geschichte" dieser Schicht beginnt in *Tutti* 1 (T. 7 Viola; an dieser Stelle verweist der Zusammenklang a-e-fis in Vc., Va., Pos. auf den *Lied*-Akkord S. 25, T. 1, 3. Viertel) und endet mit dem nun „rigoros" *ff* gespielten Schlagzeugrhythmus (S. 24) gleichsam als „Auftakt" zum *Lied*.

Damit hat sich der quasi-serielle Rhythmus zu Beginn von „Tutti" durch Reduktion zum prägnanten Klopf-Rhythmus konkretisiert. Auf die Tradition einer solchen ebenso lapidaren wie prägnanten Rhythmusbehandlung bezieht sich Huber bei der rhythmischen Kontrapunktierung des ersten Liedzitat-Komplexes (Ziff. 12–14). Er hat sie (u. a.) bei Schostakowitsch „gelernt", der in seiner 5. Sinfonie (Ziff. 27–32) etwa 30 4/4-Takte lang im Tempo ♩ = 126 den Rhythmus und in der 7. Sinfonie (*Leningrader*) bei gleichem Tempo und Takt die folgende rhythmische Konstellation (Ziff. 19–51) wiederholt:

Bsp.22

Huber übernimmt Tempo und Typus dieses Rhythmus, zitiert gelegentlich auch wörtlich (z. B. 2 Takte vor Ziff. 13) und macht damit seiner kompositorischen Sache die Erfahrung eines Kollegen zu eigen, wie er zuvor sich das Tonhöhenprinzip Nonos „aneignete".

Ich sehe hierin eine neue Definition von Zitat-Komposition: Es geht dabei weniger um das Zitieren eines bestimmten Werkes bzw. Werk-Ausschnittes als vielmehr um ein sich Berufen auf eine bestimmte kompositorische Erfahrung, in der sich eine Haltung ausspricht, mit der sich der Zitierende solidarisiert. Der Komponist findet seine personalstilistische Individualität aufgehoben in einer kollegial arbeitsteiligen Kollektivität jenseits der einer gemeinsamen Stilausprägung durch eine gemeinsame Schule. Der Komponist reagiert auf die zitierte Tradition, macht sie sich zu eigen, indem er an der „gemeinsamen Sache" weiterarbeitet. Huber eignet sich den Rhythmus von Schostakowitsch an, indem er ihn durch kompositorische Eingriffe verändert, seine Starrheit flexibilisiert und *elastisch* (Vortragsbezeichnung zum *Lied*) macht. Dies geschieht durch eine Technik der wandernden Akzente und sei an einigen wenigen Beispielen erläutert.

a) Die große Trommel kontrapunktiert den starren Rhythmus der Streicher (Ziffer 12) durch einen regelmäßig abnehmenden Akzentabstand:

Bsp. 23

b) Der Rhythmus auf S. 15 bei ♩ = 144 kombiniert kontrapunktisch unregelmäßig ♫-Bewegung und Akzente:

Bsp. 24

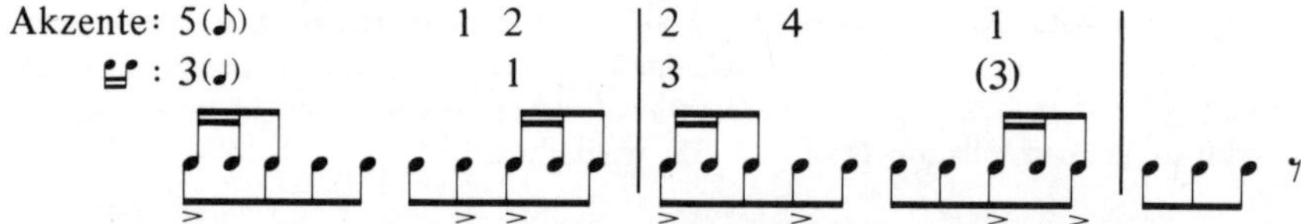

c) Bei Ziffer 15 wird dem ruhig gleichmäßigen Kondukt-Rhythmus (er erinnert an die es-Moll-Stelle im 1. Satz der 5. Sinfonie von Schostakowitsch, Ziff. 9) ein rhythmischer Kontrapunkt zugeordnet, der in gleichmäßigem 5 ♪ Abstand am Viertel-Rhythmus vorbeiwandert und jeweils beim Zusammentreffen mit diesem neue rhythmische Impulse auslöst:

Bsp. 25

d) Mit Hilfe der Technik des wandernden Akzentes wird auch (das einzige Mal!) in die rhythmische Faktur eines Liedzitats eingegriffen (Ziff. 13). Die dem Lied eigene, ein wenig monoton resignative Rhythmik wird dadurch gleichsam „aufgefrischt“:

Bsp. 26

e) Die Unregelmäßigkeit in der Regelmäßigkeit macht auch den „elastischen“ rhythmischen „Ton“ des *Liedes* aus; die stereotype Punktierung wandert unregelmäßig durch die beiden Stimmen (Vl. und Va. in III).

Bsp. 27

f) Dieses rhythmische „gegen den Tritt“ Komponieren ist bereits (wenn auch noch sehr versteckt und rudimentär) im 2. Teil des *Flohwalzer*-Rhythmus (1. Satz, Abschnitt B, T. 9) exponiert:

Bsp. 28

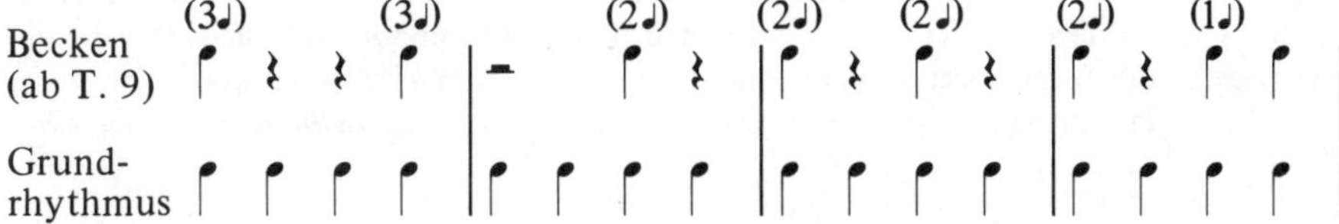

Akkordik

Verfolgt man den Weg, den das Akkordmaterial in der Komposition vom trivialen Harmonie-Modell (1. Satz/B) zur Akkordik des 3. Satzes (*Lied*) geht, wird man unwillkürlich an die Bemerkung von Karl Kraus erinnert, daß ein gut gemalter Rinnstein mehr sei als ein schlecht gemalter Palast. Ich beschränke mich dabei auf die Beschreibung der tonalen Akkordik, schon um zu zeigen, daß – in Abänderung des Eisler-Zitats – sich auch das alte Material *an den neuen Inhalten bewähren* kann. Dieses „alte“ Material wird durch die kompositorische Erfahrung der neuen Musik „brauchbar“ gemacht.

a) Auf die Verknüpfung der heterogenen Elemente des Anfangs des 1. Satzes durch die chromatische Knick-Figur wurde bereits verwiesen. Eingeführt werden drei elementare Akkordformen der tonalen Musik: der Moll-Dreiklang auf gis, der Dur-Dreiklang auf b und der Dur-Dreiklang mit kleiner Septime (D_7-Akkord) auf f. An diesen schließt der „trübende“ Fis-Dur-Akkord ebenso chromatisch an wie der gis-Moll-Akkord an den Orgelpunkt-Ton a.

b) Im 2. Satz werden (bei Ziff. 15) der Moll-Dreiklang (diesmal auf e) und der Dur-Dreiklang mit kleiner Septime (diesmal auf d und durch die Umkehrungsformen intervallisch gleichsam auf den Kopf gestellt) wieder aufgegriffen und kompositorisch „durchgeführt“.

Der Rhythmus erweckt die starr gewordenen Relikte der Vergangenheit zum Leben und verleiht ihnen kontrastierenden Ausdruck. Der Moll-Akkord wird zum Kondukt (zum „Kaddisch“ für die Toten des Kampfes gegen den Faschismus) und der Septakkord zum vitalen Protest gehärtet. Beide stehen nicht als schematische Akkordverbindung, sondern treten in eine auskomponierte kompositorisch-strukturelle und inhaltlich-dialektische Beziehung. Dabei sind Tempo und Dynamik kontrastierend gesetzt, während der Rhythmus durch die diminuierte Punktierung (Holzbläser und Blechbläser) das eine Tempo im anderen vorwegnimmt.

3. *Lied*

Die eigentliche Synthese findet im *Lied* statt: Die Begleitung basiert auf der bislang ausgesparten Akkordform Moll-Dreiklang mit kleiner Septime als einer Zusammenfassung der Klangeigenschaften der beiden bisher verwendeten Klänge. Dieser Synthese-Klang steht auf a, schlägt tonal damit die Brücke zum Anfang und wird durch die chromatischen Abwärtsbewegungen der drei Oberstimmen funktionell flexibel: er hat gleichzeitig Tonika-, Subdominant- und Dominantfunktion. An der modulatorischen Doppelpunktstellung, auf deren „entscheidende" Bedeutung bereits hingewiesen wurde, „knicken" die Stimmen im Sinne der „thematischen" Knickfigur.

Diesen Knick macht auch der Baß mit, so daß die a-b-as-Bewegung des Anfangs wieder aufgegriffen wird. Nun aber erscheint vermittelt, was zu Beginn der Komposition „hoffnungslos" getrennt war. Diese Reprise ist kein Zurückgehen an den Anfang, es gibt kein Zurück zu den *Gespenstern* der Vergangenheit, sondern eine auskomponierte Dialektik, die die Vergangenheit in der Gegenwart aufhebt, oder – um es mit dem Titel einer Komposition zu sagen, die N. A. Huber nach den *Gespenstern* geschrieben hat –: *Dasselbe ist nicht dasselbe.*

Bsp. 29

Literatur

Adorno, Theodor W.: *Mahler,* Frankfurt a. M. 1960
Bloch, Ernst: *Das Prinzip Hoffnung,* Frankfurt a. M. 1959
Bloch, Ernst/Eisler, Hanns: *Avantgardekunst und Volksfront,* in: H. Eisler: *Musik und Politik,* Schriften I, 1924–1948, München 1973, S. 297–405
Budde, Elmar: *Zum 3. Satz der Sinfonia von Luciano Berio,* in: R. Stephan (Hrsg.): *Die Musik der 60er Jahre,* Mainz 1972, S. 128–144 (Veröffentlichungen des Instituts für neue Musik und Musikerziehung, Bd. 12)
Busoni, Feruccio: *Entwurf einer neuen Ästhetik der Tonkunst* (1906), Wiesbaden 1954
Eisler, Hanns: *Musik und Politik,* Schriften I, 1924–1948, München 1973
Hegel, Georg Wilhelm Friedrich: *Ästhetik,* Jubiläumsausgabe Stuttgart 1927, Bd. 1
Lachenmann, Helmut: *Distanz wegen Nähe* (Interview), in: *Musica* 1976, S. 481–484
Einführungstext zu *Accanto,* in: Programmheft des Saarländischen Rundfunks *Musik im 20. Jahrhundert,* Saarbrükken 1976
Metzger, Heinz-Klaus: *Versuch über prärevolutionäre Kunst.* Einführungstext in die Schallplattenkassette *Music before Revolution* (EMI 165-28954) 1972

Noten der Musikbeispiele

Berio, Luciano: *Sinfonia,* UE Wien 1972
Cage, John: *Credo in US,* New York 1942
Huber, Nikolaus A.: *Gespenster,* Gerig Köln 1977
Lachenmann, Helmut: *Accanto,* Gerig Köln 1978
Zimmermann, Bernd Alois: *Monologe,* Schott Mainz 1964

Claus Raab

Zum Problem authentischer Musik
Eine Interpretation von Mauricio Kagels *Exotica*

I

„Es ist ein eigentümlicher Apparat", sagte der Offizier zu dem Forschungsreisenden und überblickte mit einem gewissermaßen bewundernden Blick den ihm doch wohlbekannten Apparat.
(F. Kafka: In der Strafkolonie)

Nach der historischen Exotik der Klangerzeuger in der *Musik für Renaissanceinstrumente* (1965/66) und nach der Verwendung einiger außereuropäischer Instrumente in *Der Schall* (1968) und *Acustica* (1968/70) war es nur eine Frage der Gelegenheit, wann Mauricio Kagel mit einem ausschließlich außereuropäischen Instrumentarium musikalische Konflikte auslösen würde. Zu der Ausstellung *Weltkulturen und moderne Kunst* 1972 in München, die den recht unterschiedlichen Einfluß nichteuropäischer Kulturen auf die bildende Kunst und Musik Europas seit etwa 1800 dokumentierte, war eine stattliche Anzahl Instrumente (circa 200) aus aller Welt zusammengetragen worden. Diese Sammlung und das Thema der Ausstellung – eine nahezu Kagelsche Situation, in der Heterogenes aufeinanderstieß – schienen wie geschaffen, die *Bloßlegung des recht relativen Begriffs „Exotik"* zu komponieren (Kagel, Text zur Schallplatte).

Die sonderbare Mischung von ethnologischem Objekt und Kunstgegenstand, die jedes Exponat außereuropäischer Herkunft im Museum eingeht und den Besucher in Zwiespalt versetzt, teilt sich in den Instrumenten als virtueller Klang mit. In diese Situation eines Besuchers von Völkerkundemuseen bringt Kagel sich und die sechs (mit Dirigenten sieben) Interpreten von *Exotica.* Die Tonbandeinspielungen originaler außereuropäischer Musik in den Abschnitten B und E fordern eher das ethnologische Interesse heraus; das Bespielen der *Klangerzeuger jeder Art – also: Zupf-, Blas-, Streich- und Schlaginstrumente –, . . . die in der europäischen Kunst- und Volksmusik der letzten Jahrhunderte unbekannt blieben* (Kagel, Erläuterung zur Partitur) durch europäische Interpreten entdeckt deren musikalischen Ausstellungswert, entdeckt sie als kunstfähige Objekte von differenzierter Klangfarbigkeit.

Konfliktreich ist die Lage der Musiker. Sie spielen mit hingebungsvoller Hilflosigkeit und autonomer Herrschaft, deren Grade durch vier Spannungsfelder bestimmt werden:

Instrumentale Imitation und Variation:	Tonbandeinspielungen originaler außereuropäischer Musik – europäische Musiker – außereuropäische Instrumente – kompositorische Intention – einschränkende Notation (B- und E-Abschnitte)
Authentische Apokryphmusik:	*Es wäre denkbar, daß die Mitwirkenden selbst einige der Einspielungen mit „authentischer" außereuropäischer Musik herstellen* (Kagel, Erläuterung zur Partitur) (B-Abschnitte)
Komposition und Interpretation:	europäische Notation – europäischer Interpret – außereuropäische Instrumente (A-, C- und D-Abschnitte)

Da die Musiker auch zu singen und zu sprechen haben (*Dem Gesang wird in dieser Komposition eine vorrangige Stellung eingeräumt: jeder Musiker soll sich zugunsten der Gesangspartie entscheiden, wenn diese mit der Ausübung seines Instrumentalparts kollidiert* [Kagel, Erläuterung zur Partitur]), ist der vokale Part, dessen Artikulation der Tendenz des Stückes entsprechend *in Nachahmung außereuropäischer Sprachen vorzunehmen* (Kagel, Erläuterung zur Partitur) wäre, das vierte Spannungsfeld:

Vokale Imitation und Interpretation:	Tonbandeinspielungen oder Notation – Klang außereuropäischer Sprachen (Intonation) – europäische (Nicht-)Sänger/Sprecher – abendländische Sprachgebundenheit (alle Abschnitte)

Für vielfältige Spannungen in Ausgangsmaterial und Verfahren ist demnach gesorgt:

- Instrumentalisten singen, die Intonation fremder Sprachen imitierend; der Mangel an Gesangausbildung korrespondiert mit einer fehlenden Kenntnis außereuropäischer Sprachen; aus diesem doppelten Handicap in verordneter Imitation resultiert spontane Naivität, europäischer Primitivismus.
- Abendländisch geschulte Musiker spielen außereuropäische Klangerzeuger auf ihre Weise; gebrochen wird deren Virtuosität wie der originäre Instrumentalklang; der „exotische" Glanz beider löscht sich gegenseitig.
- Die Imitation und Variation von eingespielter Originalmusik auf derart unsicherem Boden wird gezwungenermaßen zu sensibler bis waghalsiger Nachahmung vergangener Musik; in *authentischer Apokryphmusik* wird sie überheblich, von der originalen Musik bisweilen ununterscheidbar.
- Die Notation wird von solcher Unwägbarkeit und Undeutlichkeit affiziert; zugleich aber ist sie ebenso bestimmt in dem, was sie fixiert, wie in dem, was sie offen läßt; exakt notiert sind Rhythmus, Dauer und Dynamik, ziemlich genau Tempo und Artikulation; das Melos ist der Stimmlage anzupassen, die Klangfarbe dem Vermögen von Instrumenten und Musikern überlassen; Komponist, Musiker und Instrumente haben sich nach der berühmten Losung Strawinskys in abgesteckten, engen Grenzen zu bewähren.
- Durch Verzicht, alles präzise zu bestimmen, gleicht sich die Notation dem unbekannt und unerkannt Authentischen der Tonbandeinspielungen an; auch die Interpretation des Notentextes wird Nachahmung, nun jedoch gemessen an der Fragwürdigkeit des Begriffes Werktreue; hier wie dort gibt es Grade der Schärfe-/Unschärferelation.
- Das Zusammenspiel umfaßt die Satztypen einfacher Monodie bis hin zu zwölf- und mehrstimmiger Polyphonie und Heterophonie, Überlagerungen bzw. Überblendungen von Tonbandwiedergabe und live-Spiel eingeschlossen.
- Entsprechend den Materialien, die Dieter Schnebel in den Werken Kagels erkannte (Aktionen, Instrumentales Theater, Psychologisierung, Artikulation), bleiben auch die von ihm genannten Methoden erhalten: Heterophonien, Transitionen, Modulationen, Verfremdung, Erneuerung; zumal die Heterophonie, oft charakteristisches Merkmal außereuropäischer Mehrstimmigkeit, bekommt in *Exotica* einen besonderen Akzent.
- Die formale Disposition des Werkes in fünf verschiedene Abschnitte (A bis E) mit bis auf A alternativen Unterabschnitten, die nicht alle bei einer Aufführung gespielt werden müssen, diese formale Disposition und das, was sich in den Abschnitten zuträgt, läßt eine historische Dimension erkennen, die mit den verschiedenen Stadien des Einflusses und der Aufnahme außereuropäischer Musik korrespondiert: die Art *musikgeschichtlicher Formanten*, die schon in *Heterophonie* (1959/60) als *präformierte Klanggemische* mit *klanghistori-*

scher Bedeutung eine Rolle spielten, ist in *Exotica* als latente Beziehung der Abschnitte zueinander vorhanden.

In merkwürdigem Kontrast zum Fragmentierten, Geschnittenen der Partitur steht der Eindruck des Hermetischen, den eine Aufführung hinterläßt. Diesen Eindruck teilt *Exotica* mit den meisten Instrumentalstücken Kagels: je mehr musikalisch besetzt wird, je mehr Elemente, auch heterogene die Komposition einbegreift, desto weniger bleibt, was öffnen könnte; zumal im Theatrum Instrumentorum bleiben Komponist, Interpret und Musik unter sich. Je weniger der Komponist in der Notation, ehemals objektivster Teil eines Musikstückes, exakt erfaßt, desto hermetischer schließt die Zeit, die vor der Aufführung aufs Probieren und Experimentieren verwandt wird, das Stück gegen Äußeres ab. Die Freiheit des Interpreten konkurriert mit seiner Kompetenz, und diese orientiert und mißt sich allemal am Intendierten und am (relativ) Festgefügten, Komponierten und Abgesprochenen, solange ein Stück derartiges enthält.

War die *Musik für Renaissanceinstrumente,* auch die *Improvisation ajoutée* für Orgel schon ein Stück Konfrontation mit historischer Instrumentalexotik, so ist *Exotica* eines mit geographischer und anthropologischer Exotik. Unverkennbar, und seit *Match* auch komponiert, ist der sportive Charakter solcher Veranstaltungen: Herausforderer sind in *Exotica* die Klang- und Spielmöglichkeiten außereuropäischer Instrumente, die Klangvorstellung außereuropäischer Sprachen, die Einspielungen originaler Musik und das Notierte; Herausforderer und herausgefordert ist der Komponist, herausgefordert allein sind die Spieler/Sänger und ihre traditionelle abendländische Ausbildung. Der Ausgang bleibt ungewiß und unabänderlich wie jeglicher sportliche Wettkampf (schließlich war *Exotica* ein Auftragswerk des Olympischen Komitees).

II

> *Das waren Arbeiten, die man eigentlich einem Maschinisten hätte überlassen können, aber der Offizier führte sie mit einem großen Eifer aus, sei es, daß er ein besonderer Anhänger dieses Apparates war, sei es, daß man aus anderen Gründen die Arbeit sonst niemandem anvertrauen konnte.*
> (F. Kafka: In der Strafkolonie)

1. Die B-Abschnitte

Inhalt und Form der Komposition und Aktion in den B-Abschnitten sind von der Nachahmung außereuropäischer Musik geprägt. Ausgehend davon, daß Imitation bzw. Nachempfinden als zentrale Kategorie das Verhältnis zur Exotik bis in unsere Tage bestimmt, werden die historischen und aktuell musikalischen Nuancen und Facetten dieses Verhältnisses Gegenstand der Komposition und Aktion, eingespannt zwischen den Polen Schärfe/Unschärfe, Vollkommenheit/Unvollkommenheit, Assimilation/Konfrontation. Die Beziehungen sind sehr vielfältig, die Grade der Aufnahme und Anpassung sehr differenziert.

Dem trägt die Notation Rechnung. Ihr scheinbar Ungefähres erweist sich als präzise und exakt, wenn es darum geht, die Art der Nachahmung abgestuft zu definieren.

Mittelbar präsent erklingt Nichteuropäisches aus den Lautsprechern. In jedem der sechs B-Abschnitte soll es ein Fragment einer jeweils anderen Musik sein. Deren Authentizität wird allein schon durch die technische Vermittlung fraglich; man ist nicht dabei, wenn sie gemacht wird. Derart durch Verpflanzung entfremdet aber wird solche kulturell gebundene Musik um so mehr nur Reiz und Stimulans.

Die Einspielmodelle sind in Dauer und Lautstärke(veränderungen) genau bestimmt.

B_1: 2′12″	ohne Unterbrechung durchlaufend mit allmählichen und raschen Lautstärkeveränderungen
B_2: ca. 5′	mit kurzen Unterbrechungen und allmählichen bis sehr abrupten, starken Lautstärkeveränderungen
B_3: ca. 3′	ohne Unterbrechung durchlaufend mit allmählichen und kurzen, starken dynamischen Veränderungen
B_4: 3′33″	ohne Unterbrechung durchlaufend und ohne Lautstärkeveränderungen gleichmäßig forte
B_5: 3′40″	ohne Unterbrechung durchlaufend mit Lautstärkeveränderungen ad libitum zwischen *pp* und *ff*
B_6: über 5′	ohne Unterbrechung durchlaufend mit allmählichen Lautstärkeveränderungen

Entsprechend den Unterbrechungen und dynamischen Veränderungen lassen sich die Einspielmodelle in eine „Authentizitäts-Skala" von möglichst unberührt bis stark manipuliert bringen: B_4-B_6-B_1-B_3-B_5-B_2. Gleichzeitig regeln die Manipulationen des Tonbandes das Verhältnis des „Originals" zur live-Imitation. Diese kann fast zugedeckt werden, beide können gleichberechtigt nebeneinander herlaufen, oder in den Pausen und leisen Stellen der Einspielung gewinnt die Imitation, die Kopie der Kopie, die Oberhand.

Dieselben Methoden der Heterophonie, Konfrontation, Transition und Modulation finden im Zusammenspiel des Ensembles wie in den einzelnen Stimmen Anwendung.

Die „Qualität" der Imitation schwankt zwischen ausgezeichnet (↑!), gut (↑), mäßig (↓) und sehr schlecht (↓!) (vgl. Partitur S. 31), wobei es dem Musiker überlassen bleibt, ob er mit der Stimme und/oder einem Instrument imitiert. Die freie Wahl der Mittel wird möglicherweise eingeschränkt durch die geforderte Genauigkeit/Ungenauigkeit der Nachahmung. Dabei betreffen diese Abstufungen immer eine, zwei oder höchstens drei der musikalischen Komponenten Melos, Rhythmus, Tempo, Dynamik, Farbe, sei es, daß der Spieler nur in einem der Parameter die Einspielung ausgezeichnet bis sehr schlecht zu imitieren hat, sei es, daß es von ihm in bis zu drei Parametern gleichzeitig mit unterschiedlicher Genauigkeit verlangt wird. Innerhalb einer Parameterstimme kann die Imitation kontinuierlich von ausgezeichnet/gut in mäßig/sehr schlecht übergehen. So läßt sich das Feld der Imitationsmöglichkeiten eines Spielers schematisch darstellen:

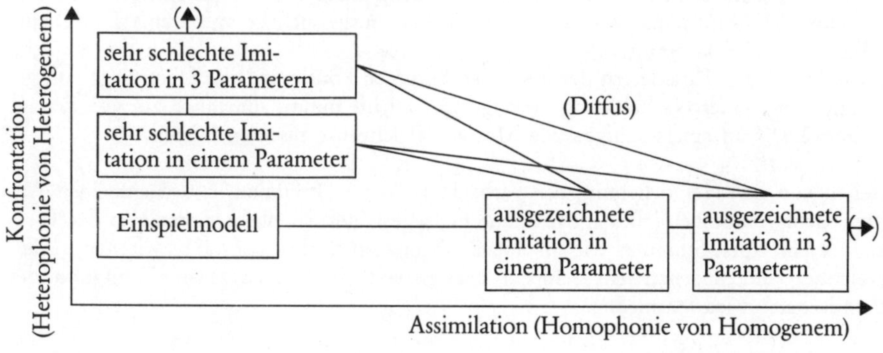

Dieselben Beziehungen herrschen potenziert oder paralysierend zwischen dem ganzen Ensemble und der Einspielung:

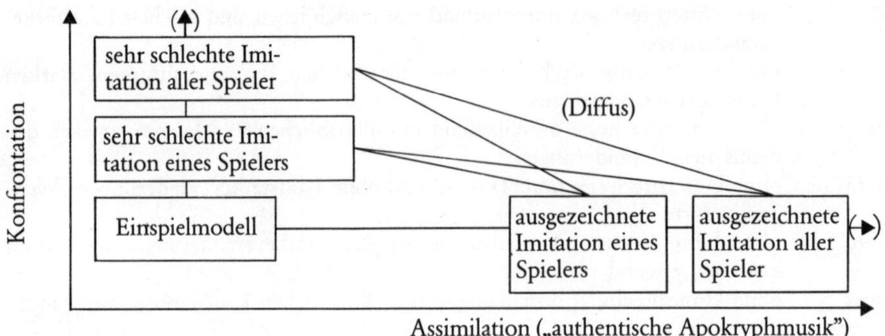

Der Komplexitätsgrad der Imitation und dessen Veränderung unterscheidet die B-Abschnitte voneinander:

In B_1 werden die kurzen Überlappungen und Überlagerungen der einzelnen Stimmen immer dichter; die Art der Nachahmung in den einzelnen Parametern ist diffus.

In B_2 überlagern sich mehrere Stimmen auf längere Dauer; die Dichte bleibt ziemlich konstant; die Art der Nachahmung in den einzelnen Parametern zeigt eine starke Konfrontation.

In B_3 spielen/singen alle Mitwirkenden gleichzeitig (konstante Dichte); kurze Unterbrechungen in den einzelnen Stimmen sind ad libitum möglich. Von allen ist eine gute bzw. ausgezeichnete Ähnlichkeit des Parameters Farbe mit der Einspielung anzustreben; die Nachahmungsqualität der zugeordneten zweiten Komponente (Melos oder Rhythmus) bleibt während des ganzen Abschnittes in jeder Stimme gleich (nicht berücksichtigt werden die Dynamik und das Tempo).

In B_4 nimmt die Dichte der Überlagerungen allmählich ab (umgekehrt also wie in B_1); das Nachahmungsverhältnis der einzelnen Parameter zur Einspielung ist diffus.

In B_5 erfaßt die Imitation in den einzelnen Stimmen über längere Dauern simultan drei Parameter (bisher waren es höchstens zwei), konfrontiert mit sehr kurzen Imitationen in nur einem Parameter. (Die in den vorgeschriebenen Parametern größte Anähnelung an das Einspielmodell findet sich auf S. 46/47 der Partitur: der Spieler/Sänger IV soll in Melos, Rhythmus und Dynamik das Vorbild ausgezeichnet imitieren.) Die Dichte bleibt in etwa konstant.

In B_6 werden in den Parametern der einzelnen Stimmen kontinuierliche Übergänge von genauer/ungenauer Nachahmung verlangt. Die Dichte nimmt allmählich zu; von Zeitangabe 2′52″ an spielen/singen alle Musiker gleichzeitig bis zum Schluß.

Abgesehen von der Hervorhebung der Farbe in B3 ist die Imitation in den einzelnen Abschnitten nicht von einheitlichem Niveau und nicht gerichtet; sie bleibt vielmehr in den Parametern der einzelnen Stimmen wie in dem Zusammenspiel aller konstant zwischen genau/ausgezeichnet und ungenau/sehr schlecht changierend. Einheitlich genaue Imitation des „Authentischen" wird vermieden[1].

[1] Unklar bleibt, was die Qualität einer Nachahmung in Tempo, Dynamik, Farbe, Melos und Rhythmus in vier Graden bestimmt. Was ist die gute, mäßige oder sehr schlechte Imitation eines afrikanischen Xylophonklanges? Ein indonesischer Xylophonklang? Oder mehrere Holzschlitztrommeln? Oder ein Satz woodblocks? Oder das

Die Einspielmodelle und das imitierende live-Spiel können völlig verschmelzen, die Grenzen zwischen Kopie des Authentischen (Band) und deren Imitation, zwischen Kopie des Originalen und Kopie dieser Kopie können verschwimmen; bisweilen mag man das eine fürs andere halten und hören. Das jedoch gilt immer nur für den europäischen Zuhörer, und zwar relativ unabhängig davon, wie gelungen oder mißlungen die momentane Nachahmung tatsächlich ist, die Komponente Klangfarbe als einzige vielleicht ausgenommen. Das erklärt auch, weshalb die Wiedergabe von Einspielmodellen durch außereuropäische, live-spielende Ensembles der Intention von *Exotica* zuwider liefe.

Die live-Musik auf exotischen Instrumenten beginnt unterm Zwang zur Imitation für das grob vergleichende europäische Ohr ein „exotisches“ Eigenleben zu entfalten. Und das entspricht einem „historischen Formanten“, entspricht dem, was man vor und nach 1800 in Europa unter Exotik verstand: die Imitation des Fremden mit den eigenen beschränkten Mitteln. Alla turca, Chinoiserie und Orientalismus wurden durchs tonale System gefiltert. Was darin hängen blieb, genügte dem Europäer, seinen Empfindungen und Vorstellungen vom Fremdländischen, ja wurde sogar für „echter“ gehalten als das Authentische. Eine Oboenmelodie mit kleinen und übermäßigen Sekunden zu einem Harfen-Ostinato war orientalischer als es originale orientalische Musik gewesen wäre.

In *Exotica* wird das Vorbild durch außereuropäische Instrumente und europäische Musiker „gefiltert“, außerdem durch einige Anweisungen des Komponisten. Diese Ambivalenz und Vertauschbarkeit von echter und kopierter Exotik ohne Substanzverlust für den Europäer haben die B-Abschnitte zum Inhalt. Die Imitation bemächtigt sich des Vorbildes, besetzt es und beansprucht schließlich sogar, gleich authentisch zu sein: die Imitation wird fürs Original gehalten, kaum abhängig von deren Perfektion.

Der Anspruch des heutigen Hörers auf Authentisches wird verunsichert und fadenscheinig; er lernt sich begnügen, wird seiner Unsicherheit versichert und muß sie akzeptieren. So gesehen sind die B-Abschnitte hämisch und heimtückisch: quod erat demonstrandum. Dieser Lernprozeß wird zum Einstieg und zur Voraussetzung des Themas *Exotica*.

Trommeln auf Holztrompeten? Wie wird mäßig oder schlecht 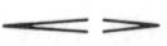 nachgeahmt? Etwa  oder ? Oder wie ein piano: mit *mp* oder *mf*? Ist das: *gliss.* oder das:  oder das:  die mäßige oder schlechte Nachahmung des melisch/rhythmischen Vorganges  ?

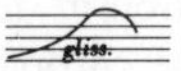

Wie ahmt man die rhythmische Formel  mäßig oder schlecht nach:  ? Oder  ? Oder  ? Solche Fragen mögen aufs Ganze gesehen belanglos, pedantisch erscheinen, da Imitation hörend-vergleichend Einfühlung des Musikers intendiert und er darüber befindet. In der vorausgehenden *ausgiebigen Probenarbeit* mag ein ungefährer Konsens herbeizuführen sein, *um die gewünschte Wirkung zu erzielen: das Entstehen einer zunehmend scharfen/unscharfen Nachahmung außereuropäischer Klangwelten* (Kagel, S. 31). Doch das wäre auch der Fall, wenn man Einspielmodell und Musiker ohne weitere Vorschriften konfrontierte. Entweder ist in solchem Kontext die differenzierte Notierung inkonsequent, da sie nicht alle Parameter erfaßt, oder sie ist überpointiert. Man wird den Eindruck nicht los, daß sich die Notation verselbständigt, gerade wo sie auf eine imitierende Interpretation eines klingenden Notentextes (der Tonbandeinspielung) aus ist. Selbst wenn die Notation für das live-Spiel den gleichen Zweck verfolgen soll wie die technische Wiedergabe und deren Manipulationen für das „Original“, Entfremdung nämlich, selbst dann würden an Differenzierungen drei Kriterien genügen: möglichst identisch, ähnlich, kaum noch bzw. nicht mehr ähnlich.

Der Naivität des imitierenden Aneignens korrespondierte im 19. Jahrhundert das ökonomische und machtpolitische Interesse des Kolonialismus. Der angebliche außereuropäische Einfluß ist in Wirklichkeit europäische Expansion und Okkupation. Doch so deutlich ist diese Wirklichkeit in den B-Abschnitten nicht; das blieb dem *mare nostrum* vorbehalten. Noch ist ein Ineinander des Verschiedenen angestrebt; doch erleichtert und fördert gerade solche Labilität auch die Vertauschbarkeit von Vorbild und Kopie. In den E-Abschnitten ist das Ineinander aufgegeben; Imitation und *authentische Apokryphmusik* sind vom Original gesondert[2].

2. Die E-Abschnitte

Die originale außereuropäische Musik erscheint und erklingt in den sechs E-Abschnitten nur noch als bruchstückhafte Erinnerung. Gleichzeitig damit hat die Imitation ihr Wesen geändert, und sie darf sich aller zu Gebote stehenden vokalen und instrumentalen Mittel bedienen, sehr befreit schon vom exotischen Modellfall. Die Stelle des präsenten exotischen Klanges und dessen Imitation nimmt die Imagination des Exotischen beim einzelnen (europäischen) Musiker ein. Imitation wird so zur Realisation seiner Vorstellung und Erinnerung *außereuropäischer Klangwelten.* Das wiederum gilt nicht für den ganzen jeweiligen E-Abschnitt. Denn immer, wenn ein kurzes Fragment authentischer *Musik aus:* „. . . . . . ." vom Band eingespielt wird, vollzieht sich ein allmählicher oder rascher Übergang von der Realisation imaginierter Exotik mit allen Mitteln zur perfekten Nachahmung des eingespielten Fragments mit äußerst reduzierten Mitteln, beschränkt meist auf einen Parameter. (Bei fortschreitender Imitation können auch noch andere Verwendung finden.)

Man könnte die klangliche Verwirklichung einer Vorstellung von Exotischem, wie sie Kolonialherren aus der Fremde mit nach Hause bringen mochten, auch ein freies Nachschaffen im „Geiste, Stile, Sinne von" nennen. Es bezeichnet die Situation vor und nach der Pariser Weltausstellung von 1889, auf der man sich Exotik nach Hause holte: Gamelan, anamitisches Theater, Zigeuner. Es kennzeichnet die Exotismen bei russischen und französischen Komponisten und den beginnenden musikalischen Nationalismus in Europa, sein wachsendes Interesse an eigener und fremder authentischer Volksmusik bzw. Musik der Völker. Doch noch wirkte die unmittelbare Präsenz des Fremden wie ein Schock, der aus exotischer Träumerei in möglichst perfekte Imitation mit den eigenen, in dieser Hinsicht beschränkten Mitteln führte. Anders zumeist als die Imitation in den B-Abschnitten wird hier in den E-Abschnitten analog der Historie gleichsam eine europäisierte Quintessenz, ein Extrakt des Exotischen angestrebt, doch nicht ganz vom präsenten oder erinnerten Klang gelöst. Je besser man über außereuropäische Musik Bescheid erfuhr – mit Hilfe des Phonographen, der Feldforschung und der sich als Fach etablierenden Musikethnologie –, desto mehr war man bemüht, das Fremde auf das einem wesentlich erscheinende zu konzentrieren, da es real und in vollem Maße unerreichbar war. Auf solch abstrahierter Basis dann konnte Mimesis so gut gelingen, daß heute z. B. nicht mehr auszumachen ist, wieweit die *Voiles, Pagodes* oder *Cloches a travers les feuilles* Debussys indonesischen Gamelanklang aufbewahren oder *Pelleas et Melisande* anamitisches Musiktheater.

[2] Hier sei darauf hingewiesen, daß die Malerei der Rembrandt-Zeit auch nur sehr wenig Exotisches in die Bilder aufgenommen hatte. So sucht man etwa in den Darstellungen von Jerusalem vergeblich nach Palmen, wohl aber finden sich holländische Brunnen und Tränken. Oder die Darstellung einer Oase geriet nie orientalisch. Eine zu große Annäherung ans Vorbild wäre zu exotisch, ja eine Verfremdung der Historie gewesen.

Perfekte Nachahmung bei gleichzeitiger Reduktion der Mittel, die Realisation einer exotischen Klangvorstellung und das Schaffen „im Geiste von" wandeln die heimgeholte Kolonialware zum anerkannten Kunstobjekt. Gestus und Haltung des Beschauens, Zuhörens und Imitierens gehen in die des forschenden Sichaneignens, Nutzbarmachens und künstlerischen Besitzergreifens über; es entsteht, was nur noch bedingt *authentische Apokryphmusik* zu nennen ist. Gleichzeitig kommt es zu einer Heterophonie von vorgestellter Exotik und perfekter/abstrakter Mimesis beim einzelnen Musiker. Einheitlich genaue Imitation des „Authentischen" wird angestrebt; Imitation geht in souveräne Imagination über.

III

Bis jetzt war noch Händearbeit nötig, von jetzt aber arbeitet der Apparat ganz allein . . . Es kommen natürlich Störungen vor; ich hoffe zwar, es wird heute keine eintreten, immerhin muß man mit ihnen rechnen.
(F. Kafka: In der Strafkolonie)

1. Die C-Abschnitte

In den sechs C-Abschnitten, relativ kurzen sechs- bzw. zwölfstimmigen Gruppen, ist vollends nicht mehr auszumachen, was europäisch und was exotisch ist. Die ehemalige Imitation, Assimilation und Imagination wird zur Identifikation. Sie gelingt aber nur auf einer Ebene, die gleichermaßen Exotisches, Archaisches und Neues zusammenzubringen vermag. Die Kompossibilität von Heterogenem konzentriert sich hier in den abstrakten und allgemeinen Merkmalen Wiederholung, Formel- und Modellhaftigkeit und modale Rhythmik, die eine Verschränkung der frühesten Epoche europäischer Mehrstimmigkeit, noch gar nicht so weit vom Orient entfernt, mit Grundlagen außereuropäischer Musiksysteme ermöglichen, wie sie etwa in den Ragas und Talas Indiens, in den Maqamat der arabisch-islamischen Länder und im Gamelan Indonesiens anzutreffen sind. Zu ähnlicher Bedeutung kam Modalität in der abendländischen Musik erst wieder im 20. Jahrhundert, sicher nicht ohne Einfluß der eigenen Archaik und fremden Exotik: bei Igor Strawinsky und Olivier Messiaen, Steve Reich und Terry Riley. Mit der modalrhythmischen Grundlage hängen die auffallenden Merkmale additive Reihung und Wiederholung zusammen; Formel- und Modellhaftigkeit sind modalen Wesens.

Erkennbar in der Dauernorganisation erhält das Einzelne in und aus der Modalität sein unverwechselbar Allgemeines, vermöge dessen es erst wiederholbar wird und den größeren Formen weitgehende Indifferenz, Richtungslosigkeit, simultane und sukzessive Kombinierbarkeit, kurz eine merkwürdige Neutralität und Anonymität verleiht, wie sie auch Gruppengebilden in aleatorischen und statistischen Kompositionsverfahren eignet. Selbst noch Veränderungen in der Wiederholung sind an solch Allgemeines gebunden.

Die knappe und scharfe Zeichnung der rhythmischen Kerne wird von den kompositorischen Verfahren nicht angetastet: Augmentation, Reihung, Umkehrung, Komplementarität, gleichmäßige Verteilung auf Stimmen und Takte, gleichbleibende Impulsdichte. Ebenso werden in den möglichen Beschleunigungen und Verlangsamungen und in der *allgemeinen Tendenz des Tonhöhenverlaufs* (für alle steigend oder fallend) bei Wiederholungstakten die Proportionen gewahrt. Die C-Abschnitte zeigen eine jeweils andere Realisation rhythmischer Modalität. Mit Ausnahme von C_5 haben sie alle wiederholbare Teile (C_1, C_2, C_4) oder sind als ganze wiederholbar (C_3, C_6).

C_1 (Moderato)

Dauernmodus:

6 rhythmische Kerne: (=2 gleichlange Dauern)

Dynamik: individuell in den einzelnen Stimmen

Jeder Spieler verwendet pro Takt (bzw. pro 5/8-Doppeltakt) höchstens einen Kern und jeweils einen anderen (der Auftakt ausgenommen), so daß jede Takteinheit vertikal den ganzen Modus und alle rhythmischen Kerne enthält, während horizontal im ganzen Abschnitt pro Stimme ein ungenutzter Rest von einem (bei Spieler III und IV von zwei) Kern(en) bleibt. Die modalrhythmische Individualität jeder Stimme stützt sich auf diesen fehlenden Rest, auf die Reihenfolge und auf die sich ändernden Einsatzabstände der rhythmischen Kerne. Wiederholbar sind nur zwei Einzeltakte 1 (4/4) und 4 (6/8), wo der gesamte Dauernmodus die Taktgrenze nicht überschreitet, und der Abschnitt insgesamt. Eine leichte Richtung erhält C_1 dadurch, daß ab Takt 3 vokale Ereignisse einsetzen und immer häufiger werden; ein Alternieren von instrumentalem Teil (T. 1–3) und vokalem/instrumentalem Teil (T. 4–6) ist angedeutet.

C_2 (♪ = MM ca. 84)

Dauern-modus:

9 (bzw. 13) rhythmische Kerne:

(= 2 ungleichlange Dauern)

Die Dynamik, in allen Stimmen nahezu identisch, bevorzugt taktweise starke Kontraste (*ff – ppp*), die jedoch nicht mehr an einzelne Impulse gebunden sind wie in C_1, sondern „Felder" bestimmen:

Takt	‖: 1 :‖	‖: 2 :‖	3	4 ‖: 5	6 :‖	7	‖: (8) :‖
	ff	*f* > *ppp*	*ff*	*pp* < *p* > *pp* (*mp*) *dolcissimo*		*p* < *mf* (*f*)	

Die Differenz der benachbarten ungleichlangen Dauern in der Folge lang-kurz oder kurz-lang ist so gering, auch noch in den augmentierten Formen, daß sie eher in metrischem Sinne (als Gewichtsabstufung) oder in agogischem (als Betonungsabstufung) denn in rhythmischem (als Dauernunterschied) zu werten ist.

Ähnlich wie in C_1 sind die Kerne in der Vertikalen so geordnet, daß jede Stimme pro Takt (bzw. Doppeltakt 5–6) höchstens einen Kern bringt und im ganzen Abschnitt jeder Kern nur einmal gespielt wird (ausgenommen ♩ ♩. = zweimal). Im Unterschied zu C_1 aber ist der gesamte Modus nicht in jeder Takteinheit, sondern auf Grund der mehr als doppelt so großen Anzahl an Dauernwerten nur im ganzen Abschnitt vollständig präsent. Die Wiederholungstakte 2 und 5–6 sind von den nicht wiederholbaren dadurch unterschieden, daß in ihnen alle Spieler nur einen Kern homophon verwenden, die Wiederholungstakte unter sich dadurch, daß in 5–6 allein ein Vokalpart hinzukommt. So ergibt sich ein steter Wechsel von größerer und geringerer horizontaler und vertikaler (Impuls-)Dichte, oder anders ausgedrückt, ein Alternieren von Polyrhythmik und Homorhythmik, wobei letztere überwiegt, da sie in den Wiederholungstakten auftritt. Berücksichtigt man, daß bei der Dauernfolge pro Impuls die Tonhöhe verändert werden kann und pro Wiederholung des ganzen Abschnittes das Instrumentarium[3], so kann im Kleinen auch ein Wechsel von melodischer Polyphonie und akkordischer Homophonie, im Großen ein Wechsel von instrumentalen Klangfarben entstehen.

C_3 (molto lento)

Dauernmodus: 𝅘𝅥𝅲 𝅘𝅥𝅱 𝅘𝅥𝅮 ♩ 𝅗𝅥 𝅝 (=„oktavierte" Dauernwerte oder „harmonische Proportionsreihe")

Die Dynamik ist in allen Stimmen gleich gerichtet: *ppp – p – mp – pp – ppp*. Entsprechend dieser dynamischen Ausrichtung kann C_3 nur als ganzer wiederholt werden.

Damit korrespondiert auch die Verteilung der einzelnen Werte des rhythmischen Modus: jeder Instrumentalstimme sind nur fünf der sechs Dauernwerte verfügbar, pro Takt einer; der jeweils sechste erklingt vokal, sukzessiv in jeder Stimme ein anderer, so daß der ganze Modus von Dauern„oktaven" horizontal in den Vokalklängen auf alle sechs Stimmen verteilt nur einmal erscheint, der gesamte Dauernambitus aber in der Vertikalen pro Takt von den instrumentalen Einzelstimmen aufgefüllt ist. Horizontale und Vertikale sind doppelt verzahnt. Somit sind die Verfahren von C_1 und C_2 zur Darstellung eines Dauernmodus in C_3 zusammengefaßt: horizontal in den Vokalstimmen der gesamte Dauernmodus nur einmal im ganzen Abschnitt, vertikal in den Vokal-/Instrumentalstimmen der gesamte Dauernmodus in jedem 4/4-Takt. Die strenge modalrhythmische Struktur der Abschnitte C_1, C_2 und C_3 kann aber dadurch gestört werden, daß lange Töne in Einzelimpulse, gar in melodische Figuren aufgelöst werden; das hängt von der Wahl des Instruments ab und davon, ob es einen langen Ton halten kann oder nicht. Instrumentale Klangmöglichkeit und notierte Struktur geraten in Widerspruch. Die instrumentale Klangfarbe wird zu einem Faktor, der die Strenge des rhythmischen Modus auflockert, dabei jedoch gleichermaßen an ihn gebunden ist.

Die Verfahren der vertikalen und horizontalen Darbietung, Verzahnung und Permutation eines Dauernmodus erinnern an den Gebrauch der Rhythmik im europäischen Mittelalter, in C_3 auch an die Hoquetus-Technik und -Manier dort und in außereuropäischen Ländern, in Afrika, Lateinamerika, im indonesischen Gamelan: der Dauernmodus wäre dann Kernmelodie oder cantus prius factus, das horizontale und vertikale Geschehen die damit zusammenhängende und davon abgeleitete heterophone, polyphone und homophone Auffächerung, Auszierung und Auffüllung. Auch im Hoquetus-Verfahren sind europäische Archaik und

[3] Das gilt für die C-Abschnitte insgesamt.

außereuropäische Exotik verbunden, verschiedene Aspekte modalen, seriellen und statistischen Denkens dargestellt. Darin liegt das Gemeinsame der Abschnitte C_1, C_2 und C_3.

In C_4 und C_6 werden nur wenige Werte (ein bis drei) aus dem jeweiligen Dauernmodus jeweils einer Stimme zugeordnet und in ihr ständig gereiht; der Dauernmodus ist in einfache Parallelität gebracht und in der Vertikalen immer anwesend. Es resultiert komplementäre Homorhythmik bzw. heterophone rhythmische Monodie. Man könnte auch sagen, daß die Hoquetus-Technik durch Potenzierung der Impulsdichte und durch Überlappungen aufgelöst wird und in eine (unscharfe) Komplementärrhythmik übergeht.

C_4 (𝅘𝅥. = MM 92 ↗ 102)

Dauernmodus:	𝅘𝅥𝅰	³𝅘𝅥𝅯	𝅘𝅥𝅯	𝅘𝅥𝅮	𝅘𝅥	𝅗𝅥
Dynamischer Wert:	*p*	*pp*	*mf*	*f*	*ff* > *pp*	*ppp* < *fff* > *ppp*
Spieler:	IV	VI	V	I	III	II

Als einziger Musiker benutzt I auch seine Stimme, da sein (begleitendes) Klatschen nicht melodiefähig ist:

vokal:

Klatschen:

Die horizontale (melodische) und die vertikale (harmonische) Impulsdichte bleibt pro Takt und Stimme etwa konstant, wenngleich sie komplementär unscharf komponiert ist; lediglich die des Parts IV nimmt von Takt 4 bis 6 zu.

C_6 (𝅘𝅥. = MM 88)

Dauernmodus: 𝅘𝅥𝅯 𝅘𝅥𝅮 𝅘𝅥𝅮. 𝅘𝅥 𝅘𝅥.

Dynamik: in jedem Vokalpart immer *mf*, in jedem Instrumentalpart immer *p*.

Der Satztypus ist wie in C_4 Gesang mit Instrumentalbegleitung. Aus dem Modus verwendet jeder Musiker nur zwei bis drei Werte zur Gestaltung seines vokalen und instrumentalen Parts; bei I bis V sind Vokal- und Instrumentalstimme komplementär angeordnet, bei VI fallen die Impulse immer zusammen. Wenn auch die Impulsdichte entsprechend dieser Anordnung in jeder einzelnen Stimme insgesamt etwa konstant bleibt, ist sie von Stimme zu Stimme abgestuft:

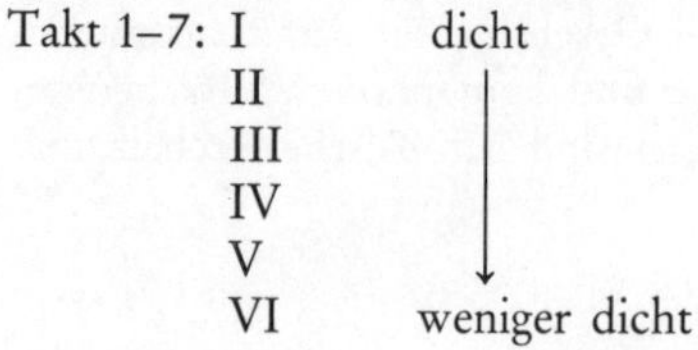

In den Takten 8 bis 12 wird diese Abstufung durchbrochen, indem das dichteste instrumentale Impulsmodell des Spielers I zu wandern beginnt:

Takt:	8		9		10		11		12
Spieler:	II	–	III	–	IV	–	V	–	VI

Dadurch erhält C_6, der nur als ganzer wiederholbar ist, eine Richtung. Das aber geht verloren, wenn bei Wiederholungen von C_6 andere Realisierungsmöglichkeiten genutzt werden, wenn die Spieler ab und zu ad libitum pausieren oder C_6 in drei aufeinanderfolgende Duos auflösen.

Die Toleranzgrenze den notierten Strukturen gegenüber ist in den bisher besprochenen Abschnitten weit gesteckt und ermöglicht deren partielle oder gesamte Wiederholbarkeit, wie ihnen andrerseits bei unveränderter Wiederholung Monotonie drohen würde.

So transformieren die variablen Wiederholungen das Authentische der Komposition in die jeweils anders klingenden Versionen der Interpretation.

Im Abschnitt C_5 ist das Allgemeine im Einzelnen, das Gesetzte und Gesetzmäßige, das Modalität verursacht und gewährleistet, noch hinter abgegrenzten, individuellen Gestalten verborgen. Nicht einzelne Elemente (Werte) des Modus werden gereiht und kombiniert, sondern aus Einzelwerten gebildete Modelle; sie lassen eine Modellpolyphonie und -heterophonie entstehen. Man wird an afrikanische Polyrhythmik erinnert, die als Grundlage verschiedener Modelle nur einen einheitlichen gleichbleibenden und qualitätslosen Grundpuls und die exakt festgelegten Einsätze dieser Modelle im Verhältnis zueinander kennt. C_5 ist der Exotik noch nahe, sie ist in ihm konkret und fühlbar.

In drei der vier Teile von C_5 (T. 1–6, 7–12, 13–16/17) erklingen jeweils sechs verschiedene Modelle, jedes von einem Spieler/Sänger ausgeführt und wiederholt; das letzte Modell im 3. Teil (T. 17), vom Musiker VI isoliert vorgetragen, stellt einen ungeheuren Kraftakt dar, um sich von dieser Exotik zu befreien:

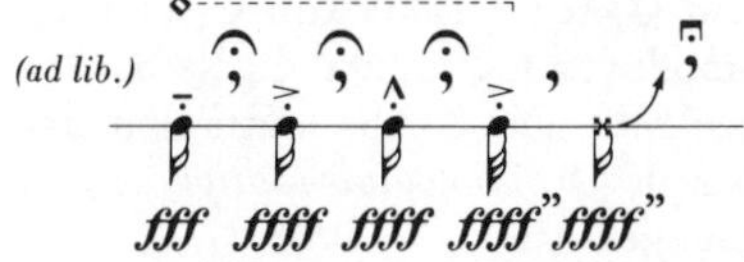

(der letzte Impuls ist stumm, Geste eines ungeheuer starken Auftaktes ohne Klang)

Dieser Takt 17 ist der Drehpunkt im Verhältnis von Exotik und Abendland, von authentisch Fremdem und authentisch Europäischem. Die Musiker folgen diesem Signal von VI und setzen homophon-übereinstimmend der konkreten klanglichen Präsenz des Exotischen, dieser *authentischen Apokryphmusik* von C_5 ein kraftvolles Ende (T. 18–23). Dieser eindeutige Gestus wird auch in einer Aufführung zu berücksichtigen sein und die Stellung von C_5 in der sonst variablen Abfolge der Abschnitte entsprechend dieser Funktion bestimmen. Der Riß ist einmalig und endgültig, daher auch ist C_5 nicht wiederholbar.

Dem Verhältnis von außereuropäischer und europäischer Musik entsprechend sind die C-Abschnitte in eine gerichtete „Authentizitätsskala" vom Exotischen zum Heimischen (Eingeborenen) hin zu bringen: C_5-C_6-C_4-C_1-C_2-C_3. Dem entspricht kompositorisch eine Progression von Modellen zum Modalen.

Die Komposition und Notation der C-Teile reflektiert – komprimiert, abstrahiert und fragmentiert – das, was sich als historische Reflexion am Phänomen in den B- und E-Abschnitten zuträgt, unterm Zeichen der Modalität. Die Skala des Authentischen verläßt das bloß äußerliche Kopierverfahren und nähert sich der perfekten Assimilation und Identifikation bei gleichzeitiger Reduzierung und Abstraktion von Material und Verfahren. Den nichteuropäischen Instrumenten wird ihr geheimnisvolles Fluidum genommen, sie werden europäischen Klangerzeugern gleichgestellt. Befreit vom Zwang zur Imitation erklingender Musik geraten sie unter den Zwang von strengen Kompositionsstrukturen, ohne daß ihr Klangfarbenreichtum eingeschränkt und ihre Spielweisen vergewaltigt werden. Im Gegenteil, ihre exotischen Eigenarten lösen die modalrhythmische Starre des Komponierten/Notierten auf. Melische Modalität wird ihnen ohnehin nicht abverlangt. So einsichtsvoll und rücksichtslos in einem war der Umgang mit Kolonialwaren kaum, der sie gleichzeitig aus musealer Schweigsamkeit erlöst[4].

Indem Kagel das Prinzip Serie wörtlich nimmt und es alten und fremden modalen Systemen und Verfahren verbindet, legt er das Archaische und Atavistische dieses Prinzips bloß. Gleichzeitig entzieht er ihm die Tonhöhenorganisation, da eine andere Komponente in den Vordergrund rückt, mit der das musikalische serielle Verfahren nie so ganz zurechtgekommen war, der aber gerade in der *non-relational art*[5] der bildenden Kunst serielle Funktion zukommt: der Farbe, bzw. Klangfarbe. Exotischer Klangreichtum vollends verweigert sich serieller Strukturierung; mit Gewalt vollzogen, würde sie zu ihrem Unsinn.

In der Fragmentierung und Isoliertheit und als *non-relational art* werden die C-Abschnitte zur Kritik am seriellen Verfahren. Sie machen einen nicht funktionierenden seriellen Automatismus drastisch sichtbar.

Unter dem Aspekt der Modalität und losgelassener exotischer Farbenpracht werden die C-Abschnitte zu einer Hommage für einen Komponisten und ein Werk, von dessen einseitigem Verständnis serielle Technik ehemals ausging: die Klavieretüde *Mode de valeurs et d'intensités* von Olivier Messiaen, dem religiösen, mystischen und musikalischen Mittler von Exotik, Archaik, Europa und Abendland. Einigermaßen mystisch in *Exotica* gibt sich die Zahl Sechs: sechs Spieler/Sänger, sechs Unterabschnitte von B, E und C, sechs Takte von C_1 und C_4, zweimal sechs Takte von C_6, sechs Werte in den Dauernmodi von C_1, C_3 und C_4, sechs Modelle pro Teil in Abschnitt C_5, die Widmung *dem sechsten Sinn*. Die C-Abschnitte sind eine deutlichere Dedikation für Messiaen, als sie bereits in Kagels *Ornithologica multiplicata* für exotische und einheimische Vögel 1968 naturhaft angeklungen war.

Diese Hommage steht nach Orientalismus (Abschnitte B) und Exotismus (Abschnitte E) zugleich stellvertretend für einen weiteren musikgeschichtlichen Formanten im thematischen Kontext europäische/außereuropäische Musik. Das Authentische in exotischer und abendländischer Musik, bislang Problem der Imitation, ist zum Problem der Komposition geworden.

[4] Ich würde es für verfehlt halten, diesen Gebrauch exotischer Instrumente umstandslos als Ausbeutung, Neokolonialismus, Imperialismus oder ähnliches zu deuten. Vielmehr wäre darin eine Haltung zu sehen, die, indem sie ein großes musikalisches Potential musikalisch nutzt, sich konträr zu einer Wirklichkeit stellt, in der noch immer das riesenhafte geistige und ökonomische Potential der Dritten und Vierten Welt ignoriert wird.

[5] [Robert Morris:] *Das Bewußtsein des Beschauers davon, im selben Raum wie das Werk sich zu befinden, ist in der Non-relational Art stärker als unter den Bedingungen des traditionellen Werks mit seinen vielfachen internen Relationen.* [Max Imdahl:] *Die Non-relational Art bricht – um es anders auszudrücken – die ästhetische Grenze zwischen Beschauer und Werk auf und setzt dieses in die Geltung eines Objektes* (Imdahl 1970, 7).

2. Die D-Abschnitte

Gegenstück und Ergänzung der C-Abschnitte sind die D-Abschnitte. Gemeinsam ist D_{1-7} der ungewisse Ort des Authentischen und Originalen: das von fremder Exotik wird hier zum autochtonen der Musiker von *Exotica. Musikgeschichtlicher Formant* wird das jeweils klingende Präsens. War es in den C-Abschnitten die distanzierte Strenge der Materialorganisation, die weiteste persönliche Entfernung, in welcher sich die Beschäftigung mit Exotik abspielte, so wird sie in den Soli der D-Abschnitte zur persönlichen Angelegenheit der Musiker.

Vokale und instrumentale Erinnerung sucht Exotisches in kleinsten melisch-rhythmischen Bruchstücken aufzuspüren. Die Vielfalt, die Kagel dem instrumentalen Material beläßt, überträgt sich hier auf einzelne Klanggestalten. Das Spiel mit ihnen kann sich in ihrer Variierung kaum genug tun. Ihr naiver Zauber teilt sich jedoch nur fragmentarisch mit; das hindert ihn, sentimental zu werden. Wichtigstes Mittel der Fragmentierung ist die Pause in ihren vielen Bedeutungen: agogisches und rhythmisches Element, Filter und Schnitt, Phrasierungszeichen und Atempause, Absenz von Klingendem und klingende Stille, Trennung und Verbindung.

Die rhythmischen Gebilde in D_1, *molto rubato* und an kein Taktmetrum gebunden, lassen an perkussive Tonrepetitionen denken oder, da jeder Impuls auch eine andere Tonhöhe haben kann, an rhythmisch freies melodisches Phantasieren, wie es z. B. in einstimmiger Musik Indiens oder des islamischen Raumes (Alāp bzw. Taqsim) auftritt. Die Dauer der Einzelwerte ist relativ, ihre Tonhöhe wie der melodische Zug in der Instrumentalstimme gänzlich offen. Das *molto rubato* gilt gleichsam für alle Parameter (mit Ausnahme der Dynamik), nicht zuletzt auch dafür, ob und was Exotisches angezeigt oder erinnert wird.

Die Folgen von raschen Triolen, Quintolen, Sextolen und Septolen sind möglicherweise als aus einem Kontinuum herausgefilterte Fragmente aufzufassen, wie es Kagel dreimal verschieden auf Seite 65 notiert und wie es in der zenbuddhistischen Musik in Japan vorkommt:

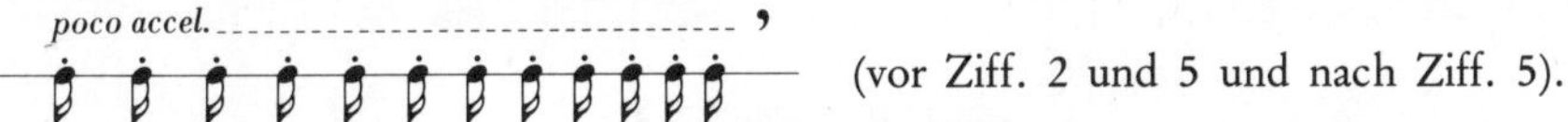

(vor Ziff. 2 und 5 und nach Ziff. 5).

Die nur in den Intervallverhältnissen, nicht in der Lage fixierten melodischen Fragmente der Vokalstimme sind auf zwei Floskeln beschränkt: Wechsel von zwei Tönen im Groß- oder Kleinsekundabstand (Ziff. 10 und 20 der Part.) und Deszendenzmelos in Kleinsekunden mit unterschiedlichem Ambitus (große Sept bei Ziff. 11/12, Oktave bei Ziff. 15–18, Quinte bei Ziff. 21, immer von einem gleichen Ton ausgehend).

D_2 (*Allegro*) soll sich an einem latenten Taktmetrum orientieren (4/8); die Instrumentalstimme verwendet nur 16tel und 16tel-Triolenwerte, die Vokalstimme variiert eine absteigende Melodieformel, die meist den Umfang einer Quinte nicht überschreitet.

Die Instrumentalstimme in D_3 *(Moderato)* variiert verschiedene kleine rhythmische Gebilde durch Spielart, Augmentierung, Durchsetzen mit Pausen, symmetrische, asymmetrische oder progredierende Gruppierungen, jedoch nicht taktmetrisch gebunden (siehe Beispiele Tafel 1).

Tafel 1

Rhythmus-Variationen in Solo D3

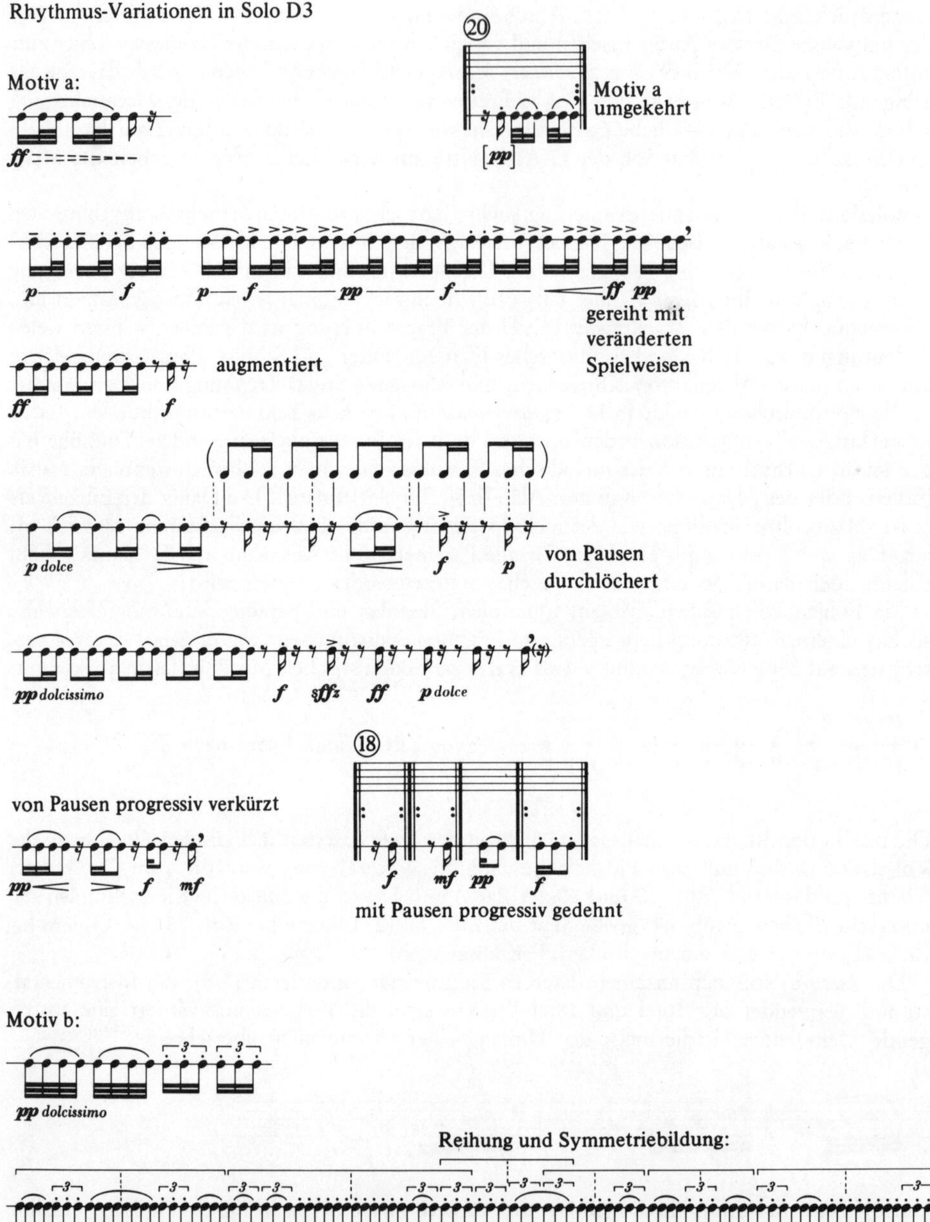

Motiv b:

pp dolcissimo

Reihung und Symmetriebildung:

f p f p f ff p f

26 (16tel) 26 (16tel)

52 (16tel)

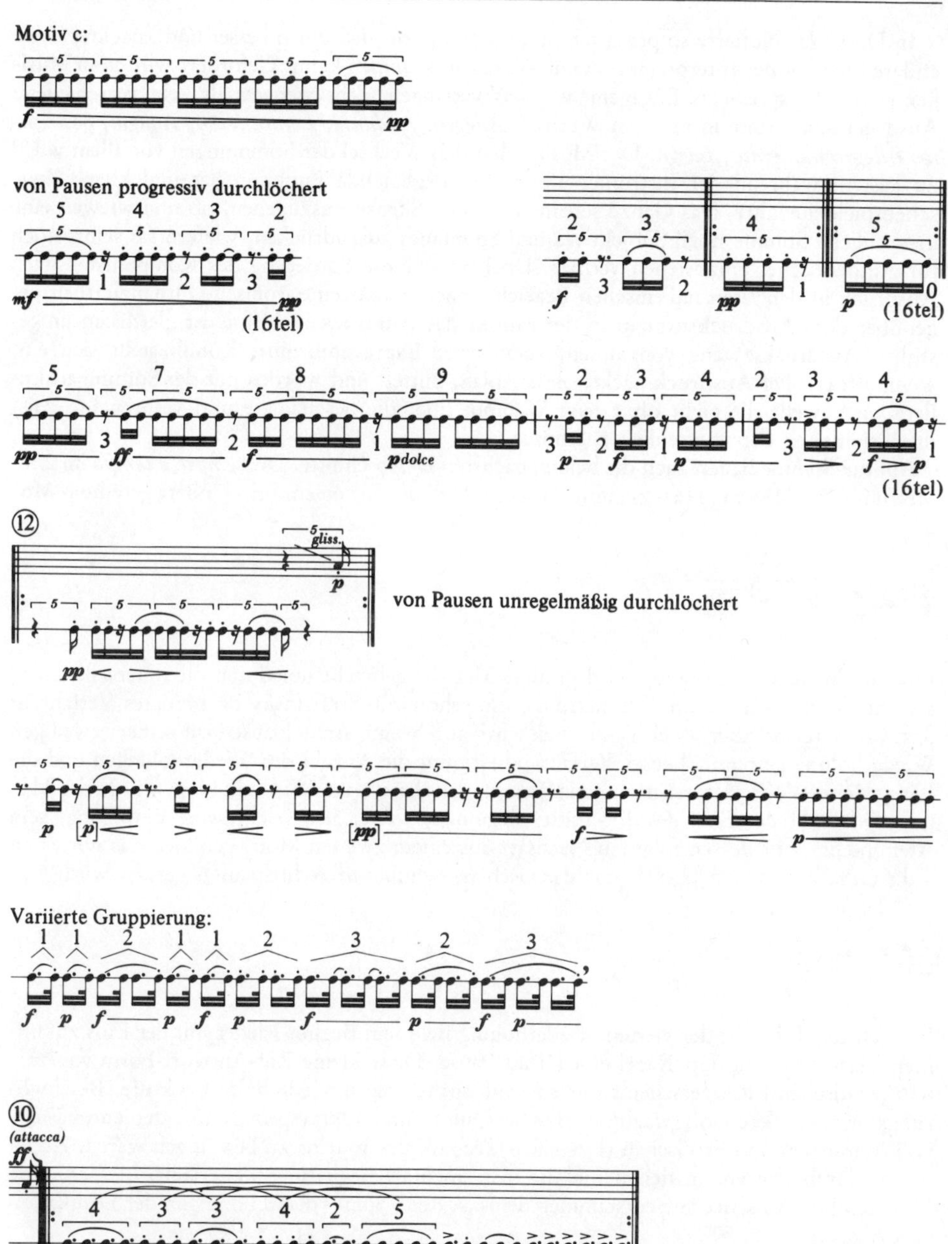
Motiv c:
von Pausen progressiv durchlöchert
(16tel)
(16tel)
(16tel)
von Pausen unregelmäßig durchlöchert
Variierte Gruppierung:
(attacca)

In D_4 ist das Notierte so prosaisch und oft gestaltlos, daß umso besser und „nackter" eine andere Qualität der Interpretation zum Vorschein kommen kann. Gefordert wird vom Musiker stärkstes espressives Engagement – das verlangen nicht weniger als acht verschiedene Ausdruckscharaktere in raschem Wechsel: *Allegro, Andante, Lento, Vivo, Adagio, Sostenuto, Allegro moderato, Largo.* Der Musiker hat den Wechsel der Stimmungen vor allem vokal zu leisten, während der Instrumentalpart eher begleitende Funktion hat und kleine Zwischenspiele ausführt. Das Ganze scheint von einer Skepsis auszugehen, ob und wieweit eine menschliche Stimme noch Subjektives und Spontanes auszudrücken, wiefern sie selbst noch für Authentisches einzustehen vermag. Doch zeigt diese Forderung des Komponisten nach Ausdruck in den alten italienischen Bezeichnungen bereits eine ironische Distanziertheit gegenüber dem Ausdrucksprinzip in der Musik: das Ausdrucksbedürfnis ist gleichsam umgestülpt, Ausdruckszwang von außen, veräußerter Expressionismus. Komik stellt sich ein, wenn affektvoller Ausdruck nackt, ohne Anlaß, mittel- und wortlos mit der Stimme artikuliert wird, vielleicht nicht ohne leise Wehmut über die beschädigte und verbrauchte Ausdrucksfähigkeit der menschlichen Stimme.

Auf die Stimme bauen auch die beiden nächsten D-Abschnitte. D_5, *sempre a tempo* im 2/4-Metrum (♩ = MM ca. 116), beginnt mit einer Melodie aus einem unverändert gereihten Motiv.

Eine unscheinbare Bewegung wird in diese Melodie gebracht nur durch die unterschiedliche Stellung ihres Motivs zum Taktmetrum – ein schon von Strawinsky bevorzugtes Verfahren: das Motiv reicht über zwei Takte und wird durch eine Achtelpause von seiner jeweiligen Wiederholung getrennt. Dieses Verfahren bestimmt die Anzahl der Wiederholungen und die Länge dieses Vordersatzes: nach neun Takten, mit der vierten Wiederholung, würde das Motiv wieder auf der Eins des 2/4-Taktes beginnen, weiter also reicht seine Bewegung, sein Atem nicht. Statt dessen folgt ein Nachsatz aus einem zweiten Motiv gebildet, das nur einen Takt umfaßt und nun ebenso mit dazwischengeschobenen Achtelpausen gereiht wird.

Im sechsten Takt mit der vierten Wiederholung fiele sein Beginn wieder mit der Eins zusammen, statt dessen notiert Kagel einen Takt Pause. Diese kleine Ruf-Antwort-Form von zartem (erotischem) Reiz erscheint nur am Anfang; es folgen wiederholte Lockrufe, Beschwörungsformeln, deren oft waghalsig rasche Quint- und Oktavsprünge mit der europäisch-volkstümlichen und exotischen (Pygmäen-)Technik des Jodelns zu bewältigen wären. Abgetrennt durch Pausen, in denen nur die instrumentale Begleitung weiterläuft, bleiben diese Urlaute ohne Antwort. Sie entstammen dem „sexten" Sinn – dem Hintersinn der Dedikation von *Exotica.*

Abschnitt D_6 (9/8-Takt, ♪ = MM ca. 92) prägt den Gestus des Alleinseins, des vor und für sich Hinspielens und Hinsingens aus. In Afrika gehört diese Praxis zur privaten, rein persönlichen Sphäre der Musik; sie wendet sich an kein Publikum, sondern ist ein Monolog über die eigenen Erinnerungen, Sehnsüchte, Gefühle. Dies zeichnet das Notierte ziemlich genau nach. Die Singstimme wird im Ambitus einer Quinte (gis = as bis es bzw. je nach

Stimmlage des Interpreten höher oder tiefer) gehalten, allmählich mit Einzeltönen chromatisch ausgefüllt. Erst ab Ziffer 5 bis zum Schluß des ersten Teils setzt sich eine Dreitonfigur aufwärts fest (Ganzton-Halbton), deren einzelne Töne bei jeder Wiederholung (insgesamt 10) um einen Sechzehntelwert verlängert werden

von 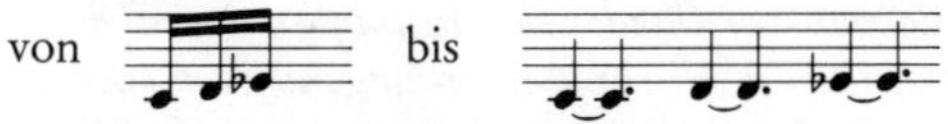 bis

Die Pausen zwischen den Wiederholungen (zwei Viertel) bleiben konstant. Im zweiten Teil, dessen Ausführung ad libitum ist (S. 76), verläßt die Stimme den Quintumfang, und ganz am Schluß klingt die Dreitonfigur eine oktavierte Quart (ossia: Quart) höher nochmals an.

Die Ausführung der Instrumentalstimme, nur ein Wechsel von zwei Tonhöhen (das Intervall kann während des Solos variieren), ist dennoch sehr differenziert in der Phrasierung, zwischen legato und staccato, Tönen und Pausen wechselnd. Ab Ziffer 5 etwa, dem Einsatz der tonalen Dreitonfigur, verlängern sich einzelne Töne und Pausen. Im zweiten Teil kommen Tremoli und Triller dazu; der Charakter des differenziert-bewegten Auf-der-Stelle-Tretens bleibt gewahrt. Die Instrumentalstimme und ihr Ende, aufhörend, nicht schließend, erinnert merkwürdig genug an das Ende von Alban Bergs *Lyrischer Suite*. D_6 spielt nur im Pianobereich und ist *dolcissimo sempre* vorzutragen. Sicher nicht zufällig wurde bei der Uraufführung und auf der Plattenversion für den Instrumentalpart eine afrikanische Bogenharfe (jedoch gestrichen) verwendet. Mbiras bzw. Sansas und Harfen sind die bevorzugten Instrumente solch privaten Musizierens in Afrika. Ein Wiegenlied? Ein Lied ohne Worte? Der Ausdruck des D_6-Abschnittes ist, im Gegensatz zu D_4, nach innen gekehrt, ist so beengt, daß ironische Distanziertheit keinen Raum hat.

D_7 (wechselndes Taktmetrum, ♩ = MM ca. 92, *sempre a tempo*) kann vom Dirigenten ausgeführt werden. Die kurzen gesprochenen Einwürfe sind im Charakter ganz Anweisungen, meist lautstark auszuführen. Der Instrumentalpart kontrastiert sehr rasche Tonfolgen (𝅘𝅥𝅯) mit längeren Dauern und Pausen, forte-Grade mit piano-Graden. Komponiert ist der Typus eines musikalischen Leiters, hektisch, laut, impulsiv, explosiv, ratternd und knatternd, gleich wieder auch gedämpft, taktschlagend, antreibend und Befehle erteilend.

So prägen diese sieben Soli einigermaßen karikierend die Physiognomien anonymer Musiker: der Rhapsode (D_1), der Sänger (D_2), der Rhythmiker (D_3), der Espressive (D_4), der Erotische (D_5), der Introvertierte (D_6), der Despot (D_7). Diese Rollen haben die jeweiligen Mitwirkenden darzustellen, auch zu individualisieren: Instrumentales Theater in Monologform oder, falls die D-Abschnitte als Fassung *EXOTICA:Soli* ausgeführt werden, in Polyphonie unterschiedlicher Typen und Temperamente.

Diese Soli sind die andere Seite der naiv-zupackenden Imitation fremder Klangwelten mit allen oder mit reduzierten Mitteln, wie sie in den B- und zum Teil noch in den E-Abschnitten geschieht. Dem Verlorengehenden und Verlorengegangenen wird vom spekulativen Ohr nachgehört; es scheint, als würde über authentische Bedeutung, Funktion und Gebrauchsweise von Instrumenten und Stimmen, deren man nicht mehr sicher ist und die man nicht (mehr) kennt, mit Hilfe melisch-rhythmischer Fragmente und Gesten gegrübelt. Die Soli werden zum ethnologischen und anthropologischen Puzzle, doch nicht wissenschaftlich objektiv, sondern persönlich fragend (wie man etwa vor ausgestellten alten Schmuckstücken in Museen über deren einstige Trägerin phantasieren mag). Instrumentale Exponate werden zu legendären Fundstücken, die ihr Geheimnis verbergen und nicht mehr preisgeben, da die authentischen Spieler abwesend sind. Der sechste Sinn, dem *Exotica* zugeeignet ist, wird hier von europäischen Spielern gefordert.

Aus der musikalischen Phantasie, die sich von den Instrumnten, ihrem unbekannten Klang und ihren anonymen Spielern anregen läßt, erwächst diesen sieben Soli ihre Variabilität; sie eignen sich als Klammer des ganzen Werkes, indem sie parzelliert hier und da erklingen können, wie für sich zur eigenständigen Fassung *EXOTICA:Soli.*

> *In einigen Fällen ist sogar eine Überlappung von verschiedenen Abschnitten anzustreben. So wird Teil D (..) zuweilen mit den restlichen Abschnitten erklingen: jeder Mitwirkende kann im Verlauf des Stückes durch Einsatz oder Fortsetzung seines Solos die Ausführung eines der anderen Abschnitte begleiten.*
> (Kagel, Erläuterung zur Partitur)

Daß sich musikalische Phantasie an ungewöhnlichen Instrumenten entzündet, wäre nicht neu. Bei Kagel schon selbstverständlich zu Material, Vorstudien und Handwerk gehörend, erfreute sich auch schon Strawinsky daran. Daß sie jedoch nicht als Mittel zu bestimmtem Zweck benutzt, nicht imitativ verbraucht oder auf ihre europäische Brauchbarkeit hin untersucht werden, sondern als Mittel ihren eigenen, unbekannten, geheimnisvollen Zweck in sich tragen und behalten dürfen, macht das Ungewöhnliche der sieben Soli aus. Die jeweilige bestimmte, klingende Hermeneutik der Instrumente bleibt fraglich und im Ergebnis fragmentarisch wie die Herkunft des von Kagel Notierten unbestimmt. Komponiert sind Ahnungen. Auch in den Variationen über melodische, rhythmische Gestalten und Gesten kann man nur vermuten, welche originären Formen gemeint sind. Anders als in außereuropäischer Musik und zugleich verwandt mit ihr, wo das Einmalige eines indischen Ragas, eines arabischen Maqam oder eines Gamelanstückes sich nur in der Verbindung von virtuellem Grund und bestimmter Realisation äußert, hat man in den D-Abschnitten von *Exotica* weniger an solche konkreten Formen zu denken, sondern an die „Urform von Musik" überhaupt, die unlösliche Bindung von tradierten Regeln, Klingendem, Instrument/Stimme und Spieler/Sänger. Doch wird darin ein aktueller Ort angezeigt: das Authentische, seiner historischen und geographischen Heimat verlustig, identifiziert sich mit einem vagen Umkreis von Möglichkeiten und Beziehungen im Präsens. Es sucht sich seine Eingeborenen. Demnach liegt das Unverlierbare der D-Abschnitte darin, daß ein exotisch bestimmtes Authentisches abwesend und ein konkret Nichtauthentisches in Instrumenten, Musikern und melisch-rhythmischen Gebilden bei der jeweiligen Version anwesend ist.

IV

„Handzeichnungen des Kommandanten selbst?" fragte der Reisende: „Hat er denn alles in sich vereinigt? War er Soldat, Richter, Konstrukteur, Chemiker, Zeichner?" ... „Lesen Sie", sagte der Offizier. „Es ist sehr kunstvoll", sagte der Reisende. „Es ist doch deutlich", sagte der Offizier. „Es ist sehr kunstvoll", sagte der Reisende ausweichend, „aber ich kann es nicht entziffern". „Ja", sagte der Offizier, lachte und steckte die Mappe wieder ein, „es ist keine Schönschrift für Schulkinder. Man muß lange darin lesen ... Es darf natürlich keine einfache Schrift sein ... Es müssen also viele, viele Zierarten die eigentliche Schrift umgeben; die wirkliche Schrift umzieht den Leib nur in einem schmalen Gürtel; der übrige Körper ist für Verzierungen bestimmt. Können Sie jetzt die Arbeit der Egge und des ganzen Apparates würdigen?"
(F. Kafka: In der Strafkolonie)

Das Verhältnis von exotischer und europäischer Musik, von Imitation und Konfrontation zu Assimilation und Identifikation authentischer Musik unterschiedlichen Wesens kam in den Abschnitten auch als Geschichte zum Vorschein: B-E-C-D. In Abschnitt A schließlich wird die Auseinandersetzung mit äußerer Exotik zu *Exotica*, dem Identischen und kompositionsgeschichtlichen Zentrum des Werkes. Abschnitt A als einziger muß in jeder Version aufgeführt werden, ist vom Nachfolgenden in der jeweiligen Realisation durch eine Pause abgetrennt, hat keine in der Reihenfolge vertauschbaren Teile, verfügt über einen gerichteten Verlauf und ist daher als ganzer nicht wiederholbar. Es scheint nahezuliegen, daß er deshalb in einer Aufführung am Schluß steht, und doch würde eine solche Placierung der Intention des Stückes nicht gerecht. Erst wenn die Verschiedenheit musikalischer Kulturen einer Welteinheitsmusik ganz zum Opfer gefallen wäre, wie es das Gerede von der weltweit verständlichen Sprache Musik gerne möchte, erst dann dürfte A diese Stelle einnehmen. Solange ist sein historischer Ort die Zukunft, seine Stellung im Stück zentral.

Doch hat Kagel im A-Abschnitt keine subjektive Synthese verschiedener Musiken zu bewältigen versucht, wie es einigermaßen vage, unverbindlich und allzu technisch in Stockhausens *Telemusik* anklingt, sondern er hat einen Essay über das komponiert, was in den anderen Abschnitten von *Exotica* momentan und historisch sich ereignete, einen in distanziertem Ausdruck sehr persönlich gefaßten Essay.

Archivierte Phonogramme außereuropäischer Musik sind das Pendant zu den in Museen ausgestellten exotischen Instrumenten. Beider Schweigsamkeit für den Moment einer Aufführung zu brechen, wurde *Exotica* komponiert. In den Abschnitten B und E stehen die Tonbandeinspielungen stellvertretend für mündliche Überlieferung der meisten außereuropäischen Musik, und sie zeigen gleichzeitig die Übermacht des technischen Mediums auf, welche oraler Tradition keine Chance läßt. Anders die Abschnitte C und D, in denen das Notierte die Stellung des Tradierbaren einnimmt. Sie demonstrieren, daß schriftliche Tradierung (Notation) das Eigenleben von Instrumenten aus mündlich tradierenden Musikkulturen nicht restlos zu kassieren vermag.

Beide Erfahrungen werden zum Gehalt einer kleinen Figur, die aus D_2 bekannt ist (vgl. S. 303) und variiert in A wiedererklingt. Ganz unscheinbar vom Spieler/Sänger I in Takt 26 angestimmt, gleichzeitig auch von V *morbid* und *molto vibrato* vorgetragen, wird sie von III als Glissando (T. 31), von II ausführlicher (ab T. 31) übernommen, verliert sich dann aber als langgezogenes Glissando von I, III, V und VI (T. 38–41 und 42–47).

Das Unbestimmte zu Anfang des A-Teiles, das im wesentlichen instrumental aus kleinen melisch-rhythmischen Figuren und vokal aus einem Wechsel zweier Tonhöhen (vgl. Solo D_1 bei Ziff. 10 und 20, vgl. auch Solo D_6 die Instrumentalbegleitung) sich ergibt und das einen naht- und pausenlosen Übergang der jeweiligen dem A-Teil vorangehenden Abschnitte garantiert, dieses Unbestimmte setzt *guttural* in Takt 49 wieder ein und führt zu einem dynamischen Höhepunkt in Takt 70. In die nachfolgende Stille klingt *nicht guttural, lento, dolcissimo und pianissimo* wieder das auskomponierte Glissando von Takt 40 bis 47 (T. 71–80).

Nach einer Generalpause wird der unbestimmte, aufgelöste Satztypus des Anfangs wieder aufgegriffen, diesmal aber im ganzen Ensemble mit kleinsten rhythmischen und melischen Abweichungen zu heterophoner Homophonie gebracht.

Nach dem neuerlichen Höhepunkt in Takt 95 und einem Abwärtsglissando von V (T. 97–100) wiederholt sich dieser Satztyp vor allem im instrumentalen Part, von kurzen, zuerst falsett gesungenen, dann gesprochenen Einwürfen unterbrochen (T. 96–124).

Eine Wende im bisherigen Verlauf signalisieren die drei Duos Takt 125 bis 138. Es scheint, als diskutierten die Mitwirkenden in Dialogen über den bisherigen Gang der Dinge und über das Thema *Exotica*, doch unverständlich in babylonischer Sprachverwirrung und wie musikalische Terminologie auf Außenstehende meist wirkt. Merkwürdig unbeteiligt zeigt sich der Musiker V, der unbeirrt im Stile des Anfangs singt: „der Erotische".

Die entscheidende Wendung führt Spieler/Sänger III herbei, der immer dem letzten Duo angehören muß. Er beginnt ein fallendes Tetrachord zu intonieren (ab T. 135), verwandt der bereits angeklungenen Melodiefigur aus Solo D_2, wobei er nach und nach alle chromatischen Zwischentöne verwendet und *bei jeder Wiederholung . . . die Figur etwas tiefer zu singen* hat (T. 139).

Dieser Vorgang wird in Takt 140 bis 155 präzise auskomponiert und zur einprägsamsten Stelle von *Exotica.* Die Spieler II, IV und VI folgen ihm begleitend, lediglich wieder der Spieler/Sänger V mit vorgeschriebenen Nonsenssilben und diesmal auch I opponieren singend. Die musikalische Physiognomie von V, als *der Erotische* im Solo D_5 gekennzeichnet, weist in dieser Opposition vielleicht darauf hin, daß ihm Exotisches geschäftsmäßig Erotisches schlechthin bedeutet und er so keine Veranlassung sieht, auf das von III Angestimmte einzugehen: V wie I sehen darin nur Gesang.

Nach dem kurzen, zweiteiligen, homophon-heterophonen Ensemblesatz (T. 156–168) mit anschließender Generalpause aber wird vollends klar, was in den absteigenden Tonfolgen des ganzen Stückes und vor allem im Tetrachord angekündigt war und was konkret der espressive Inhalt und Gestus von Kagels Essay ist. Die nachfolgenden (ab T. 169) fallenden Glissandi vom *Sänger* (II) sind *klagend (wie ein Klageweib, jedoch nicht übertrieben)* auszuführen, und sie affizieren kanonisch die Spieler/Sänger I, V, III und IV. Diese Vortragsbezeichnung ist sehr genau zu interpretieren und wohl als knapp gefaßte Meinung Kagels zum Thema zu deuten: der zunehmende Verlust authentischer exotischer Musik ist zwar zu bedauern, persönlich gesehen auch zu beklagen; doch zur Übertreibung bestehe nicht Anlaß, da ein authentischer Rest in instrumentaler Eigenart zu überdauern vermag. Dieser leistet der völligen Vereinnahmung Widerstand und ist als musikalischer (Klangfarben-)Reichtum in anderem Kontext durchaus nutzbar.

In diesem doppelten Sinne ist A auch weiterkomponiert. Alle Beteiligten machen sich danach wieder das Material von Spieler/Sänger V (vgl. T. 146–155) zu eigen, indem sie nach der Generalpause (T. 187–189) in durchbrochenem Satz rasche Melodiefiguren singen, die an das Solo D_5 erinnern und dort als Lockrufe oder Beschwörungsformeln gedeutet worden waren, sei es, um Exotisches mit Erotischem nach touristischem Allgemeinplatz übereinstimmen zu lassen, sei es, um die angestimmte Klage als zu früh zu bestimmen. Das bleibt in den Takten 215 bis 224 in der Schwebe, äußert sich musikalisch als Polyphonie von Lockrufen bzw. Beschwörungsformeln (II, III, VI) und homophon-übereinstimmender Klageformel (IV und V). Diese Klage wird dann jedoch ab Takt 225 als Tripelkanon mit je unterschiedlichen Dauernwerten (♪, ♪., ♩, ♩.) paarweise von II/VI, IV/V und I/III vorgetragen, mündet nach zwei Takten Generalpause (T.254/255) in langgezogene homophone Klagelaute, die variiert als *molto vibrato* (T. 266/267), als Wechselnoten *dolcissimo sempre* (T. 268–274), als fallende, stockende Kleinsekundfiguren (T. 275–279), wieder als liegende Akkorde gesungen (T. 280–284) oder im Sprechgesang (T. 285–288) erklingen und schließlich, alle Möglichkeiten dieser aus dem A-Abschnitt und den Soli schon bekannten klagenden Lautgebung nutzend, den A-Teil beschließen. Der Instrumentalpart gleicht sich diesem allgemeinen Jammer an *ad libitum: unisono mit Vokalpartie,* oder in Begleitung tremolierend und trillernd, gegen Schluß nur noch im Flageolett bzw. in gedämpfter Tongebung.

Der formale und inhaltliche Ablauf des A-Teiles sei mit Hilfe von charakterisierenden Stichworten schematisch dargestellt (s. Tafel 3, S. 313).

Der A-Abschnitt zeigt die Form eines programmatischen Rondo, wie es Moussorgsky in *Bilder einer Ausstellung* vorgeprägt hat, wobei der klagende Refrain in *Exotica* mit der *Promenade* dort korrespondiert. Anläßlich einer Ausstellung war ja *Exotica* auch komponiert und uraufgeführt worden.

V

Der beklagenswerte und beklagte Verfall von originaler, authentischer Musik außerhalb Europas hat keine musikalischen Gründe. Noch kaum galt einer Fremdherrschaft, galt Technokratie und Bürokratie Anderssein etwas. Der für die Musik notwendige soziale Kontext wird das Opfer jedes anonymen Administrationsperfektionismus, der auf Traditionen keine Rücksicht nimmt, da er seine eigene „Tradition" erzeugt, wie sie in abscheulicher Deutlichkeit seinen Sprach- und Schriftformen abzulesen ist: *Berichtigung der Verordnung zur Änderung der Verordnung über die Grundsätze für eine einheitliche Kapazitätsermittlung und -feststellung zur Vergabe von Studienplätzen (KapVO) vom . . .* Dagegen erwächst dem Authentischen in europäischer Musik eine Gefährdung von innen heraus, vor allem in solcher Musik, die sich materiale Heterogenität zu eigen macht, sei es eine historische wie in *Varia-*

tionen ohne Fuge (1971–72) *für ein großes Orchester über die „Variationen und Fuge" über ein Thema von Händel für Klavier op. 24 von Johannes Brahms* (1861–62) von Mauricio Kagel, sei es eine historische, geographische und anthropologische Heterogenität wie in *Exotica*. Beides, die Gefährdung der authentischen außereuropäischen Musik von außen und die Gefährdung des Authentischen in europäischer Musik von innen findet sich in *Exotica* zugespitzt im Verhältnis von Komposition und Realisation, von Notation und Ausführung.

Der Versuch, mit Einfühlung (Imitation, *authentische Apokryphmusik*) und Abstraktion (Modalität) zwischen der Konfrontation von europäischer und außereuropäischer Musik zu vermitteln, begibt sich immer in die Gefahr eines anonymen Perfektionismus oder einer spontanen Naivität; in den B- und E-Abschnitten sowie in den C-Abschnitten war deutlich geworden, wie Authentisches dabei auf der Strecke bleibt. In *Exotica* wird eine mögliche Synthese grundsätzlich verschiedener Musik verneint; die falsche, versöhnende Geste fehlt, da eine Synthese doch immer nur auf das Gegenteil von Versöhnung, auf Gewaltsamkeit hinausliefe. Statt dessen sind gegenseitige Herrschaftsverhältnisse und künstliche Abhängigkeitsverhältnisse komponiert, das Scheitern und Versagen ist vorprogrammiert. Die Musiker kommen singend mit der Stimme und Sprache, spielend mit den Instrumenten nicht zurecht, ob sie nun das Fremde von ausgezeichnet bis sehr schlecht imitieren sollen oder ob sie ihre eigenen Vorstellungen des Fremden realisieren dürfen, dann am Eingespielten irre werden und sich in Abstraktes zurückziehen. Die exakte Ausführung des Notierten wird in einigen Parametern verlangt und ist möglich, anderes bleibt offen. Doch ist zu bezweifeln, daß solche Offenheit Freiheit oder Befreiung bedeutet, da es gleichzeitig andere, nicht weniger starke Beschränkungen und Restriktionen gibt. Es scheint, als wären Kagel bei diesem Thema Zweifel an seiner Devise gekommen, *Zeit großzügig zu behandeln*. Nichts in *Exotica* ist kompositorisch so streng und strikt festgelegt wie die zeitliche Organisation und Disposition. Die Deutung Dieter Schnebels: *Wer aufzuschnaufen vermag, schüttelt Druck ab. Und Zeit zu haben, statt in ein Zeitschema eingezwängt zu sein, ist ohnehin Signum freien Lebens. So will der lange Atem der Kagelschen Musik Befreiung – der Musik, ihrer Interpreten und Hörer* (Schnebel 1970, 321) – diese Deutung der Kagelschen Devise durch Schnebel mag man nach *Exotica* nicht mehr so recht glauben. Außereuropäische Musik hatte und beanspruchte schon immer viel Zeit, mehr Zeit als europäische – jedoch scheint ihr nicht mehr viel Zeit vergönnt. (Kagel nannte seinen nur teilweise im Süddeutschen und Westdeutschen Rundfunk ausgestrahlten *Asien-Report* von 1973 *Der Abend des Morgenlandes*.) Dem Signum freien Lebens in Formen exotischer Musik verbleibt nicht einmal mehr Symbolwert. Und andererseits wurde von dem, der sich in . . .kratie begibt, schon immer verlangt, daß er viel Zeit mitbringt. *Exotica* geht mit der Zeit knapp um; die Behandlung der Zeit selbst wird zum unauffälligen Kommentar des Themas.

Schnebel hat auch schon auf die Problematik zwischen experimentell oder zufällig gefundenem Material und Überkomposition, Perfektion, Akribie in Kagels Stücken aufmerksam gemacht. Gerade die Präzision der Partituren erinnert an Verfügung, Verordnung, Erlaß, Gesetz und macht *die Besonderheit der materialen Funde zunichte, verwischt sie zumindest* (Schnebel 1970, 318). Das Notierte in *Exotica* zeugt bisweilen ebensosehr von rücksichtsloser Willkür und Beliebigkeit dem exotischen Instrumentarium und dessen europäischen Spielern gegenüber wie es (in Maßen) Freiheit läßt, obwohl oder weil es unkundige Spieler verwenden. Das Notierte zeigt sich nur insofern freizügig, als es über Besonderheiten hinwegsieht: Besonderheiten des fraglich gewordenen Authentischen und fraglicher Traditionen. Paradox erscheint das im Abschnitt A. Seine Klage – schon je ein sehr subjektiver Bereich – über Verlust bzw. Relativität des Authentischen in europäischer und außereuropäischer Musik wird zum Authentischen der Komposition, wobei die Notation – ehemals erster Garant für die

Tafel 2

Moderato (𝅘𝅥𝅮 = ca. MM 63)			Lento				ad lib.
T. 1-25	26-47	𝄐 48-70	71-80	81	82-95	96-100	[𝄐] 101-124
Unbestimmt (Wechselnoten, kurze rhythm. Floskeln)	Andeutung der Klagefigur und Unbestimmtes (gliss.)	Unbestimmt (Höhepunkt) guttural	Klage (auskomponiertes langes Abwärtsglissando)	𝄼	Unbestimmt heterophone Homophonie	Klagefigur gliss.	Unbestimmt heterophone Homophonie
Couplet I (an das jeweils Vorhergehende anknüpfend)			Refrain I		Couplet II		

			Molto Lento	Ancora più Lento	Lento		
125-138	139-156	156-162	𝄐 𝄐 163-168	169-187	188/89	190-214	215-224
drei Duos zuletzt III Klagefigur	Klagefigur von III (Tetrachord)	Unbestimmt homophone Heterophonie	Unbestimmt homophone Heterophonie	Klagefigur (als gliss.) von den anderen Spielern übernommen	𝄼	Lockrufe/ Beschwörungsformeln; durchbrochener Satz	Polyphonie von Lockrufen und Klagefigur (IV/V)
Wende Überleitung	Refrain II	Couplet III		Refrain III		Couplet IV	(Überleitung)

225-244	245-253	254/55	𝄐 256-303
Tripelkanon mit der Klagefigur	gedehnte Klagefigur (homophon)	𝄼	langgezogene Klagelaute in verschiedenen Varianten (homophon)
Refrain IV		Coda	

Authentizität eines Werkes – sich über Traditionen der Aufführungspraxis – den zweiten Garanten – hinwegsetzt. Mit präzisen Angaben für vokale und instrumentale Ausführung und Besetzung und mit Schlüsseln versehen, könnte der A-Abschnitt der europäischen Gattung Kammermusik gerecht werden.

Das Authentische von *Exotica* resultiert so vor allem aus einem Mangel in den Vorschriften und Spielaktionen, genauer aus dem Mißverhältnis von präzise Vorgeschriebenem und fehlenden gleich präzisen Ausführungsbestimmungen für das, was sich Notation und Vorschriften entzieht. Mechanisches Kopieren und Reproduzieren in Serie wird ausgeschlossen. Der wortlose Gesang und mehr noch die exotischen Instrumente werden zu Siglen des Nichtbeherrschbaren, Nichtbeherrschten. Was sie als Heimschmuck zweckentfremdet oder als Exponate ihrem Wesen völlig fremd in Museen erleiden, wird gerade durch inadäquaten und inkompetenten Gebrauch erkennbar. Ihre Eigenart reduziert sich auf die Komponente Klangfarbe, dem komplementären (hörbaren) Gegenstück ihres Aussehens.

Authentisches in abendländischer Musik hat im Gegensatz zur außereuropäischen nur noch dort eine Chance, wo es nicht mehr garantiert ist. Das affiziert auch den musikalischen Ausdruck; in stereotypen Formeln (wie etwa denen der Klage) trägt er so das Mal des Zugerichteten und Davongekommenen, des Verlustes auch, nicht aber das der Freiheit. Anders jedoch als im Herrschaftsapparat der Administration ist das einmal schriftlich Fixierte nicht erledigt im Doppelsinn des Wortes, sondern macht als Fragmentiertes Wiederholung, andere Versionen, auch Mißlingen möglich und notwendig. Wiederholung ist kein formales Kriterium mehr und beruht nicht mehr auf verbindlicher, gesicherter Überlieferung, sondern meint Auflehnung und Hoffnung; die Möglichkeit und das Wagnis der eigenen beengten Tradition e i n e s Stückes und seiner Teile sind gleichsam mitkomponiert. Daraus, daß Komposition und Notation respektiert, toleriert und akzeptiert, was sich gegen sie widerspenstig zeigt, daß die Intention aus diesem heterogenen Material hergeleitet wird, erwächst authentischer Musik als emphatisch neuer ihre Existenzmöglichkeit. Der Kerngedanke des Stückes *Exotica*, die *Bloßlegung des recht relativen Begriffes „Exotik“*, zielt auf ein Umfassenderes: der Fragwürdigkeit des Begriffes Tradition entsprechend muß Authentisches ohne Geschichte auskommen und wird auf das jeweils klingende Präsens verwiesen.

Auf die doppelte Gefährdung von außen und von innen, auf die drohende Verselbständigung von Technik oder Material sollten gleichnishaft die den Kapiteln dieser Interpretation als Motto vorangestellten Zitate aus Franz Kafkas Erzählung *In der Strafkolonie* hinweisen. Sie interpretieren *Exotica* wie *Exotica* die Erzählung interpretiert.

> *„Ja die Egge“, sagte der Offizier, „der Name paßt . . . auch wird das Ganze wie eine Egge geführt, wenn auch bloß auf einem Platz und viel kunstgemäßer . . . Dieser Egge aber ist die eigentliche Ausführung des Urteils überlassen . . . Unser Urteil klingt nicht streng . . . Diesem Verurteilten zum Beispiel“ – der Offizier zeigte auf den Mann – „wird auf den Leib geschrieben werden: Ehre deinen Vorgesetzten!“ . . . „Kennt er sein Urteil?“ „Nein“, sagte der Offizier . . . „Es wäre nutzlos, es ihm zu verkünden. Er erfährt es ja auf seinem Leib.“*

Doch folgen die Rädchen des Apparats nicht den kunstvollen Handzeichnungen des (bereits verstorbenen) Konstrukteurs. Der Apparat verweigert die Funktion, k u n s t v o l l zu töten; die Maschine tötet kunstlos und brutal den bloßen Verwalter, den Offizier, indem sie s i c h vernichtet. Das Urteil vollstreckt sich, von niemandem beklagt, unerwartet am anonymen Traditionalisten, der am nicht mehr „authentischen“ Apparat hängt und gräßlich aufgespießt hängenbleibt. Beider Ende wird dem Verurteilten zur Hoffnung und Befreiung.

Literatur

Imdahl, Max: *Frank Stella: Sanbornville II*, in: Manfred Wundmann (Hrsg.): *Werkmonographien zur bildenden Kunst*, Stuttgart 1970 (Reclams Universal-Bibliothek Nr. 143)
Kagel, Mauricio: *Exotica*, Erläuterung zur Partitur, Wien 1971/72 (UE 15195)
Schnebel, Dieter: *Mauricio Kagel, Musik-Theater-Film*, Köln 1970

Literatur

1. Allgemeine Literatur zur Neuen Musik

1.1 Gesamtdarstellungen

Austin, William W.: Art. *Neue Musik*, in: *MGG*, Supplement Bd. 16, Sp. 1300–1401

ders.: *Music in the 20th Century*, New York 1966

Borris, Siegfried: *Einführung in die moderne Musik 1900–1950*, Wilhelmshaven 1975 (=*Taschenbücher zur Musikwissenschaft* 19)

Dibelius, Ulrich: *Moderne Musik 1945–1965*, München 1966, ²1972

Eaton, John: *Neue Musik seit 1950 in den Vereinigten Staaten – ein Überblick*, ÖMZ 31/1976, S. 476–481

Ewen, David: *Composers of tomorrow's music*, New York 1971

Eimert, H./Humpert, H. U.: *Lexikon der elektronischen Musik*, Regensburg 1973

Federhofer, Hellmut: *Neue Musik. Ein Literaturbericht*, Tutzing 1977 (=*Mainzer Studien zur Musikwissenschaft* IX)

Gieseler, Walter: *Komposition im 20. Jahrhundert*, Celle 1975

Gradenwitz, Peter: *Wege zur Musik der Zeit*, Wilhelmshaven 1974 (= *Taschenbücher zur Musikwissenschaft* 26)

Haas, H./Karkoschka, E.: *Neue Musik-Hören-Verstehen*, Herrenberg 1977

Häusler, Josef: *Musik im 20. Jahrhundert. Von Schönberg zu Penderecki*, Bremen 1969

Hartog, H.: *European Music in the 20th Century*, London 1957, ²1969

Karkoschka, Erhard: *Das Schriftbild der Neuen Musik*, Celle 1966

ders.: *Neue Musik. Analyse*, Herrenberg 1976

Konold, Wulf: *Die Musik der 70er Jahre. Versuch einer Zwischenbilanz*, in: *Mus* 32/1978, S. 9–15

Kraemer, Uwe: *Komponisten über Komponisten. Ein Quellenlesebuch*, Wilhelmshaven 1972 (= *Taschenbücher zur Musikwissenschaft* 16)

Krützfeldt, Werner: *Neueste Musik – Erscheinungsformen und Tendenzen*, in: Segler, Helmut (Hrsg.), *Musik und Musikunterricht in der Gesamtschule*, Weinheim 1972, S. 163–196

Oehlmann, Werner: *Die Musik des 20. Jahrhunderts*, Berlin 1961

Prieberg, Fred K.: *Lexikon der Neuen Musik*, Freiburg-München 1958

Rohwer, Jens: *Neueste Musik. Ein kritischer Bericht*, Stuttgart 1964

Schäffer, Boguslaw: *Nowa Muzyka*, Krakau 1969

Schmidt, Christian Martin: *Die Neue Musik und ihre neuesten Entwicklungen*. Analytischer Kommentar zur Schallplattenkassette *opus musicum*, Köln 1975 (OM 116–118)

ders.: *Brennpunkte der Neuen Musik*, Köln 1977

Siegele, Ulrich: *Entwurf einer Musikgeschichte der sechziger Jahre*, in: R. Stephan (Hrsg.), *Die Musik der 60er Jahre*, Mainz 1972, S. 9–25 (VD 12)

Smith Brindle, Reginald: *The new music. The avant-garde since 1945*, Oxford 1975

Stephan, Rudolf: *Neue Musik*, Göttingen 1958, ²1973

ders.: *Über die Schwierigkeiten der Bewertung und Analyse neuester Musik*, in: *Mus* 26/1972, S. 225–232

Stuckenschmidt, Hans Heinz: *Schöpfer der Neuen Musik,* Frankfurt/M 1958, München (dtv) 1962

ders.: *Musik des 20. Jahrhunderts,* München 1968

ders.: *Die Musik eines halben Jahrhunderts 1925–1975. Essay und Kritik,* München 1976

Vogt, Hans: *Neue Musik seit 1945,* Stuttgart 1972

Zillig, Winfried: *Die Neue Musik. Linien und Porträts,* München 1963 (= *Variationen über neue Musik,* München 1964)

1.2 Sammelbände und Reihen

Burde, Wolfgang (Hrsg.): *Aspekte der Neuen Musik. Professor Hans Heinz Stuckenschmidt zum 65. Geburtstag,* Kassel-Basel-Paris-London-New York 1968

Dahlhaus, Carl: *Schönberg und andere. Gesammelte Aufsätze zur Neuen Musik,* mit einer Einleitung von Hans Oesch, Mainz-London-New York-Tokyo 1978

Darmstädter Beiträge zur Neuen Musik:

Band 1 hg. v. Wolfgang Steinecke, Mainz 1958
Band 2 hg. v. Wolfgang Steinecke, Mainz 1959
Band 3 hg. v. Wolfgang Steinecke, Mainz 1960
Band 4 hg. v. Ernst Thomas, Mainz 1962
Band 5 Pierre Boulez, *Musikdenken heute,* 1. Teil, Mainz 1963
Band 6 in Vorbereitung
Band 7 in Vorbereitung
Band 8 Lejaren A. Hiller, jr.: *Informationstheorie und Computermusik,* hg. v. Ernst Thomas, Mainz 1964
Band 9 *Notation Neuer Musik,* hg. v. Ernst Thomas, Mainz 1965
Band 10 *Form in der Neuen Musik,* hg. v. Ernst Thomas, Mainz 1966
Band 11 Rolf Gehlhaar, *Zur Komposition Ensemble,* hg. v. Ernst Thomas, Mainz 1968
Band 12 Fred Ritzel, *Musik für ein Haus,* hg. v. Ernst Thomas, Mainz 1970
Band 13 Ferienkurse '72, hg. v. Ernst Thomas, Mainz 1973
Band 14 Ferienkurse '74, hg. v. Ernst Thomas, Mainz 1975
Band 15 *Hermann Heiß, Eine Dokumentation von Barbara Reichenbach,* hg. v. Ernst Thomas, Mainz 1975
Band 16 Ferienkurse '76, hg. v. Ernst Thomas, Mainz 1976
Band 17 Ferienkurse '78, hg. v. Ernst Thomas, Mainz 1978

Dibelius, Ulrich (Hrsg.): *Musik auf der Flucht vor sich selbst. Acht Aufsätze*, München 1969 (= Reihe Hanser 28)

Die Reihe, hg. v. Herbert Eimert, unter Mitarbeit von Karlheinz Stockhausen:
Heft 1 *Elektronische Musik*, Wien 1955
Heft 2 *Anton Webern*, Wien 1955
Heft 3 *Musikalisches Handwerk*, Wien 1957
Heft 4 *Junge Komponisten*, Wien 1958
Heft 5 *Berichte/Analysen*, Wien 1959
Heft 6 *Sprache und Musik*, Wien 1960
Heft 7 *Form und Raum*, Wien 1960
Heft 8 *Rückblicke*, Wien 1962

Eggebrecht, Hans H. (Hrsg.): *Zur Terminologie der Musik des 20. Jahrhunderts*, Stuttgart 1974 (= *Veröffentlichungen der Walcker-Stiftung* V)

Kolleritsch, Otto (Hrsg.): *Neue Musik und Festival*, Graz 1973 (= *Studien zur Wertungsforschung* VI)

Kontrapunkte. Schriften zur deutschen Musik der Gegenwart, hg. v. Heinrich Lindlar:
Band 1 Hans Mersmann, *Deutsche Musik des XX. Jahrhunderts im Spiegel des Weltgeschehens*, Rodenkirchen 1958
Band 2 *Die Stimme der Komponisten. Aufsätze, Reden, Briefe 1907–1958*, Rodenkirchen 1958
Band 3 Hermann Erpf, *Wie soll es weitergehen?* Rodenkirchen 1958
Band 4 *Wolfgang Fortner. Eine Monographie. Werkanalysen. Aufsätze, Reden, offene Briefe 1950–1959*, Rodenkirchen 1960
Band 5 *Anton Webern. Einführung in Werk und Stil* von Walter Kolneder, Rodenkirchen 1961
Band 6 Karl H. Wörner, *K. Stockhausen. Werk und Wollen*, Rodenkirchen 1963
Band 7 Hans Mersmann, *Lebensraum der Musik. Aufsätze–Ansprachen*, Rodenkirchen 1964
Band 8 Heinrich Lindlar, *77 Premieren. Ein Opernjournal. Kritisches und Ketzerisches aus 7 Jahren*, Rodenkirchen 1965

Lincoln, Harry B. (Ed.): *The Computer and Music*, Ithaca/London 1970

Pauli, Hansjörg: *Für wen komponieren Sie eigentlich?* Frankfurt/M 1971 (= Reihe Fischer 16)

Reinecke, Hans P. (Hrsg.): *Das musikalisch Neue und die Neue Musik*, Mainz 1969

Stürzbecher, Ursula: *Werkstattgespräche mit Komponisten*, Köln 1971

Veröffentlichungen des Instituts für Neue Musik und Musikerziehung Darmstadt:
Band 1 *Stilkriterien der Neuen Musik*, hg. v. Siegfried Borris u. a., Berlin 1961
Band 2 *Stilporträts der Neuen Musik*, hg. v. Siegfried Borris u. a., Berlin 1961
Band 3 *Der Wandel des musikalischen Hörens*, hg. v. Siegfried Borris u. a., Berlin 1962

Band 4 *Vergleichende Interpretationskunde*, hg. v. Siegfried Borris u. a., Berlin 1963

Band 5 *Terminologie der Neuen Musik*, hg. v. Rudolf Stephan, Berlin 1965

Band 6 *Neue Wege der musikalischen Analyse*, hg. v. Rudolf Stephan, Berlin 1967

Band 7 *Probleme des musiktheoretischen Unterrichts*, hg. v. Rudolf Stephan, Berlin 1967

Band 8 *Versuche musikalischer Analysen*, hg. v. Rudolf Stephan, Berlin 1967

Band 9 *Über das Musikleben der Gegenwart*, hg. v. Rudolf Stephan, Berlin 1968

Band 10 *Über Musik und Politik*, hg. v. Rudolf Stephan, Mainz 1971

Band 11 *Über Musik und Kritik*, hg. v. Rudolf Stephan, Mainz 1971

Band 12 *Die Musik der 60er Jahre*, hg. v. Rudolf Stephan, Mainz 1972

Band 13 *Zwischen Tradition und Fortschritt – Über das musikalische Geschichtsbewußtsein*, hg. v. Rudolf Stephan, Mainz 1973

Band 14 *Über Musik und Sprache*, hg. v. Rudolf Stephan, Mainz 1974

Band 15 *Avantgarde und Volkstümlichkeit*, hg. v. Rudolf Stephan, Mainz 1975

Band 16 *Schulfach Musik*, hg. v. Rudolf Stephan, Mainz 1976

Band 17 *Musik fremder Kulturen*, hg. v. Rudolf Stephan, Mainz 1977

Band 18 *Avantgarde–Jazz–Pop. Tendenzen zwischen Tonalität und Atonalität*, hg. v. Reinhold Brinkmann, Mainz 1978

Band 19 *Die neue Musik und die Tradition*, hg. v. Reinhold Brinkmann, Mainz 1978

Band 20 *Improvisation und neue Musik*, hg. v. Reinhold Brinkmann, Mainz 1979

Band 21 *Musik im Alltag*, hg. v. Reinhold Brinkmann, Mainz 1980

Winckel, Fritz (Hrsg.): *Experimentelle Musik. Raum Musik – Visuelle Musik – Medien Musik – Wort Musik – Elektronik Musik – Computer Musik*, Berlin 1970 (= *Schriftenreihe der Akademie der Künste*, Bd. 7)

Zimmerschied, Dieter (Hrsg.): *Perspektiven Neuer Musik. Material und didaktische Information*, Mainz 1974

1.3 Einzelthemen

Adorno, Theodor W.: *Schwierigkeiten in der Auffassung neuer Musik,* in: Wolfgang Burde (Hrsg.), *Aspekte der Neuen Musik. Professor Hans Heinz Stuckenschmidt zum 65. Geburtstag,* Kassel 1968, S. 9–20

ders.: *Kriterien,* in: *DB* I, Mainz 1958, S. 7–16

ders.: *Vers une musique informelle,* in: *DB* IV, Mainz 1962, S. 73–102

ders.: *Form in der Neuen Musik,* in: *DB* X, Mainz 1966, S. 9–21

Berio, Luciano: *Musik und Dichtung – eine Erfahrung,* in: *DB* II, Mainz 1959, S. 36–45

Boehmer, Konrad: *Gesellschaftliche Determinanten des Verstehens der Neuen Musik,* in: *Interface* 3/1974, S. 3–19

ders.: *Zur Theorie der offenen Form in der Neuen Musik,* Darmstadt 1967

ders.: *Werk-Form-Prozeß,* in: Ulrich Dibelius (Hrsg.), *Musik auf der Flucht vor sich selbst,* München 1969, S. 55–77

Borris, Siegfried: *Neue Bläserstrukturen im XX. Jahrhundert,* in: *MuB* 5/1973, S. 357–367

ders.: *Historische Entwicklungslinien der Neuen Musik,* in: *VD* 1, Berlin 1961, S. 9–33

ders.: *Stilistische Synopsis – Analogien und Kontraste,* in: *VD* 2, Berlin 1961, S. 74–95

ders.: *Klangbilder und Hörmodelle der Neuen Musik. Neue Aufgaben oder Hörerziehung,* in: *VD* 3, Berlin 1962, S. 72–81

Bose, Hans-J. v.: *Suche nach einem neuen Schönheitsideal,* in: *DB* XVII, Mainz 1978, S. 34–39

Boulez, Pierre: *Wie arbeitet die Avantgarde?* in: *Mel.* 28/1961, S. 301–308

ders.: *Alea (1957),* in: *Werkstatt-Texte,* Frankfurt 1972, S. 100–113

ders.: *Zu meiner III. Sonate,* in: *DB* III, Mainz 1960, S. 27–40

ders.: *Discipline et communication,* in: *DB* IV, Mainz 1962, S. 25–37

ders.: *Musikalische Technik,* in: *DB* V, Mainz 1963, S. 29–123

ders.: *An der Grenze des Fruchtlandes,* in: *R* 1, Wien 1955, S. 47–56

Braun, Peter M.: *Musikalisches Handwerk heute,* in: *MuB* 5/1973, S. 70–74

Briner, Andres: *Am Modell der Gegenwart,* Bern 1974, S. 127–132 (= *Publikationen der Schweizerischen Musikforschenden Gesellschaft,* Serie III, Vol. 2)

Brinkmann, Reinhold: *Von einer Änderung des Redens über Musik,* in: *VD* 12, Mainz 1972, S. 77–89

ders.: *Ästhetische und politische Kriterien der Kompositionskritik – Korreferat,* in: *DB* XIII, Mainz 1973, S. 28–41 ders.: *Stockhausens ‚Ordnung'. Versuch, ein Modell einer terminologischen Untersuchung zu beschreiben,* in: Hans H. Eggebrecht (Hrsg.), *Zur Terminologie der Musik des 20. Jahrhunderts,* Stuttgart 1974, S. 205–213

Brown, Earle: *Notation und Ausführung Neuer Musik,* in: *DB* IX, Mainz 1965, S. 64–86

ders.: *Form in der Neuen Musik,* in: *DB* X, Mainz 1966, S. 57–69

Brün, Herbert: *Mit verdorrten Zungen,* in: Ulrich Dibelius (Hrsg.), *Musik auf der Flucht vor sich selbst,* München 1969, S. 41–54

Budde, Elmar: *Zitat, Collage, Montage,* in: *VD* 12, Mainz 1972, S. 26–38

ders.: *Zum Verhältnis der Sprache, Sprachlaut und Komposition in der neueren Musik,* in: *VD* 14, Mainz 1974, S. 9–19

Cage, John: *Beschreibung der in ‚music for piano 21–52' angewandten Kompositionsmethode,* in: *R* 3, Wien 1957, S. 43–45

ders.: *Zur Geschichte der experimentellen Musik in den Vereinigten Staaten,* in: *DB* II, Mainz 1959, S. 46–53

ders.: *Unbestimmtheit,* in: *R* 5, Wien 1959, S. 85–121

Caskel, Christoph: *Notation für Schlagzeug,* in: *DB* IX, Mainz 1965, S. 110–116

Dahlhaus, Carl: *„Neue Musik" als historische Kategorie* (1969), in: ders., *Schönberg und andere,* Mainz 1978, S. 29–39

ders.: *Fortschritt und Avantgarde* (1970), ebd., S. 40–48

ders.: *Avantgarde und Popularität* (1975), ebd., S. 49–56

ders.: *Musikalischer Funktionalismus* (1976), ebd., S. 57–71

ders.: *Die Neue Musik und das Problem der musikalischen Gattungen* (1969), ebd., S. 72–82

ders.: *Probleme des Rhythmus in der Neuen Musik* (1965), ebd., S. 97–110

ders.: *Der Tonalitätsbegriff in der Neuen Musik,* ebd., S. 111–117

ders.: *Ästhetische Probleme der elektronischen Musik* (1970), ebd., S. 234–243

ders.: *Notenschrift heute,* ebd., S. 244–269

ders.: *Plädoyer für eine romantische Kategorie – Der Begriff des Kunstwerks in der neuesten Musik* (1969), ebd., S. 270–278

ders.: *Über den Zerfall des musikalischen Werkbegriffs,* ebd., S. 279–290

ders.: *Das musikalische Kunstwerk als Gegenstand der Soziologie* (1974), ebd., S. 291–303

ders.: *Thesen über engagierte Musik* (1972), ebd., S. 304–313

ders.: *Politische und ästhetische Kriterien der Kompositionskritik* (1973), ebd., S. 314–326

ders.: *Probleme der Kompositionskritik* (1971), ebd., S. 327–335

ders.: *Form* (1966), ebd., S. 343–357

ders.: *Komposition und Improvisation* (1972), ebd., S. 374–381

ders.: *Adornos Begriff des musikalischen Materials,* in: Hans H. Eggebrecht (Hrsg.), *Zur Terminologie der Musik des 20. Jahrhunderts,* Stuttgart 1974, S. 9–17

ders.: *Neue Musik und „reine Stimmung",* in: *Mel/NZ* 2/1976, S. 115–117

ders.: *Musikalische Moderne und Neue Musik,* in: *Mel/NZ* 2/1976, S. 90

ders.: *Über offene und latente Traditionen in der neuesten Musik,* in: *VD* 19, Mainz 1978, S. 9–21

ders.: *Vom Einfachen, vom Schönen und vom einfach Schönen,* in: *DB* XVII, Mainz 1978, S. 22–33

Danninger, Helmut: *Destruktion und Heimweh. Anmerkungen zur Neuen Musik Amerikas,* in: *Mus* 32/1978, S. 20–24

Danuser, Hermann: *Tradition und Avantgarde nach 1950,* in: *VD* 19, Mainz 1978, S. 22–54

Dibelius, Ulrich: *Szene und Technik. Zwei Aspekte einer Entwicklung,* in: *VD* 12, Mainz 1972, S. 53–64

ders.: *Historisches Bewußtsein und Irrationalität,* in: *VD* 19, Mainz 1978, S. 69–79

ders.: *Die zerschlagene Leier des Orpheus,* in: ders., *Musik auf der Flucht vor sich selbst,* München 1969, S. 116–132

Döhl, Friedhelm: *Sinn und Unsinn musikalischer Form,* in: *VD* 5, Berlin 1965, S. 58–69

Eggebrecht, Hans H.: *Punktuelle Musik,* in: ders., *Zur Terminologie der Musik des 20. Jahrhunderts,* Stuttgart 1974, S. 162–180

ders.: *Neue Musik – Tradition – Fortschritt – Geschichtsbewußtsein: Bemerkungen zu diesen Begriffen,* in: *VD* 13, Mainz 1973, S. 53–65

Eimert, Herbert: *Von der Entscheidungsfreiheit des Komponisten,* in: *R* 3, Wien 1957, S. 5–12

Engelmann, Hans U.: *Von der guten alten Zeit der Neuen Musik,* in: *Mel* 37/1970, S. 142–145

Faltin, Peter: *Ontologische Transformationen in der Musik der sechziger Jahre,* in: *Mel* 40/1973, S. 70–74

Federhofer, Hellmut: *Zur Rezeption Neuer Musik,* in: *Int. Rev.* 3/1972, S. 5–34

Fischer, Kurt v.: *Zum Problem des Neuen in der Musik,* in: *Mus* 25/1971, S. 239–242

Fritsch, Johannes: *Musikalische Praxis,* in: *VD* 16, Mainz 1976, S. 52–57

ders.: *Prozeßplanung,* in: *VD* 20, Mainz 1979, S. 108–117

Fubini, Enrico: *Implicazioni Sociologiche nella creazione e nella fruizione della musica d'avanguardia,* in: *Int. Rev.* 5/1974, S. 169–181

Fucks, Wilhelm: *Über formale Struktureigenschaften musikalischer Partituren,* in: Fritz Winckel (Hrsg.), *Experimentelle Musik,* Berlin 1970, S. 33–58

Fürst-Heidtmann, Monika: *Das präparierte Klavier des John Cage,* Regensburg 1979

Gerlach, Reinhard: *Pierre Boulez und Stefan Mallarmé. Ein Fragment über das Artifizielle,* in: *VD* 14, Mainz 1974, S. 70–92

Gilbert, Steven E.: *„The Ultra-Modern Idiom". A Survey of New Music*, in: *Perspectives of New Music* 1973/1974, S. 282–314

Goeyvaerts, Karel: *Das elektronische Klangmaterial*, in: *R* 1, Wien 1955, S. 14–16

Gottwald, Clytus: *Bausteine zu einer Theorie der Neuen Vokalmusik*, in: *Festschrift für einen Verleger. Ludwig Strecker zum 90. Geburtstag*, Mainz 1973, S. 259–269

Gradenwitz, Peter: *Die jüngsten Komponisten Israels*, in: *NZ* 140/1979, S. 26–27

Gredinger, Paul: *Das Serielle*, in: *R* 1, Wien 1955, S. 34–41

Gruber, Gernot: *Das Neue an der Neuen Musik*, in: *ÖMZ* 32/1977, S. 562–569

Gruhn, Wilfried: *Avantgarde – Auf der Suche nach einer neuen Form*, in: *MuB* 2/1970, S. 481–484

ders.: *Zum Begriff und zur Praxis der Improvisation*. in: *MuB* 1973, S. 229–232

ders.: *Textvertonung und Sprachkomposition bei G. Ligeti*, in: *MuB* 1975, S. 511–519

ders.: *Die instrumentale Inszenierung des Klanges bei M. Kagel*, in: *MuB* 1977, S. 606–614

Häusler, Josef: *Einige Aspekte des Wort-Ton-Verhältnisses*, in: *VD* 12, Mainz 1972, S. 65–76

Haller, Hans P.: *Klangsteuerung in der Live-Elektronik*, in: *DB* XVI, Mainz 1976, S. 70–82

Heinemann, Rudolf: *Untersuchungen zur Rezeption der seriellen Musik*, Regensburg 1966 (= *Kölner Beiträge zur Musikforschung* 43)

Heiß, Hermann: *Die elektronische Musik und der Hörer*, in: *VD* 3, Berlin 1962, S. 41–47

Kaegi, Werner: *Was ist elektronische Musik?* Zürich 1967

Kagel, Mauricio: *Komposition – Notation – Interpretation*, in: *DB* IX, Mainz 1965, S. 55–63

ders.: *Form in der Neuen Musik*, in: *DB* X, Mainz 1966, S. 51–56

ders.: *Ton-Cluster, Anschläge, Übergänge*, in: *R* 5, Wien 1959, S. 23–37

ders.: *Translation–Rotation*, in: *R* 7, Wien 1960, S. 31–61

Karbusický, Vladimír: *Ideologie der Kunst und Kunst der Ideologie*, in: *VD* 10, Mainz 1971, S. 67–85

Karkoschka, Erhard: *Zum Terminus „strukturell"*, in: *VD* 5, Berlin 1965, S. 70–82

ders.: *Neue Musik und ihr Publikum – gestern, heute und morgen*, in: *MuB* 1/1969, S. 317–322

Keller, Wilhelm: *Tonsatzanalytische Verfahren zur Darstellung von Stilkriterien Neuer Musik*, in: *VD* 1, Berlin 1961, S. 66–81

Kelterborn, Rudolf: *Die Problematik der Formbegriffe in der Neuen Musik*, in: *VD* 5, Berlin 1965, S. 48–57

Klüppelholz, Werner: *Sprache als Musik. Studien zur Vokalkomposition seit 1956*, Herrenberg 1976, [2]1978

Kneif, Tibor: *Ästhetischer Anspruch und Ideologiegehalt im musikalischen Kunstwerk,* in: *VD* 10, Mainz 1971, S. 86–95

ders.: *Typen der Entsprachlichung in der neuen Musik,* in: *VD* 14, Mainz 1974, S. 20–33

Koenig, Gottfried M.: *Studium im Studio,* in: *R* 5, Wien 1959, S. 74–83

ders.: *Computer-Verwendung in Kompositionsprozessen,* in: Ulrich Dibelius (Hrsg.), *Musik auf der Flucht vor sich selbst,* München 1969, S. 78–91

ders.: *Musik in ihrer technischen Rationalität,* Utrecht 1961 (*Referate zur Internationalen Musikwoche Gaudeamus 1961*)

Komorowski, Hans P.: *Die „Invention" in der Musik des 20. Jahrhunderts,* Regensburg 1971 (= *Kölner Beiträge zur Musikforschung* 62)

Kropfinger, Klaus: *Bemerkungen zur Geschichte des Begriffwortes ‚Struktur' in der Musik,* in: Hans H. Eggebrecht (Hrsg.), *Zur Terminologie der Musik des 20. Jahrhunderts,* Stuttgart 1974, S. 188–199

Kühn, Clemens: *Das Zitat in der Musik der Gegenwart,* Hamburg 1972

Lachenmann, Helmut: *Klangtypen der neuen Musik,* in: *zfmth* 1/1970, S. 20–30

ders.: *Die Schönheit und die Schöntöner,* in: *NMZ* 1/1977, S. 1, 7

ders.: *Bedingungen des Materials,* in: *DB* XVII, Mainz 1978, S. 93–110

Ligeti, György: *Wandlungen der musikalischen Form,* in: *R* 7, Wien 1960, S. 5–17

Meyer-Eppler, Werner: *Statistische und psychologische Klangprobleme,* in: *R* 1, Wien 1955, S. 22–28

ders.: *Informationstheoretische Probleme der musikalischen Kommunikation,* in: *R* 8, Wien 1962, S. 7–10

Metzger, Heinz-K.: *Gescheiterte Begriffe in Theorie und Kritik der Musik,* in: *R* 5, Wien 1959, S. 41–49

Morgan, Robert P.: *Autonomie und Tradition – Amerikanische Musik im 20. Jahrhundert,* in: *ÖMZ* 31/1976, S. 471–475

Motte, Diether de la: *Zur Situation junger deutscher Komponisten,* in: *VD* 18, Mainz 1978, S. 42–59

ders.: *Improvisation in der Neuen Musik,* in: *VD* 20/1979, S. 42–54

Neumann, Friedrich: *Serielle Analyse und Teleologie,* in: *zfmth* 2/1971, S. 23–30

ders.: *Neue Musik zwischen Dekomposition und Neukomposition,* in: *ÖMZ* 32/1977, S. 417–426

ders.: *Musikwissenschaft und zeitgenössische Musik,* in: *Mf* 32/1979, S. 432–436

Nono, Luigi: *Die Entwicklung der Reihentechnik,* in: *DB* I, Mainz 1958, S. 25–37

ders.: *Geschichte und Gegenwart in der Musik von heute,* in: *DB* III, Mainz 1960, S. 41–47

O'Conell, Walter: *Der Ton-Raum,* in: *R* 8, Wien 1962, S. 35–61

Oesch, Hans: *Zwischen Komposition und Improvisation,* in: *VD* 12, Mainz 1972, S. 39–52 ders.: *Musikwissenschaft und Neue Musik*, in: Carl Dahlhaus, *Schönberg und andere*, Mainz 1978, S. 7–27

Pauli, Hansjörg: *Von der Idee zur Realisation – Ausdrucksmittel des heutigen Komponisten*, in: *Mus* 25/1971, S. 447–450

ders.: *Avantgarde und Volkstümlichkeit*, in: *zfmth* 6/1975, S. 4–11

Petrovitsch, Brigitte: *Studien zur Musik für Violine solo 1945–1970*, Regensburg 1972 (= *Kölner Beiträge zur Musikforschung* 68)

Pfrogner, Hermann: *Vom Hören Neuer Musik*, in: *VD* 3, Berlin 1962, S. 23–29

Polaczek, Dietmar: *Konvergenzen? Neue Musik und die Kunst der Gegenwart*, in: *Mus* 32/1978, S. 29–33

Pousseur, Henri: *Strukturen des neuen Baustoffs*, in: *R* 1, Wien 1955, S. 42–46

ders.: *Theorie und Praxis in der neuesten Musik*, in: *DB* II, Mainz 1959, S. 15–29

Reimers, Lennart: *Neue Musik in Schweden*, in: *NZ* 140/1979, S. 28–30

Reinecke, Hans-P.: *Hörprobleme im Lichte akustisch-tonpsychologischer Forschung*, in: *VD* 3, Berlin 1962, S. 48–56

ders.: *Sozialpsychologische Hintergründe der Neuen Musik*, in: ders., *Das musikalisch Neue und die Neue Musik*, Mainz 1969, S. 73–86

Rihm, Wolfgang: *Der geschockte Komponist*, in: *DB* XVII, Mainz 1978, S. 40–51

Roschitz, Karlheinz: *Österreichs Avantgarde zwischen „Konservativismus" und „Neuer Einfachheit"*, in: *ÖMZ* 34/1979, S. 426–429

Ruwet, Nicolas: *Von den Widersprüchen der seriellen Sprache*, in: *R* 6, Wien 1960, S. 59–70

Schnebel, Dieter: *Tendenzen in der neuen amerikanischen Musik*, in: *VD* 18, Mainz 1978, S. 9–17

ders.: *Sichtbare Musik*, in: Ulrich Dibelius (Hrsg.), *Musik auf der Flucht vor sich selbst*, München 1969, S. 11–28

Schuller, Gunther: *Amerikas Avantgarde – Zwischen Tradition und Experiment*, in: *ÖMZ* 31/1976, S. 482–489

Schulze-Andresen, Walter: *Das dreidimensionale Notenbild*, in: *R* 8, Wien 1962, S. 26–34

Sonntag, Brunhilde: *Untersuchungen zur Collagentechnik in der Musik des 20. Jahrhunderts*, Regensburg 1977 (= *Perspektiven zur Musikpädagogik und Musikwissenschaft* 3)

Stam, Joop: *Information Theory and Music. Bibliography*, Bloemfontein 1977

Stephan, Rudolf: *Hörprobleme serieller Musik*, in: *VD* 3, Berlin 1962, S. 30–40

ders.: *Über Schwierigkeiten der Bewertung und Analyse neuester Musik*, in: *Mus* 16/1971, S. 225–232

ders.: *Das Neue der Neuen Musik*, in: Hans-P. Reinecke (Hrsg.), *Das musikalisch Neue und die Neue Musik*, Mainz 1969, S. 47–64 ders.: *Zum Terminus ‚Grundgestalt'*, in: Hans H. Eggebrecht (Hrsg.), *Zur Terminologie der Musik des 20. Jahrhunderts,* Stuttgart 1974, S. 69–76

ders.: *Zum Problem der Tradition in der neuesten Musik,* in: *Studien zur Tradition in der Musik. Kurt v. Fischer zum 60. Geburtstag,* München 1973, S. 191–200

ders.: *Über die Bedeutung des Experiments in der zeitgenössischen Musik,* in: *ÖMZ* 27/1972, S. 524–533

Stiebler, Ernstalbrecht: *Überlegungen zur periodischen Musik,* in: *VD* 18, Mainz 1978, S. 18–23

Stockhausen, Karlheinz: *Struktur und Erlebniszeit,* in: *R* 2, Wien 1955, S. 69–79

ders.: *... wie die zeit vergeht ...,* in: *R* 3, Wien 1957, S. 13–42

ders.: *Elektronische und instrumentale Musik,* in: *R* 5, Wien 1959, S. 50–58

ders.: *Musik im Raum,* in: *R* 5, Wien 1959, S. 59–73

ders.: *Musik und Sprache,* in: *R* 6, Wien 1960, S. 36–58

ders.: *Musik und Graphik,* in: *DB* III, Mainz 1960, S. 5–25

ders.: *Kriterien der Neuen Musik,* in: *MuB* 3/1971, S.1–3

Stroh, Wolfgang M.: *Zur Soziologie der Elektronischen Musik,* Zürich 1975

Stuckenschmidt, Hans H.: *Kriterien und Grenzen der Neuheit,* in: Hans-P. Reinecke (Hrsg.), *Das musikalisch Neue und die Neue Musik,* Mainz 1969, S. 7–21

Winckel, Fritz: *Akustischer und visueller Raum als Mitgestalter in der experimentellen Musik,* in: ders., *Experimentelle Musik,* Berlin 1970, S. 7–23

Zaminer, Frieder: *Rhythmus und Zeitdauern-Organisation,* in: Hans H. Eggebrecht (Hrsg.), *Zur Terminologie der Musik des 20. Jahrhunderts,* Stuttgart 1974, S. 60–68

Zobl, Wilhelm: *Die Situation der Neuen Musik am Anfang der Achtziger Jahre,* in: *ÖMZ* 35/1980, S. 78–82

2. Spezialliteratur und Monographien zu den besprochenen Werken

Allgemeine Literatur zu den jeweiligen Komponisten ist nur aufgenommen, wo ihr prinzipielle Bedeutung zum Verständnis des kompositorischen Werkes zukommt. Die angeführte Literatur stellt somit in bezug auf den Komponisten keine Gesamtbibliographie dar, sondern berücksichtigt in erster Linie Arbeiten, die auf die behandelten Werke oder spezifische kompositorische Probleme Bezug nehmen.

2.1 Luciano Berio: *Sinfonia*

Altmann, Peter: *Sinfonia von Luciano Berio. Eine analytische Studie,* Wien 1977

Berio, Luciano: *Kommentar zur Sinfonia,* aus dem Englischen von Josef Häusler, in: Programmheft der Donaueschinger Musiktage für zeitgenössische Tonkunst 1969, S. 13f., auf deutsch

	auch als Plattentext zur Schallplattenaufnahme der *Sinfonia*, CBS S 34-61079, *Music of our time*
ders.:	*Musik und Dichtung. Eine Erfahrung*, in: *DB* II, Mainz 1959, S. 36–45
Budde, Elmar:	*Zum dritten Satz der „Sinfonia" von Luciano Berio*, in: *VD* 12, Mainz 1972, S. 128–144
Collins, Dennis:	*Luciano Berio. Catalogue des oeuvres, discographie. Éléments de bibliographie*, in: *Musique en Jeu* 15/1974, S. 64–71
Flynn, George W.:	*Listening to Berio's Music*, in: *MQ* 61/1975, S. 388–421
Koegler, Horst:	*Berios Sinfonia getanzt (Sinfonia – That is the Show)*, in: *Mus* 29/1975, S. 234–235
Konold, Wulf:	*Musik zwischen Sprache und Aktion. Einige Aspekte zum Schaffen von Luciano Berio*, in: *Mus* 25/1971, S. 453–457
Krieger, G./Stroh, W. M.:	*Probleme der Collage in der Musik aufgezeigt am 3. Satz der Sinfonia von Luciano Berio*, in: *MuB* 3/1971, S. 229–235
Kropfinger, Klaus:	*Lautfelder und kompositorisches Gefüge bei Luciano Berio*, in: *VD* 14, Mainz 1974, S. 45–58
Oppens, Kurt:	*Berios Erste Symphonie*, in: *Mus* 23/1969, S. 19–20
Ravizza, Victor:	*Sinfonia für acht Singstimmen und Orchester von Luciano Berio. Analyse*, in: *Mel* 41/1974, S. 291–297
Santi, Piero:	*Luciano Berio*, in: *R* 4, Wien 1958, S. 98–102
2.2 Pierre Boulez:	*Structures*
Adorno, Theodor W.:	*Vers une musique informelle*, in: *Quasi una fantasia, Musikalische Schriften* II, Frankfurt 1963
Boehmer, Konrad:	*Zur Theorie der offenen Form in der Neuen Musik*, Darmstadt 1967
Boulez, Pierre:	*Musikdenken heute*, Mainz 1963 (DB V)
ders.:	*Werkstatt-Texte*, Frankfurt-Berlin-Wien 1972
ders.:	*Anhaltspunkte*, Stuttgart-Zürich 1975
ders.:	*Wille und Zufall. Gespräche mit Célestin Deliège und Hans Mayer*, Stuttgart-Zürich 1977
Bracanin, Philip K.:	*The abstract system as compositional matrix: an examination of some applications by Nono, Boulez and Stockhausen*, in: *Studies in Music* 5/1971, S. 90–114
Fuhrmann, Roderich:	*Pierre Boulez: Structures I* (1952), in: Zimmerschied, Dieter (Hrsg.): *Perspektiven Neuer Musik*, Mainz 1974, S. 170–187
Kirchmeyer, Helmut/ Schmidt, Hugo Wolfram:	Kap.: *Boulez: Structure Ia*, in: *Aufbruch der jungen Musik* (*Die Garbe*, Teil IV), Köln 1970, S. 179–186
Ligeti, György:	*Pierre Boulez: Entscheidung und Automatik in der Structure Ia*, in: *R* 4, Wien 1958, S. 38–63
Stahnke, Manfred:	*Struktur und Ästhetik bei Boulez*, Hamburg 1980

Wennerstrom, M. H.: *Parametric Analysis of Contemporary Music Form*, Indiana 1967

2.3 John Cage: *First Construction (in Metal)*
Sonatas and Interludes

Cage, John: *Notations*, New York 1969
ders.: *Silence*, Neuwied-Berlin 1969
ders.: *A Year from Monday*, Middletown/Connecticut 1967
ders.: *Experimental music*, in: *The American experience. A radical reader*. Ed. by H. Jaffe and J. Tytell, New York 1970, S. 327–331
ders.: *M; writings '67–'72*, Middletown/Connecticut 1973
ders.: *Empty words. John Cage talks back*, in: *Feedback Papers* 15/1978, S. 1–2
Charles, Daniel: *Sonatas et interludes pour piano préparé*, in: *Musique de tous les temps* 52/1970, S. 6–9 (Supplement 2)
Dunn, Robert: *John Cage. Compositions – Recordings – Interview – Bibliography – Biography – Excerpts*, Frankfurt-London-New York 1962
Fürst-Heidtmann, Monika: *Das präparierte Klavier des John Cage*, Regensburg 1979
Kostelanetz, Richard (Hrsg.): *John Cage*. Übersetzt v. I. Schnebel und R. Zeller, eingeleitet von D. Schnebel, Köln 1973
Metzger, H.-K./Riehn, R. (Hrsg.): *John Cage* (*Musik-Konzepte* Sonderband April 1978), München 1978, besonders: Auswahl-Bibliographie S. 167ff. und Diskographie S. 173f.
Nyman, Michael: *Experimental music: Cage and beyond*, London 1974
Schnebel, Dieter: *Disziplinierte Anarchie – Cages seltsame Konsequenzen aus der Lehre bei Schönberg*, in: *Herausforderung Schönberg. Was die Musik des Jahrhunderts veränderte*. Hg. v. Ulrich Dibelius, München 1974, S. 151–160 (= Reihe Hanser 166)
Toncitch, Voya: *Kants Denkkategorien verpflichtet. Zur Ästhetik und Musik von John Cage*, in: *Mel/NZ* 1/1975, S. 7–10

2.4 Nikolaus A. Huber: *Gespenster*

Dibelius, Ulrich: *Gesellschaft als Partner und Modell. Zum Komponieren von Nikolaus A. Huber*, in: *Mus* 26/1972, S. 338–341
Dudda, Friedrich: *Nikolaus A. Hubers „Darabukka"*, in: *Feedback Papers* 15/1978, S. 19–21
Huber, Nikolaus A.: *Zu „Gespenster"*, in: *Programmheft der Weltmusiktage der IGNM*, Bonn 1977, S. 56–57
Tibbe, Monika: *Nicolaus A. Huber*, in: *NZ* 135/1974, S. 167–169

2.5 Mauricio Kagel: *Exotica*

Borris, Siegfried: *Kagel – der unbequeme Nonkonformist,* in: *MuB* 9/1977, S. 585–588

Frisius, Rudolf: *Komposition als Kritik an Konventionen,* in: *MuB* 9/1977, S. 600–606

ders.: Discographie, in: *MuB* 9/1977, S. 625

Gruhn, Wilfried: *Die instrumentale Inszenierung des Klanges bei Mauricio Kagel,* in: *MuB* 9/1977, S. 606–614

Kagel, Mauricio: *Tamtam. Dialoge und Monologe zur Musik,* hg. v. Felix Schmidt, München 1975

ders.: *Exotica. Erläuterungen zur Partitur,* Wien 1971/72

Klüppelholz, Werner: *Mauricio Kagel und die Tradition,* in: *VD* 19, Mainz 1978, S. 102–113

Pauli, Hansjörg: *Mauricio Kagel,* in: *Für wen komponieren Sie eigentlich?* Frankfurt 1971, S. 83–105

Schnebel, Dieter: *Mauricio Kagel – Musik, Theater, Film,* Köln 1970

Zarius, Karl-H.: *Szenische Komposition – Komponierte Szene. Kagels Neues Musiktheater als Reflexion zwischen den Medien, MuB* 9/1977, S. 588–595

ders.: Bibliographie, in: *MuB* 9/1977, S. 624–625

2.6 Gottfried Michael Koenig: *Übungen für Klavier/Projekt II*

Koenig, Gottfried M.: *Computer-Verwendung in Kompositionsprozessen,* in: Dibelius, Ulrich (Hrsg.), *Musik auf der Flucht vor sich selbst,* München 1969, S. 78–91

ders.: *The use of computer programs in creating music,* in: *Music and technology,* Paris-New York 1971, S. 93–116 (Stockholm meeting, June 8–12, 1970)

ders.: *Serielle und aleatorische Verfahren in der elektronischen Musik,* in: *Electronic music reports* 4/1971, S. 95–117

2.7 Helmut Lachenmann: *Accanto*

Konold, Wulf: *Distanz wegen Nähe. Ein Gespräch mit dem Komponisten Helmut Lachenmann,* in: *Mus* 30/1976, S. 481–484

Lachenmann, Helmut: *Zum Verhältnis Kompositionstechnik – gesellschaftlicher Standort,* in: *Kongreßbericht Stuttgart 1971,* S. 28–39

ders.: *Die gefährdete Kommunikation. Gedanken und Praktiken eines Komponisten,* in: *Mus* 28/1974, S. 228–230

ders.: *Einführungstext zu „Accanto“,* in: *Programmheft des Saarländischen Rundfunks „Musik im 20. Jahrhundert“,* Saarbrücken 1976

ders.: *Die Schönheit und die Schöntöner,* in: *NMZ* 1/1977, S. 1 und 7

Oehlschlägel, Reinhard: *Zum Beispiel H. Lachenmann. Der Versuch, eine neue ästhetische Qualität zu formulieren,* in: *Mus* 26/1972, S. 25–27

2.8 Olivier Messiaen: *Mode de valeurs et d'intensités*
Livre d'orgue

Ahrens, S./ Möller, H.-D./ Rössler, A.: *Das Orgelwerk Messiaens,* Duisburg 1969, erw. [2]1976

Forster, Max: *Technik modaler Komposition bei Olivier Messiaen,* Neuhausen-Stuttgart 1974 (= *Tübinger Beiträge zur Musikwissenschaft* 4)

Frischknecht, Hans E.: *Rhythmen und Dauerwerte im Livre d'orgue von Olivier Messiaen,* in: *Musik und Gottesdienst* 1/1968, S. 1–12

Heiß, Hellmut: *Struktur und Symbolik in „Reprises par interversion" und „Les mains de l'abîme" aus Olivier Messiaens „Livre d'orgue",* in: *zfmth* 1/1970, S. 32–38

ders.: *Struktur und Symbolik in „Les yeux dans les roues" aus Olivier Messiaens „Livre d'orgue",* in: *zfmth* 3/1972, S. 22–27

Kemmelmeyer, Karl-J.: *Die gedruckten Orgelwerke Olivier Messiaens bis zum „Verset pour la fête de la Dédicace",* I Textteil, II Tabellenteil, Regensburg 1974 (= *Veröffentlichungen zur theoretischen Musikwissenschaft* 4), (= *Forschungsbeiträge zur Musikwissenschaft* 25)

ders.: *Olivier Messiaen: Livre d'orgue I. Reprises par interversion – Wiederholung durch Binnenumstellung. Determinierte Musik im Unterricht der Sekundarstufe II,* in: *MuB* 7/1975, S. 448–453

Nichols, Roger: *Messiaen,* London 1975 (= *Oxford Studies of composers* 13)

Peterson, Larry W.: *Messiaen and rhythm: theory and practice,* University of North Carolina at Chapel Hill 1973

Schweizer, Klaus: *Olivier Messiaens Klavieretüde „Mode de valeurs et d'intensités",* in: *AfMw* 30/1973, S. 128–146

Seidel, Elmar: *Bemerkungen zur 2. Pièce en Trio de Livre d'Orgue von Olivier Messiaen,* in: *musica sacra* 93/1973, S. 348–355

Waumsley, Stuart: *The organ music of Olivier Messiaen,* Paris 1975

2.9 Luigi Nono: *Il canto sospeso*

Borris, Siegfried: *Luigi Nono – Zur Problematik engagierter Musik,* in: *MuB* 4/1972, S. 289–291

Gentilucci, Armando: *La technica corale di Luigi Nono,* in: *Revista Italiana di Musicologica* 2/1967, S. 111–129
= *Die Chortechnik Luigi Nonos,* in: Jürg Stenzl (Hrsg.), *Luigi Nono. Texte. Studien zu seiner Musik,* Zürich-Freiburg 1975, S. 394–408

Lachenmann, Helmut: *Luigi Nono oder Rückblick auf die serielle Musik,* in: Jürg Stenzl (Hrsg.), *Luigi Nono. Texte. Studien zu seiner Musik,* Zürich-Freiburg 1975, S. 313–324

Mila, Massimo: *La linea Nono, a proposito de „Il canto sospeso"*, in: *Rassegna Musicale Italiana* 30/1960, S. 267–311
= *Nonos Weg – Zum „Canto Sospeso"*, in: Jürg Stenzl (Hrsg.), *Luigi Nono. Texte. Studien zu seiner Musik*. Zürich-Freiburg 1975, S. 380–393

Pestalozzi, Luigi: *Luigi Nono – Musik, Text, Bedeutung*, in: *Mel* 5/1974, S. 265–270

Raiß, Hans-P.: *Luigi Nono: Il canto sospeso*, in: Hans Vogt, *Neue Musik seit 1945*, Stuttgart 1972, S. 277–282

Schnebel, Dieter: *Sprache – hin und zurück (Neue Chormusik)*, in: ders., *Denkbare Musik*. Schriften 1952–1972, hg. v. Hans R. Zeller, Köln 1972, S. 402–415

Stenzl, Jürg (Hrsg.): *Luigi Nono. Texte. Studien zu seiner Musik*, Zürich-Freiburg 1975

Stockhausen, Karlheinz: *Sprache und Musik (Luigi Nono: Il canto sospeso)*, in: ders., *Texte zu eigenen Werken, zur Kunst Anderer, Aktuelles*, Bd. 2, Köln 1964, S. 157–166
(= *DB* I/1958, S. 65–74), (= *Musik und Sprache*, in: *R* 6, Wien 1960, S. 42–52)

Unger, Udo: *Luigi Nono*, in: *R* 4, Wien 1958, S. 9–17

Vogt, Hans: *Nono und die politische Musik*, in: ders., *Neue Musik seit 1945*, Stuttgart 1972, S. 54–58

2.10 Steve Reich: *Drumming*
Piano Phase
Music for 18 musicians

Gottwald, Clytus: *Signale zwischen Exotik und Industrie – Steve Reich auf der Suche nach einer neuen Identität von Klang und Struktur* (I), in: *Mel/NZ* 1975, S. 3–6

ders.: *Steve Reich. Signale zwischen Exotik und Industrie* (II), in: *VD* 18, Mainz 1978, S. 24–30

Reich, Steve: *Writings about music*, Halifax, New York, Wien 1974

Scott, Stephen: *The music of Steve Reich*, in: *Numus-west* 6/1974, S. 21–27

Wasserman, Emily: *An interview with composer Steve Reich*, in: *Artforum* 10/1972, S. 44–48

2.11 Dieter Schnebel: *: ! (Madrasha II)*

Faltin, Peter: *Ästhetisierung der Sprache. Dargestellt an Dieter Schnebels Madrasha II*, in: *Mel/NZ* 4/1978, S. 287–294

Metzger, Heinz K.: *Schnebels Madrasha II*, Plattentext DGG Avantgarde 643544

Peters, Manfred: *Die Auflösung eines kompositorischen Widerspruches. Der Komponist Dieter Schnebel – Versuch einer Standortbestimmung*, in: *Mus* 29/1975, S. 394–399

Schnebel, Dieter: *Denkbare Musik*. Schriften 1952–1972, hg. v. Hans R. Zeller, Köln 1972

2.12 Karlheinz Stockhausen: *Mantra*
Tierkreis

Blumröder, Christoph v.: *K. Stockhausens Mantra für zwei Pianisten. Ein Beispiel für eine symbiotische Kompositionsform*, in: *Mel/NZ* 137/1976, S. 94–104

Brinkmann, Reinhold: *Hören und Denken. Thesen zur „intuitiven" Musik*, in: *NZ* 135/1974, S. 555–557

Cott, Jonathan: *Stockhausen. Conversations with the composer*, New York 1973

Häusler, Josef: *Karlheinz Stockhausen – sein Werk für die Musik der Gegenwart*, in: *Universitas* 29/1974, S. 1033–1040

Kämper, Dietrich: *Zu Biographie und Werk Karlheinz Stockhausens. Ergänzungen und Richtigstellungen*, in: *Mitt. d. AG für Rhein. Musikgeschichte* 40/1972, S. 161–166

Kraus, Egon: Bibliographie: Karlheinz Stockhausen, in: *MuB* 6/1974, S. 49–51

Krüger, Walter: *Karlheinz Stockhausen. Allmacht und Ohnmacht in der neuesten Musik*, Regensburg 1971 (= *Forschungsbeiträge zur Musikwissenschaft* 13)

Maconie, R.: *The works of Karlheinz Stockhausen*, London 1976

Morgan, Robert P.: *Stockhausen's writings on music*, in: *MQ* 61/1975, S. 1–16

Schnebel, Dieter: *Karlheinz Stockhausen*, in: *R* 4, Wien 1958, S. 119–133

Stockhausen, Christel: *Stockhausens „Tierkreis". Einführung und Hinweise zur praktischen Aufführung*, in: *Mel/NZ* 4/1978, S. 283–287

Stockhausen, Karlheinz: *Texte zur elektronischen und instrumentalen Musik*, Bd. 1, Aufsätze 1952–1962 zur Theorie des Komponierens, Köln 1963

ders.: *Texte zu eigenen Werken, zur Kunst Anderer, Aktuelles*, Bd. 2, Aufsätze 1952–1962 zur musikalischen Praxis, Köln 1964

ders.: *Texte zur Musik*, Bd. 3, 1963–1970. Einführungen und Projekte. Kurse. Sendungen. Standpunkte. Nebennoten, hg. v. Dieter Schnebel, Köln 1971

ders.: *Texte zur Musik*, Bd. 4, 1970–1977. Werk-Einführungen. Elektronische Musik. Weltmusik. Vorschläge und Standpunkte. Zum Werk anderer. Ausgewählt und zusammengestellt durch Christoph von Blumröder, Köln 1978

ders.: *Mantra*, in: ders., *Texte zur Musik*, Bd. 4, S. 154–166

ders.: *Tierkreis – 12 Melodien der Sternzeichen* (1975–1976), in: ders., *Texte zur Musik*, Bd. 4, S. 275–286

Szersnovicz, Patrick: *Stockhausen*. Catalogue des oeuvres, discographie, bibliographie et filmographie sommaires, in: *Musique en Jeu* 15/1974, S. 35–42

2.13 Iannis Xenakis:	*Achorripsis* *Herma*
Bois, Mario (Hrsg.):	*Iannis Xenakis. Der Mensch und sein Werk,* Bonn 1968
Charles, Daniel:	*La pensée de Xenakis,* Paris 1970
Griffiths, Paul A.:	*Xenakis: Logic and disorder,* in: *The Musical Times* 116/1975, S. 329–331
Krellmann, Hanspeter:	*Der Mathematiker unter den zeitgenössischen Komponisten,* in: *Mel* 39/1972, S. 322–325
Xenakis, Iannis:	*Towards a metamusic,* in: *Tempo* 93/1970, S. 2–19
ders.:	*Zu einer Philosophie der Musik,* in: *Gravesaner Blätter,* Heft 29/1966, S. 23ff.
ders.:	*Free stochastic music from the computer,* in: *Cybernetics, art and ideas.* Ed. by Jasia Reichardt, Greenwich/New York 1971, S. 124–142
ders.:	*Formalized Music Thought and Mathematics in composition,* Bloomington/Indiana-London 1971, zu *Achorripsis: Free Stochastic Music,* S. 26–38, *Free Stochastic Music by Computer,* S. 133–144; zu *Herma: Symbolic Music,* S. 175–177

Abkürzungen

AfMw	Archiv für Musikwissenschaft
Anm.	Anmerkung
Bd. (Bde.)	Band (Bände)
DB	Darmstädter Beiträge zur Neuen Musik
ders.	derselbe
ebd.	ebendort
Hrsg./hg.	Herausgeber/herausgegeben
Int. Rev.	International Review of the Aesthetics and Sociology of Music
Jb.	Jahrbuch
Mel	Melos
Mf	Die Musikforschung
MGG	Die Musik in Geschichte und Gegenwart
MQ	Musical Quarterly
Mus	Musica
MuB	Musik und Bildung
NZ	Neue Zeitschrift für Musik
NMZ	Neue Musikzeitung
ÖMZ	Österreichische Musikzeitung
R	Die Reihe
S.	Seite
T.	Takt
RiemannL	Riemann Musiklexikon
vgl.	vergleiche
VD	Veröffentlichungen des Instituts für Neue Musik und Musikerziehung Darmstadt
zfmth	Zeitschrift für Musiktheorie

Register

Personenregister

Der Nachweis eines Namens in den Anmerkungen ist durch ein A hinter der Seitenangabe kenntlich gemacht.

Sachregister

Der Nachweis eines Stichwortes in den Anmerkungen ist durch ein A hinter der Seitenangabe kenntlich gemacht; ein D verweist auf die Definition des betreffenden Sachwortes.